Takashi Yoshikawa
Das Ki-Orakel

TAKASHI YOSHIKAWA
Das Ki-Orakel
Das fernöstliche Spiel der Weissagungen

Aus dem Englischen übertragen
von Frank Fiedeler

Goldmann Verlag

Originaltitel: The Ki – An Ancient Oracle for Modern Times
Originalverlag: St. Martin's Press, New York
Deutsche Erstausgabe

Der Goldmann Verlag
ist ein Unternehmen der Verlagsgruppe Bertelsmann

Made in Germany · 3/91 · 1. Auflage
© 1986 by Takashi Yoshikawa
© der deutschsprachigen Ausgabe 1991 by Wilhelm Goldmann Verlag, München
Umschlaggestaltung: Design Team München
Satz: Uhl+Massopust, Aalen
Druck: May+Co., Darmstadt
Verlags-Nr. 11853
Redaktion: Ilse Wagner
DvW · Herstellung: Gisela Ernst
ISBN 3-442-11853-0

Dieses Buch ist Eigentum von . . . .
(Ihr Name)

Geburtsdatum . . . .

Grundzahl . . . .

Kontrollzahl . . . .

Tendenzzahl . . . .

(Grundzahl)	(Kontrollzahl)	(Tendenzzahl)

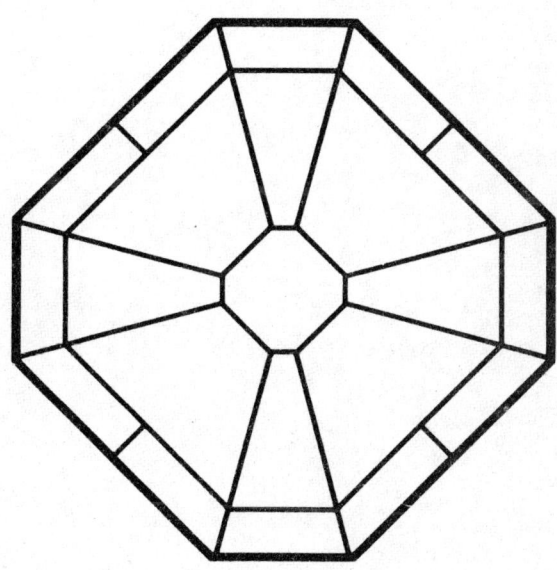

Ihr Tierkreiszeichen . . . .

Zum Gedenken an Patrick C. Meehan

*Dank
schulde ich Viscount Rothmere für seine
Bemühungen in meinem Interesse.*

*Dank gebührt auch Terry Blaine und Eugene L.
Hanson, die mir sprachlich, beim Tippen und vor
der Veröffentlichung bei der Prüfung der
Materialien geholfen haben.*

Inhalt

Wo man bei der Befragung nachschlägt

Vorwort

Lassen Sie mich Ihnen ein wenig über die Ereignisse erzählen, die mich vor etwa fünfunddreißig Jahren zum ersten Mal mit dem Ki in Kontakt brachten.

Als ein in Japan aufwachsendes Kind hatte ich einen Traum – nach Amerika zu gehen. Daß ich dies tun wollte, wußte ich seit jenen Kindertagen, als Besucher aus diesem fernen Land in mein Elternhaus kamen und ein fremdartiges, exotisches Geschenk mitbrachten, das ich liebte – Hershey's Kisses, in Silberpapier eingewickelt. Diese wurden ein Symbol für alles, was Amerika mir bedeutete, die Verkörperung eines Traumes. Es erwies sich jedoch als sehr schwierig, diesen Traum zu verwirklichen. Im Lauf der Jahre mußte ich meine Pläne mehrmals wieder aufgeben, als das Schicksal eingriff und mein Leben veränderte: einmal im Alter von siebzehn Jahren, als eine Blinddarmentzündung mich fast das Leben kostete, und noch einmal, als Japan in den Zweiten Weltkrieg eintrat.

Als College-Student war ich in die Luftwaffe des Heeres eingetreten. Während des Krieges war ich als junger Offizier ein Pilot des Heeres – ähnlich wie die »Kamikaze« der Marine –, der für Selbstmordeinsätze bestimmt war. Die japanische Armee schickte uns im Orient herum – nach Formosa, Hongkong und nach Singapur –, um überzählige Flugzeuge zu suchen. Aufgrund der fehlenden Flugzeuge hatten die jüngeren Offiziere kaum eine Möglichkeit zum Fliegen. Jahre später wurde mir klar, daß diese »Bewegung« – in den Krieg zu ziehen und durch den Fernen Osten zu reisen – mir praktisch das Leben gerettet hatte.

Zum Ende des Krieges wurde meine Division von den Alliierten für ein Jahr zur Arbeit nach Rempang geschickt, eine unbewohnte Insel nahe Singapur. Die Zeiten waren hart, und jeder um mich herum reagierte anders auf die neue Umgebung. Die früheren Führer schienen ihre Führungsqualitäten zu verlieren, niedere Ränge übernahmen mehr Verantwortung. Individuelle Unterschiede traten zutage. Große Veränderungen im Verhalten und im Umgang miteinander fanden statt. Manche Männer schienen sich mehr in Übereinstimmung mit den Gesetzen der Natur und den Erfordernissen einer Situation mit karger Nahrung und primitiven Lebensbedingungen zu befinden als andere.

Diese Zeit war ein Wendepunkt für mich. Das Leben dort war extrem schwierig. Wir arbeiteten hart, jagten und fischten für unsere Ernährung, bauten unsere eigenen Notunterkünfte. Das Überleben selbst war das Ziel. Es erinnerte mich an das Leben früherer Generationen – der »primitive« Mensch mußte so gelebt haben! Aber es gab einen großen Unterschied, unsere Urahnen lebten instinktiv. Sie hatten eine große Sensibilität für die Natur, waren fähig, sie zu »lesen«. Wir waren »moderne Menschen«, zivilisiert, aber in einer nicht zivilisierten Umgebung, und es blieb uns nichts anderes übrig, als ohne die gut entwickelten Instinkte unserer Vorfahren für uns selbst zu sorgen. Daher waren unsere Probleme überwältigend, nicht nur beim Überleben, sondern auch beim Erlernen des Umganges miteinander unter solchen äußerst primitiven Umständen. Die ständige Konfrontation mit der Angst und dem Hunger aktivierte unseren Selbsterhaltungstrieb. Ich begann, mehr an mich selbst zu denken, denn es war schwer, in solchen Zeiten auf andere Rücksicht zu nehmen. Ich sah, wie es denjenigen, die aktiv waren, die herumliefen und genügend Nahrung und Schutz fanden, besser erging als jenen, die dies nicht taten. Ich bemerkte, daß es auch bei gleicher Anstrengung bestimmten Leuten gelang, das Notwendigste zu finden, während andere dabei scheiterten. Die Erfolgreichen, die wir »vom Glück begünstigt« nennen, mußten sich in größerer Harmonie mit der Natur bewegt haben, selbst wenn sie sich nicht bewußt waren, wie die Gesetze der Natur funktionierten. Richtiges Handeln und Vorgehen in bezug auf ihre Umgebung schien ihre Probleme zu lösen. Daß ich diesen Zusammen-

15

hang zwischen Mensch und Natur erkannte, gab mir meinen ersten Einblick in eine umfassendere Weltsicht.

Als ich nach Hause zurückkehrte und mich endlich frei und voller Hoffnung fühlte, daß das Leben eine freundlichere Wendung nehmen würde, erfuhr ich, daß mein Bruder und meine Schwester, die immer stärker und gesünder als ich gewesen waren, durch die Belastungen des Krieges gestorben waren. Später im selben Jahr starb meine Mutter an einem Herzanfall. Plötzlich stand ich allein da und dachte darüber nach, was die Zukunft bringen würde.

Ein Jahr nach dem Tod meiner Mutter kam ich mit Tuberkulose ins Krankenhaus, was in jenen Tagen als ebenso gefährlich wie Krebs galt. Es war zweifelhaft, ob ich genesen würde. Während der zehn Monate im Krankenhaus wurde mein ganzes Leben von Krankheiten beherrscht. Ich dachte zurück an einen Verkehrsunfall im Alter von fünf Jahren, der mir eine nette kleine Narbe auf meiner Nase hinterließ. Auch erinnerte ich mich an die Blinddarmoperation mit siebzehn Jahren, die mich fast das Leben gekostet hatte. Und nun dies.

Es war wirklich ein Rückschlag für die beginnende Freiheit, die ich empfunden hatte, als ich nach Hause zurückgekehrt war. Zum dritten Mal in meinem Leben war mein Traum, nach Amerika zu gehen, außer Reichweite geraten. Ich fragte mich, ob meine Zukunft immer von der Unsicherheit meiner körperlichen Konstitution überschattet sein würde. Es schien, daß das Leben mir immer den falschen Weg wies.

Aber warum? Warum? Da war ich, fünfundzwanzig Jahre alt, und dachte mir: »Was, wenn ich nicht gesund werde? Wie war ich in diesen Zustand gekommen? *Warum passiert mir das jetzt?*« Ich fühlte, daß ich die Situation akzeptieren mußte, falls dies mein Leben war, aber zuerst mußte ich mehr darüber herausfinden. Warum war es geschehen? Was war es, was mein Leben steuerte? Hatte ich irgend etwas zu meiner eigenen Zukunft zu sagen, oder war das ganze Leben von irgendeiner größeren, unbekannten Macht bestimmt? Obgleich ich glaubte, daß diese größere Macht existierte, war ich nicht sicher, ob ich einen Weg finden würde, meine Verbindung mit ihr zu stärken. Aber ich war entschlossen, es zu versuchen.

In dieser Zeit schlugen einige Freunde vor, einen Berater aufzusuchen, um etwas über die Zukunft zu erfahren. Ich war offen für diese Idee, da ich aus einer traditionellen japanischen Familie stamme. Wie

viele japanische Familien hatte auch die meine gelegentlich Orakelsysteme (nicht unähnlich dem *Bauernkalender*) benutzt, um Informationen über wichtige Angelegenheiten zu erhalten – über Umzüge,
Hausbau, Heiratspläne etc. Einen Fachmann zu Rate zu ziehen war
eine ganz andere Sache. Ich besuchte mehrere Berater, um ihnen meine
Fragen über Vergangenheit und Zukunft und die Funktionsweise des
Universums zu stellen. Unglücklicherweise gaben sie mir als Antwort
auf meine Fragen nur ein Ja oder ein Nein. Ich verließ sie immer
unbefriedigt, weil sie mir niemals erklärten, *warum* die Dinge geschehen beziehungsweise niemals meine Fragen danach beantworteten, wie
ihre Orakelsysteme funktionierten. Da ich keinen Lehrer und keine
Schule finden konnte, die mich zufriedenstellten, las ich viele Bücher
und beriet mich mit anderen ernsthaft Studierenden in dem Versuch,
ein tieferes Verständnis zu erreichen.

Ich erforschte eine Vielfalt von Orakelsystemen, ehe ich auf eines
stieß, das als *Ki* bezeichnet wurde, eine Lehre von den Ki-Kräften und
den Beziehungen der Zahlen, die mit dem Leben verbunden sind. Ich
wußte, daß die chinesischen Philosophen und Gelehrten ihr System
über Jahrtausende hinweg entwickelt hatten, und als ich intensiv zu
studieren begann, war ich erstaunt, festzustellen, daß ihre Statistiken
und Beobachtungen funktionierten, wenn ich das System korrekt
anwandte.

Über eine Zeit von etwa zehn Jahren studierte ich intensiv und
verfeinerte die Anwendungsmöglichkeiten dieses Systems. In der
Zwischenzeit genas ich von meiner Krankheit. Ich hatte gelernt, mein
Leben besser zu kontrollieren. Ich wurde stark. Meine Ängste verrin-
gerten sich. Ich wurde fähig zu wählen, was richtig für mich war. Ich
hörte auf, mir Sorgen über die Zukunft zu machen, und begann
bewußter in der Gegenwart zu leben.

Nachdem ich einmal gelernt hatte, daß ich dieses System für mich
selbst gebrauchen konnte, entstand das Bedürfnis zu sehen, ob das
System bei anderen Menschen ebensogut arbeitete. Mit der Zeit
begann ich andere Menschen mit ähnlichen Interessen und Fragestel-
lungen zu finden. Die Leute sagten mir, daß mein auf dem Ki-System
beruhender »Rat« für sie tatsächlich meistens richtig war. Plötzlich
stellte ich fest, daß alle diese Leute ihre Freunde, ihre Familie und ihre
Geschäftspartner an mich verwiesen, um Antworten auf ihre Fragen

über die Zukunft zu erhalten. Es schien, daß jeder wissen wollte, wie seine Träume wahrgemacht werden konnten.

Ich gedachte noch immer, nach Amerika zu gehen, und schließlich, nach langem Nachdenken, traf ich die Entscheidung zum Aufbruch. Als ich in die Vereinigten Staaten kam, erwies es sich als sehr viel schwieriger, mich zu etablieren, als ich es mir vorgestellt hatte. Erst bei meiner dritten Reise gelang es mir, mich in New York niederzulassen.

Als mein Geschäft hier florierte, konnte ich mehr und mehr Zeit darauf verwenden, meine Kunden und Freunde zu beraten. Es erforderte viele Jahre, um zum Erfolg zu kommen, aber es gelang mir, meinen Traum zu verwirklichen, obgleich es so schwierig zu sein schien. Wenn ich auf all die Zeit zurückblicke, wird mir klar, daß es unsere Träume und Wünsche sind, so klein sie auch sein mögen, die uns in Bewegung halten und uns die Kraft geben, weiterzumachen. Für mich waren es der Zauber von Hershey's Kisses und mein Kindheitstraum, nach Amerika zu kommen, die den Funken der Hoffnung in meinem Herzen lebendig gehalten hatten. Während all der schrecklichen Zeiten, besonders während meiner Krankheit, brannte meine Sehnsucht nach der Verwirklichung dieses Traumes stärker als alle Ängste, die ich in meinem Leben hatte. Dieser Traum in Verbindung mit dem Wissen, das ich aus dem Studium des Ki gewonnen hatte, half mir, innere Kräfte zu finden und zu nutzen, von deren Vorhandensein ich bis dahin nichts gewußt hatte.

Sie können das gleiche tun, indem Sie Ihre Träume als Inspiration nutzen. Nun, nachdem ich das Ki fünfunddreißig Jahre lang angewendet habe, um anderen zu helfen, möchte ich es gern mit Ihnen, meine Leser, teilen.

I

Einführung

Wir alle haben Träume und Ambitionen, und es gibt einen Weg, Träume zu verwirklichen – durch die Nutzung der Energie, die das Universum bestimmt. Diese Energie wird als *Ki-Energie* bezeichnet. Wenn Sie wissen, wie sie funktioniert, können Sie ein ausgeglicheneres, glücklicheres Leben führen, ob Sie nun Liebe suchen oder Erfolg, Lösungen für persönliche oder geschäftliche Probleme, finanziellen Verdienst oder häusliche Harmonie. Das Verständnis der Ki-Energie vermittelt Ihnen eine andere Perspektive davon, wie Sie Ihr Leben beherrschen können.

John Lennon und Yoko Ono trennten sich 1973. Yoko, die sich erinnerte, daß ich ihr ein Jahr vorher vorausgesagt hatte, daß sie dieser Situation gegenüberstehen würden, kam zu mir. Mein Rat für sie muß richtig gewesen sein, denn 1975 versöhnte sie sich wieder mit John. Am ersten Tag, als sie wieder zusammen waren, zeugten sie Sean. Auch kamen sie auf die Idee, ihre geschäftlichen Investitionen auszuweiten, und sie waren in den folgenden paar Jahren sehr erfolgreich damit, ihr Vermögen zu vergrößern. Während einer Zeit von etwa zehn Jahren, von 1973 bis September 1982, habe ich die Lennons beraten.

Im November 1973, als er die Broadway-Show *Seesaw* inszenierte, sprach ich mit Tommy Tune. Nachdem ich seine Tafel geprüft hatte, sagte ich ihm voraus, daß er im folgenden Jahr den Tony-Award gewinnen würde. Am 21. April 1974 rief er mich an, um mir zu sagen, daß er zur Preisverleihung auf dem Weg ins Theater sei. Ich sah mir zu

Hause im Fernsehen an, wie Tommy, in einem weißen Smoking, seinen Preis entgegennahm. Es war ein besonders glücklicher Augenblick für mich.

Vor einigen Jahren riet ich Barry Manilow, die Möglichkeit der Plattenproduktion ins Auge zu fassen, anstatt nur zu singen. Später erfuhr ich, daß er das erfolgreiche Comeback-Album von Dionne Warwick produziert hatte. Ich prüfte ihre Tafeln und stellte fest, daß sie ein hervorragendes Kommunikationspotential hatten, obgleich ihre Persönlichkeiten im Grunde sehr verschieden waren.

Mein Rat für alle diese Leute basierte auf dem Ki. Was also ist das Ki genau, und wie funktioniert es?

Ich glaube, die einfachste Art zu beginnen besteht darin, die wissenschaftlichen und statistischen Untersuchungen über das Ki zu beschreiben. Gut, was ist also das Ki? Energien: Lebensenergien, subtile menschliche Energien, die der Odem des Lebens selbst sind. Diese Ki-Energien zeigen uns, wie Begierde und Moral für jedes menschliche Wesen funktionieren. Die alten Chinesen glaubten, daß diese Ki-Energien in der Atmosphäre von den Fünf Elementen (Holz, Feuer, Erde, Metall und Wasser) erzeugt wurden. Ki-Energien erschufen unsere Welt und waren für Geburt und Tod aller Geschöpfe auf der Erde verantwortlich.

Diese spielerischen Energien sind in ständigem Wandel begriffen, indem sie sich miteinander verbinden und aufeinander wirken, sie wiederholen sich aber doch in bestimmten Kreisläufen. Es gibt einen Zyklus der Ki-Energie, der ein Jahr dauert; ein anderer Zyklus dauert einen Monat; noch ein anderer wechselt jeden Tag. Ki-Energien befinden sich in ständigem Wechsel, sogar bis in die Minuten und Sekunden der Zeit.

Um die Abhandlung praktisch und einfach zu halten, wird sich dieses Buch nur auf die jährlichen und monatlichen Ki-Energien und die Art konzentrieren, wie sie unser Leben beeinflussen. Diese Energien werden durch die Zahlen eins bis neun repräsentiert, die sich durch ihre jährlichen und monatlichen Zyklen bewegen, indem sie sich kombinieren und Muster bilden, die in achteckig geformten Tafeln dargestellt werden. Insgesamt gibt es einhundertacht Tafeln (neun Zahlen mal zwölf Monate).

Wenn Sie diese Muster studieren, wie es die Gelehrten schon vor

Tausenden von Jahren taten, werden Sie sehen, wie die Energien Ihr Leben leiten und gestalten. Das Ki ist die Lehre von den verschiedenen Ki-Energien und ihren Zyklen, die Ihnen zeigt, wie Sie diese am besten zu Ihrem Vorteil nutzen können.

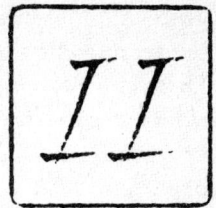

Die Grundlage des Ki

Um das Studium des Ki zu beginnen, müssen wir etwas über die Universaltafel wissen, ein achteckig geformtes Diagramm, in dem die Zahlen angeordnet sind. Es ist die grundlegende Tafel dieses Systems, und die Stellung der Zahlen darin ist festgelegt.

Die Universaltafel

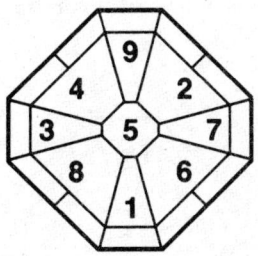

Es gibt eine interessante alte Geschichte über die Universaltafel, die man »die Legende vom Schildkrötenpanzer« nennt. Nach altchinesischer Überlieferung hat sich die Zivilisation entlang der Ufer des unteren und mittleren Laufes des Gelben Flusses (Hwang Ho) ausgebreitet und entwickelt. Mindestens achtmal gab es jedoch verheerende Überschwemmungen, die das Gebiet verwüsteten. Wegen dieser Perioden der Zerstörung konnten sich die Gemeinschaften nicht in Ruhe entwickeln und ihre Zukunft planen. Ein Mann namens Wu von Hsia baute um 2000 v. Chr. eine Flußanlage, die den Überflutungen ein Ende machte. Aufgrund dieser herausragenden Leistung wurde er Kaiser, und das Land begann aufzublühen.

Während er die Staustufen des Flusses baute, stieß Wu von Hsia auf eine Schildkröte. In den Legenden jener Zeit vermutete man die Wohnung Gottes in einem Schildkrötenpanzer und in den Hörnern eines Wasserbüffels, so daß Wu von Hsia natürlich hocherfreut war, zumal die Schildkröte überdies ein Symbol für langes Leben und Glück war. Als er ein ungewöhnliches System von schwarzen und weißen Markierungen auf dem Panzer der Schildkröte bemerkte, wurde er durch dieses »Zeichen von oben« dazu inspiriert, weiterzumachen und sein Werk zu vollenden. In dem sicheren Gefühl, daß Gott auf seiner Seite war, nutzte Wu die Inspiration durch den Anblick der außerordentlichen Markierungen auf der Schildkröte, um eine grundlegende Theorie des Lebens zu entwickeln, die ihn befähigen sollte, sein Land so zu regieren, daß alles gedeihen konnte und die Menschen ein langes, glückliches Leben führen würden. Er unterwies seine verschiedenen Gelehrten, die Ideen zu ordnen und zu entwickeln, die ihr gemeinsames Wissen, ihre früheren Beobachtungen und ihre Forschungen enthalten sollten, wobei er den Schildkrötenpanzer als Kristallisationspunkt verwendete.

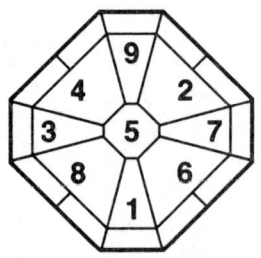

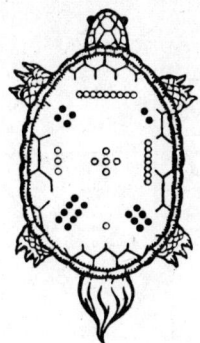

Wenn man genau auf die Markierungen schaut, kann man verschiedene schwarze und weiße Punkte in der folgenden Gruppierung erkennen:

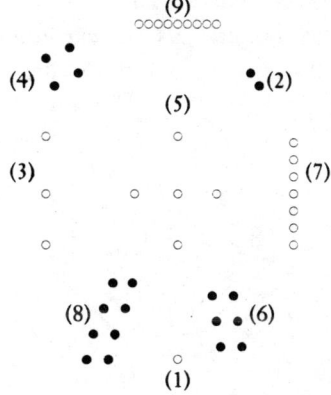

Wenn der Panzer der Schildkröte als regelmäßiges Quadrat dargestellt wird, finden wir eine Art von vollkommener Ausgewogenheit zwischen den Zahlen, da die Summe der Zahlen über Kreuz, von oben nach unten und diagonal in jeder Richtung, fünfzehn ergibt.

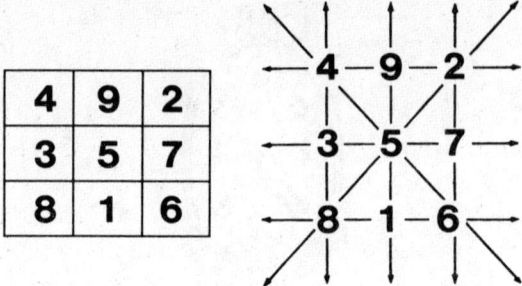

Diese Symmetrie war für Wu von Hsia eine große Überraschung. Er betrachtete die ausgewogene Anordnung der neun Zahlen als »gottgegeben«. Da der Tradition nach alle lebenden Wesen auf die Sonne ausgerichtet sind, wurde oben die Richtung Süden plaziert. Um die Zeichnung des Schildkrötenpanzers zu bewahren, wurde die quadratische Anordnung durch die jetzt als *Universaltafel* bekannte ersetzt. Die Universaltafel stellt das Universum und die Ganzheit des Lebens dar.

Die Fünf Elemente

Was sich aus dieser frühen Forschung entwickelte, war eine Wissenschaft, die lehrte, daß das Universum aus fünf Elementen bestand – Holz, Feuer, Erde, Metall und Wasser. Die Gelehrten glaubten, daß alle Geschöpfe und Naturphänomene durch diese Fünf Elemente erzeugt werden. Lassen Sie uns die Eigenschaften eines jeden Elementes näher betrachten.

Holz – Dieses Element symbolisiert nicht nur das Holz selbst, sondern

26

alle lebenden Dinge. Es stellt die Erscheinung und die Anfänge des Wachstums dar und ist mit der Jahreszeit des Frühlings, mit Aktivität und Ansehen verbunden.

Feuer – Dieses Element symbolisiert Hitze und Brand, die Ausdehnung und Vermehrung aller Dinge. Es wird mit der Jahreszeit des Sommers, mit Stolz und Erfolg in Zusammenhang gebracht.

Erde – Dieses Element symbolisiert Energie und Wandel, wie die Erde den Dingen Energie und Nahrung gibt, so daß sie erscheinen, wirken und wieder in der Erde verschwinden. Es wird mit den Zeiten zwischen den Jahreszeiten, mit Hingabe, mit der Fähigkeit des Herrschens und der Anhäufung assoziiert.

Metall – Dieses Element symbolisiert Reife und Stabilität. Es repräsentiert den Frost des Herbstes und die Ernte, die Vollkommenheit und das Vergnügen.

Wasser – Dieses Element symbolisiert das Phänomen der Flüssigkeiten, die Reinigung und Auflösung der Dinge. Es wird mit dem Winter assoziiert, wenn die Erde nach der Ernte in den Winterschlaf versinkt und auf den kommenden Frühling wartet. Es bedeutet sowohl Unabhängigkeit als auch Unsicherheit.

Alle Fünf Elemente wirken aufeinander und gehen Wechselbeziehungen ein, die sehr wichtig sind. Ferner fand man heraus, daß jedes Element durch die Kräfte von Yin und Yang, die polaren Gegensätze, beeinflußt wird. *Yin* repräsentiert den negativen Pol – den Mond, das weibliche Prinzip, die Erde –, und seine Eigenschaften umfassen Dunkelheit, Passivität, Hilfsbereitschaft und Empfänglichkeit. *Yang* repräsentiert den positiven Pol – die Sonne, das männliche Prinzip, den Himmel –, und seine Eigenschaften umfassen das Licht, die Aktion, die Führerschaft und die Schöpferkraft. Die Kräfte von Yin und Yang bewegen sich immer hin und her, so daß die eine der anderen Platz macht. Vor der Entwicklung der Lehre von den Fünf Elementen glaubten die ostasiatischen Philosophen, daß das Universum allein durch Yin und Yang bestimmt würde: Der Einfluß beginnt, wächst bis zu seinem Gegenteil. Aber tatsächlich sind es diese beiden Ideen – die Wechselbeziehungen der Fünf Elemente und das Wechselspiel der Yin-Yang-Kräfte –, die zu den heute bestehenden Weissagesystemen geführt haben.

Ki-Energie

In der altchinesischen Philosophie ist das Universum aus »Drei Kreisen« gebildet – Himmel, Erde und Mensch. Ki-Energie vom Himmel (*himmlische Ki-Energie*) kommt immer von oben herab, während Ki-Energie von der Erde (*irdische Ki-Energie*) immer von unten aufsteigt. Die menschliche Ki-Energie wurde in einem vermischenden Ausbruch von himmlischer Ki-Energie und irdischer Ki-Energie erzeugt. Die menschliche Ki-Energie erzeugte unsere Welt: Mineralien, Pflanzen, Tiere, menschliche Wesen und alle Dinge.

So werden wir von zwei Arten von Ki-Energie beeinflußt, der vom Himmel und der von der Erde. Die himmlische Ki-Energie kontrolliert unsere *Moral*, die irdische unsere *Begierden*. Ein Verständnis des Ki-Systems hilft Ihnen, diese zwei Arten von Energie im Gleichgewicht zu halten.

Mit wachsender Erfahrung verbanden die Gelehrten die Elemente mit den Zahlen von eins bis neun, die die Darstellungen der menschlichen Ki-Energie sind. Das folgende Diagramm veranschaulicht ihren Zusammenhang.

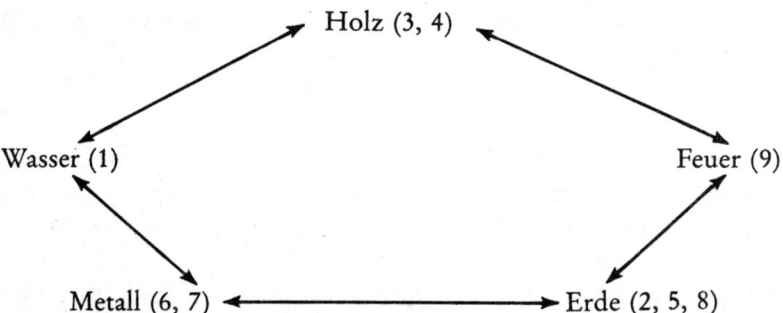

(Für weitere Informationen über die wechselseitigen Beziehungen der Fünf Elemente siehe das Kapitel über Beziehungen.)

Obgleich der Fortschritt von Wissenschaft und Zivilisation einen Verlust unserer angeborenen Sensibilität für viele grundlegenden Verbindungen mit der Natur verursacht hat, können wir noch die Wirkungen der Ki-Energie um uns herum erkennen. Wir bemerken, wie die Pflanzen und Bäume auf die Jahreszeiten reagieren. Die Ki-Energie des Frühlings bringt die Knospen hervor. Die Ki-Energie des Sommers blüht in den Blumen auf. Im Herbst läßt die Ki-Energie die Früchte reifen und verändert die Farbe der Blätter. Sobald die Pflanzen und Bäume der Ki-Energie des Winters ausgesetzt sind, fallen zyklische Muster, die sich gemäß den Gesetzen der Natur wiederholen.

Wir sind denselben Gesetzen der Natur unterworfen wie die Pflanzen und Bäume, aber viele von uns sind sich dieser Beeinflussung nicht bewußt. Veränderungen wie Tag und Nacht, die vier Jahreszeiten, klares und wolkiges Wetter, Wind und Regen, Hitze und Kälte, sie alle beeinflussen uns sowohl direkt als auch indirekt. Wir müssen lernen, die wechselnden Wirkungen anzuerkennen, die die Ki-Energie auf unser Leben ausübt.

Wenn die moderne Naturwissenschaft versucht, Fragen über die Entstehung des Universums zu beantworten oder das Wesen von Energiefeldern, der Schwerkraft und so weiter zu verstehen, dann weisen die Ergebnisse interessanterweise eine Ähnlichkeit mit den Wirkungen der Ki-Energie auf, wie sie von den alten chinesischen Gelehrten dargestellt wurden. Wie das Quantenfeld der modernen Physik kann sich die Ki-Energie zu fester Materie verdichten und sich wieder in eine andere Energieform auflösen. Falls es einen »Großen Knall« gegeben hat, war die Ki-Energie dessen Grundlage. Wenn die Ki-Energie zusammenbricht, wird es auch der Kosmos tun.

Wörtlich übersetzt bedeutet Ki »Äther« und wurde im alten China gebraucht, um die Energie zu bezeichnen, die das Universum belebt. Der Weg dieser Energie im Körper ist die Basis für die Akupunktur und die traditionelle chinesische Medizin. Der Fluß der Ki-Energie ist auch die Grundlage der fließenden Bewegung beim *T'ai chi ch'uan*.

Wenn wir dem die Ausgewogenheit oder die gegenseitigen Beziehungen der Ki-Energie hinzufügen (Yin und Yang), wird uns die große Bedeutung des Ki für das chinesische Denken und die chinesische Kultur bewußt.

Wie Sie Ihre Geburtstafel finden

Beim Studium des Ki-Systems ist es von äußerster Wichtigkeit, daß Sie die Zahlen und Tafeln finden können, die Sie brauchen. Mit diesem Buch werden Sie erkennen, wie sich drei der neun Zahlen auf Sie beziehen. Es ist wichtig, wo diese in Ihrer Geburtstafel erscheinen.

Die erste und wichtigste Zahl ist die Grundzahl, die die Ki-Energie Ihres Geburtsjahres festlegt und Ihnen sagt: »Ich bin die Zahl...« Diese Zahl offenbart Ihre innere Natur und wird zuerst geschrieben, in Großbuchstaben. Unter dem Einfluß der jährlichen Ki-Energie ändert sich diese Zahl einmal im Jahr, und ihre Stellung in der Tafel ändert sich jeden Monat.

Die zweite Zahl ist die *Kontrollzahl*, die die Ki-Energie Ihres Geburtsmonats identifiziert. Es ist die mittlere Zahl in Ihrer Tafel, die Ihre Spiritualität offenbart, die treibende Kraft Ihrer Persönlichkeit. Sie wird als zweite geschrieben, in Kleinschrift. Die Kontrollzahl ändert sich jeden Monat.

Die letzte ist die *Tendenzzahl*, die die Stellung Ihrer Grundzahl während Ihres Geburtsmonats anzeigt. Sie offenbart Ihre Gewohnheiten und Ihr wahrscheinliches Verhalten; sie wird als dritte geschrieben, ebenfalls in Kleinschrift. Die Tendenzzahl übt Einfluß auf die Grundzahl aus und ändert sich ebenfalls jeden Monat.

<table>
<tr><td>

Geburtstafel

Name: _____

Geburtsdatum: _____

Grundzahl: _____

Kontrollzahl: _____

Tendenzzahl: _____

</td><td>

Geburtstafel:

Name: _____

Geburtsdatum: _____

Grundzahl: _____

Kontrollzahl: _____

Tendenzzahl: _____

</td></tr>
<tr><td>

Tierkreiszeichen:

</td><td>

Tierkreiszeichen:

</td></tr>
</table>

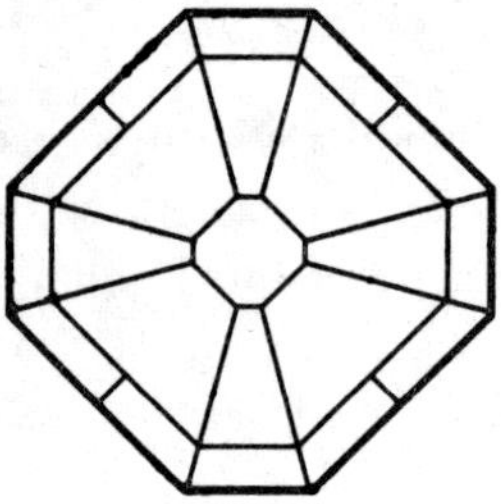

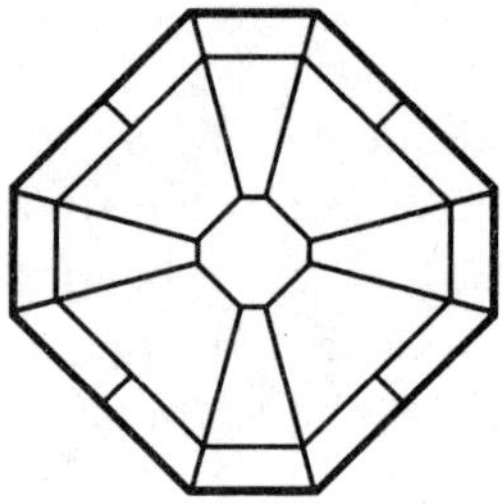

Wie Sie Ihre Grundzahl finden

Nun werden Sie sich fragen: Was ist *meine* Zahl, und wie finde ich sie? Dies ist immer die erste Frage. Alles, was Sie wissen müssen, ist Ihr eigenes Geburtsjahr, das Ihnen Ihre Grundzahl sagt. Schauen Sie auf die nachfolgende Tafel der Grundzahlen. Finden Sie Ihr Geburtsjahr. Erinnern Sie sich, daß im chinesischen Mondkalender das neue Jahr alljährlich um den 4. Februar beginnt. Wenn Ihr Geburtstag zum Beispiel der 20. Januar 1954 ist, ist Ihre Zahl Zwei, die Zahl für 1953.

Wenn Sie am 4. Februar oder später im selben Jahr 1954 geboren sind, sind Sie ein Einser.

Grundzahlentafel (Geburtsjahr)*

9	8	7	6	5	4	3	2	1
4. Feb. 1892	3. Feb. 1893	4. Feb. 1894	4. Feb. 1895	4. Feb. 1896	3. Feb. 1897	4. Feb. 1898	4. Feb. 1899	4. Feb. 1900
4. Feb. 1901	5. Feb. 1902	5. Feb. 1903	5. Feb. 1904	4. Feb. 1905	5. Feb. 1906	5. Feb. 1907	5. Feb. 1908	4. Feb. 1909
5. Feb. 1910	5. Feb. 1911	5. Feb. 1912	4. Feb. 1913	5. Feb. 1914	5. Feb. 1915	5. Feb. 1916	4. Feb. 1917	5. Feb. 1918
5. Feb. 1919	5. Feb. 1920	4. Feb. 1921	5. Feb. 1922	5. Feb. 1923	5. Feb. 1924	4. Feb. 1925	4. Feb. 1926	5. Feb. 1927
5. Feb. 1928	4. Feb. 1929	4. Feb. 1930	5. Feb. 1931	5. Feb. 1932	4. Feb. 1933	4. Feb. 1934	5. Feb. 1935	5. Feb. 1936
4. Feb. 1937	4. Feb. 1938	5. Feb. 1939	5. Feb. 1940	4. Feb. 1941	4. Feb. 1942	5. Feb. 1943	5. Feb. 1944	4. Feb. 1945
4. Feb. 1946	5. Feb. 1947	5. Feb. 1948	4. Feb. 1949	4. Feb. 1950	5. Feb. 1951	5. Feb. 1952	4. Feb. 1953	4. Feb. 1954
5. Feb. 1955	5. Feb. 1956	4. Feb. 1957	4. Feb. 1958	4. Feb. 1959	5. Feb. 1960	4. Feb. 1961	4. Feb. 1962	4. Feb. 1963
5. Feb. 1964	4. Feb. 1965	4. Feb. 1966	4. Feb. 1967	5. Feb. 1968	4. Feb. 1969	4. Feb. 1970	4. Feb. 1971	5. Feb. 1972
4. Feb. 1973	4. Feb. 1974	4. Feb. 1975	5. Feb. 1976	4. Feb. 1977	4. Feb. 1978	4. Feb. 1979	5. Feb. 1980	4. Feb. 1981
4. Feb. 1982	4. Feb. 1983	4. Feb. 1984	4. Feb. 1985	4. Feb. 1986	4. Feb. 1987	4. Feb. 1988	4. Feb. 1989	4. Feb. 1990
4. Feb. 1991	4. Feb. 1992	4. Feb. 1993	4. Feb. 1994	4. Feb. 1995	4. Feb. 1996	4. Feb. 1997	4. Feb. 1998	4. Feb. 1999

* Der Februartag in jedem Kästchen zeigt den Tag des Jahreswechsels. Dies kann Ihre Grundzahl ändern, wenn Sie im Januar oder in den ersten Tagen des Februars geboren sind.

Nachdem Sie jetzt Ihre Grundzahl gefunden haben, schauen Sie auf die Tafel der menschlichen Charakterzüge auf der nächsten Seite, die einen Überblick über die Zahlen und ihre traditionellen Bedeutungen gibt. Jede Zahl hat ihre eigenen Charakterzüge, die unseren eigenen entsprechen, und jeder Mensch entspricht einer dieser Zahlen. Wenn Sie zum Beispiel ein Einser sind, sind Sie unabhängig; wenn ein Zweier, abhängig; ein Dreier, aktiv; ein Vierer, weich; ein Fünfer, kraftvoll; ein Sechser, großzügig; ein Siebener, unterhaltsam; ein Achter, eigensinnig; ein Neuner, stolz; weitere Einzelheiten über die Grundzahlen können Sie der Tabelle der neun allgemeinen Typen entnehmen. Beachten Sie auch die Stellung Ihrer Grundzahl auf der Universaltafel in der linken oberen Ecke Ihres Profils. Diese ist eine festgelegte Tafel und die bleibende Position Ihrer Grundzahl auf der Universaltafel.

Tafel der menschlichen Charakterzüge

Zahl	Natur-Phänomen	Charakterzug
1	*Wasser*	kühl, unabhängig, konzentriert, intuitiv, diplomatisch, ernsthaft, vorsichtig, einsichtsvoll, hartnäckig, zäh, sorgenvoll, sozial, auf Selbstschutz bedacht, fleißig, unsicher, geduldig, arbeitsam, vertraulich, selbstbewußt, manipulativ
2	*Erde*	stetig, dienend, opferbereit, abhängig, fleißig, empfindlich, mütterlich, pedantisch, weiblich, anspruchsvoll, scharfsinnig, beobachtend, hilfsbereit, konservativ, provinziell, hingebungsvoll, methodisch, detailbewußt, nährend
3	*Donner*	explosiv, empfänglich, einsichtsvoll, aktiv, voranschreitend, offen, aggressiv, wachsend, intensiv, ungeduldig, sensibel, heftig, hastig, redselig, leidenschaftlich, extrovertiert, geradeheraus, fortschrittlich
4	*Wind*	weich, impulsiv, vertrauensvoll, angesehen, klug, anpassungsfähig, liberal, stur, manierlich, gefühlvoll, harmonisch, ausweichend, wechselhaft, kreativ, launisch, offen, zerstreut
5	*Erde* (ursprüngliche Kraft)	stark, selbstbestätigend, bestimmend, hochmütig, beharrlich, stur, menschlich, entschieden, egoistisch, spätreifend, destruktiv, kühn, talentiert, gewaltsam, aggressiv
6	*Himmel*	vollkommen, stilvoll, großzügig, ordentlich, ruhiges Urteil, anpassungsfähig, treu, vorsichtig, perfektionistisch, würdevoll, starke Willenskraft, vertrauensvoll, Führerschaft, Verläßlichkeit, stolz, rational, klug
7	*Teich, See*	lässig, flexibel, sozial, Sprecher (nicht Hörer), stürmisch, übersensibel, nervös, leidenschaftlich, berechnend, geschliffen, unterhaltend, findig, ausdrucksvoll, überzeugend
8	*Berg*	strebsam, beharrlich, Wohlstand aufbauend, starrsinnig, sparsam, abenteuerlich, eigensinnig, frei, geizig, zäh, revolutionär, eigennützig, bequem, ehrgeizig, halsstarrig, energisch
9	*Feuer*	stolz, vorausschauend, ehrbar, impulsiv, erfolgreich, eitel, intelligent, unstet, stürmisch, selbstbezogen, raffiniert, selbstbewußt, aufgeklärt, leichtlebig

Grundzahlenprofile

Typ Eins

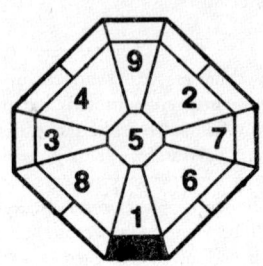

Jahr der Zahl Eins*

4. Feb. 1900–3. Feb. 1901	4. Feb. 1954–4. Feb. 1955
4. Feb. 1909–4. Feb. 1910	4. Feb. 1963–4. Feb. 1964
5. Feb. 1918–4. Feb. 1919	5. Feb. 1972–3. Feb. 1973
5. Feb. 1927–4. Feb. 1928	4. Feb. 1981–3. Feb. 1982
5. Feb. 1936–3. Feb. 1937	4. Feb. 1990–3. Feb. 1991
4. Feb. 1945–3. Feb. 1946	4. Feb. 1999–3. Feb. 2000

* Zeigt die Grundposition der Zahl Eins auf der Universaltafel.

Element: Wasser
Naturphänomen: Wasser in Bewegung
Symbolik: Das Naturphänomen Wasser verweist auf die Idee eines einzelnen Wassertropfens, der sich einen Berg hinunterbewegt. Er findet einen anderen Tropfen und bildet einen kleinen Bach, der wiederum in einen großen Fluß mündet und irgendwann ins Meer fließt. So beginnt der einzelne Wassertropfen seine Reise oben und fließt hinunter – nur aufgehalten durch die Unebenheiten der Erde, wo das Wasser gestaut werden kann. Seine Reise ist oft dunkel und schwierig, wenn es sich um die Bäume herum und unter Felsen und Geröll bewegt.

36

Assoziationen: Aus dieser symbolischen Natur ergibt sich eine unendliche Anzahl von Assoziationen. Mit der Bewegung des Wassers sind Mühsal und Schwierigkeiten verknüpft. Durch die Leichtigkeit, mit der sich das Wasser anderem Wasser zugesellt, um größer zu werden, werden geselliges Wesen und Diplomatie nahegelegt. Durch sein Verschmelzen und seine Verbundenheit wird auch die Sexualität mit dem Wasser assoziiert. Wasser wird um seine Hindernisse herumfließen, aber immer in Bewegung bleiben, um seine Bestimmung zu erreichen. Anfänge aller Art und die sie begleitenden Schwierigkeiten sowie die Unabhängigkeit, die aus selbständigen Unternehmungen resultiert, werden durch den einzelnen Wassertropfen suggeriert, der sich auf seine Reise macht. Die unbegrenzte Bewegung des Wassers kann schwermütig, dunkel und geheimnisvoll sein. Sie kann negativ sein. Von der ständigen Bewegung des Wassers, von der Ungewißheit, was als nächstes geschieht, kommt Unsicherheit. Aus ihr entsteht Unabhängigkeit, der Mut, dem Unbekannten entgegenzusehen. Oft ist die Unabhängigkeit von Einsamkeit begleitet.

Im menschlichen Leben: Allgemein gesprochen hat die Zahl eins zwei Seiten – die düstere oder negative und die lebendige oder positive. Oft gibt es distanzierte Beziehungen zu einem oder beiden Elternteilen, vor allem zum Vater. Viele Einser steuern ihr Leben unter großen Mühen aus der Kindheit heraus. Die schwierigen Erfahrungen geben ihnen Geduld und treiben sie zur Unabhängigkeit. Diese Kräfte bescheren ihnen zukünftigen Erfolg, wie ein Wassertropfen letztendlich ein großes Meer erschafft.

Die Einser haben eine größere Erfolgschance durch eine eigene Unternehmung als durch etwas, was sie vielleicht geerbt haben. Sie sind kämpferisch unabhängig, talentiert, intelligent und hassen es, herumgestoßen oder durch irgend jemanden oder irgend etwas eingeschränkt zu werden. Es ist leicht für sie, in einer gegebenen Situation die Führung zu ergreifen. Oft können sie besser mit einem Fremden Beziehungen entwickeln als mit ihren eigenen Blutsverwandten, und sie sind dadurch fähig, einen großen Bekanntenkreis aufzubauen.

Diese Menschen müssen sich vor einer zu großen Unabhängigkeit hüten, die sie zu allzu überzeugter Rationalisierung und später zu Einsamkeit und Isolation führen kann. Sie haben Schwierigkeiten, Begonnenes zu Ende zu bringen.

Allgemeiner Rat: Dauernder Erfolg hängt oft davon ab, ob gute Freundschaften geschlossen werden oder nicht. Sie sollten keine Angst vor den schwierigen Zeiten in Ihrer Jugend haben – oft sind es die aus diesen Erfahrungen gelernten Lektionen, die im späteren Leben zu großem Erfolg verhelfen. Sie sollten darauf hören, was Ihre Freunde sagen, und nicht allzusehr von sich selbst überzeugt sein!

Typ Zwei

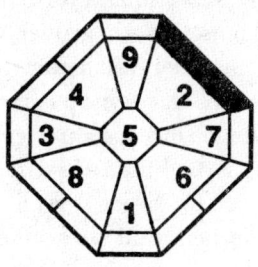

Jahr der Zahl Zwei*

4. Feb. 1899–3. Feb. 1900	4. Feb. 1953–3. Feb. 1954
5. Feb. 1908–3. Feb. 1909	4. Feb. 1962–3. Feb. 1963
4. Feb. 1917–4. Feb. 1918	4. Feb. 1971–4. Feb. 1972
4. Feb. 1926–4. Feb. 1927	5. Feb. 1980–3. Feb. 1981
5. Feb. 1935–4. Feb. 1936	4. Feb. 1989–3. Feb. 1990
5. Feb. 1944–3. Feb. 1945	4. Feb. 1998–3. Feb. 1999

* Zeigt die Grundposition der Zahl Zwei auf der Universaltafel.

Naturphänomen: Erde
Element: Erde
Symbolik: Die Erde wird symbolisch als die Mutter des Universums dargestellt, im Gegensatz zum Himmel, dem Vater. Die Erde ist in der Position des Empfangens der Energie von oben, die immer absteigend ist, um alle Geschöpfe zu nähren und warm zu umfangen. Gegebene Energie anzunehmen, ist eine der ureigensten Qualitäten der Erde, und es ist diese sanfte Empfänglichkeit, die die Erde dazu befähigt, alles Leben zu bewahren und zu ernähren.
Assoziationen: Von diesen Bildern leitet sich eine Unzahl von Assoziationen wie Geduld, Ruhe, Vorsicht und Fleiß angesichts von Schwierigkeiten ab, da Wachstum und Nähren Zeit kosten und oft viel Arbeit erfordern. Die Empfänglichkeit bringt Qualitäten der Hingabe, der Hilfsbereitschaft, der Selbstaufopferung und des Dienens als Gegensatz zur Führerschaft hervor. Beständigkeit.

Im menschlichen Leben: Dieser Personentyp wird oft als »der ruhende Pol einer Aktion« bezeichnet. Normalerweise zurückhaltend und sanft, sind solche Menschen zu großer Geduld, zu Fleiß und Hingabe fähig. Aber wie auch der Wachstumsprozeß, den sie darstellen, brauchen sie Zeit, um ihre Karriere zu entwickeln. Aufgrund ihrer konservativen Natur bauen sie ihre Erfahrungen langsam und allmählich auf. Daß sie zuerst als Gehilfen für eine starke Persönlichkeit arbeiten (da Dienen natürlich für sie ist), gibt ihnen die Grundlage, von der aus sie wachsen und lernen, und sie können auf diese Weise ihre Ziele viel leichter erreichen.

Manche Zweier haben es jedoch eilig mit dem Erfolg und wollen verzweifelt die Führung und Kontrolle der Dinge übernehmen. Dies ist ein Fehler und führt oft zum Scheitern.

Allgemeiner Rat: Eine Entwicklung Schritt für Schritt ist der beste Weg zu Ihrem zukünftigen Erfolg.

Typ Drei

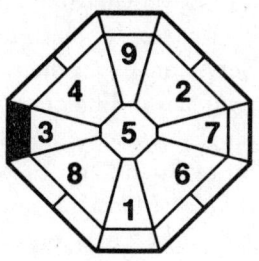

Jahr der Zahl Drei*

4. Feb. 1898–3. Feb. 1899	5. Feb. 1952–3. Feb. 1953
5. Feb. 1907–4. Feb. 1908	4. Feb. 1961–3. Feb. 1962
5. Feb. 1916–3. Feb. 1917	4. Feb. 1970–3. Feb. 1971
4. Feb. 1925–3. Feb. 1926	4. Feb. 1979–4. Feb. 1980
4. Feb. 1934–4. Feb. 1935	4. Feb. 1988–3. Feb. 1989
5. Feb. 1943–4. Feb. 1944	4. Feb. 1997–3. Feb. 1998

* Zeigt die Grundposition der Zahl Drei auf der Universaltafel.

Element: Holz
Naturphänomen: Donner
Symbolik: Das Naturphänomen Donner bringt die Idee eines Ausbruches von explosiver Energie hervor, der den ganzen Himmel erleuchtet und schnell wieder vorbei ist. Der Schall seiner rollenden Schwingungen kann gehört werden, ehe etwas zu sehen ist. Seine Gegenwart kann laut und mächtig genug sein, auch den Furchtlosesten zu erschrecken und zu schockieren. In der Tat ist der Donner eine bedrohliche Erscheinung.
Assoziationen: Aus dieser symbolischen Natur stammen viele Assoziationen. Explosive Energie, Gespanntheit und geschärfte Sensibilität gehören zu den wichtigsten. Aus dieser gespannten Natur ergeben sich auch Heftigkeit, Hast und eine gewisse natürliche Männlichkeit. Dieser Energietyp erzeugt oft Entschiedenheit und ein Verlangen nach

Erfahrung, ohne jedoch die erforderliche Geduld und Beharrlichkeit zu haben, um sich länger auf ein Thema zu konzentrieren. Energieausbrüche können (nicht immer weise) für eine große Vielfalt von Dingen verwandt werden. Donner kann experimentierfreudig und frühreif sein. Explosive Aktivität und Sensibilität deuten auf eine Tendenz zum Zusammenbruch, da solch eine extreme Aktivität nicht über längere Zeiträume aufrechterhalten werden kann.

Im menschlichen Leben: Diese Menschen sind mit natürlicher Spannung und einer enormen Menge Energie gesegnet. Ihre Neigungen führen sie zu verschiedenen Aktivitäten und Erfahrungen (die sie für einige Zeit mit aller Kraft verfolgen, ehe sie sich etwas anderem zuwenden), und ihre Erfindung neuer Möglichkeiten, vor allem im frühen Leben, läßt sie oft bereits in jungen Jahren erfolgreich werden.

Ihre schnelle Entschlossenheit, Chancen wahrzunehmen, läßt sie oft voreilig und hastig entscheiden. Ständig in Bewegung und vorwärtsdrängend, nehmen sie Einflüsse der Umgebung nicht wahr, die berücksichtigt werden sollten. Diese Leute haben es schwer, sehr lang an einem Platz zu bleiben. Zur Begleitung ihrer großen Energie und Entschlossenheit müssen sie Geduld und Ausdauer entwickeln, denn sie können sich leicht erschöpfen, indem sie zu vieles entweder zu schnell oder auf einmal zu tun versuchen.

In den menschlichen Beziehungen sind diese Menschen aufgrund ihres Wesens offen und ehrlich, aber auch hochgradig empfindlich. Sie können manchmal einsam sein, da sie andere mit ihrer Offenheit schnell verletzt haben. Es ist schwer für sie, durch andere Befriedigung zu erlangen – für sie ist das, »was ich selbst getan habe«, das Wichtige. Sie müssen mit allem selbst fertig werden, und ihre natürliche Voreingenommenheit befiehlt ihnen, daß sie ihre Energie nur für Dinge einsetzen, die sie wirklich tun wollen. Auch Beziehungen können davon abhängen, und diese Selbstbezogenheit kann ihnen unbeabsichtigte Einsamkeit bescheren.

Sie liegen oft im Streit mit ihren Vätern oder stehen ihnen distanziert gegenüber; in Verbindung mit ihrer eigenen überschäumenden Energie entstehen daraus Stärke und Lebenskraft.

Allgemeiner Rat: Beißen Sie nicht mehr ab, als Sie kauen können. Tragen Sie keine Absätze, die zu hoch sind, meine Damen. Es könnte sein, daß Sie einen langen Weg zu laufen haben.

42

Typ Vier

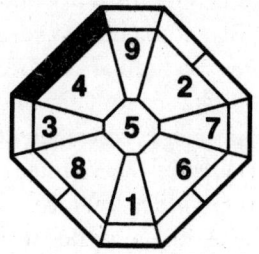

Jahr der Zahl Vier*

3. Feb. 1897–3. Feb. 1898	5. Feb. 1951–4. Feb. 1952
5. Feb. 1906–4. Feb. 1907	5. Feb. 1960–3. Feb. 1961
5. Feb. 1915–4. Feb. 1916	4. Feb. 1969–3. Feb. 1970
5. Feb. 1924–3. Feb. 1925	4. Feb. 1978–3. Feb. 1979
4. Feb. 1933–3. Feb. 1934	4. Feb. 1987–3. Feb. 1988
4. Feb. 1942–4. Feb. 1943	4. Feb. 1996–3. Feb. 1997

* Zeigt die Grundeinstellung der Zahl Vier auf der Universaltafel.

Element: Holz

Naturphänomen: Wind

Symbolik: Das Naturphänomen Wind beinhaltet die Idee der Bewegung, dauernder Bewegung, die nicht immer gesehen oder gehört werden kann. Im Unterschied zum Wasser, das sich offensichtlich nach unten bewegt, neigt der Wind dazu, sich in alle Richtungen zu bewegen, ohne regelmäßigen Plan und völlig unsichtbar. Wind kann wild wie ein Sturm und sanft wie ein Hauch sein. Sein Wesen ist von der Art, daß er andere Dinge von Ort zu Ort tragen kann, so daß er Beziehungen leichter macht und dem Leben hilft, sich zu erneuern.

Assoziationen: Durch dieses symbolische Wesen werden mehrere Assoziationen nahegelegt. Sanfte, leichte Bewegung, die immer weitergeht und alle Dinge berührt, zeigt echte Zärtlichkeit und Zuneigung innerhalb des gesellschaftlichen Rahmens an. Die Kommunikation fließt ruhig und wird durch diese Sanftheit erleichtert, die ihre natürliche Gabe ist. Starkes Gefühl wird durch die Variabilität der Geschwindigkeit und der Richtung des Windes angezeigt – vergleichbar den turbulenten und wechselhaften Gefühlen der Menschen. Intimität wird durch Gefühl vertieft, Distanz durch den Mangel an tiefer Kommunikation nahegelegt; Vertrauen durch die Stärke, mit der der Wind ein Segel treibt oder Pflanzensamen trägt. Auch auf Unentschiedenheit wird hingewiesen (der Versuch, »den Wind zu fangen«), was einen Mangel an Klarheit erzeugt, der wiederum Zweifel schafft. Die Sanftheit verbirgt oft stärkeres Verlangen oder weltlichen Sinn, was sich als Gier oder Vergnügungssucht zeigen kann.

Im menschlichen Leben: Diese Menschen haben das Bedürfnis, für andere zu sorgen. Sie sind »anschmiegsam«, gefühlsbetont und liebevoll, normalerweise mit einem großen sozialen Umfeld. Ihre sanfte Natur und leichte Art werden von anderen sehr geschätzt.

Allgemein gesprochen wird das Leben dieser Menschen stark von Emotionen beeinflußt, und sehr oft handeln sie nur aufgrund ihrer Gefühlsimpulse. Sie sind sehr freigebig und erlangen durch ihre Fürsorge für andere Menschen einen guten Ruf und Vertrauen. Sie haben eine bessere Chance, das Vertrauen anderer zu gewinnen, als ein großes Vermögen zu schaffen. Oft kommt der Erfolg als das Ergebnis von Anstrengungen, die sie für andere unternommen haben.

Es ist schwer, ihr Wesen definitiv zu beschreiben, denn sie sind in der Tat wie der Wind und können ihre Meinung schnell ändern. Ihre leichte Bereitschaft, umherzuschweifen oder einer Laune zu folgen, kann Probleme schaffen. Die Unentschiedenheit, wenn sie zum Beispiel etwas in ihrem Kopf nicht klären können, schafft Zweifel und Verwirrung. Dies kann in der Ehe auftreten, wo Unentschiedenheit, Interesselosigkeit oder Sinneswandel Kummer bereiten.

Obgleich diesen Menschen oft eine zu große Oberflächlichkeit vorgeworfen wird, verbirgt oder verdunkelt ihr ungezwungenes Auftreten gern ihre wirklichen Wünsche, die tatsächlich sehr tiefsitzend und selbstsüchtig sein können! Es ist schwer für andere Menschen, ihre Gedanken zu ergründen, weil sie innerlich eine vorausbestimmte Richtung haben, aber nach außen unentschlossen erscheinen.

Allgemeiner Rat: Seien Sie großzügig und *geben Sie zuerst!* Erwarten Sie nicht, etwas von anderen zu bekommen, bevor Sie gegeben haben.

Typ Fünf

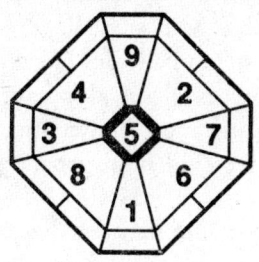

Jahr der Zahl Fünf*

4. Feb. 1896–2. Feb. 1897	4. Feb. 1950–4. Feb. 1951
4. Feb. 1905–4. Feb. 1906	4. Feb. 1959–4. Feb. 1960
5. Feb. 1914–4. Feb. 1915	5. Feb. 1968–3. Feb. 1969
5. Feb. 1923–4. Feb. 1924	4. Feb. 1977–3. Feb. 1978
5. Feb. 1932–3. Feb. 1933	4. Feb. 1986–3. Feb. 1987
4. Feb. 1941–3. Feb. 1942	4. Feb. 1995–3. Feb. 1996

* Zeigt die Grundposition der Zahl Fünf auf der Universaltafel.

Element: Erde

Naturphänomen: Ursprüngliche Kraft

Symbolik: Der Status der Zahl fünf ist von dem der anderen acht Zahlen verschieden. Sie wird bei weitem als die mächtigste Zahl von allen betrachtet. Als eine größere, ursprüngliche Kraft erhebt sie sich von der Erde empor und besitzt sowohl schöpferische als auch zerstörerische Fähigkeiten. Auch repräsentiert die Zahl fünf das menschliche Wesen als das Zentrum seiner eigenen Welt.

Assoziationen: Geburt und Tod, als Beispiele für Schöpfung und Zerstörung, sind hier Sinnbilder, ebenso wie alle Naturkatastrophen. Angezeigt ist ursprüngliche Kraft (etwa für Stärke und Macht), die ererbt oder »gottgegeben« ist. Die Zahl Fünf ist der große Beherrscher – sowohl im Sinne von Macht oder Kontrolle über andere als auch von Selbstbeherrschung. Daraus ergeben sich die Ideen von Ego, Stärke,

Kühnheit, Führungspotential, Größe von Begabung und Fähigkeiten. Die Kreativität ist überschäumend, aber mit ihr kommt auch das Gegenteil, die Zerstörung. Wie sich die Zahl Fünf erschaffen und erneuern kann, so kann sie im Falle des Gegensatzes eine andere Zahl oder sich selbst zerstören. Dieses doppelgesichtige Potential von Schöpfung und Zerstörung muß immer im Gleichgewicht bleiben, damit die große Kraft der Zahl Fünf gebändigt und konstruktiv genutzt werden kann.

Im menschlichen Leben: Die meisten dieser Menschen verbringen ihre Kindheit in einem schwierigen Familienumfeld. Es ist ungewöhnlich für sie, Hilfe von ihren Familien auf ihrem Weg hinaus in die Welt zu bekommen. Der beste Weg für sie, ihre Zukunft aufzubauen, liegt außerhalb ihrer Familien; oft wird ihnen von Fremden geholfen. Dies verleiht ihnen eine gewisse Kühnheit und Stärke in weltlichen Angelegenheiten. Schließlich ist es ihr Wesen, großes Talent zu besitzen. Manche von ihnen haben eine ungebändigte Wildheit und Rauheit in sich und arbeiten hart. Ihre Geisteshaltung ist unbezähmbar und ihre Beharrlichkeit unbeirrbar, besonders bezüglich der Karriere. Dies kommt zu ihren starken Begabungen hinzu. Sie haben ein fatalistisches Verhältnis zum Spiel und versuchen, in Geldangelegenheiten ihr Glück auf einen Schlag zu machen.

Allgemeiner Rat: Gewinn oder Verlust? Sie haben die Wahl.

Typ Sechs

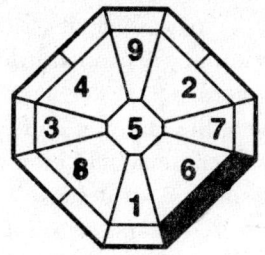

Jahr der Zahl Sechs*

4. Feb. 1895–3. Feb. 1896	4. Feb. 1949–3. Feb. 1950
5. Feb. 1904–3. Feb. 1905	4. Feb. 1958–3. Feb. 1959
4. Feb. 1913–4. Feb. 1914	4. Feb. 1967–4. Feb. 1968
5. Feb. 1922–4. Feb. 1923	5. Feb. 1976–3. Feb. 1977
5. Feb. 1931–4. Feb. 1932	4. Feb. 1985–3. Feb. 1986
5. Feb. 1940–3. Feb. 1941	4. Feb. 1994–3. Feb. 1995

* Zeigt die Grundposition der Zahl Sechs auf der Universaltafel.

Element: Metall
Naturphänomen: Himmel
Symbolik: Der Himmel wird im Vergleich zur Erde, der Mutter, symbolisch als der Vater des Universums dargestellt. Der Himmel ist das aktive, kreative Prinzip, der Spender des Lebens, der Energie. Die himmlische Energie wurde von den Gelehrten immer als von oben absteigend beschrieben, als das Belebende des Universums und aller Geschöpfe.
Assoziationen: Der Himmel suggeriert Beständigkeit, Klarheit und Vollkommenheit. Das Zentrum der geistigen Ordnung, Organisation und Allmacht ist angezeigt. (Nichts kann größer sein als der Himmel!) Auch Stolz, Vollständigkeit und Unabhängigkeit. Starrsinn führt zu einem Mangel an Anpassungsfähigkeit. Der Himmel kann gnadenlos oder arrogant sein. Er ist positiv, aktiv, entschieden und würdevoll.

47

Im menschlichen Leben: Diese Menschen werden gewöhnlich in einem sehr machtvollen Abschnitt des Lebens ihrer Eltern geboren. Während sie aufwachsen, hat das Glück der Eltern jedoch die Tendenz zum Niedergang, und sie können bis zum mittleren Alter mit schwierigen Zeiten konfrontiert werden.

Die Sechser haben eine noble Haltung und einen hochorganisierten effektiven Verstand, der ihnen die Macht gibt, alle Schwierigkeiten zu überwinden. Manchmal sind sie zu defensiv, und ihre überwiegend vorsichtige Haltung kann Versäumnisse zur Folge haben. Aufgrund des berechnenden Teils ihres Wesens fühlen sie sich in sozialen Situationen oft unwohl. Ihre Art, sich auszudrücken, die sehr direkt und ganz und gar nicht sanft ist, kann andere beleidigen, ohne daß dies wirklich beabsichtigt ist. Sie müssen darauf achten, die Wünsche anderer zu berücksichtigen.

Diese Menschen sind oft unzufrieden, weil es nie leicht für sie ist, ihre Überlegungen und ihre Persönlichkeit schnell auf einen Kompromiß einzustellen. Die Sechser müssen die Dinge immer auf ihre eigene Weise tun und sollten darauf achten, daß sie sich dabei nicht isolieren.

Eine wichtige Rolle in ihrem Leben spielt der Stolz. Einerseits läßt sie ihr Sinn für Stolz denken, daß alles, was sie tun, richtig ist, so daß vielleicht andere durch ihr Vorgehen befremdet sind; auf der anderen, positiveren Seite befähigt sie ihr Stolz, stark genug zu sein, um in schwierigen Zeiten ruhig und geduldig auszuharren.

Allgemeiner Rat: Geben Sie jemandem einen Apfel, wenn er einen Apfel will, auch wenn Sie glauben, für ihn wäre eine Birne besser.

Typ Sieben

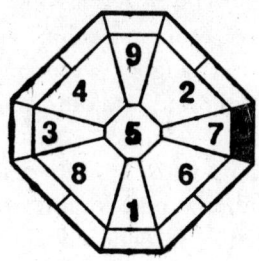

Jahr der Zahl Sieben*

4. Feb. 1894–3. Feb. 1895	5. Feb. 1948–3. Feb. 1949
5. Feb. 1903–4. Feb. 1904	4. Feb. 1957–3. Feb. 1958
5. Feb. 1912–3. Feb. 1913	4. Feb. 1966–3. Feb. 1967
4. Feb. 1921–4. Feb. 1922	4. Feb. 1975–4. Feb. 1976
4. Feb. 1930–4. Feb. 1931	4. Feb. 1894–3. Feb. 1985
5. Feb. 1939–4. Feb. 1940	4. Feb. 1993–3. Feb. 1994

* Zeigt die Grundstellung der Zahl Sieben auf der Universaltafel.

Element: Metall
Naturphänomen: Teich oder See
Symbolik: Das Naturphänomen Teich oder See erzeugt die Vorstellung von Wasser, das an einem Ort zusammenkommt oder aufgestaut wird. Es gibt allen Geschöpfen Nahrung und hilft ihnen, stark zu werden. Diese Stärke bringt Reichtum und Glück.
Assoziationen: Diese Bilder suggerieren Assoziationen von Freude, Genuß, Vergnügen, Unterhaltung, Zuneigung und Geld. Wellen auf dem See erzeugen auch die Vorstellung von Nervosität, die häufig mit diesem Charakter verknüpft ist.
Im menschlichen Leben: Die meisten dieser Menschen sind sehr gesellig und gute Redner und Unterhalter. Ihr scharfer Verstand wird durch ihre Überlegungen im eigenen Interesse unterstützt. Aber sie neigen zur Nervosität und sind für mutwilliges Verhalten anfällig.

Ihr Wesen macht sie von Natur aus flexibel und oberflächlich.

Wenn sie in ihrer Jugend von ihren Familien zu nachsichtig behandelt werden, werden sie verdorben, hochmütig und extravagant sein. Dies kann ihnen zum Verhängnis werden. Die Siebener werden geachtet, weil sie schlagfertig sind und die Gabe haben, zu fühlen, was andere denken.

Da diese Menschen optimistisch sind, neigen sie weniger dazu, Projekte zu Ende zu führen, und kaum zur Kritik ihres eigenen Verhaltens. Sie sind wenig ausdauernd. Den Siebenern muß die Möglichkeit gegeben werden, Eigenständigkeit zu erlernen, um ihre Karriere zu entwickeln. Wenn sie es einmal gelernt haben, hilft ihnen ihr natürlicher Eigennutz, ihr Leben beträchtlich zu verbessern. Ihre leichte, anpassungsfähige Natur macht sie sehr gesellig, aber nicht immer aufrichtig. Sie sind offen und direkt, aber schnell bereit, ihre Meinung zu ändern.

Allgemeiner Rat: Geld ist wichtig, aber es gibt viele andere Dinge im Leben, die ebensowichtig sind, besonders die Entwicklung von Aufrichtigkeit, durch die in Ihrem Leben alles besser werden kann. Hüten Sie sich vor Arroganz!

Typ Acht

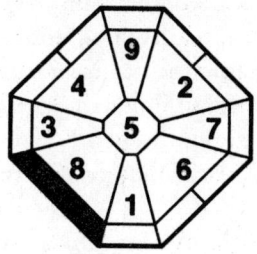

Jahr der Zahl Acht*

3. Feb. 1893–3. Feb. 1894	5. Feb. 1947–4. Feb. 1948
5. Feb. 1902–4. Feb. 1903	5. Feb. 1956–3. Feb. 1957
5. Feb. 1911–4. Feb. 1912	4. Feb. 1965–3. Feb. 1966
5. Feb. 1920–3. Feb. 1921	4. Feb. 1974–3. Feb. 1975
4. Feb. 1929–3. Feb. 1930	4. Feb. 1983–3. Feb. 1984
4. Feb. 1938–4. Feb. 1939	4. Feb. 1992–3. Feb. 1993

* Zeigt die Grundposition der Zahl Acht auf der Universaltafel.

Element: Erde

Naturphänomen: Berg

Symbolik: Das Naturphänomen Berg erzeugt die Vorstellung einer Anhäufung von Erde, die sich an einer Stelle ansammelt, um der hohe, erhabene, starke, unbewegliche und imponierende Berg zu werden. Von der Spitze des Berges aus kann man nach allen Richtungen viel sehen, aber der Berg selbst steht unverrückbar an einer Stelle.

Assoziationen: Ein freier Geist beruht auf dem überlegenen Standpunkt eines weitreichenden Blickes, ebenso wie sein Gegenteil, der Hochmut. Stabilität, Starrsinn, Stärke und Ausdauer werden mit der Unbeweglichkeit des Berges assoziiert. Stolze Einsamkeit und glanzvolle Abgeschiedenheit bieten sich ebenfalls an, obgleich sie vielleicht als Selbstverteidigung kultiviert werden. Von dem Bild der Anhäufung glaubt man oft, daß es mögliche Erbschaft oder Nachfolge anzeigt.

51

Aber der Aufbau eines Berges ist nicht immer ein glatter und kontinu-ierlicher Prozeß, und das Ergebnis kann Stagnation sein.

Im menschlichen Leben: Die Achter können äußerlich starrsinnig erscheinen, sind aber innerlich sanft. Es ist leicht, sie zu mögen, und in vieler Hinsicht auch leicht, mit ihnen in Beziehung zu treten. Manch-mal führt ihr Eigensinn zu kindischen Handlungen. Ihre Beharrlich-keit und ihr Bedürfnis, Beziehungen zu monopolisieren, erzeugt intensive Eifersucht.

Die gierige Seite ihres Wesens macht sie für prinzipienloses und skrupelloses Verhalten anfällig, wenn es um ihr Eigeninteresse geht. Weil sie in dieser Weise ihre Meinung ändern, halten die Leute sie für unaufrichtig. Sie haben einen doppelgesichtigen Charakter – sanft, aber gierig. Ihre Motivationen bewegen sich zwischen diesen zwei mächtigen Kräften hin und her.

Wo es um Zuneigung geht, suchen die Achter nach Abwechslung und Abenteuer. In Geldangelegenheiten sind sie geschickt, Chancen bereitwillig zu ergreifen. Sie sind gut im Rechnen, sparsam und besitzergreifend.

Oft sind diese Menschen im späteren Leben erfolgreicher, wenn ihre frühen Jahre damit zugebracht wurden, herumzujagen und zu ver-suchen, Reichtum oder Stellung für sich aufzubauen. Diese Art von Anstrengung kostet enorme Energie, und mit der Zeit lernen diese Menschen, ihre Energien wirksamer zu nutzen. Auch bedürfen sie der Hilfe einer stärkeren oder einflußreicheren Person, um zu erreichen, was sie wollen; allein haben sie nicht die Kraft, die das erfordert.

Allgemeiner Rat: Wenn Sie es verstehen, zu einer stärkeren Person loyal zu sein und Geduld zu haben, wird sich Ihr Leben großartig verbessern. Wie der Berg standfest bleibt, so müssen auch Sie lernen, alle Stürme zu überstehen und auf die richtige Zeit zum Handeln zu warten. Dann aber handeln Sie mit Entschiedenheit!

Typ Neun

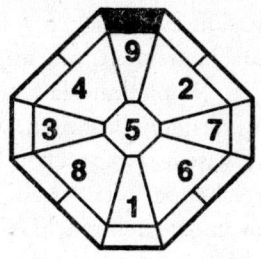

Jahr der Zahl Neun*

4. Feb. 1892–2. Feb. 1893	4. Feb. 1946–4. Feb. 1947
4. Feb. 1901–4. Feb. 1902	5. Feb. 1955–4. Feb. 1956
5. Feb. 1910–4. Feb. 1911	5. Feb. 1964–3. Feb. 1965
5. Feb. 1919–4. Feb. 1920	4. Feb. 1973–3. Feb. 1974
5. Feb. 1928–3. Feb. 1929	4. Feb. 1982–3. Feb. 1983
4. Feb. 1937–3. Feb. 1938	4. Feb. 1991–3. Feb. 1992

---

* Zeigt die Grundposition der Zahl Neun auf der Universaltafel.

Element: Feuer

Naturphänomen: Feuer

Symbolik: Das Naturphänomen Feuer verbindet sich mit der Vorstellung äußerer Helligkeit und Hitze und innerer Dunkelheit und Kälte. Hell und schön ist die farbige Flamme, und das starke prasselnde Geräusch des Feuers erinnert uns an seine Kraft. Wenn es sich erschöpft hat, kehrt es in die Leere zurück.

Assoziationen: Das Bild des Feuers zeigt Helligkeit an, weitsichtige Intelligenz, Ruhm und Erfolg. Die Erscheinung des Feuers deutet auf große Schönheit und einen Sinn für guten Geschmack. Die mit dem Feuer verbundenen Leute demonstrieren die Art von Selbstdarstellung, die man gelegentlich als »Star-Qualität« bezeichnet. Die Hitze des Feuers zeigt seine Leidenschaft, und sein Brennen Raserei, Ungeduld und Verachtung. Seine Helligkeit leuchtet mit Selbstvertrauen,

53

während das ständige Flackern seinen Wankelmut zeigt. Zuviel Zurschaustellung deutet auf Eitelkeit.

Im menschlichen Leben: Diese Menschen sind intelligent und besitzen Voraussicht und Entschiedenheit. Sie sind zur Führerschaft auf hohem Niveau befähigt. Ihr Wankelmut läßt sie leicht zornig werden, so daß sie ihre Chance verlieren könnten, wichtige Aufgaben zu vollenden und zu halten, was sie versprochen haben. Neuner können impulsiv und ohne ausreichende Berücksichtigung ihrer Umgebung vorgehen – was Loyalität unmöglich macht. Oft finden diese Individuen sich in einer Notsituation ohne ergebene Gefolgsleute zu ihrer Unterstützung; sie müssen lernen, auf Rat und Bedürfnisse anderer zu achten. Um ihre Projekte zu vollenden, benötigen sie Beständigkeit, Vorsicht und Geduld.

Die Neuner neigen dazu, eine Aura der Überlegenheit um sich zu verbreiten, da sie das Gefühl haben, die Besten, Klügsten und Scharfsinnigsten zu sein. Ihr Selbstvertrauen kann übertrieben werden und in Eitelkeit und Rücksichtslosigkeit gegen andere ausarten.

Allgemeiner Rat: Wenn Sie mehr Großzügigkeit und Wohlwollen entwickeln, können Sie alles erreichen.

Wie Sie Ihre Kontrollzahl finden

Die mittlere Zahl auf den Monatstafeln wird Kontrollzahl genannt. Sie ändert sich jeden Monat entsprechend der Regel der Zahlenbewegung auf der Seite 366 und wird gefunden, indem Sie auf den folgenden Monatstafeln Ihren Geburtsmonat nachschlagen. Leute, die am Anfang eines Monats geboren sind, sollten wieder aufpassen. Je nach Lage Ihres Geburtstages müssen Sie die Tafel der »Daten des Monatswechsels« zu Rate ziehen, um den genauen Tag des Monatswechsels in Ihrem Geburtsjahr gemäß dem chinesischen Mondkalender festzustellen.

Julie Andrews zum Beispiel, die am 1. Oktober 1935 geboren wurde (Grundzahl 2), würde als im September geboren gelten, da der Monatswechsel in diesem Jahr am 8. Oktober stattfindet. Eine gute Faustregel ist, daß Sie die Tafel der »Daten des Monatswechsels« auf den Seiten 62–64 prüfen sollten, um zu sehen, welcher Monat Ihr Geburtsdatum ist, wenn Ihr Geburtstag zwischen dem ersten und dem neunten Tag liegt.

Sobald Sie Ihren Geburtsmonat gefunden haben, schauen Sie auf die folgenden Monatstafeln. Suchen Sie oben auf der entsprechenden Monatstafel Ihre Grundzahl (Tafel A für die Grundzahlen 1, 4 und 7; Tafel B für die Grundzahlen 3, 6 und 9; Tafel C für die Grundzahlen 2, 5 und 8). Dann lokalisieren Sie Ihren Monat.

Diese Tafel ist Ihre Geburtstafel. Kopieren Sie sie auf Ihre Arbeitsunterlage, und lernen Sie sie auswendig! Die Zahl in ihrer Mitte ist Ihre *Kontrollzahl.*

Sagen wir zum Beispiel, Sie sind am 30. August 1946 geboren. Ihre Grundzahl ist 9. Wenn Sie auf die Monatstafel schauen, ist Ihre Monatszahl 8. Indem Sie nun zu den Tafelsystemen für 3, 6 und 9 gehen, sehen Sie, daß Ihre Kontrollzahl 8 ist. Verstanden? Versuchen wir noch ein Beispiel – das System ist ganz einfach, wenn Sie einmal das Prinzip verstanden haben. Wenn jemand am 10. April 1951 geboren ist, ist seine Grundzahl 4. Im Monatstafelsystem für 1, 4 und 7 sehen Sie, daß die Kontrollzahl 6 ist.

1 4 7 Monatstafelsysteme (Kontrollzahlen)

Februar

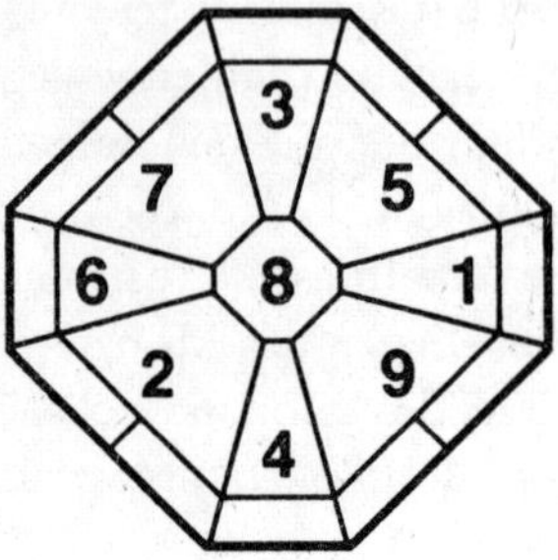

Kontrollzahl **8**

März

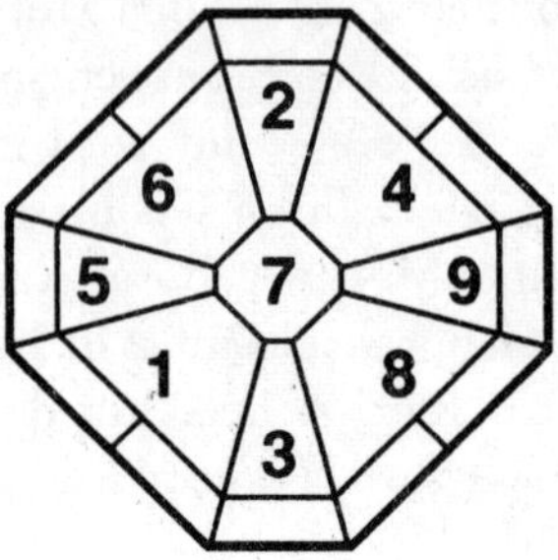

Kontrollzahl **7**

Juni

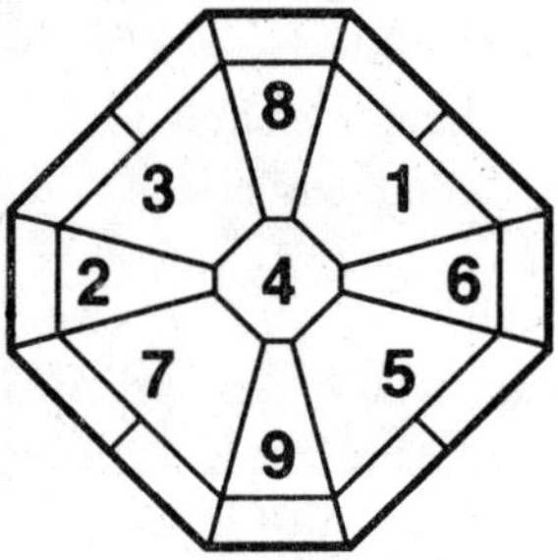

Kontrollzahl **4**

Juli

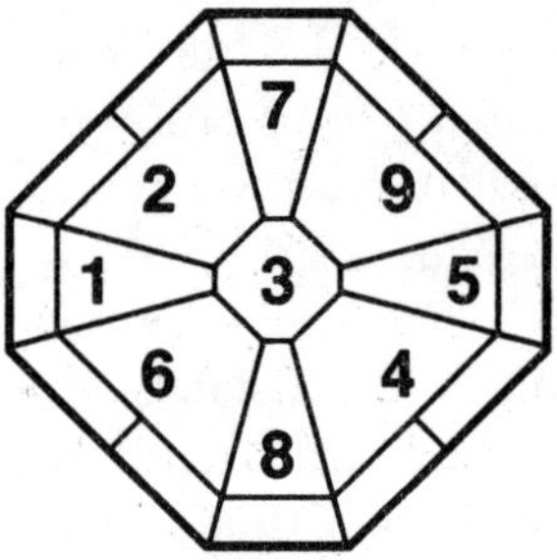

Kontrollzahl **3**

Oktober

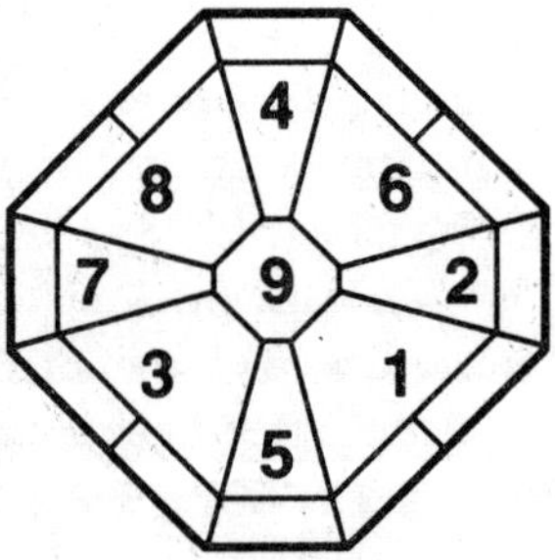

Kontrollzahl **9**

November

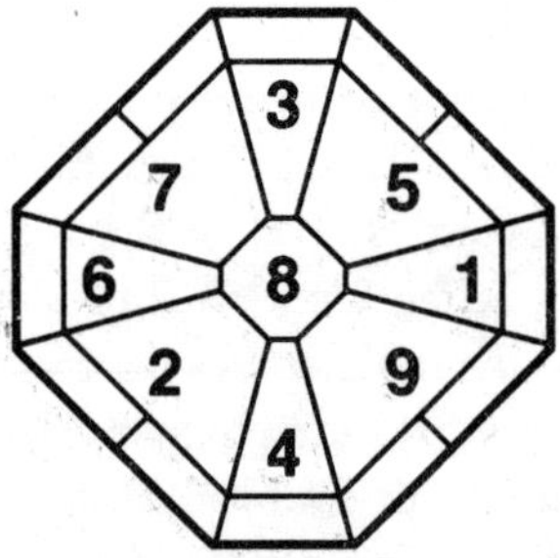

Kontrollzahl **8**

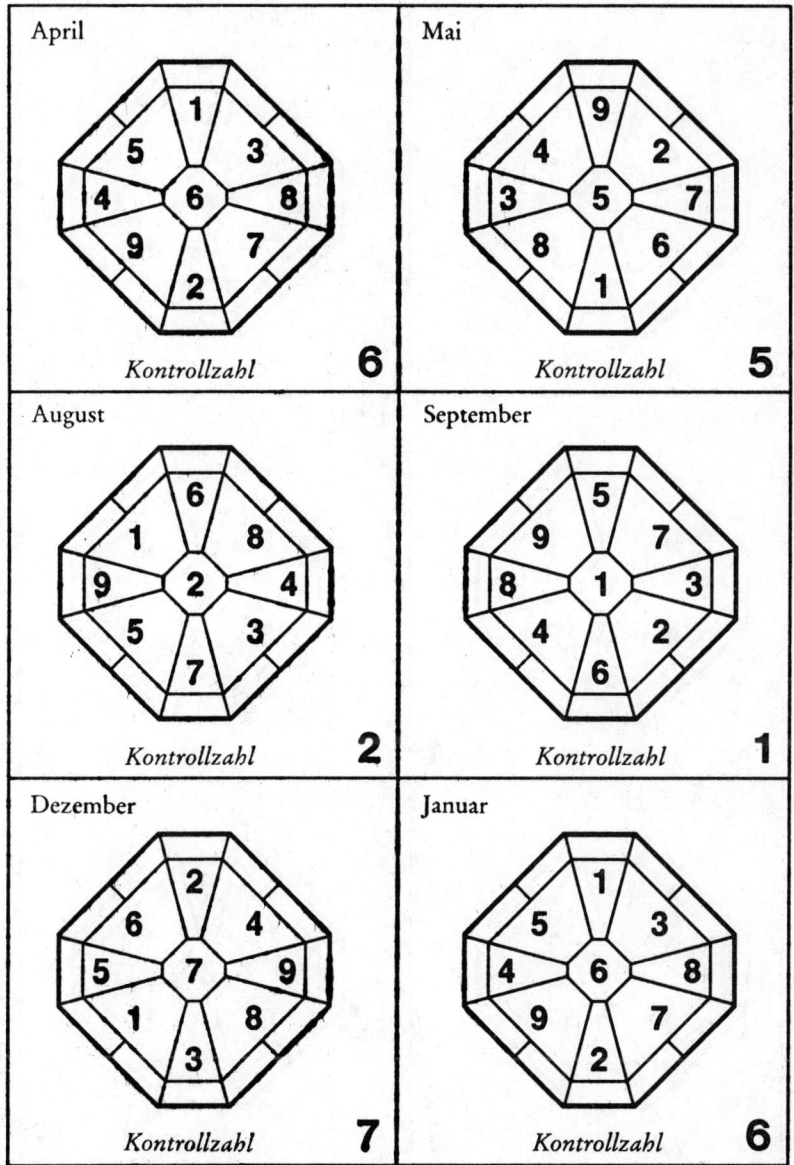

April

5 1 3
4 6 8
9 2 7

Kontrollzahl **6**

Mai

9
4 2
3 5 7
8 6
1

Kontrollzahl **5**

August

6
1 8
9 2 4
5 3
7

Kontrollzahl **2**

September

5
9 7
8 1 3
4 2
6

Kontrollzahl **1**

Dezember

2
6 4
5 7 9
1 8
3

Kontrollzahl **7**

Januar

1
5 3
4 6 8
9 7
2

Kontrollzahl **6**

Februar

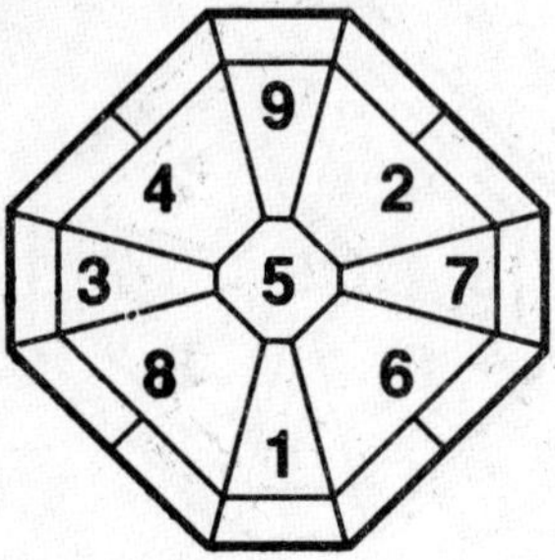

9
4   2
3   5   7
8   6
1

Kontrollzahl　　**5**

März

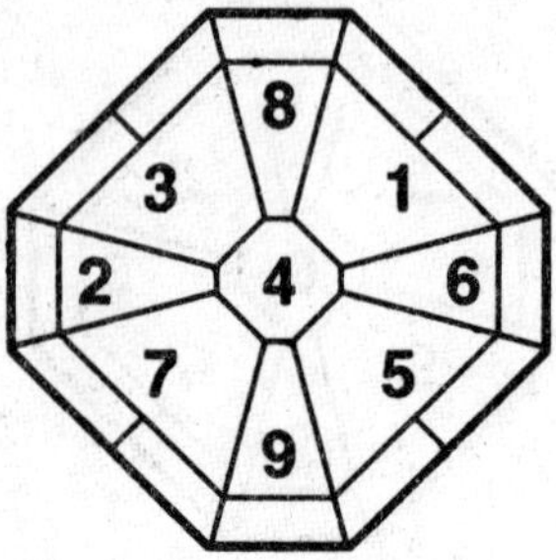

8
3   1
2   4   6
7   5
9

Kontrollzahl　　**4**

Juni

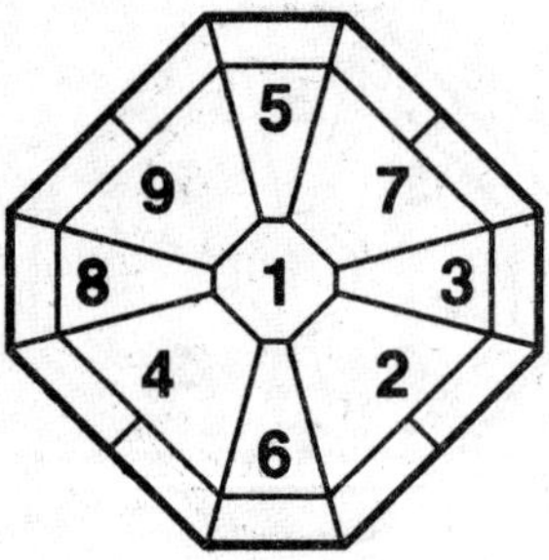

5
9   7
8   1   3
4   2
6

Kontrollzahl　　**1**

Juli

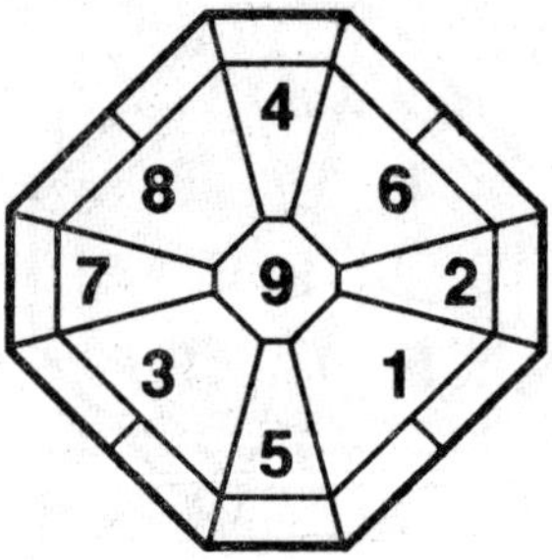

4
8   6
7   9   2
3   1
5

Kontrollzahl　　**9**

Oktober

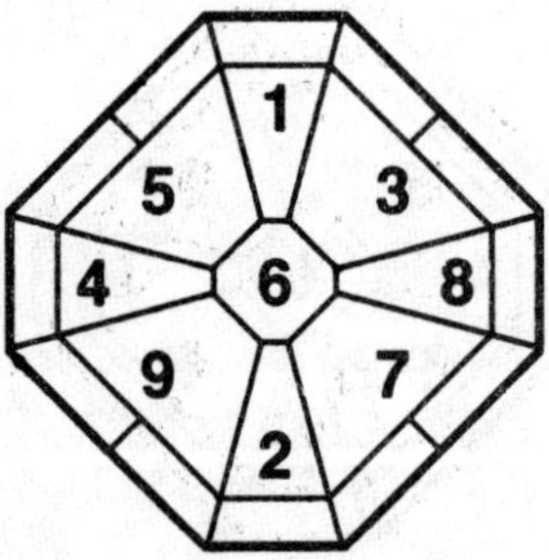

1
5   3
4   6   8
9   7
2

Kontrollzahl　　**6**

November

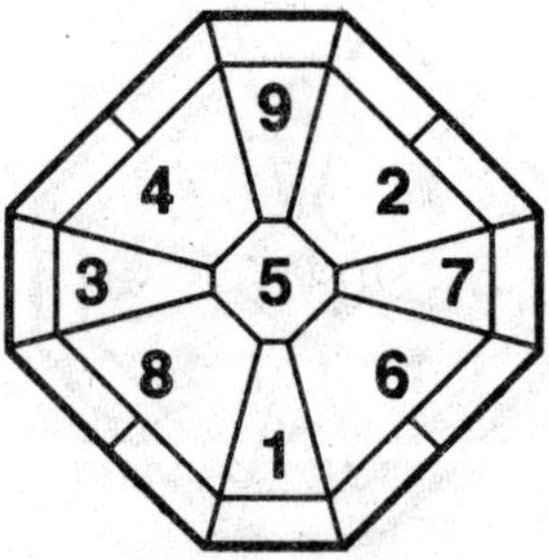

9
4   2
3   5   7
8   6
1

Kontrollzahl　　**5**

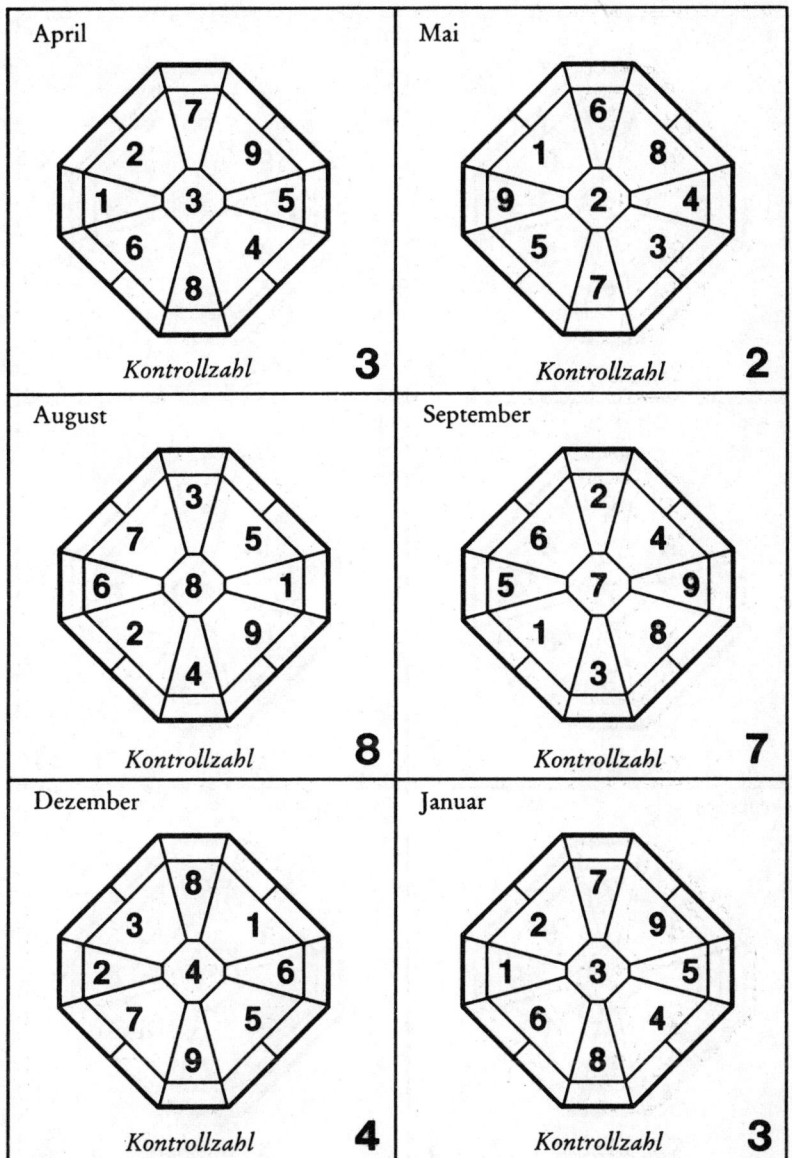

April	Mai
Kontrollzahl **3**	Kontrollzahl **2**
August	September
Kontrollzahl **8**	Kontrollzahl **7**
Dezember	Januar
Kontrollzahl **4**	Kontrollzahl **3**

Februar	März
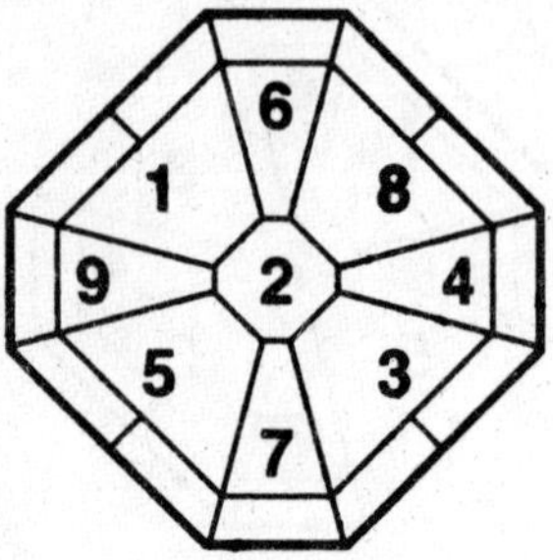 6 1 8 9 2 4 5 3 7	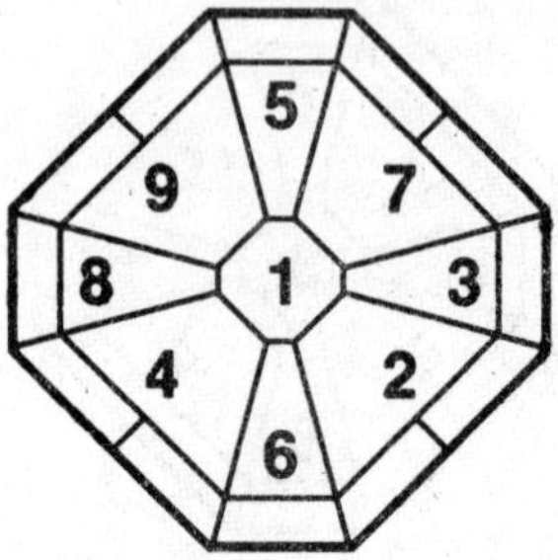 5 9 7 8 1 3 4 2 6
Kontrollzahl **2**	*Kontrollzahl* **1**
Juni	Juli
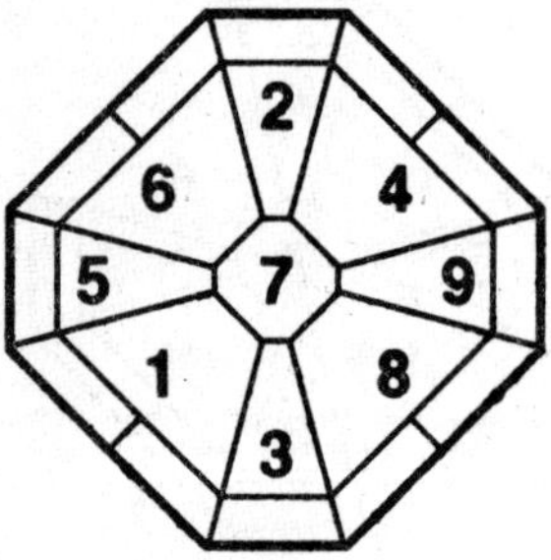 2 6 4 5 7 9 1 8 3	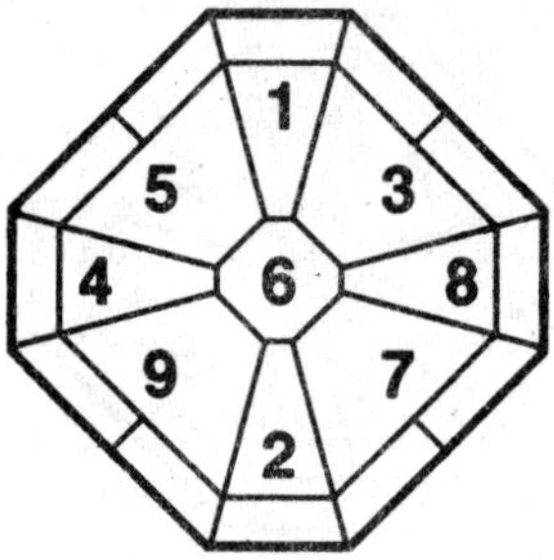 1 5 3 4 6 8 9 7 2
Kontrollzahl **7**	*Kontrollzahl* **6**
Oktober	November
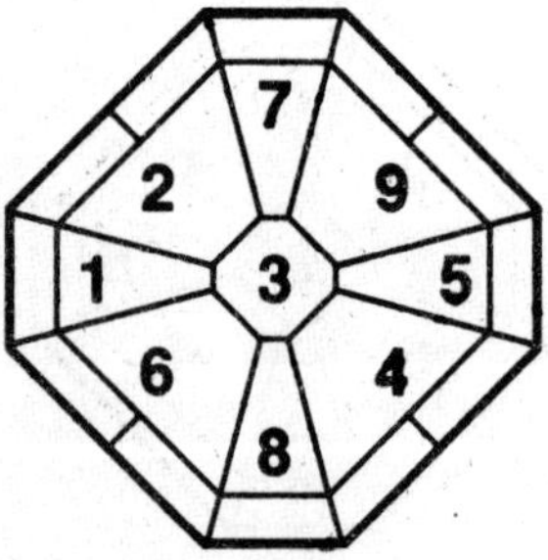 7 2 9 1 3 5 6 4 8	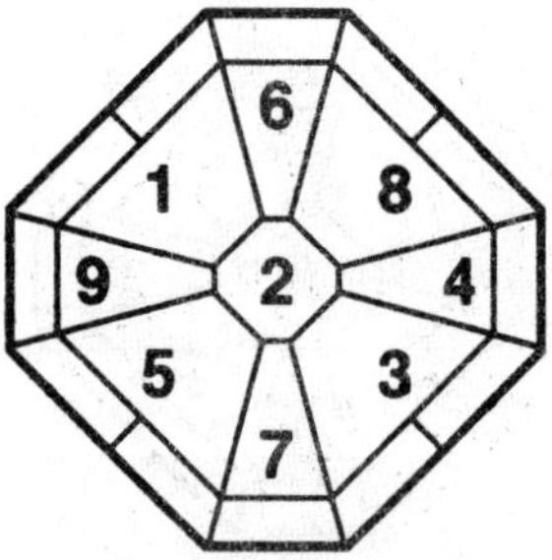 6 1 8 9 2 4 5 3 7
Kontrollzahl **3**	*Kontrollzahl* **2**

60

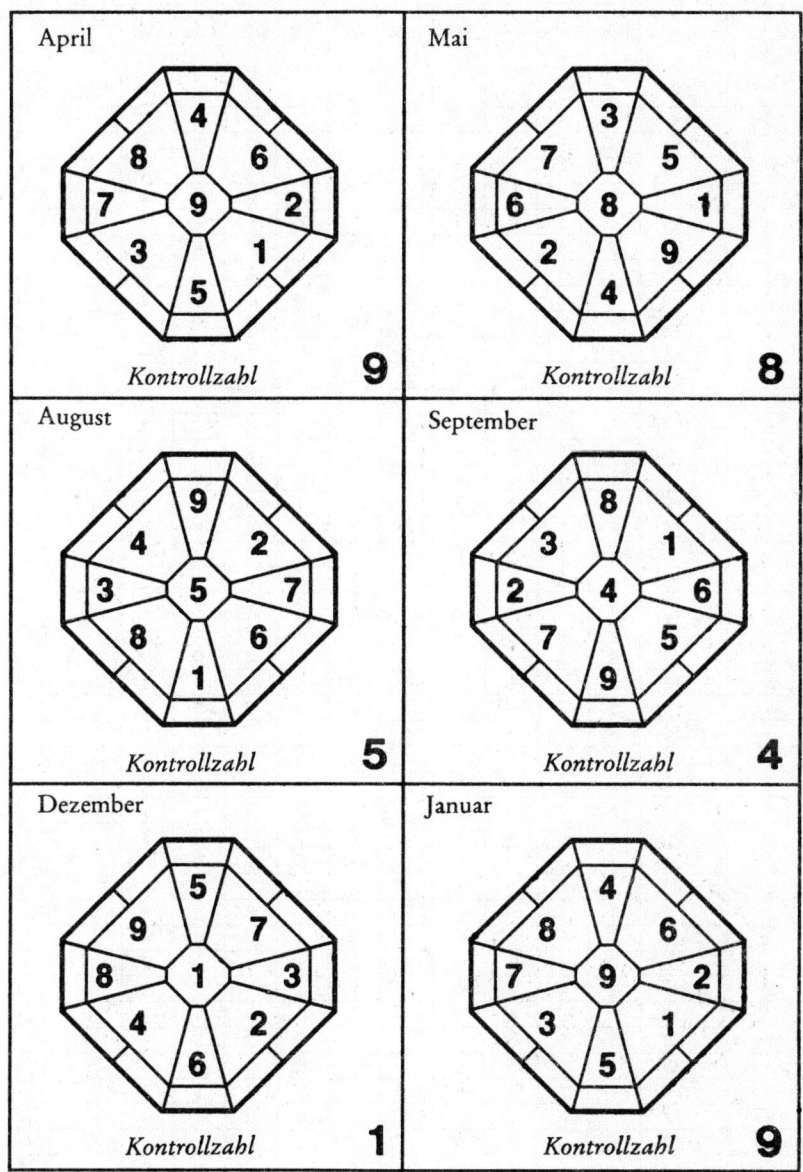

April

4
8 6
7 9 2
3 1
5

Kontrollzahl 9

Mai

3
7 5
6 8 1
2 9
4

Kontrollzahl 8

August

9
4 2
3 5 7
8 6
1

Kontrollzahl 5

September

8
3 1
2 4 6
7 5
9

Kontrollzahl 4

Dezember

5
9 7
8 1 3
4 2
6

Kontrollzahl 1

Januar

4
8 6
7 9 2
3 1
5

Kontrollzahl 9

Daten des Monatswechsels

Zahl des Jahres	Jahr	Feb.	März	Apr.	Mai	Juni	Juli	Aug.	Sept.	Okt.	Nov.	Dez.	Jan.
9	1892	4	5	4	5	5	7	7	7	8	7	5	
8	93	3	5	4	5	5	7	7	7	8	7	7	5
7	94	4	5	5	5	6	7	7	8	8	7	7	5
6	95	4	6	5	6	6	7	8	8	8	8	7	6
5	96	4	5	4	5	5	7	7	7	8	7	6	5
4	97	3	5	4	5	5	7	7	7	8	7	7	5
3	98	4	5	5	5	6	7	7	8	8	7	7	5
2	99	4	6	5	6	6	7	8	8	8	8	7	6
1	1900	4	6	5	6	6	8	8	8	9	8	7	6
9	1	4	6	5	6	6	8	8	8	9	8	8	6
8	2	5	6	6	6	7	8	8	9	9	8	8	6
7	3	5	7	6	7	7	8	9	9	9	9	8	7
6	4	5	6	5	6	6	8	8	8	9	8	7	6
5	5	4	6	5	6	6	8	8	8	9	8	8	6
4	6	5	6	6	6	7	8	8	9	9	8	8	6
3	7	5	7	6	7	7	8	9	9	9	8	8	7
2	8	5	6	5	6	6	7	8	8	9	8	7	6
1	9	4	6	5	6	6	8	8	8	9	8	8	6
9	10	5	6	6	6	7	8	8	8	9	8	8	6
8	11	5	7	6	7	7	8	9	9	9	8	8	7
7	12	5	6	5	6	6	7	8	8	9	8	7	6
6	13	4	6	5	6	6	8	8	8	9	8	8	6
5	14	5	6	6	6	7	8	8	8	9	8	8	6
4	15	5	7	6	7	7	8	9	9	9	8	8	7
3	16	5	6	5	6	6	7	8	8	9	8	7	6
2	17	4	6	5	6	6	8	8	8	9	8	8	6
1	18	5	6	6	6	6	8	8	8	9	8	8	6
9	19	5	7	6	7	7	8	9	9	9	8	8	7
8	20	5	6	5	6	6	7	8	8	9	8	7	6
7	21	4	6	5	6	6	8	8	8	9	8	8	6
6	22	5	6	5	6	6	8	8	8	9	8	8	6
5	23	5	7	6	6	7	8	9	9	9	8	8	7
4	24	5	6	5	6	6	7	8	8	8	8	7	6
3	25	4	6	5	6	6	8	8	8	9	8	8	6
2	1926	4	6	5	6	6	8	8	8	9	8	8	6
1	27	5	6	6	6	7	8	8	9	9	8	8	6
9	28	5	6	5	6	6	7	8	8	8	8	7	6
8	29	4	6	5	6	6	8	8	8	9	8	7	6
7	30	4	6	5	6	6	8	8	8	9	8	8	6
6	31	5	6	6	6	7	8	8	9	9	8	8	6
5	32	5	6	5	6	6	7	8	8	8	8	7	6
4	33	4	6	5	6	6	8	8	8	9	8	7	6

Zahl des Jahres	Jahr	Feb.	März	Apr.	Mai	Juni	Juli	Aug.	Sept.	Okt.	Nov.	Dez.	Jan.
3	34	4	6	5	6	6	8	8	8	9	8	8	6
2	35	5	6	6	6	7	8	8	9	9	8	8	6
1	36	5	6	5	6	6	7	8	8	8	8	7	6
9	37	4	6	5	6	6	8	8	8	9	8	7	6
8	38	4	6	5	6	7	8	8	8	9	8	8	6
7	39	5	6	6	6	6	8	8	8	9	8	8	6
6	40	5	6	5	6	6	7	8	8	8	8	7	6
5	41	4	6	5	6	6	7	8	8	9	8	7	6
4	42	4	6	5	6	6	8	8	8	9	8	8	6
3	43	5	6	6	6	7	8	8	8	9	8	8	6
2	44	5	6	5	6	6	7	8	8	8	7	7	6
1	45	4	6	5	6	6	7	8	8	9	8	7	6
9	46	4	6	5	6	6	8	8	8	9	8	8	6
8	47	5	6	6	6	6	8	8	8	9	8	8	6
7	48	5	6	5	6	6	7	8	8	8	7	7	6
6	49	4	6	5	6	6	7	8	8	9	8	7	6
5	50	4	6	5	6	6	8	8	8	9	8	8	6
4	51	5	6	6	6	6	8	8	8	9	8	8	6
3	52	5	6	5	6	6	7	8	8	8	7	7	6
2	53	4	6	5	6	6	7	8	8	9	8	7	6
1	54	4	6	5	6	6	8	8	8	9	8	8	6
9	55	5	6	6	6	6	8	8	8	9	8	8	6
8	56	5	5	5	5	6	7	7	8	8	7	7	5
7	57	4	6	5	6	6	7	8	8	8	8	7	6
6	58	4	6	5	6	6	8	8	8	9	8	7	6
5	59	4	6	5	6	6	8	8	8	9	8	8	6
4	60	5	5	5	5	6	7	7	8	8	7	7	5
3	61	4	6	5	6	6	7	8	8	8	8	7	6
2	62	4	6	5	6	6	7	8	8	9	8	7	6
1	63	4	6	5	6	6	8	8	8	9	8	8	6
9	64	5	5	5	5	6	7	7	7	8	7	7	5
8	65	4	6	5	6	6	7	8	8	8	8	7	6
7	66	4	6	5	6	6	7	8	8	9	8	7	6
6	67	4	6	5	6	6	8	8	8	9	8	8	6
5	68	5	5	5	5	6	7	7	7	8	7	7	5
4	69	4	6	5	6	6	7	8	8	8	7	7	6
3	70	4	6	5	6	6	7	8	8	9	8	7	6
2	71	4	6	5	6	6	8	8	8	9	8	8	6
1	72	5	5	5	5	5	7	7	7	8	7	7	5
9	73	4	6	5	6	6	7	8	8	8	7	7	6
8	1974	4	6	5	6	6	7	8	8	9	8	7	6
7	75	4	6	7	6	6	8	8	8	9	8	8	6

Zahl des Jahres	Jahr	Feb.	März	Apr.	Mai	Juni	Juli	Aug.	Sept.	Okt.	Nov.	Dez.	Jan.
6	76	5	5	5	5	5	7	7	7	8	7	7	5
5	77	4	6	5	5	6	7	8	8	8	7	7	6
4	78	4	6	5	6	6	7	8	8	9	8	7	6
3	79	4	6	5	6	6	8	8	8	9	8	8	6
2	80	5	5	4	5	5	7	7	7	8	7	7	5
1	81	4	6	5	5	6	7	7	8	8	7	7	6
9	82	4	6	5	6	6	7	8	8	8	8	7	6
8	83	4	6	5	6	6	8	8	8	9	8	7	6
7	84	4	5	4	5	5	7	7	7	8	7	7	5
6	85	4	5	5	5	6	7	7	8	8	7	7	5
5	86	4	6	5	6	6	7	8	8	8	8	7	6
4	87	4	6	5	6	6	8	8	8	9	8	7	6
3	88	4	5	4	5	5	7	7	7	8	7	7	5
2	89	4	5	5	5	6	7	7	8	8	7	7	5
1	90	4	6	5	6	6	7	8	8	9	8	7	6
9	91	4	6	5	6	6	7	8	8	9	8	7	6
8	92	4	5	4	5	5	7	7	7	8	7	7	5
7	93	4	5	5	5	6	7	7	8	8	7	7	5
6	94	4	6	5	6	6	7	8	8	8	7	7	6
5	95	4	6	5	6	6	7	8	8	9	8	7	6
4	96	4	5	4	4	5	7	7	7	8	7	7	5
3	97	4	5	5	5	6	7	7	7	8	7	7	5
2	98	4	6	5	6	6	7	8	8	8	7	7	5
1	99	4	6	5	6	6	7	8	8	9	8	7	6
9	2000	4	5	4	5	5	7	7	7	8	7	7	6

Die Universaltafel

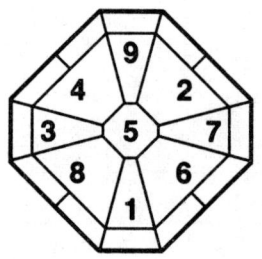

Wie Sie Ihre Tendenzzahl finden

Nachdem Sie nun Ihre Grundzahl und Ihre Kontrollzahl gefunden haben, können Sie auch Ihre Tendenzzahl finden, die die Stellung Ihrer Grundzahl in Ihrer Geburtstafel zeigt. Sie ergibt sich aus einem Vergleich zwischen der Geburtstafel und der Universaltafel. Ehe wir Ihre Geburtstafel wirklich genau studieren können, müssen wir wieder auf die Universaltafel schauen, die uns alle neun Zahlen in ihren ursprünglichen Positionen angibt.

Als Hilfe bei der Auffindung Ihrer eigenen Tendenzzahl wollen wir die Geburtstafel von Jack Nicholson als Beispiel verwenden.

Geboren: 27. April 1937 Geschrieben: **9** – 3 – 2
Grundzahl: 9
Kontrollzahl: 3
Tendenzzahl: 2

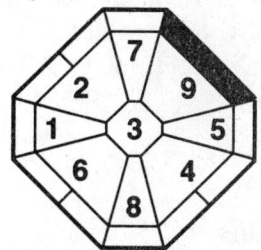

Die Grundzahl wird an erster Stelle in großer Schrift geschrieben. Die Kontrollzahl wird an zweiter Stelle in kleinerer Schrift geschrieben und die Tendenzzahl, ebenfalls in kleinerer Schrift, als letzte.

Geboren 1937, hat er die Grundzahl 9.

Jahrestafel

Tafel von 1937 – Die Zahl des Jahres steht immer in der Mitte der Tafel. Diese Tafel repräsentiert die jährliche Ki-Energie, wie sie vom 4. Februar 1937 bis zum 3. Februar 1938 wirksam war. (Grundzahl 9 kontrolliert das Jahr 1937)

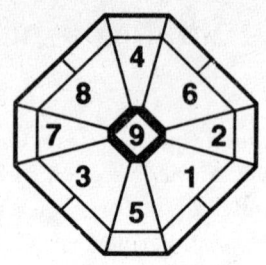

Monatstafel

Tafel für April 1937 – Die Grundzahl 9 ist am 27. April oben rechts in der Monatstafel. Die monatliche Kontrollzahl 3 ist während der Zeit vom 5. April bis zum 5. Mai 1937 in der Mitte.

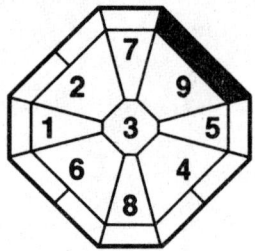

Universaltafel

Beim Vergleich mit der Monatstafel zeigt die Universaltafel, daß die Grundzahl 9 auf der Universaltafel während des Monats April in der Position 2 »sitzt«. Darum ist die Tendenzzahl 2.

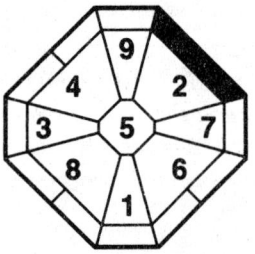

Um also Ihre Tendenzzahl zu finden, betrachten Sie Ihre Geburtstafel, und vergleichen Sie sie mit der Universaltafel. Stellen Sie die Position Ihrer Grundzahl in Ihrer Geburtstafel fest. Die Zahl, die in derselben Position in der Universaltafel erscheint, ist Ihre Tendenzzahl.

Wenn Ihre Grundzahl 4 und Ihre Kontrollzahl 6 ist, ist Ihre Tendenzzahl 3. **4** – 6 – 3.

Ihre Tafel	**Universaltafel**

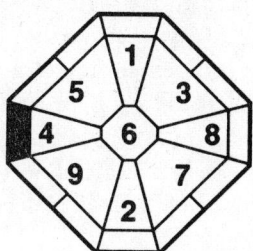 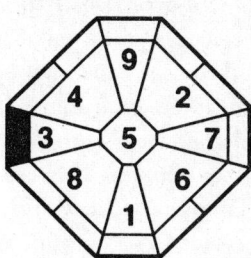

Diese drei Zahlen, die Grundzahl, die Kontrollzahl und die Tendenzzahl, sowie deren Stellung in den Monatstafeln bilden die Grundlagen
für das folgende System der 108 Persönlichkeitstypen. Je besser wir uns
selbst, unsere Eigenschaften und unser aufrichtiges Schicksal kennen,
desto leichter ist es, über unser Leben Kontrolle zu gewinnen.

Beim Durchlesen dieses Buches werden Sie einige Beispiele berühm-
ter Menschen für jede Zahl finden. Wenigstens eine von diesen
Berühmtheiten wird dieselbe Zahlenkombination wie Sie aufweisen,
was bedeutet, daß Sie viele Eigenschaften mit dieser Person gemeinsam
haben. Der Erfolg und der Mißerfolg all dieser Berühmtheiten war
davon abhängig, ob sie in der Lage waren, ihre Stärken und Schwächen
in einer negativen oder positiven Weise umzusetzen. Sie können es
genauso machen. Die richtige Nutzung Ihrer Energie macht es Ihnen
möglich, Ihre Träume und Ambitionen zu verwirklichen. Betrachten
wir neun Beispiele unter den 108 Persönlichkeitstypen – eines für jede
Grundzahl –, um zu sehen, wie sich jeder Typ zu seinen drei Zahlen
verhält.

DOLLY PARTON   *Geboren*: 19. Januar 1946   **1 – 6 – 9**

Grundzahl: 1   Unabhängigkeit
Kontrollzahl: 6   Willenskraft, Glaube
Tendenzzahl: 9   Stolz, Erfolg

Wie ein Wassertropfen seinen Weg über alle Hindernisse hinweg
fortsetzt, um ins Meer zu fließen, so trieb ihre Willenskraft ihre

Unabhängigkeit wie ein stürmisches Feuer mit Stolz durch schwierige Anfänge zu großem Erfolg. Das Wundervolle ist, daß sie es geschafft hat, ihren Charme und ihre Weiblichkeit zu bewahren; selbst harte Zeiten konnten das nicht ändern. Aber trotz einer grundsätzlich harmonischen Haltung leiden viele Menschen dieses Typs in ihren persönlichen Beziehungen, weil sie ungeduldig und nicht anpassungsfähig sein können. Das resultiert aus ihrer starken Willenskraft und Unabhängigkeit (für weitere Einzelheiten vgl. den Januar-Typ der Zahl 1 unter den 108 Persönlichkeitstypen).

MARILYN MONROE   *Geboren:* 1. Juni 1926   **2** – 8 – 8

Grundzahl: 2   mütterlicher Instinkt, Abhängigkeit
Kontrollzahl: 8   eigennützige Gesinnung
Tendenzzahl: 8   hochgesteckte Ziele

Wie für viele Menschen dieses Typs war es schwer für sie, ein Gleichgewicht zwischen ihren mütterlichen Instinkten und ihrem eigennützigen Ehrgeiz und den hochgesteckten Zielen herzustellen. Sie hatte einen starken Erfolgstrieb, war aber nicht unabhängig; in der Tat brauchte sie jemanden, der ihr bei der Verwirklichung ihrer Träume helfen konnte. Sie hätte ihr Ziel wohl leichter erreicht, wenn sie es verstanden hätte, ihre hingebungsvolle, doch abhängige Natur zu nutzen (vgl. den Mai-Typ der Zahl 2 unter den 108 Persönlichkeitstypen).

PRINZESSIN DIANA   *Geboren:* 1. Juli 1961   **3** – 1 – 7

Grundzahl: 3   sensibel
Kontrollzahl: 1   unabhängiger Geist
Tendenzzahl: 7   lässig

Belastende Umstände erregen ihre sensible Natur, aber ihre im allgemeinen lässige Haltung hilft ihr, Probleme zu überwinden. Sie ist arbeitsam und optimistisch, weiß, was sie will, und unternimmt große

Anstrengungen, das zu erreichen. Aber ihre Entschiedenheit kann ihre Einschätzung der Realität gelegentlich unflexibel werden lassen. Um ihr sensibles Wesen zu schützen, verbindet sie sich nur mit jenen, die ihr angenehm sind. Doch ihr gesellschaftliches Leben ist ebenfalls wichtig, und oft setzt sie dafür große Energie ein. Tradition und Familie spielen eine enorme Rolle in ihrem Leben, aber mit wachsender Erfahrung wird sich ihr etwas enger Horizont erweitern und sie zu einer Leitfigur des unabhängigen Geistes machen (vgl. den Juli-Typ der Zahl 3 unter den 108 Persönlichkeitstypen).

LEE IACOCCA   *Geboren:* 15. Oktober 1924   **4** – 9 – 9

Grundzahl: 4   kreativ
Kontrollzahl: 9   stolz
Tendenzzahl: 9   vorausschauend

Weitreichend wie der Wind, ist sein kreativer Geist begierig, neue Ideen zu erforschen, und er betrachtet seine Originalität als sehr wichtig. Unglücklicherweise hat er eine Tendenz, sich allzusehr auszuweiten und die Konzentration zu verlieren, was zu einem Verlust der Kontrolle führen und ihm viel Irritation bescheren kann.

Dieser Mann verfügt über ein hohes Maß an Voraussicht, gepaart mit Überzeugungskraft. Aber wenn die Leute nicht überzeugt sind und seinen Meinungen zustimmen, ist er schnell aufgebracht.

Sein Stolz läßt nicht immer Platz für die Kontrolle anderer, und doch braucht er die Zuwendung und die Zuneigung anderer, um seine Energie wiederherzustellen.

Seine Schwierigkeiten mit Henry Ford II (4. September 1917, 2 – 5 – 2, siehe S. 157) beruhten auf einem Mangel an Kommunikation zwischen ihnen und auf seinem verletzten Stolz, als er gezwungen wurde zurückzutreten, was vermutlich zu dem unvermittelten Entschluß führte, Chrysler wiederaufzubauen (vgl. den Oktober-Typ der Zahl 4 unter den 108 Persönlichkeitstypen).

ELIZABETH TAYLOR   *Geboren: 27.* Februar 1932   **5** – 2 – 8

Grundzahl: 5   Herrschsucht (halsstarrig, menschenfreundlich)
Kontrollzahl: 2   mütterlich
Tendenzzahl: 8   eigennützig

Wer kann die Macht einer Kaiserin unter Kontrolle bringen? Elizabeth
Taylor kann es. Das Problem ist, daß hier eine fortgesetzte Schlacht
zwischen ihrer persönlichen Kraft und ihren mütterlichen Instinkten
tobt. Sie gibt niemals auf, ehe sie voll befriedigt ist, aber in diesem
Prozeß kann sie sich leicht verletzen. Sie entwickelt ihr Leben durch
ihre eigennützigen Ambitionen. Sie hat ein klares Urteilsvermögen,
vor allem, wenn sie genügend Aufmerksamkeit von anderen erhält,
aber sie muß immer das Gleichgewicht zwischen ihrer Kraft und ihren
Gefühlen halten (vgl. den Februar-Typ der Zahl 5 unter den 108
Persönlichkeitstypen).

NAPOLEON BONAPARTE   *Geboren:* 15. August 1769   **6** – 8 – 3

Grundzahl: 6   würdevoll
Kontrollzahl: 8   ehrgeizig
Tendenzzahl: 3   aggressiv

Gleich der Macht des Himmels haben die Würde und der aggressive
Ehrgeiz dieses Mannes seine hohen Ideale in einen Überlegenheitskomplex verwandelt, der ihn zu Führerschaft, Ruhm und letztendlich
zur Egomanie geführt hat. Mit seinem hart arbeitenden Geist war er in
der Lage, fast alle seine Ziele zu verwirklichen.

Übertriebene Aggressivität kann diesen Typ zu unüberlegten Ent-
schlüssen führen. Bei Napoleon könnte diese Tendenz seine Mißer-
folge während des russischen Desasters verursacht haben.

Dieser Typ ist normalerweise großzügig und stilsicher, Eigenschaften, die günstige Gelegenheiten anziehen. Diese Selbstsicherheit und
Ehrenhaftigkeit bewahrte er sich bis zum Ende.

Eigennützige Energie und Achtung vor Würde paarten sich mit
seinem Bewußtsein von Größe, um ihn nach der Macht und Anerken-

nung streben zu lassen, die er erhielt (vgl. den August-Typ der Zahl 6 unter den 108 Persönlichkeitstypen).

CLINT EASTWOOD *Geboren:* 31. Mai 1930 **7** – 5 –7

Grundzahl:	7	Hypersensibilität
Kontrollzahl:	5	Beharrlichkeit
Tendenzzahl:	7	Geselligkeit

Er besitzt eine komplizierte Kombination von Charakterzügen, und ihr Gleichgewicht ist die Grundlage, auf der er erreicht, was er will. Extrem sensibel und auf Selbstschutz bedacht, ist er doch gesellig und umgänglich. Er ist ernsthaft bei allen seinen Vorhaben und konzentriert seine volle Aufmerksamkeit darauf, um ihren Erfolg zu sichern. Obgleich selbstsicher und etwas berechnend, ist sein Zugehen auf andere Menschen von Unschuld und Vertrauen gekennzeichnet. Wenn er sich dieser Dualität seines Charakters nicht bewußt ist, kann er leicht getäuscht werden. In der Öffentlichkeit ist er lässig und ein guter Gesprächspartner, und seine gesellschaftlichen Neigungen haben ihn dazu geführt, ein Leben in Luxus zu erwarten. Aber da er soviel Energie auf bloße Unterhaltung verwendet, muß er von jemand anderem abhängig sein, der ihn wieder energetisiert. Folgerichtig legt er großes Gewicht auf eine unstrukturierte Lebensweise, anstatt zu versuchen, in einen vorgegebenen Rahmen zu passen (vgl. den Mai-Typ der Zahl 7 unter den 108 Persönlichkeitstypen).

JACQUELINE KENNEDY ONASSIS *Geboren:* 28. Juli 1929 **8** – 6 – 7

Grundzahl:	8	Eigensinn, Freiheit
Kontrollzahl:	6	Willenskraft, Würde
Tendenzzahl:	7	Flexibilität, Leidenschaft

Sie ist sehr ehrgeizig, kann aber nicht dazu gebracht werden, etwas zu tun, was gegen ihren Willen ist. Sie hat nicht die Geduld, sich mit allzu komplizierten Angelegenheiten zu befassen. Die Leute verkennen sie oft als ein »Playgirl«, weil sie ihren Gefühlen Ausdruck verleihen kann und leidenschaftlich ist, aber tatsächlich besitzt sie große Willenskraft und ein starkes Empfinden für Verantwortung bei der Entwicklung ihres Lebens. Sie benimmt sich wie eine Dame. Auch macht sie kein Aufhebens von unwichtigen Dingen und ist sehr flexibel in der Handhabung ihrer Angelegenheiten (vgl. den Juli-Typ der Zahl 8 unter den 108 Persönlichkeitstypen).

LIZA MINNELLI   *Geboren:* 12. März 1946   **9** – 4 – 1

Grundzahl: 9   stolz
Kontrollzahl: 4   emotional
Tendenzzahl: 1   unsicher, Selbstschutz

Ihr Stolz brennt hell, aber sie muß immer vor den Wassern der Unsicherheit auf der Hut sein, die ihr feuriges Selbstvertrauen wegzuwaschen versuchen. Sie ist smart genug, sich das nötige Wissen anzueignen, um ihre Karriere aufzubauen, aber es kann sie einige Zeit kosten, ehe sie damit voll zufrieden ist. Es ist nicht leicht für die Leute, ihre introvertierte Emotionalität zu enträtseln, weil sie stolz und sehr auf Selbstschutz bedacht ist. Wenn sie sich keinen offenen Geist bewahren, können diese Menschen sich selbst in die Enge treiben, was sie sehr frustriert. Manchmal kann diese Frustration auf der Bühne positiv umgesetzt werden und zu einem großen Erfolg führen. Wenn diese Individuen ihre Unsicherheit überwinden und ihre beträchtliche Geduld nutzen, können sie mit der Zeit alles erreichen (vgl. den März-Typ der Zahl 9 unter den 108 Persönlichkeitstypen).

Sehen wir nun, was die Grundzahlen, die Kontrollzahlen und die Tendenzzahlen auf andere berühmte Persönlichkeiten für Wirkungen hatten.

Viele machtvolle, berühmte Frauen haben dieselbe Tendenzzahl (6). Diese Frauen haben die Tendenz der Zahl Sechs, streng, stolz und unabhängig zu sein.

GRETA GARBO
18. September 1905
5 – 4 – 6

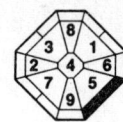

GLORIA SWANSON
27. März 1899
2 – 1 – 6

Mae West
17. August 1892
9 – 8 – 6

DIANA ROSS
26. März 1944
2 – 1 – 6

CAROL CHANNING
20. Januar 1922
7 – 6 – 6

FANNY BRICE
29. Oktober 1891
1 – 9 – 6

NATALIA MAKAROVA
21. November 1940
6 – 5 – 6

MARY MARTIN
1. Dezember 1913
6 – 5 – 6

Leute, die bereits sehr jung Erfolg haben, haben oft dieselbe Grundzahl, Kontrollzahl und Tendenzzahl. Sie alle verkörpern die hart
arbeitende Persönlichkeit der Zahl drei.

CHARLIE CHAPLIN
16. April 1889
3 – 3 – 5

MICHAEL BENNETT
8. April 1943
3 – 3 – 5

ELVIS PRESLEY
8. Januar 1935
3 – 3 – 5

Zwei berühmte, erfolgreiche Personen in der Welt der Haarkünstler
wurden in verschiedenen Monaten geboren, haben aber gleichwohl

dieselbe Grundzahl, Kontrollzahl und Tendenzzahl. Dieser Personentyp ist stark, unabhängig, intuitiv und einsichtsvoll: gute Eigenschaften für Erfolg auf dem Gebiet der Mode.

KENNETH
(Kenneth E. Battelle)
19. April 1927
1 – 6 – 9

VIDAL SASSOON
17. Januar 1928
1 – 6 – 9

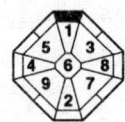

Viele Menschen mit der Grundzahl 7 haben künstlerische Sensibilität und eine starke organisatorische Begabung. Diese Leute sind auf den Gebieten der Kunst und Unterhaltung erfolgreich.

ARTHUR FIEDLER
17. Dezember 1894
7 – 7 – 5

STEPHEN SONDHEIM
22. März 1930
7 – 7 – 5

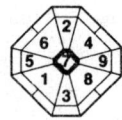

ANDREW LLOYD WEBBER
22. März 1948
7 – 7 – 5

ALVIN AILEY
5. Januar 1931
7 – 7 – 5

LAWRENCE WELK
11. März 1903
7 – 7 – 5

STEVE ALLEN
26. Dezember 1931
7 – 7 – 5

Leute, die im selben Jahr geboren sind (1924):

JIMMY CARTER
1. Oktober 1924
4 – 1 – 8

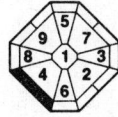

GEORGE BUSH
12. Juni 1924
4 – 4 – 5

ED KOCH
12. Dezember 1924
4 – 7 – 2

Beachten Sie, daß Carter, Bush und Koch alle die Grundzahl 4 haben, aber ihre Kontrollzahlen (Mitte der Tafel) verschieden sind. Auch wenn viele Eigenschaften ähnlich sein mögen, so hat jeder dieser Männer eigene Ideen und Ansichten über seine Lebensführung.

Wie diese Beispiele zeigen, hat jede Person eine Reihe von Zahlen in Kombination, genauso wie jedes menschliche Wesen aus einer Anzahl verschiedener Elemente zusammengesetzt ist. Die östliche Philosophie sagt, daß wir aus Energien geschaffen sind, die als »Begierde« und »Moral« bezeichnet werden. Die Begierde produziert unsere Aktivitäten und Ambitionen und das gesamte Spektrum unserer Gefühle – Freude, Ärger, Liebe, Sorge, Traurigkeit usw. Die Moral ist unser Gewissen und unsere Beherrschung. Sowohl Begierde als auch Moral haben ihre positiven und negativen Aspekte – wir müssen zwischen beiden ein Gleichgewicht herstellen. Wenn die Begierde zuviel Macht hat, breiten sich unsere Ambitionen aus und erscheinen grenzenlos; wir ruinieren unsere Erfolgschancen. Wenn die Moral zuviel Macht hat, verlieren wir unseren Sinn für Aktivität, unseren Schwung.

Jede Zahl besteht zum Teil aus Begierde, zum Teil aus Moral. Die Zahl eins zum Beispiel ist unabhängig, und doch muß jeder, der unabhängig ein Ziel erreicht, mit Isolation rechnen. Isolation bringt Unsicherheit. Dies sind die zwei Seiten der Zahl Eins – Unabhängigkeit und Isolation.

Das Wichtigste ist zu wissen, wie Sie Ihre Zahl in praktischen Nutzen umsetzen, um Ihr Leben zu entwickeln. Selbst Unsicherheit kann positiv sein, da viele unsichere Leute große Geduld entwickeln, was ein Aktivposten sein kann. Behutsames Vorgehen hilft Ihnen, eine positive Perspektive zu behalten und dabei gesund zu bleiben.

Das Leben ist jedoch ein langer Weg, und Sie können einfach nicht gegen die Natur anrennen. Es ist kein Lebensweg, sich unter Druck zu setzen. Das beste ist, jede besondere Fähigkeit, die Sie haben, zu nutzen, um Ihre individuelle Qualität zu entwickeln. Darum haben die Gelehrten schon immer die Wichtigkeit betont, sich selbst zu erkennen, denn es ist die Selbsterkenntnis, die Sie befreit und Ihr gesamtes Potential freisetzt.

Ich konzentriere mich hier auf zwei Arten, das Ki anzuwenden, um Ihr Leben zu verbessern. Erstens können Sie, indem Sie über sich und andere einiges lernen, Kommunikation benutzen, um gute Beziehungen zu entwickeln. Da das Leben in Wirklichkeit eine Sammlung von Begegnungen mit Menschen ist, können Sie es nicht allein bewältigen. Ihre Beziehungen mit Geliebten, Freunden, Familie, Geschäftspartnern und anderen sind sehr wichtig (ausführlich erklärt in Kapitel IV »Beziehungen«).

Die zweite Art, das Ki zu benutzen, umfaßt das, was ich *Bewegungsrichtung* nenne. Dies sagt Ihnen, wie Sie die richtige Zeit und den richtigen Ort finden, um zu bekommen, was Sie wollen. Es ist wirklich hilfreich in bestimmten Zeiten Ihres Lebens, wo Sie wichtige Entscheidungen treffen müssen, etwa wann Sie Ihre Stellung wechseln oder wohin Sie umziehen. Enttäuschungen im Leben werden oft durch die falsche Bewegung zur falschen Zeit verursacht, und ich bin sicher, Sie haben alle die Frustrationen in Zeiten erlebt, wo nichts richtig läuft. Dieses Buch gibt eine Einführung in die Bewegungsrichtung, so daß Sie diese leicht verstehen und in einer konstruktiven Weise nutzen können (siehe »Bewegungsrichtung«).

Wir sind alle Geschöpfe der Begierde. Es sind unsere Begierden, die uns auf die Ziele im Leben zutreiben. Ob wir diese Ziele erreichen oder nicht, hängt von vielen Dingen ab: wieviel Energie wir einsetzen, wie geduldig wir sind, wie beharrlich die Anstrengung ist, die wir für unsere eigenen Belange unternehmen. Erfolg gibt uns Selbstvertrauen und spornt uns an. Mißerfolg bringt Enttäuschung. Aber unsere Begierden verlangen immer unsere Aufmerksamkeit, und es ist für jedermann wichtig, persönliche Befriedigung zu erreichen.

Darum kann das Ki so hilfreich sein. Weil Sie im Leben vor so viele Entscheidungen gestellt werden, müssen Sie jede, die Sie treffen, sorgfältig überlegen. Ob es eine persönliche Beziehung ist oder die Frage, wo ein neues Geschäft eingerichtet werden soll, das Ergebnis Ihrer Überlegungen wird Ihre Zukunft für lange Zeit prägen. Sie können die in diesem Buch gegebene Information als einen Leitfaden zu dem benutzen, was in jeder Situation auf der Grundlage der Kenntnis Ihrer selbst, der Zeit, des Ortes und der anderen betroffenen Personen das beste für Sie ist. Mit jedem Erfolg gewinnen Sie mehr Selbstvertrauen. Das Gefühl des Selbstvertrauens befähigt Sie, eine bessere, stabilere Zukunft zu entwickeln.

Historisch gesehen hat sich dieses Wissen über Jahrtausende hinweg im alten China angesammelt und wurde in Japan weiterentwickelt. Ursprünglich wurde das Ki als Geheimnis der Herrscher von einer Generation zur nächsten weitergegeben und als Schlüssel zum Erreichen der Herrschaft betrachtet. Während des frühen siebzehnten Jahrhunderts, einer Zeit des Bürgerkrieges in Japan, gelang es Tokugawa Ieyasu durch die Anwendung der Ki-Lehre, das Land zu einigen. Er wurde der erste Shogun, der die Dynastie der Familie Tokugawa gründete. Erst 1867, als die Tokugawa-Dynastie endete, wurde das Wissen des Ki für die Allgemeinheit zugänglich. Tatsächlich wurde die Geschichte Ostasiens viele Jahre lang hinter den Kulissen durch das Wirken des Ki bestimmt.

Die wichtigste Botschaft des Ki ist dieselbe, die bereits von den Alten weitergegeben wurde: »Erkenne dich selbst. Erkenne deine Stärken und Schwächen und wie sie zu nutzen sind. Den richtigen Weg des Vorgehens zu kennen, kann das Leben völlig verändern.«

Nebenbei wird Ihnen dieses Buch die Geschichte, Beispiele, Tabellen, Instruktionen, Vergleiche, die Zahlen von berühmten Personen und die meiner persönlichen Erfahrungen bieten. Ich hoffe, Sie werden bei den Entdeckungen, die Sie machen werden, ebensoviel Freude und Reichtum finden, wie ich es selbst beim Gebrauch des Ki fand (und noch finde). Möge jeder von Ihnen mit der Hilfe dieses Buches lernen, sein Leben unter Kontrolle zu bringen.

Zusammenfassung

Wie Sie Ihre Grundzahl finden
1) Schlagen Sie Ihr Geburtsjahr in der Tabelle S. 33 nach. Die Zahl dieses Jahres ist Ihre Grundzahl.
2) Diese Zahl wird an erster Stelle und größer als die anderen geschrieben.

Wie Sie Ihre Kontrollzahl finden
1) Schlagen Sie die Seiten 56 ff. auf, und stellen Sie die Seite mit Ihrer Grundzahl in der linken oberen Ecke fest.
2) Finden Sie Ihren Geburtsmonat. Wenn Ihr Geburtstag in die ersten neun Tage des Monats fällt, prüfen Sie die Daten des Monatswechsels auf den Seiten 62 ff., um zu sehen, ob Ihr Geburtstag zum vorhergehenden Monat gehört.
3) Dies ist Ihre Geburtstafel, und die Zahl in der Mitte ist Ihre Kontrollzahl.

Wie Sie Ihre Tendenzzahl finden
1) Schlagen Sie die Tafel auf, der Sie Ihre Kontrollzahl entnommen haben (Seiten 56 ff.).
2) Stellen Sie die Position Ihrer Grundzahl auf dieser Tafel fest.
3) Schauen Sie, welche Zahl in der entsprechenden Position auf der Universaltafel unten auf dieser Seite steht. Diese ist Ihre Tendenzzahl.

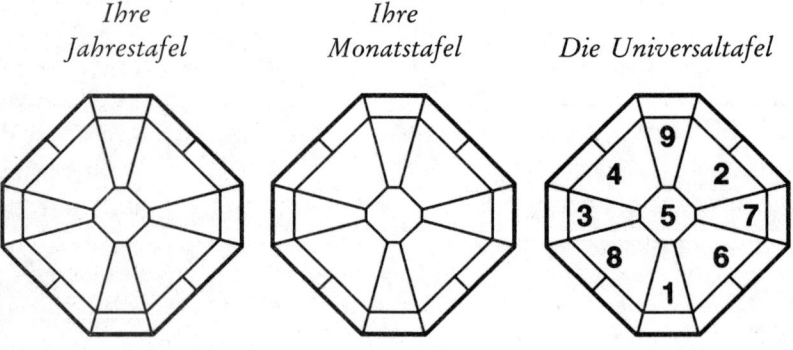

Ihre Jahrestafel *Ihre Monatstafel* *Die Universaltafel*

Beziehungen

Wie funktionieren Beziehungen?

Wenn Sie es verstehen, sich auszudrücken, können Sie die Welt
verändern. Viele von uns merken nicht, was für eine Wirkung wir auf
andere haben, nur weil wir das Gefühl haben, das Richtige zu tun.
Wenn wir uns und andere aufrichtig und genau betrachten würden,
hätten wir keine Schwierigkeiten in unseren Beziehungen.

Wie kann ich mit meinem Kind zurechtkommen? Er ist ein guter
Junge, aber ich komme nicht an ihn heran.

Warum betrügt mich mein Freund?

Wie kann ich ein Geschäft mit Leuten führen, die sich weigern,
Verantwortung zu übernehmen?

Mit derartigen Fragen werde ich oft konfrontiert. Die Antworten
sind niemals einfach, aber sie lassen sich alle auf denselben Punkt
bringen: Beziehungen. Wenn wir verletzt sind oder zu empfindlich
oder uns verloren und unfähig fühlen, uns auszudrücken, dann haben
wir vorübergehend unsere Beziehungsfähigkeit verloren. Das bedeutet
nicht, daß wir (oder andere!) schlecht, minderwertig, verrückt oder
ähnliches sind, sondern nur, daß wir aufgehört haben, uns gegenseitig
zu verstehen. Gute Beziehungen zu haben bedeutet, daß Sie sich selbst
wirklich kennen und in der Lage sind, sich anderen gegenüber
auszudrücken; es bedeutet auch, andere wahrzunehmen und sie so zu

akzeptieren, wie sie sind. Wenn wir uns in unseren Beziehungen unzulänglich verhalten, erleben wir Schmerz, Trennung, Einsamkeit und Verwirrung.

Ideale Beziehungen sind eine besondere Mischung von Geben und Nehmen, die stimmig ist. Solche Beziehungen haben eine natürliche Bewegung in sich; sie sind ein vollkommener Austausch der Gefühle, der das Erlebnis von wirklichem Glück ermöglicht. Einen wahren Freund zu entdecken, jemanden zu haben, bei dem Sie fühlen, daß Sie ihn Ihr ganzes Leben gekannt haben, ist, wie wenn man einen seltenen und wertvollen Edelstein findet. Vertrauen, Verständnis und Zuneigung zwischen Menschen sind Geschenke, die uns nur die Zeit geben kann, und wahre Freundschaft überschüttet uns damit im Überfluß.

Sechs Indikatoren, die Ihnen Orientierungshilfen in Beziehungen geben

Keine Person und kein System kann einem anderen Menschen vollkommene Beziehungen geben – diese Art von Verständnis muß langsam und geduldig von den Betroffenen entwickelt werden. Wie vorliegendes Buch zeigen wird, gibt es jedoch mindestens sechs Bedingungen, die den Weg zum Verständnis der Grundlagen guter Beziehungen durch den Gebrauch der Zahlenkombinationen in den Tafeln weisen. Diese sechs sind:

1. Wechselbeziehungen der Fünf Elemente
2. Familienhintergrund und Verwandtschaft
3. Kontrollzahl
4. Tendenzzahl
5. Anziehungszahl (Grundzahlen)
6. Geschäftsverbindungen

Es ist wichtig zu wissen, wie viele von diesen Bedingungen in Ihren Beziehungen zu anderen existieren. Sie werden schnell sehen, welche

Kombinationen sich mit Ihrer eigenen besser vertragen (und Beziehungen tendenziell einfacher machen) und welche weniger (und Beziehungen tendenziell schwieriger machen).

Die wechselweisen Beziehungen der Fünf Elemente

Die Gelehrten im alten China haben uns eine sehr einfache Methode gegeben, die Beziehungen zwischen den Fünf Elementen auszudrükken. Zwei von diesen Beziehungen sind gegenseitig nährend oder *energetisierend;* eine ist vom Bruder/Schwester-Typus oder *kooperierend*; und zwei sind einander entgegengesetzt oder *widerstreitend*. Schauen Sie auf die folgende Tabelle. Wenn Sie Ihre Grundzahl und Ihr Element (s. S. 35) gefunden haben, können Sie feststellen, wie jede von diesen wechselweisen Beziehungen verschiedene Zahlen für Sie umfaßt. Wenn Sie die Zahl 8 sind, werden Sie durch die Zahl 9 energetisiert und geben Energie an die Zahlen 6 und 7 ab; Sie kooperieren mit 2; Sie kontrollieren die Zahl 1 und werden durch die Zahlen 3 und 4 kontrolliert.

Element	Wasser	Erde	Holz	Holz	Erde	Metall	Metall	Erde	Feuer
Zahl	1	2	3	4	5*	6	7	8	9
Beziehungen	6	9	1	1	9	2	2	9	3
Energetisierend (empfangen von)	7					8	8		4
Energetisierend (geben an)	3	6	9	9	6	1	1	6	2
	4	7			7			7	8
Kooperierend		8	4	3	2	7	6	2	
					8				
Widerstreitend (beherrscht)	9	1	2	2	1	3	3	1	6
		8	8		4	4		7	
Widerstreitend (wird beherrscht von)	2	3	6	6	3	9	9	3	1
	8	4	7	7	4			4	

* Die Zahl 5, die ursprüngliche Kraft, wählt Beziehungen aus, kann aber nicht durch irgendeine andere ausgewählt werden. Die Seiten 94ff. geben weitere ausführliche Informationen über die verschiedenen Kombinationen der Zahlen.

Nun wollen wir jede dieser Beziehungen individuell betrachten.

Energetisierende Beziehungen

Wasser gibt Holz die Energie zu wachsen.
Holz empfängt Energie vom Wasser.
Holz gibt Feuer die Energie zu brennen.
Feuer empfängt vom Holz Energie zum Brennen.
Feuer hinterläßt Asche, die zu Erde wird.
Erde empfängt Energie vom Feuer.
Erde formt den Berg, um Metall zu erhalten.
Metall empfängt Energie von der Erde.
Metall berührt die kalte Luft, um Wasser zu bilden.
Wasser empfängt Energie vom Metall.

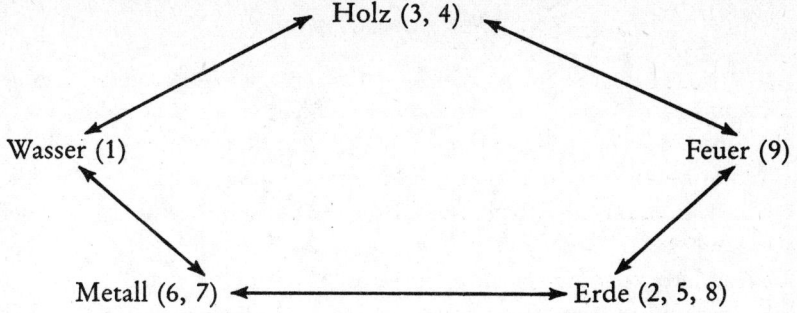

Wenn Sie Wasser (1) sind, bestehen Ihre nährenden Beziehungen zu Holz (Sie stellen den Energiebedarf für die Zahlen 3 und 4 bereit) und Metall (Sie werden von den Zahlen 6 und 7 versorgt).

Widerstreitende Beziehungen

Wasser löscht Feuer aus.
Feuer schmilzt Metall.
Metall schneidet Holz.
Holz zieht Energie aus der Erde.
Erde hält die Bewegung des Wassers auf.

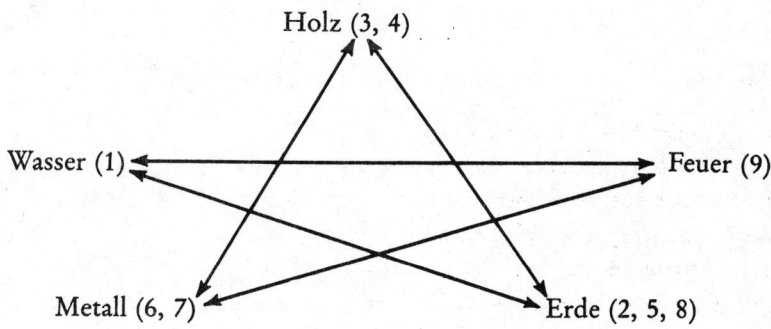

Dasselbe Element Wasser (1) würde hier das Element Feuer (9) beherrschen und von Erde (2, 5, 8) beherrscht. Welche von den widerstreitenden Beziehungen trifft auf Sie zu?

Zahlen mit demselben Element haben eine sogenannte *kooperierende Beziehung* in der Struktur von Bruder und Schwester. Diese sind Holz (3 und 4), Metall (6 und 7) und Erde (2, 5 und 8).

Obwohl ein Vergleich der Elemente notwendig ist, reicht die Grundzahl allein nicht aus, um sicher zu bestimmen, was gute oder schlechte Beziehungen zwischen Menschen herstellen wird. Es gibt viele andere wichtige Aspekte, die berücksichtigt werden müssen, ehe Sie entscheiden können, ob eine Person gut für Sie ist oder nicht. Alle sechs Bedingungen müssen mit einberechnet werden.

Familienhintergrund und Verwandtschaft

Ein Zeichner, Mr. L (geboren am 14. Mai 1937), der zweimal verheiratet und geschieden war, kam zur Beratung zu mir. Ich fand heraus, daß seine früheren Frauen praktisch dieselben Tafeln hatten: Ihre Grundzahlen (9) und ihre monatlichen Kontrollzahlen (3) und ihre Tendenzzahlen (2) waren dieselben. Auf die Frage, zu wem in der Familie er die größte Zuneigung hätte, antwortete er ohne Zögern: »Zu meiner Großmutter.« Ein Vergleich zwischen der Tafel seiner Großmutter und den Tafeln seiner zwei Exfrauen zeigte folgendes:

MR. L
14. Mai 1937
9 – 2 – 3

MR. L's GROSSMUTTER
1. Mai 1892
9 – 3 – 2

ERSTE FRAU
14. April 1946
9 – 3 – 2

ZWEITE FRAU
20. Januar 1947
9 – 3 – 2

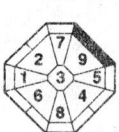

Meine Antwort für Mr. L. war: »Sie haben dieselbe Grundzahl wie Ihre Großmutter und Ihre Exfrauen. Wenn Leute dieselbe Grundzahl haben, spricht das manchmal für eine sehr angenehme Beziehung und manchmal nicht. Da Ihre Kontrollzahl von der Ihrer Exfrauen verschieden ist, deutet diese Kombination auf mögliche Kommunikationsschwierigkeiten.

Sie können nicht das gleiche (oder ein größeres) Maß an Zuneigung von Ihren Exfrauen erwarten, wie Sie es von Ihrer Verwandtschaft, von Ihrer Großmutter bekamen, auch wenn Ihre Exfrauen zu demselben Persönlichkeitstyp gehören und die gleiche Art haben, ihre Zuneigung auszudrücken.«

Später befragte er mich zu fünf verschiedenen Geliebten, aber von meiner Interpretation der Zahlen gab ich ihm erst zwei Jahre nach seiner Scheidung »grünes Licht«. Endlich hatte er die richtige Frau getroffen! Sie sind nach Kalifornien gezogen und führen ein glückliches Leben zusammen.

MR. L
14. Mai 1937
9 – 2 – 3

NEUE LIEBE
1. März 1953
2– 2 – 5

Warum ist diese Kombination so gut?

Ihre Grundzahlen 2 und 9 zeigen eine gegenseitig nährende Beziehung der Fünf Elemente an. Ihre Kontrollzahlen – 2 – sind dieselben, was die Kommunikation leichter macht.

Harry Truman, Franklin Roosevelt, Lyndon Johnson und Theodore Roosevelt sind alle als ihrer Mutter liebstes Kind bekannt. Am interessantesten ist es, den Fall Truman zu untersuchen, der ein recht ungewöhnliches Beispiel für die Rolle einer Verwandten in der Kommunikation darstellt.

Harry, seine Mutter und Schwester, seine Frau Bess und seine Tochter Margaret haben alle dieselbe monatliche Kontrollzahl. Ich wünschte, jeder könnte in ein so gutes Netzwerk von Beziehungen geboren werden und einheiraten wie Harry S. Truman!

HARRY S. TRUMAN
8. Mai 1884
8 – 8 – 5

MUTTER
25. November 1852
4 – 8 – 1

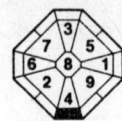

SCHWESTER
12. August 1889
3 – 8 – 9

FRAU BESS
13. Februar 1885
7 – 8 – 4

TOCHTER MARGARET
17. Februar 1924
4 – 8 – 1

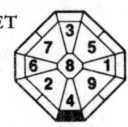

Die Romanze zwischen Harry und Bess ist berühmt. Die Tafeln zeigen, wie leicht die Kommunikation in Harrys Familie war:

1. Wenn Sie auf die Tafeln von Harry und seiner Mutter schauen, haben beide dieselbe monatliche Kontrollzahl – 8, die die offene Kommunikation fördert. Ihre Verwandtschaft trug zusätzlich zu dieser Offenheit bei. Da Harry genügend Zuneigung von ihnen bekam, ist es wahrscheinlich, daß für ihn eine Person, die dieselbe Kombination hatte, sehr angenehm und anziehend war. Bess hatte sie.

2. Harrys Grundzahl – 8 – und Bess' Grundzahl – 7 – zeigen eine hervorragende gegenseitige Beziehung der Fünf Elemente (siehe die Tafel auf Seite 82).

3. Ihre Kontrollzahlen sind die gleichen – 8.

4. Bess hatte dieselbe Kontrollzahl wie Harrys Mutter und Schwester. Ihre Tafel zeigt die Vereinbarkeit mit Harrys Familienhintergrund und Verwandtschaft.

Im Fall von Theodore Roosevelt standen beide Ehen vollkommen unter dem Einfluß seiner Mutter. Seine erste Frau, die starb, und seine zweite Frau hatten beide dieselbe Grundzahl, Kontrollzahl und Tendenzzahl wie seine Mutter.

THEODORE ROOSEVELT
27. Oktober 1858
7 – 9 – 3

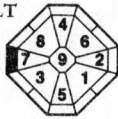

MUTTER
8. Juli 1834
4 – 3 – 6

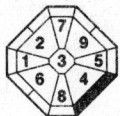

ERSTE FRAU ALICE
29. Juli 1861
4 – 3 – 6

ZWEITE FRAU EDITH
6. August 1861
4 – 3 – 6

Obgleich seine eigene Grundzahl und Kontrollzahl keinen wirklichen Zusammenhang mit den Grundzahlen und Kontrollzahlen seiner Frauen hatten, muß er sich bei dieser Kombination außerordentlich wohl gefühlt haben, da sie genau die gleiche ist wie die seiner Mutter. Seine Frauen müssen ihm die richtige Art von Zuneigung entgegengebracht haben, die Art, die er gewohnt war und erwartete.

Auch Lyndon Johnson heiratete eine Frau, deren Tafel wie die seiner Mutter war; obgleich die Grundzahlen der Frauen verschieden sind, sind ihre Kontrollzahlen gleich:

LYNDON JOHNSON
27. August 1908
2 – 5 – 2

FRAU LADY BIRD
22. Dezember 1912
7 – 7 – 5

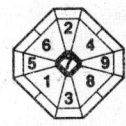

MUTTER REBECCA
26. Juni 1881
2 – 7 – 9

So hatten Lyndon und Lady Bird gut vereinbare Grundzahlen, 2 und 7, und der Familienzusammenhang ist ebenfalls vorhanden.

Kommen wir zu Präsident Reagan: Der Geburtstag seiner Frau Nancy ist der 6. Juli 1921, so daß ihre Tafel dieselbe wäre wie die von Jane Wyman, der ersten Frau des Präsidenten. Wenn dies tatsächlich der Fall ist, könnten wir annehmen, daß Präsident Reagan von irgendeiner Tafel aus seiner Familiengeschichte beeinflußt war. Vielleicht von der seiner Mutter?

RONALD REAGAN
6. Februar 1911
8 – 2 – 2

NANCY REAGAN
6. Juli 1921
7 – 4 – 8

JANE WYMAN
4. Januar 1914
6 – 4 – 7

Die Kontrollzahl

Auch wenn ihr Grundcharakter verschieden ist, können sich Leute mit gleicher Kontrollzahl leichter verstehen. Es spielt keine Rolle, ob man die Person mag oder nicht. Für diese moderne Generation, deren Menschen sich schnell, stark und individuell gemäß ihren eigenen Wünschen bewegen, spart funktionierende Kommunikation eine Menge Energie und Zeit. Die Einfachheit der Kommunikation im Falle gleicher Kontrollzahlen zeigt die Wichtigkeit dieses besonderen Aspekts für die Interpretation der Tafeln. (Beachten Sie speziell das Beispiel Harry Truman.)

Jeane Kirkpatrick, die US-Botschafterin bei den Vereinten Nationen und eine enge Mitarbeiterin im Stab Präsident Reagans war, hat auch die gleiche Tafel und Kontrollzahl wie dieser:

RONALD REAGAN
6. Februar 1911
8 – 2 – 2

JEANE KIRKPATRICK
19. November 1926
2 – 2 – 5

Hier sind die Kontrollzahlen – 2 – gleich, und die Grundzahlen, 2 und 8, haben eine kooperierende Beziehung der Elemente. Diese Kombination erleichtert die Kommunikation zwischen den beiden.

ELIZABETH TAYLOR
27. Februar 1932
5 – 2 – 8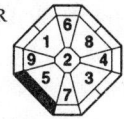

Diese Tafeln der Exehemänner von Elizabeth Taylor zeigen, daß sie dieselben Kontrollzahlen haben.

MIKE TODD
2. Juni 1909
1 – 5 – 1

RICHARD BURTON
10. November 1925
3 – 5 – 3

EDDIE FISHER
10. August 1928
9 – 8 – 6

JOHN W. WARNER
18. Februar 1927
1 – 8 – 7

Wie man hier sieht, haben Mike Todd und Richard Burton die gleiche, mächtige Kontrollzahl, obwohl ihre Grundzahlen verschieden sind. Eddie Fisher und John W. Warner haben ebenfalls die gleichen Kontrollzahlen und verschiedene Grundzahlen. Ich denke, Elizabeth Taylor sucht nach der gleichen Art angenehmer Beziehung, die sie mit einem Mitglied ihrer Familie gehabt hätte. Es könnte ihr Vater oder sonst jemand gewesen sein, der die gleiche Kontrollzahl wie einer ihrer vier Ehemänner hatte. Obwohl sie nach dieser Annehmlichkeit sucht, glaube ich nicht, daß sie auf diese Weise Befriedigung erreicht. Ich würde ihr empfehlen, eine Beziehung mit jemandem einzugehen, der wie sie selbst die Kontrollzahl 2 hat. Dies könnte zu einer einfacheren Beziehung führen. Ihre Zahl 5 ist jedoch eine extrem starke Zahl, so daß jede Beziehung sorgfältig zu bedenken ist, ehe sie eingegangen wird.

Die Tendenzzahl

Menschen mit der gleichen Tendenzzahl haben den Zugang zum Leben oder bestimmte Einstellungen gemeinsam und werden finden, daß sie ähnliche Gewohnheiten haben. Dies kann zu angenehmen Beziehungen beitragen, vor allem, wenn sich einige andere Aspekte der Tafel (Element, Kontrollzahl, Anziehung oder Familienhintergrund) ebenfalls in Harmonie befinden.

Ein Beispiel für die Zusammenarbeit von Menschen mit der gleichen Tendenzzahl (in diesem Fall 8) ist die Kombination von Präsident Carter und Vizepräsident Mondale.

JIMMY CARTER
1. Oktober 1924
4 – 1 – 8

WALTER MONDALE
5. Januar 1928
1 – 7 – 8

Außer der gemeinsamen Tendenzzahl haben sie verträgliche Grundzahlen – 4 und 1 (siehe »Die wechselweisen Beziehungen der Fünf Elemente«, S. 82).

Ein zweites Beispiel für eine gut funktionierende, fruchtbare Beziehung ist die zwischen John Wayne und Regisseur John Ford, deren Karrieren über viele Jahre hinweg miteinander verbunden waren.

JOHN WAYNE
26. Mai 1907
3 – 2 – 6

JOHN FORD
1. Februar 1895
7 – 6 – 6

Mit der gleichen Tendenzzahl – 6 – bildeten sie eine gute Kombination, wie die vielen erfolgreichen Filme zeigen, die sie zusammen gemacht haben. Die Anziehung zwischen ihren Grundzahlen sprach ebenfalls für eine starke, dauerhafte Beziehung.

Anziehungszahl

Anziehung wird durch die entgegengesetzten Zahlenpaare auf der Universaltafel angezeigt: 1 und 9, 2 und 8, 3 und 7, 4 und 6. Die Zahl 5 in ihrer zentralen Stellung zeigt den inneren Zusammenhang der Kontrollzahl mit allen Zahlenpaaren. Eine größere, ursprüngliche Kraft der Zahl 5 wählt Beziehungen, die von ihr kontrolliert werden können.

Universaltafel

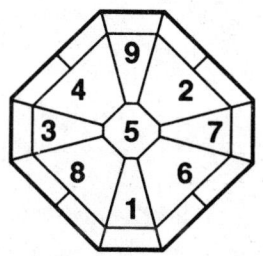

Menschen, deren Grundzahlen auf der Universaltafel in Gegensatzpaaren auftreten, haben sogenannte Anziehungszahlen. Einige berühmte Beispiele folgen:

PRINZ CHARLES
14. November 1948
7 8 1

PRINZESSIN DIANA
1. Juli 1961
3 – 1 – 7

7 und **3**

JOHN F. KENNEDY
29. Mai 1917
2 – 8 – 8

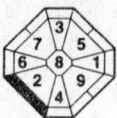

JACQUELINE KENNEDY-ONASSIS
28. Juli 19298 – 6 – 7

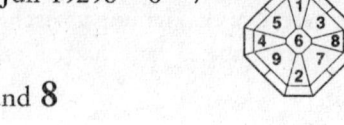

2 und **8**

WARREN BEATTY
3. März 1937
9 – 4 – 1

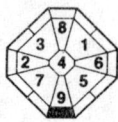

DIANE KEATON
5. Januar 1946
1 – 7 – 8

9 und **1**

JOHN LENNON
9. Oktober 1940
6 – 6 – 5

YOKO ONO
18. Februar 1933
4 – 8 – 1

6 und **4**

Unter den Beispielen hatten die Kennedys zusätzlich zu den Anziehungszahlen eine Beziehung verträglicher Elemente (Erde, 2 und 8). Bei allen anderen scheint die Anziehung die einzige gemeinsame Bedingung (gewesen) zu sein. Ihre Elemente, Kontrollzahlen und Tendenzzahlen sind tatsächlich nicht verträglich, und der Familienhintergrund kann nicht allein aufgrund dieser Tafeln beurteilt werden. Normalerweise dauert die Anziehung nur so lange wie die Leidenschaft, wenn nicht eine oder mehrere von den Bedingungen (insbesondere die Kontrollzahl) günstig sind. In diesen Tagen, wo die Anziehung eine so wichtige Rolle beim Zusammenkommen der Menschen spielt, müssen wir vorsichtig sein, denn die Anziehung allein kann gefährlich sein, wenn sie sich als Manipulation herausstellt, anstatt zur Liebe zu erblühen.

Geschäftsbeziehungen

Die Zusammenarbeit ist leichter, wenn die Grundnaturen von Kollegen miteinander verträglich sind, so daß eine gute Kommunikation entsteht. Hier einige Beispiele für erfolgreiche Partnerschaften:

ROBERT DE NIRO
17. August 1943
3 – 8 – 9

MARTIN SCORSESE
17. November 1942
4 – 8 – 1

(Die Grundzahl mit den kooperativen Elementen 3 und 4 sowie die gleiche Kontrollzahl 8 sprechen für gute Kommunikation.)

JOHN HUSTON
5. August 1906
4 – 3 – 6

HUMPHREY BOGART
23. Januar 1899
3 – 3 – 5
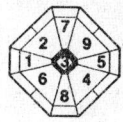

(Die Grundzahlen mit den kooperativen Elementen 4 und 3 und die gleiche Kontrollzahl 3.)

MARGOT FONTEYN
18. Mai 1919
9 – 2 – 3
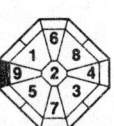

RUDOLF NUREJEW
17. März 1938
8 – 1 – 3

(Grundzahlen mit nährendem Element 9 und 8 und die gleiche Tendenzzahl 3.)

Wäre es nicht wunderbar, wenn Sie immer einfache Geschäftsbeziehungen hätten? Was aber, wenn Sie keinen der sechs Beziehungszusammenhänge gemeinsam haben und trotzdem mit jemandem Geschäfte machen müssen? Sie müssen einen Weg finden, Ihre Schwierigkeiten und Mißverständnisse zu überwinden, um zu wechselseitig annehmbaren Entscheidungen zu gelangen. Wenn Sie sich selbst kennen und den Persönlichkeitstyp studieren, mit dem Sie zu tun haben, haben Sie eine bessere Chance, Ihre Ziele zu erreichen. Indem Sie Ihrer Intuition vertrauen, können Sie selbst in solchen Situationen erfolgreich sein, wo die Kommunikation nicht von Natur aus gut ist.

Den Japanern schreibt man neuerdings die Fähigkeit zu, bei ihren Geschäftsbeziehungen äußerst effizient zu sein. Diese Art der Kommunikation wird in Japan als *Wa*-Kommunikation bezeichnet. Wa-Kommunikation bedeutet, alles aggressive Verhalten, persönliche Meinungen und selbstsüchtige Interessen beiseite zu lassen, um als Teil eines Teams zu arbeiten. Wa ist gemäßigt und ausgewogen und hat als Ziel Harmonie. Der andauernde Erfolg der japanischen Geschäftsleute darf zumindest teilweise der Wichtigkeit zugeschrieben werden, die man der Wa-Kommunikation in der japanischen Gesellschaft beimißt.

Dieses Buch handelt nicht speziell von Wa, aber das Verständnis der 108 Persönlichkeitstypen und das Erlernen der Anwendung der sechs Bedingungen für Beziehungen wird von Natur aus zu dieser Art von Kommunikation führen. Die Voraussetzung ist, andere zu verstehen, auch wenn ihre Kontrollzahlen, Tendenzzahlen und Grundzahlen keine einfache Kommunikation gestatten mögen.

Die Kombination der Zahlen

Wenn man die Zahlen der Leute vergleicht, ist es wichtig, die vielen verschiedenen, möglichen Kombinationen zu bedenken. Die Tafel der wechselseitigen Beziehungen der Zahlen auf Seite 82 wird sehr hilfreich sein, wenn sie auch nicht Ihre einzige Quelle für eine Beurteilung sein sollte. Die Kombination verschiedener Zahlen hat unterschiedliche Wirkungen auf die Kommunikation. Hier sind einige Vergleiche, die Sie verwenden können, um zu sehen, was die Zahlenkombinationen bedeuten können.

Zahl 1 und Zahl 1

Beide gehen einen unabhängigen Weg mit Respekt und Ernsthaftigkeit. Je nachdem, wie harmonisch sie die Dinge gestalten können, können sie sich reibungslos miteinander entwickeln. Wenn den einen oder den anderen etwas stört, können beide leicht aus dem Gleichgewicht geraten. Diese Kombination ist gut für Geschäfte, Freundschaft und gleichberechtigte Partnerschaft, aber sobald einer versucht, den anderen zu beherrschen, könnte es Schwierigkeiten geben.

Zahl 1 und Zahl 2

Zu Beginn dieser Beziehung fühlt sich keiner dem anderen nahe. Allmählich lernt der abhängige Zweier dem Einser zu folgen, und das bringt sie näher zusammen. Aber weil diese Art eine Verbindung ist, in der einer vom anderen abhängt, können sie nicht erwarten, zusammen genügend positive Bestärkung für die Zukunft zu bekommen. Die konservative Zahl 2 kann den positiven Geist der Zahl 1 einschränken.

Zahl 1 und Zahl 3

Die Zahl 1 hat intellektuelle Fähigkeiten und eine brillante Begabung für Geschäfte. Der Dreier besitzt nicht diese Kraft, bringt aber Einblicke in Situationen und ist ein scharfsinniger Beurteiler von Talent. Als Ergebnis spricht diese Kombination für gute Freundschaft und kann bei geschäftlicher Zusammenarbeit sehr produktiv sein. In der Idealsituation führt der Einser den Dreier bis zu einem bestimmten Punkt, ab dem der Dreier lernen (oder dies wenigstens vorgeben) muß, Verantwortung für die Situation zu übernehmen, wenn ein positives Ergebnis herauskommen soll.

Zahl 1 und Zahl 4

Einzeln weisen diese Zahlen einen Mangel an rascher Entschlossenheit beim Treffen von Entscheidungen auf. In der Verbindung miteinander gewinnen sie jedoch eine Stärke des Geistes, die das Ergebnis des ernsthaften Denkens der Eins und des praktischen Wissens der Vier ist. Diese Kombination von Eigenschaften trägt auch zu einer sehr angenehmen Geselligkeit bei.

Zahl 1 und Zahl 5

Der Fünfer hat eine hochmütige Haltung und enormes Beharrungsvermögen. Wenn der Fünfer mit dem Einser zusammenkommt, verliert der Einser die Fähigkeit, auf seine individuelle Art zu denken. Das vermehrt die Unsicherheit des Einsers. Keine besonders gute Kombination.

Zahl 1 und Zahl 6

Der Einser hat die Gabe, vertraulich das Gemüt anderer zu berühren, so daß es für diesen Personentyp leicht ist, Beziehungen zu entwickeln. Der Sechser ist nicht jemand, der Spiele spielt, aber er kann für sich einen angenehmen Weg wählen, indem er seine Urteilsfähigkeit einsetzt. Diese Kombination ist gut für Geschäfte und Freundschaften.

Zahl 1 und Zahl 7

Beide haben eine gute Begabung für Geselligkeit. Der Einser kann verständig sein, und der Siebener ist ein überzeugender Redner. Wenn sie beschließen, einander zu helfen, können sie ein recht zufriedenes Paar bei Geschäften und in der Freundschaft sein.

Zahl 1 und Zahl 8

Der Achter ist eigensinnig, argwöhnisch und bequem. Der Einser wird durch die Schwere des Achters irritiert sein und es schwierig finden, offen zu bleiben. Vertrauen wird zwischen diesen beiden nicht leicht entstehen; es wird ein hohes Maß an Energie erfordern. Sie können sich gegenseitig sehr anstrengen.

Zahl 1 und Zahl 9

Der Neuner hat eine impulsive Natur und ein offenes Wesen. Der Einser ist der Gegensatz des Neuners – vorsichtig, diskret und verständig im Wesen. Sie sind sehr verschiedene Temperamente, so daß es schwer für sie ist, sich gut zu verstehen. Diese Kombination ist nicht einfach.

Zahl 2 und Zahl 2

Beide haben die gleichen Vorstellungen über das Leben. Stetig, konservativ – sie können sich aufeinander verlassen. Aber keiner ist leicht anpassungsfähig, und diese Einschränkung kann zu Schwierigkeiten führen, wenn es um Probleme geht. Sie müssen aufrichtig miteinander Kompromisse schließen.

Zahl 2 und Zahl 3

Der Zweier ist stetig und konservativ. Der Dreier sucht immer nach neuen Projekten und möchte, daß etwas passiert. Der Zweier kann den schnellen Bewegungen des Dreiers kaum folgen und hält sie außerdem für gefährlich. Den Dreier irritiert die Umsicht des Zweiers. In diesem Fall muß der Dreier die Geduld haben, die Stetigkeit und das vorsichtige Verhalten des Zweiers zu gestatten.

Zahl 2 und Zahl 4

Der Vierer besitzt praktisches Wissen darüber, wie er in der Welt zurechtkommt, aber keine Beharrlichkeit darin, seinem eigenen Rat zu folgen. Der Zweier hat einen mehr konservativen Zugang zum Leben, weiß aber für sich nicht immer den besten Weg. Diese beiden werden sich leicht gegenseitig kritisieren. Der Zweier wird denken, daß der Vierer den Mund zu voll nimmt, und der Vierer wird den Zweier für langsam und dumm halten. Dies ist eine schwierige Kombination.

Zahl 2 und Zahl 5

Der Fünfer hat beträchtliche Ausdauer und Führungsfähigkeit, während der Zweier eine mehr abhängige Natur besitzt, was für eine gute Ausgewogenheit zwischen ihnen spricht. Nachdem aber der Zweier dazu ermutigt ist, Selbstbewußtsein zu entwickeln, wird er sich nicht mehr wohl fühlen, vom Fünfer beherrscht zu werden. Die Zeit kann letztendlich diese gute Ausgewogenheit aus den Angeln heben.

Zahl 2 und Zahl 6

Diese Kombination kann wie eine traditionelle Mann-(6)-Frau-(2)-Beziehung sein. Der Sechser besitzt Zuversicht und kann verläßlich sein. Der Zweier ist nährend und stetig. Wenn der Sechser die Rolle des Führers übernimmt, kann dies eine sehr gute Kombination sein. Wenn der Zweier führt, könnte die Harmonie abnehmen.

Zahl 2 und Zahl 7

Der Siebener hat im Vergleich zu der Stetigkeit und Aufrichtigkeit des Zweiers Flexibilität und ein gutes Urteilsvermögen. Sie passen am besten zusammen, wenn sich der Siebener in einer Führungsposition befindet. Auf diese Weise können sie im Geschäft und in der Partnerschaft mehr zusammen erreichen.

Zahl 2 und Zahl 8

Dies ist eine Beziehung oder Freundschaft vom Bruder-Schwester-Typus. Der Achter verfügt über großen Eigensinn, über Sturheit und Zähigkeit. Glücklicherweise hat der Zweier die nötige Einsicht und Aufrichtigkeit, das Wesen des Achters zu verstehen. Die große Hingebungsfähigkeit des Zweiers macht es für den Achter leicht, seinen Geist und sein Herz in Freundschaft zu öffnen.

Zahl 2 und Zahl 9

Der Neuner hat ein klares Urteilsvermögen, große Voraussicht und kann vergnügungssüchtig sein. Der Zweier besitzt Aufrichtigkeit und Stetigkeit und wird, wenn auch nicht demonstrativ, bereitwillig Vergnügungen opfern, wenn es um ein Ziel oder eine Beziehung geht. Diese Zahlen können einen positiven Einfluß aufeinander ausüben.

Zahl 3 und Zahl 3

Beide sind sehr sensibel und leidenschaftlich. Sie haben Führungsfähigkeit und Voraussicht. Wenn sie mit dem gleichen Ziel und aufeinander abgestimmt planen, werden sie gute Fortschritte machen. Aber manchmal wird ihre Hast dazu führen, daß sie die Geduld miteinander verlieren – eine mögliche Quelle von Problemen. Diskretion muß sein!

Zahl 3 und Zahl 4

Allgemein wird die direkte, offene Ausdrucksweise des Dreiers die Kommunikation zwischen den zwei Zahlen schwierig machen. Aber der weichherzige, harmonische und anpassungsfähige Vierer wird auf Verständigung hinarbeiten. Auf der anderen Seite wird der Unentschlossenheit des Vierers durch die radikalen Entscheidungen des Dreiers abgeholfen. Diese Kombination ist gut, aber nur, wenn beide etwas voneinander annehmen.

Zahl 3 und Zahl 5

Beide haben eine Individualität nach dem Motto »Ich mach's auf meine Art«. Der Dreier drückt sich sehr offen und direkt aus. Der Fünfer versucht, andere zu beherrschen. Es ist nicht leicht für diese beiden, miteinander zurechtzukommen.

Zahl 3 und Zahl 6

Beide sind mit einem starken Bewußtsein für Motivation auf ihre Art sehr aktiv. Der Dreier ist aktiv, aber ungeduldig; der Sechser mäßigt die Aktivität mit ruhigem Urteil. Dieser Ausgleich ist gut. Wenn beide aber allzu aktiv werden, ist es für den Sechser schwer, großzügig zu bleiben.

Zahl 3 und Zahl 7

Beide Zahlen bedeuten schnelles Sprechen und Handeln. Wenn sie das gleiche Ziel haben, können sie schnell etwas erreichen. Aber auf dem Gebiet der Freundschaft ist Diskretion vonnöten. Da beide sehr sensibel sind, müssen sie in ihrer Beziehung vorsichtig sein.

Zahl 3 und Zahl 8

Der Dreier drückt klar aus, was er sagen will, und kann nicht vorgeben, etwas zu fühlen oder zu denken, wenn er es nicht wirklich tut. Der Achter wird selbst wegen geringfügiger Dinge nachtragend sein und kann vergangene Erlebnisse nicht leicht überwinden. Wenn der Dreier beim Achter einen empfindlichen Nerv trifft, wird der Achter seine Unzufriedenheit zum Schaden der Beziehung für lange Zeit verbergen. Diese Kombination muß sehr vorsichtig miteinander sein – sie können einfach zu verschieden sein, um sich offen äußern zu können.

Zahl 3 und Zahl 9

Beide sind einsichtig und intelligent. Sie können eine Beziehung aufbauen, die harmonisch in sich selbst ist. Der Neuner ist der bessere Führer in dieser Verbindung. Es ist eine hervorragende Kombination für neue intellektuelle Entwicklungen.

Zahl 4 und Zahl 4

Beide haben praktisches Wissen und einen hochgradig individuellen Stil, der an Übersensibilität grenzt. Ihre Beziehung wird glatt und unverbindlich sein. Darin liegen ein geringeres Risiko und eine Tendenz, daß die Dinge zu einfach sind, so daß sie eine dauernde Verbindung für die Zukunft nicht erwarten können.

Zahl 4 und Zahl 5

Der Vierer hat praktisches Urteilsvermögen. Der Fünfer trifft eigennützigere Entscheidungen als der lässige Vierer. Es ist für beide Seiten schwierig, in dieser Beziehung Befriedigung zu erreichen.

Zahl 4 und Zahl 6

Der Sechser hat große Würde. Für ihn ist es sehr wichtig, seinem eigenen Urteil zu folgen. Der Vierer handelt nach Gefühl. Verständlicherweise ist es oft schwer für sie, eine gemeinsame Basis zu finden.

Zahl 4 und Zahl 7

Im allgemeinen ist diese Kombination gut. Beide haben eine gesellige Natur und erzielen leicht Übereinstimmung. Der Vierer pflegt eine umgängliche Geselligkeit, und der Siebener hat ein anpassungsfähiges soziales Wesen. Wenn diese beiden sich anschauen, fragen sie sich, ob der andere mit seinen Äußerungen aufrichtig ist. Aber sie werden doch damit fortfahren, sich gefühlsmäßig auszuforschen.

Zahl 4 und Zahl 8

Der Vierer hat eine zartbesaitete Natur und ist ein umgänglicher Mensch. Der Achter hat mehr einen eigensinnigen Charakter. Diese Kombination wird nicht leicht zu Vertrautheit oder Verständnis führen.

Zahl 4 und Zahl 9

Dies ist eine gute Kombination. Der Vierer hat ein harmonisches, anpassungsfähiges Wesen. Der Neuner hat einen sprühenden Geist, Intelligenz und klares Urteil. Diese beiden verbinden sich ohne Probleme.

Zahl 5 und Zahl 5

Beide sind sehr egoistisch und stur. Sie streiten sich leicht; für jeden ist es schwer, dem anderen auch nur einen Fußbreit Boden zu überlassen. Nur wenn sie eine gemeinsame Zielsetzung haben, können sie ein gutes Team sein. Aber die Gemeinsamkeit wird immer schwierig für sie sein.

Zahl 5 und Zahl 6

Der Fünfer sucht sich sehr genau aus, was ihm gefällt. Der Sechser hat Verständnis für die starke, positive Natur des Fünfers und die Fähigkeit, diese gelassen zu betrachten. Durch diese Gelassenheit kann der Fünfer den Sechser leichter akzeptieren, weil er weiß, daß der Sechser das turbulente Wesen des Fünfers aushalten kann.

Zahl 5 und Zahl 7

Die berechnende Flexibilität des Siebeners kann mit der starken Präsenz und dem eingleisigen Geist des Fünfers verhandeln. Dadurch respektiert der Fünfer den Siebener. Dem Fünfer erscheint der Siebener mehr »vollendet«.

Zahl 5 und Zahl 8

Diese Kombination spricht am Anfang nicht für eine leichte Kommunikation, weil beide von Natur aus stur und beharrend sind. Mit der Zeit beginnt der Fünfer, die Art anzuerkennen und zu bewundern, in der der Achter seinen Entscheidungsprozeß angemessen kontrolliert. Für den Fünfer ist das Treffen von Entscheidungen immer endgültig, so wie er es will.

Zahl 5 und Zahl 9

Der interessante Aspekt dieser Kombination ist, daß die Intelligenz, das scharfe Urteil und das verfeinerte Wesen des Neuners den Fünfer anziehen, dessen impulsive, ungehobelte Energien damit ein komplementäres Gegenüber finden. Der Neuner bewundert die persönliche Beherrschtheit des Fünfers im Gegensatz zu der Wankelmütigkeit des Neuners.

Zahl 6 und Zahl 6

Weil beide den gleichen Charakter haben, akzeptieren sie sich gegenseitig leichter. Da beide großen Stolz besitzen, ist alles gut, solange sie sich gegenseitig respektieren. Wenn einer den Stolz des anderen verletzt, ergeben sich daraus große Probleme. Sie müssen in Ruhe miteinander verhandeln.

Zahl 6 und Zahl 7

Beide sind ähnlich im Wesen, indem sie sich leicht austauschen. Der Sechser ist sehr großzügig, wird aber durch seine Behutsamkeit oft verletzt. Die Nervosität des Sieberers wird durch seine lässige Geselligkeit verborgen. Diese beiden müssen in ihrer gegenseitigen Beziehung darauf achten, ihre inneren Gefühle nicht zu vernachlässigen.

Zahl 6 und Zahl 8

Zwischen dem Sechser und dem Achter gibt es eine Art schicksalhafte Beziehung, wie zwischen dem Berg und dem Himmel. Durch ihre Verbindung ist jeder von ihnen besser in der Lage, seine eigene Existenz und Zielsetzung zu sehen. Bei guter Kommunikation können sie sich aufeinander verlassen, wobei der Sechser die führende Position innehat.

Zahl 6 und Zahl 9

Beide sind intelligent. Der Sechser hat ein realistisches, ruhiges Urteilsvermögen. Der Neuner verläßt sich auf seinen gesunden Verstand,
neigt aber zur Wankelmütigkeit. Es ist nicht leicht für diese beiden,
einvernehmlich zu entscheiden.

Zahl 7 und Zahl 7

Beide sind geistesverwandt. Zwischen ihnen ist weniger Leidenschaft
als Gesinnungsgleichheit. Irgendwo verbergen sie einen Teil von sich
selbst, von dem sie glauben, daß sie ihn unter Kontrolle behalten
müssen. Weil sie beide berechnend sind, öffnen sie sich normalerweise
nicht füreinander.

Zahl 7 und Zahl 8

Dies ist eine Kombination für gute Zusammenarbeit. Der Siebener ist
flexibel, während der Achter Eigenständigkeit, Stärke und Eigensinn
besitzt, aber auch kindische Eifersucht. Es gibt einen gewissen Kern-
punkt, der sie anzieht – die Möglichkeit einer gegenseitigen Beziehung
von Geben und Nehmen. Der Siebener ist sanft in der Erscheinung,
aber derb im Geist; der Achter ist widerspenstig nach außen, aber
innerlich weich.

Zahl 7 und Zahl 9

Diese Zahlen werden von einem luxuriösen Leben angezogen. Sie
lieben oft ähnliche Dinge, was die Annäherung am Anfang der
Beziehungen erleichtert. Aber wenn die Zeit fortschreitet, wird deutlich, daß diese Naturen sehr verschieden sind. Der Neuner denkt, daß
der Siebener nur aus Worten ohne Substanz besteht; und der Siebener
denkt, daß der Neuner zu eitel und stolz ist. An diesem Punkt wird
keiner dem anderen nachgeben.

Zahl 8 und Zahl 8

Eine verständige Beziehung zwischen Gleichgesinnten macht Vertrauen viel leichter. Aber beide sind eigensinnig, eifersüchtig, starrsinnig und sehr bequem, was zu Mißtrauen zwischen ihnen führt. Sie müssen ihre Bequemlichkeit und ihren Eigensinn beherrschen, damit diese Kombination funktionieren kann.

Zahl 8 und Zahl 9

Ihre gegenseitige Beziehung besteht darin, sich zu helfen. Der Achter ist dafür prädestiniert, sich vom Neuner helfen zu lassen und dessen Talent für klare Entscheidungen zu respektieren. Der Neuner respektiert den Sinn für Eigennutz und die Anstrengungen des Achters.

Zahl 9 und Zahl 9

Diese Kombination hat Lebendigkeit und klaren Verstand auf ihrer Seite. Aber beide tun gut daran, ihren Gedanken gegenseitig auf den Grund zu gehen. Der Erfolg der Kombination hängt davon ab, auf was für eine Art von Führerschaft sich die beiden einigen können.

Leben Sie in Harmonie mit Ihrer Familie? Es ist sehr wichtig, sich gegenseitig zu verstehen.

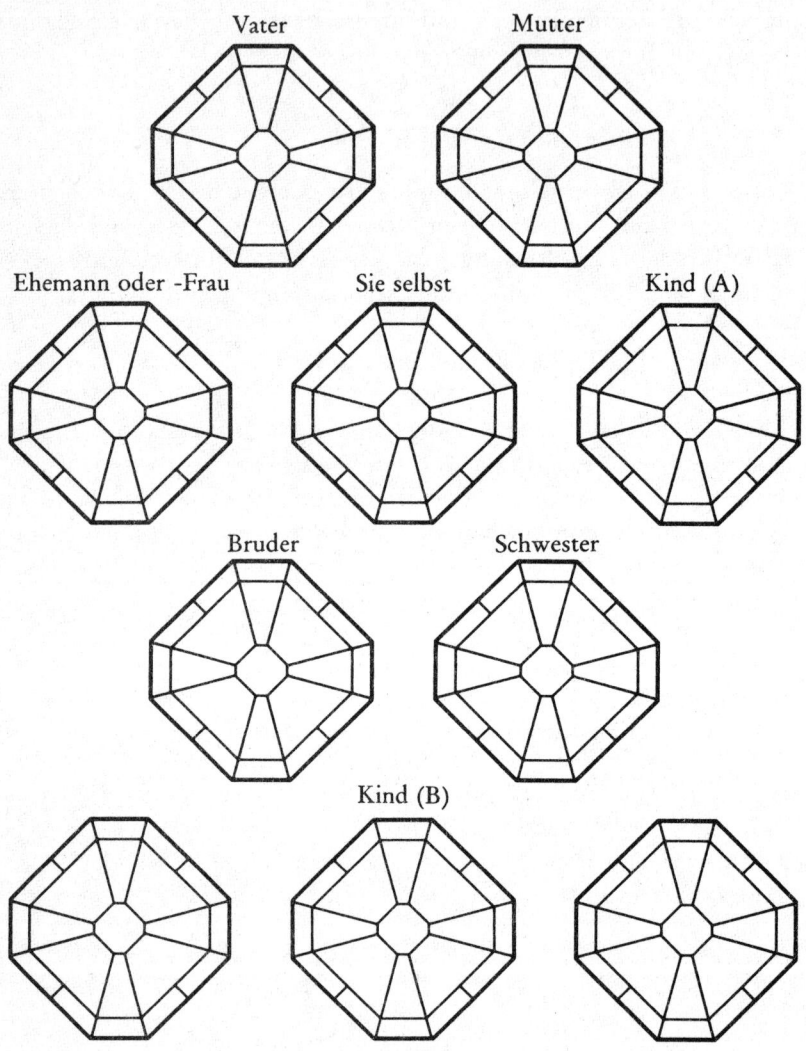

Wie Sie sich in Ihrer Beziehung mit Ihrem(n) Geliebten ausdrücken.

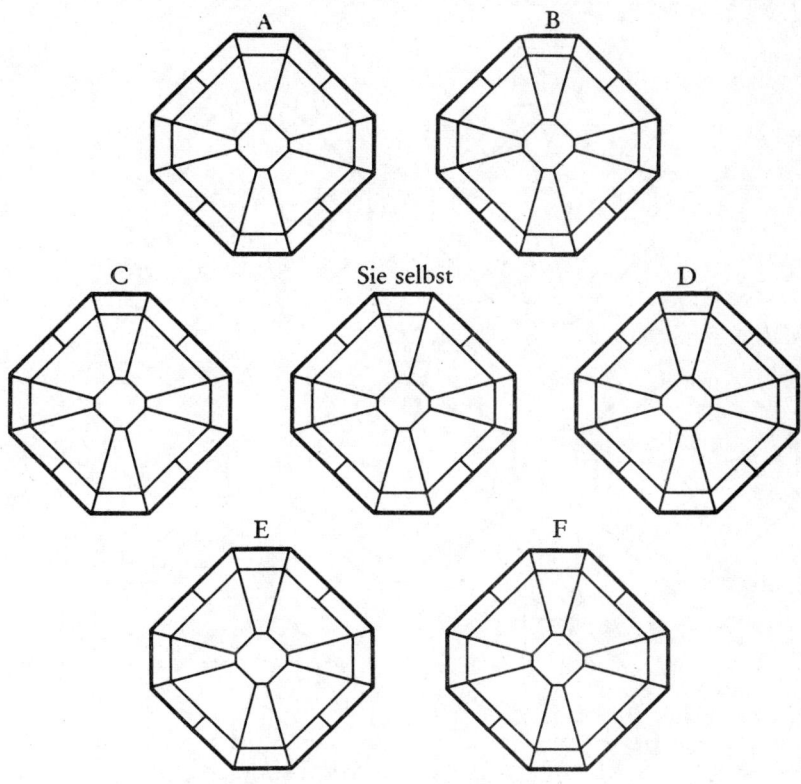

1. Wen mögen Sie am liebsten?
2. Mit wem fällt Ihnen die Kommunikation am leichtesten?
3. Mit wem finden Sie die größte Befriedigung?
4. Wer ist nach den Tafeln die/der beste Geliebte?

Wie Sie in Wechselwirkung mit den Menschen in Ihrem Berufsleben stehen. Wenn Sie den Persönlichkeitstyp der anderen verstehen, können Sie es schaffen, mit Ihnen leichter zu kommunizieren und Ihre Karriere besser voranzutreiben.

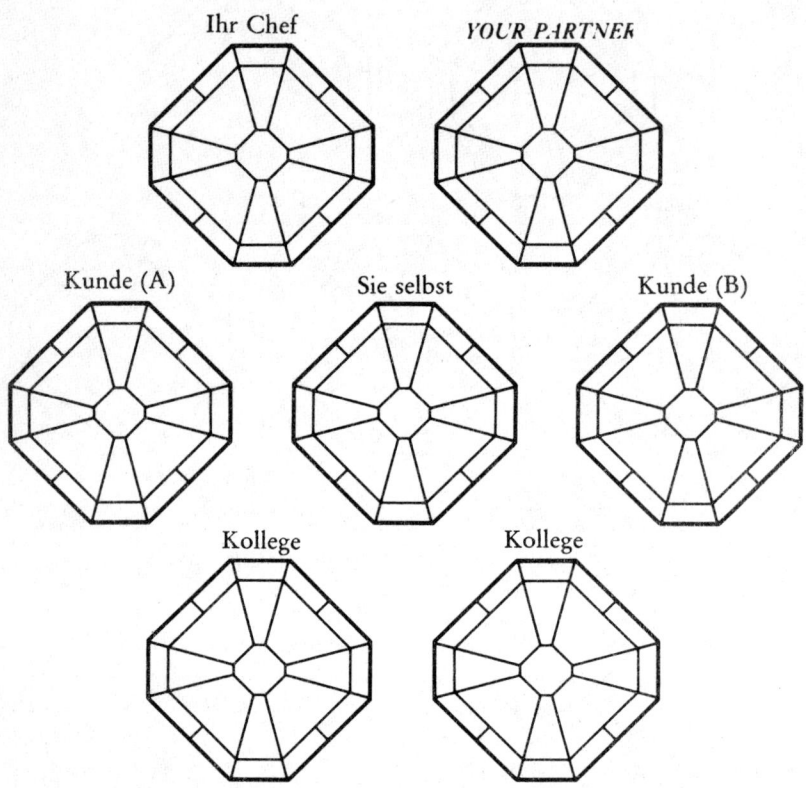

Beachten Sie: Sie gewinnen, wenn Sie sie klug behandeln.

Die 108 Persönlichkeitstypen

Die 108 Persönlichkeitstypen sind der Schlüssel, um das Verständnis von uns selbst und von anderen zu verbessern. Wenn Sie sich in jemanden verlieben, können Sie die Grundnatur dieser Person nicht verändern. Wenn Sie jedoch sich selbst und Ihre eigene Tafel kennen und die Tafel der anderen Person studieren, kann die Kommunikation verbessert werden. Verständnisprobleme, die auch da existieren können, wo es große Zuneigung zwischen Menschen gibt, sind oft die Ursache von Schmerz und Einsamkeit. Durch das Studium der 108 Persönlichkeitstypen können wir uns über die Probleme in solchen Beziehungen bewußter werden. Vielleicht können wir lernen, mit größerer Differenziertheit und Einsicht zu handeln, um unnötige Schwierigkeiten in der Zukunft zu vermeiden.

Noch einmal: Das Wichtigste ist hier, sich selbst zu kennen. Sobald Sie einmal zu verstehen beginnen, wie Sie sind, können Sie auch beginnen, andere besser zu begreifen. Was will die andere Person? Wieviel zu geben können Sie sich leisten? Wie oft versuchen Sie, der anderen Person zu geben, was Sie für das Beste halten, statt dem, was dieser Mensch wirklich will? Die Fragen sind schwer zu beantworten. Für jemanden, der vor Durst in einer Wüste stirbt, ist ein Tropfen Wasser mehr wert als Gold und Diamanten. Wir müssen darauf achten, unsere eigenen Wünsche zu verstehen, und dieses Verständnis in unserer Kommunikation nutzen. Die Tafeln liefern die Grundlage, um mit diesen Vorstellungen zu arbeiten.

Sie zeigen auch, welche Eigenschaften Sie haben und wie diese am besten eingesetzt werden können, um Ihrer Karriere oder Ihrem Lebensstil zu dienen. Wenn wirkliche Anstrengungen unternommen werden, hängt der Unterschied zwischen Erfolg und Mißerfolg oft davon ab, wie Sie Ihre Fähigkeiten am besten zu Ihrem Vorteil einsetzen. Lassen Sie uns ein paar Beispiele betrachten, ehe wir mit der Erörterung der 108 Persönlichkeitstypen beginnen.

1981 wurde im *Chicago Tribune Magazine* eine Umfrage veranstaltet, um die »zehn besten und die zehn schlechtesten« Präsidenten der Vereinigten Staaten herauszufinden. 1983 wurde unter der Leitung eines Professors der Pennsylvania State University eine Studie erstellt, die sich ebenfalls mit der amerikanischen Präsidentschaft befaßte. Bei der Beurteilung der Verdienste eines Präsidenten ist es oft schwer, die Persönlichkeit des Mannes von den vielen anderen Faktoren zu unterscheiden, die seine Entscheidungen beeinflussen – Kongreß, Oberster Gerichtshof und historischer Hintergrund in der Zeit seiner Amtsführung. Jedoch ist die Persönlichkeit des Präsidenten selbst sehr wichtig.

Wie die folgenden Tafeln und Zahlen zeigen, hatten zwei gegensätzliche Präsidenten die folgenden charakteristischen Eigenschaften gemeinsam:

RICHARD M. NIXON
9. Januar 1913
7 – 6 – 6

ULYSSES S. GRANT
27. April 1822
7 – 6 – 6

Sowohl Nixon als auch Grant haben eine ausgeprägte Intuition. Beide können auch starrsinnig sein und lassen Anpassungsfähigkeit vermissen. Während der Administration eines jeden dieser zwei Präsidenten gab es einen größeren Skandal. Wenn Richard Nixon seine eigene Schwäche gekannt hätte, hätte die Unnachgiebigkeit seiner Haltung beim Watergate-Skandal vielleicht vermieden werden können. Auf der positiven Seite führte seine starke Intuition zur Wiederaufnahme von diplomatischen Beziehungen mit der Volksrepublik China.

Viele Leute mit dieser Art von Intuitionsfähigkeit arbeiten erfolgreich auf künstlerischem Gebiet, wo die Intuition eine andere Art von kreativem Ausdruck findet. Das heißt nicht, daß sie unfähig wären, ein politisches Amt zu führen, sondern nur, daß sie sich ihrer Stärken und Schwächen mehr bewußt sein müssen, wenn sie diese Laufbahn wählen. Denn eine größere Bewußtheit von uns selbst ist das, was uns befähigt, unser Leben besser zu kontrollieren.

Hier sind einige Beispiele von Leuten mit denselben Zahlen wie Nixon und Grant:

RICHARD M. NIXON 7 – 6 – 6	ULYSSES S. GRANT 7 – 6 – 6
(Januar)	(April)
Cary Grant – 18. Januar 1904	Immanuel Kant – 22. April 1724
George Balanchine – 22. Januar 1904	David Frost – 7. April 1939
Edouard Manet – 23. Januar 1832	Francis Ford Coppola – 7. April 1939
Carol Channing – 30. Januar 1922	Giorgio Di Sant'Angelo – 5. Mai 1939

(Für weitere Informationen über diesen Personentyp siehe 7 – 6 – 6 in dem folgenden Abschnitt. Achten Sie darauf, den richtigen Monat nachzuschlagen, Januar oder April, denn es gibt manche Unterschiede zwischen diesen.)

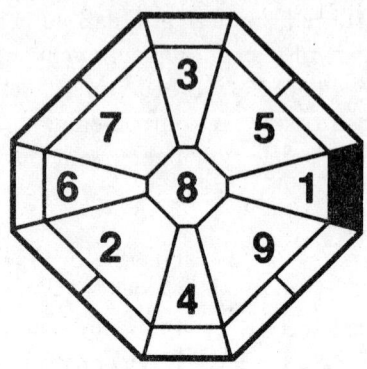

Daten des Monatswechsels

4. Februar–5. März 1900	4. Februar–5. März 1954
4. Februar–5. März 1909	4. Februar–5. März 1963
5. Februar–5. März 1918	5. Februar–4. März 1972
5. Februar–5. März 1927	4. Februar–5. März 1981
5. Februar–5. März 1936	4. Februar–5. März 1990
4. Februar–5. März 1945	4. Februar–5. März 1999

leidenschaftlich	*eigensinnig*
unabhängig	*entscheidungsschwach*
lässig	*berechnend*
gesellig	*bequem*

Dieser Typ einer Einser-Person ist normalerweise sehr selbstbewußt. Es sind oft aktive Menschen, die gern so hart arbeiten, wie sie spielen. Durch ihre lässige Art sind sie mit den meisten gesellschaftlichen Situationen vertraut und können ihr beträchtliches Konversationstalent einsetzen.

Der Eigensinn dieses Typs wird oft durch seine lässige Art verdeckt. Die Wünsche, die diese Menschen haben, sind normalerweise eigennützig, und sie sind schlau genug zu wissen, wer ihnen von Nutzen ist, um ihre Ziele zu erreichen. Ihre Genußsucht wird durch ihre sorglose Haltung gemildert.

Sie haben oft eine große Liebesfähigkeit, die so weit geht, daß sie mehr als eine Person gleichzeitig lieben. Ihre Berührungen sind normalerweise weich und sanft, aber ihre Leidenschaften steigen und fallen mit gleicher Intensität. Es ist schwer für diesen Typ, in der ersten Ehe zu bleiben. Die Männer werden häufig von starken Frauen angezogen, aber jeder Versuch von diesen, sie zu beherrschen, macht sie mißtrauisch. Frauen dieses Typs lieben gutaussehende, intelligente Männer und möchten ihre Gatten nach Möglichkeit beherrschen. Männer wie Frauen haben ein sehr starkes Bedürfnis nach persönlicher Freiheit.

Entscheidungen zu treffen ist kein wichtiges Anliegen für diese Menschen. Weil sie Angst haben, irgend etwas zu verlieren, besonders Geld oder ihren Stolz, können sie leicht außer Fassung gebracht werden. Aber auch wenn sie für eine Weile unglücklich sein mögen, schützt sie ihre lässige Art. Sie bleiben nicht lange sorgenvoll oder deprimiert.

Gesunde Finanzplanung ist ein wesentlicher Bestandteil ihrer Natur, aber sie sind lebenslustig und lieben es, Geld zu ihrem eigenen Vergnügen auszugeben. Sie genießen die Aufmerksamkeit, die ihnen ihre Verschwendungssucht einbringen kann. Wenn sie sich jedoch zu sehr auf Geld und Position fixieren, kann das zu Schwierigkeiten führen.

CHARLES DARWIN – 26. Februar 1873
RONALD COLEMAN – 9. Februar 1891
LUIS BUNUEL – 22. Februar 1900
JOSEPH MANKIEWICZ – 11. Februar 1909
HARRY BELAFONTE – 1. März 1927
JACK CASSIDY – 5. März 1927
BURT REYNOLDS – 11. Februar 1936
BOB MARLEY – 5. Februar 1945
MIA FARROW – 9. Februar 1945
PATTY HEARST – 20. Februar 1954

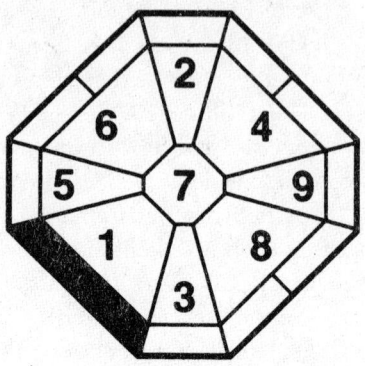

Daten des Monatswechsels

6. März–4. April 1900	6. März–4. April 1954
6. März–4. April 1909	6. März–4. April 1963
6. März–5. April 1918	5. März–4. April 1972
6. März–5. April 1927	6. März–5. April 1981
6. März–4. April 1936	6. März–4. April 1990
6. März–4. April 1945	6. März–4. April 1999

selbstbewußt	*defensiv*
scharfsinnig	*überempfindlich*
fleißig	*kleinlich*
unabhängig	*gehemmt*

Dieser Personentyp ist sehr unabhängig und eigennützig, mit einem auf Details bezogenen Verstand. Diese Menschen sind normalerweise fleißig und darum oft erfolgreich in ihrem Beruf. Sie können bei finanziellen Angelegenheiten Glück haben.

Sie sind methodisch und daher nicht geneigt, die Zügel schießen zu lassen. Sie lassen sich nicht leicht ablenken und sind fähig, ihr Leben sehr unabhängig zu gestalten. Jedoch werden sie nachträglich manchmal ängstlich wegen ihrer Entscheidungen.

Sie verbinden Selbstbewußtsein mit Überempfindlichkeit und sind zugleich scharfsinnige Beobachter. In engen Beziehungen sind sie gehemmt und sehr abhängig davon, was andere denken. Dies kann manchmal zum Bruch in ihrem gesellschaftlichen Leben führen.

Sie wirken geduldig, können aber doch sehr stark und direkt erscheinen. Dies gilt vor allem für Frauen, die unverblümt bis zur Gemeinheit sein können. Die Männer erscheinen nach außen hin weicher, obwohl sie innerlich hart sein können, wo es sich nicht so schnell zu erkennen gibt. Männer wie Frauen müssen sich bewußt sein, wie sich ihre Hypersensibilität auf die Art auswirkt, in der sie sich anderen gegenüber äußern.

Wenn sie keine Arbeit finden können, die sie befriedigt, werden sie ihre Jobs oder Stellungen so lange wechseln, bis sie eine entsprechende Position einnehmen können. Sie haben ein Talent für Organisation. In geschäftlicher Hinsicht haben sie oft Glück, einen guten Mitarbeiter zu finden. Die Art von Mitarbeiterstab oder Gruppe, die die Männer dieses Typs umgibt, ist der Schlüssel zu ihrem Erfolg. Frauen dieses Typs möchten normalerweise jedes Problem selbst lösen. Wie sie ihren Mitarbeiterstab oder ihre Kollegen behandeln, ist oft sehr wichtig für sie.

Diese Menschen sind gute Familientypen. Von Natur aus neigen sie dazu, sehr familienorientiert zu sein, und sie genießen ein ruhiges häusliches Leben. Manchmal sind sie aber doch wankelmütig und für Verführungen empfänglich. Sie brauchen den richtigen Partner, um erfolgreich zu sein, und haben oft das Glück, einen zu finden. Die Frauen sind gute Hausfrauen, die gern (auf ihre eigene Weise!) für die Familie sorgen. Sie fühlen sich zu selbständigen, fleißigen Männern hingezogen.

HENRIK IBSEN – 30. März 1828
GROVER CLEVELAND – 18. März 1837
SPENCER TRACY – 5. April 1900
MICKEY SPILLANE – 9. März 1918
PEARL BAILEY – 29. März 1918
URSULA ANDRESS – 19. März 1936
WALT FRAZIER – 29. März 1945
ERIC CLAPTON – 30. März 1945

April **1** – 6 – 9

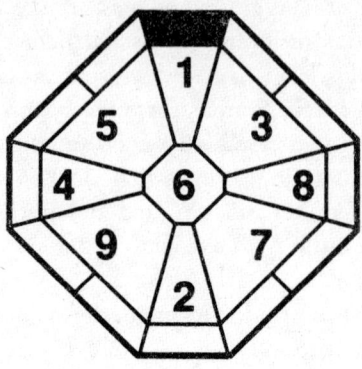

Daten des Monatswechsels

5. April–5. Mai 1900	5. April–5. Mai 1954
5. April–5. Mai 1909	5. April–5. Mai 1963
6. April–5. Mai 1918	5. April–4. Mai 1972
6. April–5. Mai 1927	5. April–4. Mai 1981
5. April–5. Mai 1936	5. April–5. Mai 1990
5. April–5. Mai 1945	5. April–5. Mai 1999

kühl, objektiv   *ungeduldig*
intuitiv   *anpassungsunfähig*
charismatisch   *hochmütig*
würdevoll   *anspruchsvoll*

Viele Menschen dieses Typs gehen intuitiv mit dem Leben um, und ihre Aktivitäten sind oft das Ergebnis ihrer Gefühle oder Instinkte. Andererseits ist es ihre Natur, die Dinge objektiv zu betrachten. Dies kann sie abweisend erscheinen lassen, aber es bedeutet nur, daß ihre Aktionen sehr ehrlich sind. Der Lauf ihres Lebens wechselt so, wie auch das Gleichgewicht in ihrem Leben von Intuition in Objektivität umschlägt.

Sie sind nicht die Menschen, die eine Menge über sich und ihre

116

Gefühle erklären. Daher benötigt Kommunikation bei ihnen immer Zeit, um sich zu entwickeln. Bevor sie Entscheidungen fällen, widmen sie dem Vorgang lange Überlegungen. Sie sind sich immer bewußt, ob ihre Entscheidungen für ihre Zwecke richtig sind. Sie haben Angst, für dumm gehalten zu werden. Tatsächlich ist ihre Art zu denken stolz und würdevoll – eine Eigenschaft, die sie manchmal auf andere herabblikken läßt.

Die meisten dieser Menschen stehen ihren Eltern fern, insbesondere dem Vater. Von einem frühen Alter an entwickeln sie sich unabhängig. Ihr Leben verläuft besser, wenn sie sich in einer Führungsposition befinden, denn sie sind von Natur aus Führer. Sie sind anspruchsvoll, aber ungeduldig, und das kann Schwierigkeiten verursachen. Es kann für andere problematisch sein, mit ihnen auszukommen.

Es ist sehr schwierig für diese Leute, Kompromisse zu schließen. Wenn sie instinktiv glauben, etwas sei richtig, gestatten sie es sich, »mit voller Kraft voraus« vorzugehen. Wenn sie sich einmal auf ihren selbstgewählten Weg fixiert haben, besitzen sie eine enorme Konzentrationsfähigkeit. Bei der Arbeit oder bei Geschäften werden sie meist von ihren Intuitionen geleitet. Ihre Schwäche ist, daß sie sich nicht gut erklären können, was es schwer für die Menschen ihrer Umgebung macht, sie zu verstehen. Sobald sich jedoch alle besser kennenlernen, ist dies kein Problem mehr.

Da sie sich nicht leicht anpassen können, müssen sie eine Arbeit finden, die sie individuell befriedigt. Wenn sie das schaffen, können sie normalerweise in einem Bereich bleiben und es zu einem tiefen Verständnis oder großer Leistung bringen.

Gesellschaftlich haben sie es nötig, im Mittelpunkt der Aufmerksamkeit zu stehen. Sie neigen dazu, sehr klare Unterscheidungen zwischen Freunden und Feinden zu machen, so daß ihr Freundeskreis etwas begrenzt sein kann.

Die meisten Männer sind keine Familientypen, so daß die Ehe problematisch werden kann, wenn sie sich einer häuslichen Situation anpassen müssen. Die Frauen, die sehr unabhängig sind, finden selten einen kooperativen Partner. Selbst wenn sie wirklich heiraten, ist es für sie schwierig, von ihren Ehemännern abhängig zu sein. Diese Frauen tun besser daran zu lernen, ihr Leben im Sinn einer Gemeinschaft als Teil eines Ganzen zu sehen.

Leopold Stokowski – 18. April 1882
William Holden – 17. April 1918
Ella Fitzgerald – 25. April 1918
Kenneth (Kenneth E. Battelle) – 19. April 1927
Glen Campbell – 10. April 1936
Roy Orbison – 23. April 1936
Julian Lennon – 8. April 1963

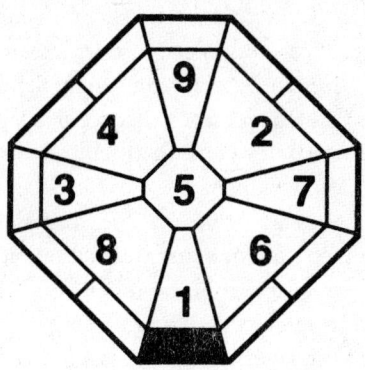

Daten des Monatswechsels

6. Mai–5. Juni 1900	6. Mai–5. Juni 1954
6. Mai–5. Juni 1909	6. Mai–5. Juni 1963
6. Mai–5. Juni 1918	5. Mai–4. Juni 1972
6. Mai–6. Juni 1927	5. Mai–5. Juni 1981
6. Mai–5. Juni 1936	6. Mai–5. Juni 1990
6. Mai–5. Juni 1945	6. Mai–5. Juni 1999

ehrgeizig	*sorgenvoll*
begabt	*selbstschützend*
zurückhaltend	*unsicher*
kreativ	*vertrauensselig*

Die meisten Menschen dieses Typs haben grundsätzlich eine unabhängige Natur, sind aber auch unsicher. Sie verfügen über große Geduld, brauchen aber lange Zeit, um Pläne zu machen, da sie alles sehr ernst nehmen. Manchmal bereitet ihnen ihre »Überbetonung« der Zukunft Sorgen, weil sie wollen, daß die Dinge genauso geschehen, wie sie es geplant haben.

Ihr Sinn für Selbstschutz ist sehr ausgeprägt, und sie haben oft Angst, die volle Verantwortung für ihre Handlungen zu übernehmen.

119

Sie verlangen die Billigung oder Zustimmung eines anderen, um die Überzeugung zu gewinnen, die sie für ihre Entscheidungen benötigen. Häufig haben sie ein Bedürfnis nach Aufmerksamkeit und positiver Bestärkung durch andere. Obgleich sie normalerweise gute Familienbeziehungen haben, ziehen es viele von ihnen vor, für sich zu bleiben. Oft sind sie ihrem Vater gegenüber distanziert.

Im Beruf sind sie normalerweise flexibel und ehrgeizig. Sie arbeiten gut in Gruppensituationen, was sie zu Geld und Erfolg führt. Sie können ausdauernd und kreativ sein. Sie sind fleißig, talentiert und intelligent, aber es macht sie manchmal unsicher, völlig unabhängig zu sein. Obwohl sie zeitweise Schwierigkeiten mit ihrem Chef oder den Vorgesetzten haben mögen, wenn sie mit einer schwierigen Situation konfrontiert werden oder verhandeln müssen, kommen sie durch ihre Beharrlichkeit und ihr geselliges Wesen normalerweise ans Ziel.

Sie haben starke sexuelle Bedürfnisse. Ihr Liebesleben umfaßt oft mehr als eine Person, und sie lösen Verbindungen kaum jemals völlig auf. Sie haben das Bedürfnis, mit allen, die sie geliebt haben, in Kontakt zu bleiben. Wegen ihres auf Selbstschutz bedachten Wesens werden sie zu Menschen hingezogen, die ihnen das Gefühl vermitteln, gebraucht zu werden, stark, angesehen und selbstbewußt zu sein.

Im Extremfall können ihre Bedürfnisse sie unsicher und sorgenvoll machen. Oft geht ihre persönliche Befriedigung in diesen Zeiten auf Kosten von irgend jemand anderem, da sie dazu neigen, auf die andere Person nicht genügend Rücksicht zu nehmen. Für Männer wie Frauen dieses Typs verläuft die Ehe normalerweise nicht sehr glücklich, wenn sie nicht einen wirklich verständnisvollen Partner haben.

Im allgemeinen sind diese Menschen unabhängig und geduldig und werden bei der Überwindung von Schwierigkeiten nicht nachgeben.

AYATOLLAH KHOMEINI – 6. Mai 1900
JAMES MASON – 15. Mai 1909
ALDO GUCCI – 26. Mai 1909
BENNY GOODMAN – 30. Mai 1909
MICHAEL TODD – 2. Juni 1909
BIRGIT NILSSON – 17. Mai 1918
CLIVE BARNES – 13. Mai 1927
ALBERT FINNEY – 9. Mai 1936

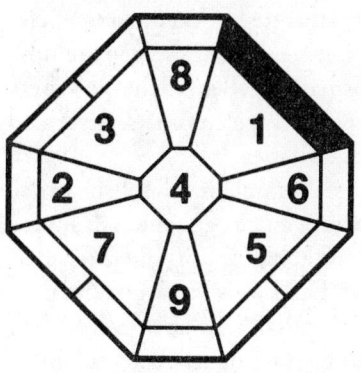

Daten des Monatswechsels

6. Juni–7. Juli 1900	6. Juni–7. Juli 1954
6. Juni–7. Juli 1909	6. Juni–7. Juli 1963
6. Juni–7. Juli 1918	5. Juni–6. Juli 1972
7. Juni–7. Juli 1927	6. Juni–6. Juli 1981
6. Juni–6. Juli 1936	6. Juni–6. Juli 1990
6. Juni–6. Juli 1945	6. Juni–6. Juli 1999

unabhängig	*eigennützig*
besonnen	*zurückhaltend*
gesellig	*überheblich*
zuverlässig	*emotional*

Diese Menschen sind fleißig und ernsthaft. Sie entwickeln ihr Leben sehr besonnen. Sie erscheinen rücksichtsvoll und ruhig, aber innerlich können sie sehr selbstsüchtig und voreingenommen sein. In ihrem Verhalten sind sie sehr selbstbewußt und unabhängig, aber doch emotional.

Die meisten von ihnen hatten in ihrer Jugend viel Zuwendung vom gegengeschlechtlichen Elternteil. Als Ergebnis ziehen die Männer es oft vor, im Bereich der Gefühle die Dinge zu kontrollieren. Obwohl

121

die meisten Männer dazu neigen, eine ruhige, sanfte Haltung einzunehmen, sind sie häufig ziemlich emotional. Die Frauen, die normalerweise starke Mutterinstinkte besitzen, haben Schwierigkeiten, jemandem zu folgen oder in einer zweitrangigen Stellung zu sein. Sie werden durch ein nur häusliches Leben nicht voll befriedigt, weil sie die Fähigkeit haben, andere Dinge zu tun, aber sie sind glücklich, wenn sie zu Hause die Führung haben.

Sie sind intelligente Menschen. Gesellschaftlich haben sie oft Probleme, da ihre Erwartungen zu egozentrisch sind. Ihre Art ist in der Tat eigennützig, und das kann es für die Menschen ihrer Umgebung schwer machen, ihre Denkweise zu verstehen.

Sie sind stetig und verläßlich, aber wenn sie Führer sein wollen, müssen sie ihrer Umgebung deutlicher erklären, was sie denken. Sie können ihre Fähigkeiten bei der Arbeit und im Geschäft besonders gut zum Ausdruck bringen, wenn sie in einer beigeordneten Position sind. Ihre Zuverlässigkeit befähigt sie, für lange Zeit in einer Stellung zu bleiben.

Im allgemeinen scheinen sich diese Menschen vorsichtig zu verhalten, sie können aber doch extrem selbstbetont und eigensinnig sein. Wenn sie sich intensiver mit anderen Menschen verbinden wollen, müssen sie lernen, sich besser auszudrücken und gesellschaftlich weniger egozentrisch zu werden.

LOUIS ARMSTRONG – 4. Juli 1900
ERROL FLYNN – 20. Juni 1909
ANDREI GROMYKO – 6. Juli 1909
BOB FOSSE – 23. Juni 1927
CAPTAIN KANGAROO (Bob Keeshan) – 27. Juni 1927
KEN RUSSELL – 3. Juli 1927
NEIL SIMON – 4. Juli 1927
KRIS KRISTOFFERSON – 22. Juni 1936
RICHARD BACH – 23. Juni 1936
CARLY SIMON – 25. Juni 1945

Juli **1** – 3 – 3

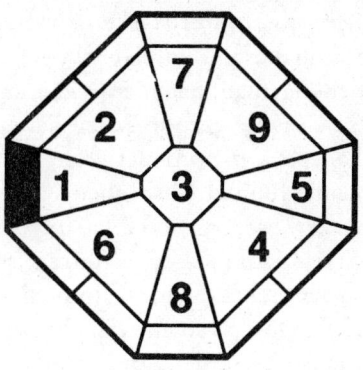

Daten des Monatswechsels

8. Juli–7. August 1900	8. Juli–7. August 1954
8. Juli–7. August 1909	8. Juli–7. August 1963
8. Juli–7. August 1918	7. Juli–6. August 1972
8. Juli–7. August 1927	7. Juli–6. August 1981
7. Juli–7. August 1936	7. Juli–7. August 1990
7. Juli–7. August 1945	7. Juli–7. August 1999

selbstbewußt	*empfindlich*
einsichtig	*ungeduldig, unvorsichtig*
direkt, offen	*überheblich*
individualistisch	*eigensinnig*

Dieser Personentyp ist normalerweise selbstbewußt und individualistisch und äußert sich in einer offenen, direkten Weise. Mit ihrer Einsicht und Offenheit haben diese Menschen oft eine starke Wirkung auf andere Personen und in bestimmten Situationen. Manche Leute finden sie überheblich, weil ihre alltäglichen Äußerungen so direkt und pointiert sind.

Obwohl diese Menschen manchmal in hohem Maß Stärke und Bewußtsein besitzen, sind sie auch sehr empfindlich. Obgleich diese

Empfindlichkeit einer der Faktoren ist, die sie antreiben, kann es auch eine Schwäche für sie bedeuten. Andere Leute sehen die Empfindlichkeit oft nicht, die dicht unter ihrer starken äußeren Erscheinung verborgen liegt, und so kann dieser Mensch leicht verletzt werden. Darum brechen sie oft Beziehungen ab, nachdem sie einmal verletzt wurden. Sie neigen dazu, ihre Gefühle verborgen zu halten.

Gesellschaftlich haben sie es normalerweise gern, für Leute zu sorgen, und tun dies in einer individualistischen Weise. Sie sind arbeitsam und hassen es normalerweise, irgend etwas unvollständig zu tun. Ihr starkes Selbstbewußtsein kann sie dazu führen, sehr klare Vorlieben und Abneigungen zu entwickeln, und sie können ungeduldig sein. Oft erwarten sie, daß die Dinge sich so entwickeln, wie sie es wollen, und können deshalb enttäuscht werden. In ihrem Leben kann es einige Höhen und Tiefen geben, je nachdem, ob diese Menschen ihre Empfindlichkeit beherrschen können. Sie profitieren davon, einen guten Manager oder vertrauenswürdigen Freund zu finden, der ihnen ein Sprachrohr für ihre Ideen sein kann und ihnen hilft, kluge Entscheidungen zu fällen.

Normalerweise haben sie einen guten Geschäftssinn und können sorgfältig über ihre Möglichkeiten nachdenken, wobei sie sich oft für die richtigen entscheiden. Obwohl ihr Verstand anpassungsfähig ist und sie in der Lage sind, die meisten Umstände vernünftig einzuschätzen, können sie voreingenommen urteilen. Ihre Empfindlichkeit kann ihrer Flexibilität im Wege stehen.

Ihre sexuellen Begierden sind stark ausgeprägt. Sie neigen dazu, ein intensives Bedürfnis nach Selbstbestätigung zu haben. Die Männer müssen darauf achten, nicht zu selbstbewußt zu werden. Sie müssen sich beherrschen. Der Schlüssel zu ihrem Erfolg liegt in der Vorsicht.

Die Frauen haben oft ein zu starkes Bedürfnis, andere zu beherrschen oder ihnen ihren Willen aufzuzwingen. Sie müssen sich ihrer Neigung bewußt werden, in gesellschaftlichen Situationen auf störende Weise offen zu sein.

Die meisten dieser Leute standen unter dem starken Einfluß ihrer Mutter. Wenn sie in jungen Jahren zu sehr verwöhnt wurden, können sie im späteren Leben Schwierigkeiten haben, Entscheidungen zu fällen. Oft hängt ihr Entscheidungsprozeß weitgehend von den Umständen und der Art ab, in der sie ihre Einsicht und Sensibilität nutzen.

124

HAILE SELASSIE – 17. Juli 1891
HARDY AMIES – 17. Juli 1909
INGMAR BERGMAN – 14. Juli 1918
ANDY WARHOL – 7. August 1927
YVES ST. LAURENT – 1. August 1936
JAN-MICHAEL VINCENT – 15. Juli 1945

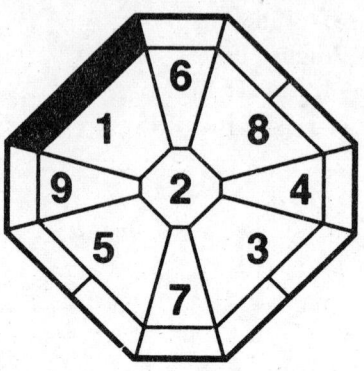

Daten des Monatswechsels

---

8. August–7. Sept. 1900	8. August–7. Sept. 1954
8. August–7. Sept. 1909	8. August–7. Sept. 1963
8. August–7. Sept. 1918	7. August–6. Sept. 1972
8. August–8. Sept. 1927	7. August–7. Sept. 1981
8. August–7. Sept. 1936	8. August–7. Sept. 1990
8. August–7. Sept. 1945	8. August–7. Sept. 1999

---

unabhängig	*ausweichend*
liebenswürdig	*bequem*
fleißig	*starrsinnig*
stetig	*detailbezogen*

Die meisten Menschen dieses Typs sind arbeitsam und stetig und streben danach, eine gesicherte Zukunft aufzubauen. Es kann schwer sein, sie kennenzulernen, weil ihr unabhängiges, ruhiges Auftreten die anderen leicht auf Distanz hält. Sie sind detailbezogen und normalerweise gut organisiert, obgleich sie wesentlich von ihren Emotionen beeinflußt sein mögen. Weil sie sich normalerweise auf ihre eigene Sicht der Dinge konzentrieren, sind viele von ihnen weniger daran interessiert oder fähig, andere zu verstehen. Dadurch können sie sich

126

häufig in der Lage finden, daß sie für andere sorgen, aber wenig oder gar nichts dafür zurückbekommen.

Gesellschaftlich können sie umgängliche Menschen sein, wenn ihnen die Leute in ihrer Umgebung sympathisch sind. Sie erscheinen lässig, liebenswürdig und ernsthaft, wobei sie immer den Blick auf eine erfolgreiche, positive Zukunft gerichtet haben. In bezug auf Geld arbeiten sie oft sehr hart, wenn sie jung sind. Im mittleren Alter sind die meisten von ihnen finanziell gut abgesichert.

Ihre Entscheidungen sind normalerweise endgültig. Wenn sie sich einmal für etwas entschlossen haben, weigern sie sich starrsinnig, nachzugeben – im Guten wie im Schlechten.

In der Liebe sind sie romantisch und haben idealistische Vorstellungen über die Ehe. Jedoch neigen sie emotional dazu, abhängig zu sein, und dies kann in Konflikt zu ihrer unabhängigen Einstellung zu den meisten anderen Dingen geraten. Sobald sie es ernst meinen, brauchen sie eine Menge Aufmerksamkeit und Zuneigung, um sich sicher zu fühlen, und dieses Bedürfnis kann sie verwundbar machen. Wenn sie im Zusammenhang mit ihrem Gefühlsleben mit ernsten Problemen konfrontiert werden, reagieren sie oft desorientiert und verwirrt.

Die Männer sind zu tiefer Zuneigung fähig, mehr als von ihrem ruhigen Äußeren her vermutet werden würde. Gefühlsmäßig neigen sie zum Extrem und sind, ebenso wie bei Liebe und Freundlichkeit, zu Zorn oder Eifersucht fähig, wenn sie aufgeregt sind.

Die Frauen übernehmen, wenn sie verheiratet sind, normalerweise einen guten Teil der Verantwortung für das Heim und die Zukunft der Familie.

Im allgemeinen sind diese Menschen unabhängig und haben einen klaren Verstand. Sie neigen dazu, ausweichend zu sein, und obgleich dies die Ursache von Schwierigkeiten werden kann, helfen ihnen ihre unabhängige Haltung und die Klarheit ihres Verstandes oft, damit fertig zu werden.

SAMUEL GOLDWYN – 27. August 1882
ELIA KAZAN – 7. September 1909
DINO DE LAURENTIS – 8. August 1918
LEONARD BERNSTEIN – 25. August 1918
ALAN JAY LERNER – 31. August 1918

TED WILLIAMS – 31. August 1918
ROBERT SHAW – 9. August 1927
ROSALYN CARTER – 15. August 1927
JAMES COBURN – 31. August 1927
WILT CHAMBERLAIN – 21. August 1936
BUDDY HOLLY – 7. September 1936
STEVE MARTIN – 14. August 1945
VAN MORRISON – 31. August 1945

September **1** – 1 – 5

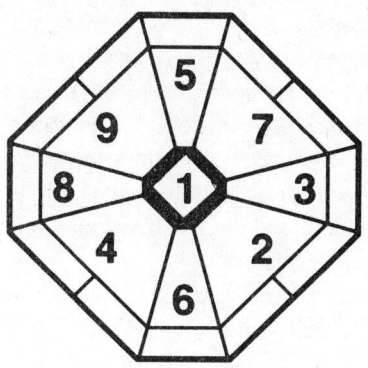

Daten des Monatswechsels

8. September–8. Oktober 1900	8. September–8. Oktober 1954
8. September–8. Oktober 1909	8. September–8. Oktober 1963
8. September–8. Oktober 1918	7. September–7. Oktober 1972
9. September–8. Oktober 1927	8. September–7. Oktober 1981
8. September–7. Oktober 1936	8. September–8. Oktober 1990
8. September–8. Oktober 1945	8. September–8. Oktober 1999

unabhängig	*perfektionistisch*
ernsthaft	*verschlossen*
diplomatisch	*snobistisch*
gesellig	*detailbezogen*

Die Personen dieses Typs sind intelligent, ernsthaft und sehr unabhängig. Sie neigen dazu, sich intensiv mit Details zu befassen. Ihr Perfektionismus kann es ihnen schwer machen, zwischen Idee und Wirklichkeit zu unterscheiden. Oft kümmern sie sich nicht darum, in Schwierigkeiten wegen anderer Leute verwickelt zu werden, und sie können eine Neigung haben, andere geringzuschätzen.

Wenn sie eine Führungsposition im Geschäftsleben bekleiden, erwarten sie Perfektion und verwenden viel Aufmerksamkeit auf Details, was es ihren Mitarbeitern oft schwermacht, ihnen zu genügen. Doch können sie auch sehr diplomatisch sein, scharfsinnige Ideen beitragen und besonnen urteilen.

Oft stehen sie ihren Eltern fern oder neigen dazu, von Kindheit an körperlich geschwächt zu sein. Sie mögen einmal oder zweimal im Leben mit einer ernsten Krankheit konfrontiert werden, haben aber einen starken Überlebenstrieb und schaffen es normalerweise, durchzukommen. Viele von ihnen haben unausgeglichene Gefühlsperioden in ihrem Leben, wobei sich extrem glückliche Zeiten mit ebenso traurigen und ernsten abwechseln.

In der Liebe haben die meisten ein starkes Verlangen nach der Liebe selbst. Ihre Schüchternheit hat einen gewissen Sex-Appeal und zieht andere Menschen an, auch wenn sie nicht gutaussehend oder schön sind. Grundsätzlich ist ihre Leidenschaft leicht zu entfachen, aber sie schwindet auch leicht wieder dahin. Doch sind sie sehr ernsthaft, wenn sie verliebt sind. Sie können sich in zwei Menschen gleichzeitig verlieben oder von einer Person in einer bestimmten Lebenssituation angezogen werden: einer verheirateten Person zum Beispiel oder einer Person mit ungewöhnlichem Charakter. Auch wenn sie ein gutes Familienleben haben, suchen sie oft nach etwas anderem. Sie sind sehr geschickt darin, ihre Aktionen geheimzuhalten.

Gesellschaftlich funktionieren sie gut und haben ein Talent für Diplomatie, obgleich sie sich nicht wirklich öffnen. Sie neigen dazu, innerlich sehr unabhängige Vorstellungen zu entwickeln und vorsichtig vorzugehen. Wenn ihre Äußerungen zu voreingenommen sind, könnten sie mit ihren Beziehungen in Konflikt geraten. Es ist schwer für sie, enge Freundschaften zu schließen und aufrechtzuerhalten.

In Geldangelegenheiten scheinen sie auf eine passive Weise Glück zu haben. Zum Beispiel könnte ihnen jemand empfehlen, eine bestimmte Aktie zu kaufen; sie tun es, und der Wert steigt. Frauen und Männer dieses Typs sind sehr ähnlich in ihrem Verhalten gegenüber Problemen.

Die meisten dieser Menschen haben hohe Erfolgserwartungen in ihrem Beruf oder Geschäft. Wegen ihres unabhängigen Denkens und ihrer Unfähigkeit, sich leicht zu öffnen, besteht immer die Gefahr der Einsamkeit in der Zukunft. Dies gilt mehr oder weniger für alle Einser, aber für diesen Typ besonders.

Leo Tolstoj – 9. September 1828
Stephen D. Bechtel – 24. September 1900
Peter Falk – 16. September 1927
R. D. Laing – 7. Oktober 1927
Jim Henson – 24. September 1936
Jose Feliciano – 10. September 1945
Jessye Norman – 15. September 1945
Don McLean – 2. Oktober 1945

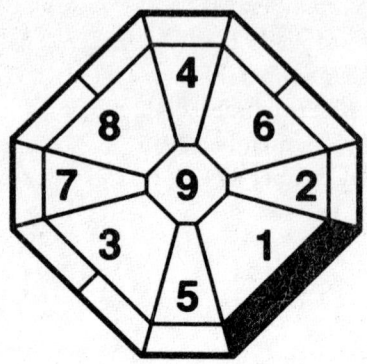

Daten des Monatswechsels

9. Oktober–7. November 1900	9. Oktober–7. November 1954
9. Oktober–7. November 1909	9. Oktober–7. November 1963
9. Oktober–7. November 1918	8. Oktober–6. November 1972
9. Oktober–7. November 1927	8. Oktober–6. November 1981
8. Oktober–7. November 1936	9. Oktober–7. November 1990
9. Oktober–7. November 1945	9. Oktober–7. November 1999

unabhängig	*launisch*
charismatisch	*starrsinnig*
liebevoll	*eitel*
klug	*wechselhaft*

Diese Menschen haben die Tendenz, in Führungspositionen zu sein. Sie sind klug, aber starrsinnig. Sie können recht überzeugend sein und sind oft gute Redner. Wenn sie aber nicht sofort auf Einverständnis stoßen, schließen sie selten Kompromisse und machen sich auf diese Weise schnell Feinde. Sie haben einen starken, unabhängigen Charakter, sind aber doch auch sehr liebevoll und verwenden ein großes Maß an Zeit auf Romanzen.

Sie können eitel und eingebildet sein und bleiben darum manchmal

132

gesellschaftlich distanziert. In gesellschaftlichen Situationen machen sie den Eindruck, »gut drauf« zu sein, auch wenn sie persönlich sich gar nicht so großartig fühlen. Innerlich sind sie nicht so stark, wie sie andere Leute glauben machen. Sie können sogar so erscheinen, als gingen sie großzügig mit Geld um, obwohl sie in Wirklichkeit recht sparsam sind.

Sie haben einen kreativen Geist, sind aber launisch. Im Ergebnis sind ihre Entscheidungen ihren Stimmungen unterworfen – manchmal schnell und impulsiv, manchmal langsam und schwerfällig. Sie können sich gut mitteilen, neigen allerdings zu Übertreibungen. Wenn sie einmal ihre Gefühle offenbart haben und nicht die erwartete Reaktion bekommen, werden sie sehr ungehalten.

Wegen ihres unabhängigen Wesens erscheinen die Frauen manchmal zu stark. Es ist nicht leicht für sie, den richtigen Gatten zu wählen. Sanfte Menschen, vielleicht jüngere Männer, wären gute Partner, weil diese Frauen die Tendenz haben, die Verantwortung für ihre Familien zu übernehmen. Die Männer bevorzugen normalerweise gut organisierte Frauen.

Diese Menschen scheinen oft die Gebenden zu sein, während sie in Wirklichkeit Zuneigung empfangen. Ihre Fähigkeit zu geben hängt wesentlich von der Art der Zuneigung ab, die sie von anderen erhalten.

FANNY BRICE – 29. Oktober 1891
HELEN HAYES – 10. Oktober 1900
MERVIN LEROY – 15. Oktober 1900
JEROME ROBBINS – 11. Oktober 1918
ART CARNEY – 4. November 1918
GEORGE C. SCOTT – 18. Oktober 1927
CLEO LAINE – 27. Oktober 1927
LEE GRANT – 31. Oktober 1927
BILL WYMAN – 24. Oktober 1936
RICHARD CARPENTER – 15. Oktober 1936
HENRY WINKLER – 30. Oktober 1936

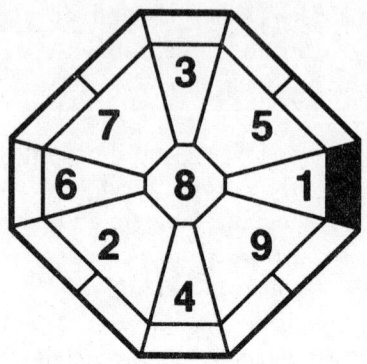

Daten des Monatswechsels

8. November–6. Dezember 1900	8. November–7. Dezember 1954
8. November–7. Dezember 1909	8. November–7. Dezember 1963
8. November–7. Dezember 1918	7. November–6. Dezember 1972
8. November–7. Dezember 1927	7. November–6. Dezember 1981
8. November–6. Dezember 1936	8. November–6. Dezember 1990
8. November–6. Dezember 1945	8. November–6. Dezember 1999

ehrgeizig *stolz*
fleißig *eigenwillig*
unabhängig *entscheidungsschwach*
großzügig *scharfsinnig*

Diese Menschen sind normalerweise ehrgeizig und haben eine starke, kraftvolle Ausstrahlung. Wie die Einser vom Februar sind sie unabhängig und großzügig, haben einen scharfen Verstand und sind sehr positiv und aktiv.

Sie sind eigenwilliger als die Einser vom Februar. Sie verhalten sich etwas kindisch und verwöhnt, können aber auch recht charmant sein. Sie sind sehr gesellig, aber eine Situation muß unter ihrer Kontrolle bleiben. Sie müssen das Zentrum der Aufmerksamkeit bilden.

Sie geben sich würdevoll, was sehr wichtig für sie ist. Sie sind sich ihres Auftretens bewußt, und Stolz spielt in ihrem Sinn für das Wohlbefinden eine wichtige Rolle. Sie legen großen Wert darauf, nicht »das Gesicht zu verlieren«, und achten darauf, daß die Leute nicht ihren guten Ruf beschädigen oder ihre Gefühle verletzen.

Obgleich sie nach außen hin würdevoll erscheinen mögen, sind sie im Herzen sehr empfindsam. Sie lieben immer nur eine Person und versuchen, diese völlig zu besitzen.

Dieser Personentyp erwartet, daß alles so abläuft, wie er es möchte, und geht oft davon aus, das Leben nach seinen Bedürfnissen organisieren zu können. Es ist besser für diese Menschen, sich einen Beruf oder ein Geschäft auszusuchen, das veränderbar ist, weil ihr Geist immer von neuen Dingen angezogen wird.

Wegen der Schwierigkeit, seine Empfindlichkeit zu beherrschen, ist dieser Typ des Einsers weniger lässig als der Februar-Typ. Diese Menschen lieben einen glanzvollen Lebensstil und haben oft Glück mit dem Geld. Sie arbeiten hart, können aber ihre Einkünfte vergeuden, weil sie nicht gut planen.

Da es schlimm für sie ist, das Gesicht zu verlieren, können sie entscheidungsschwach sein und müssen sich Ehepartner oder Mitarbeiter suchen, die ihnen auf diesem Gebiet helfen können. Nur wenige von ihnen bleiben in der ersten Ehe. Die Heirat ist für sie erst nach einer langen Periode der Freundschaft sinnvoll. Die Frauen haben es schwer, dominant zu sein, obgleich sie es gern wären. Sie bleiben in ihrer eigenen Welt, und weil sie kontaktfreudig sind, macht es ihnen nichts aus, allein zu sein. Was immer ihre Probleme sind, sie sind nicht lange besorgt.

TOULOUSE-LAUTREC – 24. November 1864
BILLY GRAHAM – 17. November 1918
SPIRO AGNEW – 9. November 1918
DICK CAVETT – 9. November 1936
GARY HART – 28. November 1936
NEIL YOUNG – 12. November 1945
GOLDIE HAWN – 21. November 1945
BETTE MIDLER – 1. Dezember 1945

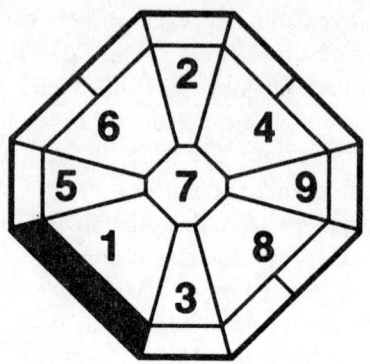

Daten des Monatswechsels

7. Dez. 1900–5. Januar 1901	8. Dez. 1954–5. Januar 1955
8. Dez. 1909–5. Januar 1910	8. Dez. 1963–5. Januar 1964
8. Dez. 1918–5. Januar 1919	7. Dez. 1972–4. Januar 1973
8. Dez. 1927–5. Januar 1928	7. Dez. 1981–5. Januar 1982
7. Dez. 1936–5. Januar 1937	7. Dez. 1990–5. Januar 1991
7. Dez. 1945–5. Januar 1946	7. Dez. 1999–5. Januar 2000

fleißig	*gehemmt*
talentiert	*empfindlich*
intensiv	*detailbezogen*
organisiert	*bequem*

Diese Menschen sind harte Arbeiter. Sie entwickeln Projekte mit großer Anstrengung. Auch schenken sie den Details große Aufmerksamkeit und gehen dabei selten Kompromisse ein. Sie haben einen ausgeprägten Sinn für Engagement und entwickeln tiefe Bindungen. Ihr Verhalten ist weichherzig.

Von Natur aus sind sie normalerweise ruhig. Die Leute mißverstehen sie manchmal als unentschlossen und negativ, weil sie in Beziehungen zu anderen Menschen gehemmt erscheinen können. Sie haben

Organisationstalent und können sich gut auf eine Aufgabe konzentrieren, achten aber zuviel auf das Urteil anderer. Sie neigen dazu, ihre Meinung zu ändern, sobald ihre Gefühle außer Kontrolle geraten. Wegen ihrer Empfindlichkeiten können sie als Selbstschutz eine forsche Haltung annehmen, aber innerlich bleiben sie verletzlich.

Frauen dieses Typs haben Glück bei der Begegnung mit Männern, aber oft Schwierigkeiten, die Beziehung aufrechtzuerhalten, da sie leicht bequem werden. Männer dieses Typs erscheinen zärtlich, können aber auch sehr bequem sein. Beide können Schwierigkeiten haben, ihre Zuneigung auszudrücken.

Ihr Organisationstalent und ihre Tendenz, Glück bei Geschäften zu haben, sind sogar noch stärker als bei dem Einser-Typ vom März. Es ist nicht ungewöhnlich für sie, eine Erbschaft zu machen.

Wenn Menschen dieses Typs einmal beschlossen haben, etwas zu tun, sind sie unabhängig und ehrgeizig genug, es durchzuführen.

HENRY MILLER – 26. Dezember 1891
J. R. R. TOLKIEN – 3. Januar 1892
DOUGLAS FAIRBANKS, JR. – 9. Dezember 1909
JOSE GRECO – 22. Dezember 1918
ANWAR SADAT – 25. Dezember 1918
CHRISTOPHER PLUMMER – 13. Dezember 1927
ALAN KING – 26. Dezember 1927
WALTER MONDALE – 5. Januar 1928
DIANE KEATON – 5. Januar 1946
ALICE COOPER – 25. Dezember 1945

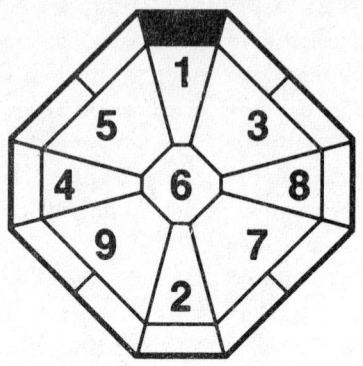

Daten des Monatswechsels

6. Januar–3. Februar 1901	6. Januar–4. Februar 1955
6. Januar–4. Februar 1910	6. Januar–4. Februar 1964
6. Januar–4. Februar 1919	5. Januar–3. Februar 1973
6. Januar–4. Februar 1928	6. Januar–3. Februar 1982
6. Januar–3. Februar 1937	6. Januar–3. Februar 1991
6. Januar–3. Februar 1946	6. Januar–3. Februar 2000

charismatisch	*ungeduldig*
würdevoll	*anpassungsunfähig*
intuitiv	*stolz*
unabhängig	*intensiv*

Diese Menschen haben eine starke Intuition. Sie haben die Fähigkeit, sich gemäß ihren Gefühlen sehr unabhängig zu bewegen. Wenn sie einmal eine Entscheidung getroffen haben, wenden sie enorme Energie auf, sie durchzuführen, und sie werden durch äußere Umstände nicht leicht davon abgehalten. Sie haben eine große Fähigkeit, sich auf das zu konzentrieren, was sie interessiert. Weil sie aber dazu neigen, Situationen auf ihre Weise zu beurteilen und sich sehr unabhängig verhalten, können andere sie zeitweise für unnachgiebig halten.

Ihr Stolz und ihre Unabhängigkeit tragen zu ihrer Ausdauer bei. Besonders ehrgeizig sind sie darin, ihre finanziellen Möglichkeiten aufzubauen und zu entwickeln, wobei sie enorme Energie aufwenden. Wenn sie sich einmal auf ein besonderes Projekt fixiert haben, befassen sie sich so intensiv damit, daß sie die Flexibilität ihres Denkens verlieren können. Dies kann sowohl persönliche als auch finanzielle Probleme verursachen. Oft aber kann sich ihre Intuition, ihre Aufmerksamkeit für Details und ihre Beharrlichkeit wirklich auszahlen, und sie werden sehr erfolgreich. Doch wenn sie nicht darauf achten, ihrer Umgebung ihren Aktionsplan zu erklären und anderer Leute Gefühle und Ideen zu berücksichtigen, können sie sich selbst schnell isolieren.

Gesellschaftlich lieben sie es normalerweise, zahlreiche Kontakte aufrechtzuerhalten und große Energie aufzuwenden, gute Beziehungen zu pflegen. Sie haben eine bemerkenswerte Überzeugungskraft und können zeitweise den Anschein erwecken, die Leute zu manipulieren. Dieser Typ mag normalerweise die Menschen nicht, die ihn zu beherrschen versuchen.

Sobald sie einmal etwas gefunden haben, was sie interessiert, sind sie begeistert und werden beharrlich, wobei sie sich intuitiv auf ihr Ziel zu bewegen. Manchmal können sie zu ungeduldig sein, stürzen sich rücksichtslos auf eine Sache und müssen sich dafür rechtfertigen.

Sie haben es nötig, bewundert zu werden. In der Liebe erscheinen sie würdevoll, sind aber doch zärtlich. Sie stehen der Liebe und Zuneigung positiv gegenüber, können aber unfähig sein, die passende Atmosphäre oder Gefühle zu entwickeln.

Entsprechend ihren Anstrengungen können die Männer oft erwarten, eine leitende Position im Leben zu erreichen. Die Frauen sind gut bei Geschäften, aber das Eheleben kann schwierig sein, weil sie sehr unabhängig sind.

Allgemein sind diese Menschen sehr gute Führungspersönlichkeiten und neigen dazu, sich auch in dieser Rolle zu sehen. Sie lieben es, auf ihre Art für andere Leute zu sorgen, und erwarten oft, daß andere ihrer Führung folgen. Wenn sie jedoch unflexibel bleiben und in der Beurteilung von Situationen und ihrem Verhalten sich zu sehr nach ihren Gefühlen richten, können sie in Beziehungen viel Schwierigkeiten erleben. Sie müssen Geduld und Anpassungsfähigkeit entwickeln, wenn sie Erfolg haben wollen.

W. Somerset Maugham – 25. Januar 1874
Clark Gable – 1. Februar 1901
Jackie Robinson – 31. Januar 1919
Vidal Sassoon – 17. Januar 1928
Roger Vadim – 26. Januar 1928
Harold Prince – 30. Januar 1928
Joan Rivers – 20. Januar 1937
Joseph Wambaugh – 22. Januar 1937
Vanessa Redgrave – 30. Januar 1937
Don Everly – 1. Februar 1937
Roberta Flack – 2. Februar 1937
Dolly Parton – 19. Januar 1946

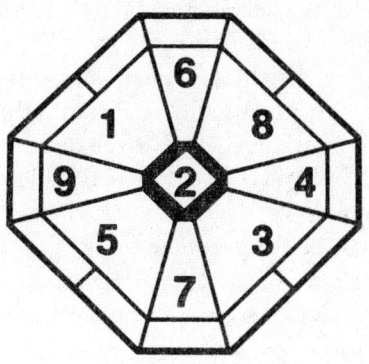

Daten des Monatswechsels

4. Februar–5. März 1899	4. Februar–5. März 1953
5. Februar–5. März 1908	4. Februar–5. März 1962
4. Februar–5. März 1917	4. Februar–5. März 1971
4. Februar–5. März 1926	5. Februar–4. März 1980
4. Februar–5. März 1935	4. Februar–4. März 1989
5. Februar–5. März 1944	4. Februar–5. März 1998

besonnen	*anspruchsvoll*
wählerisch	*starrsinnig*
konservativ	*scharf beobachtend*
hilfsbereit	*auf Selbstschutz bedacht*

Diese Menschen sind besonnen, wählerisch, hilfsbereit und konservativ, aber sie haben auch ein starkes Bedürfnis, die Situation zu beherrschen. Sie haben nicht immer genug Energie, dies zu erreichen, obwohl sie hartnäckig sein können. Diese widersprüchlichen Charakterzüge machen das Leben schwer für sie.

Sie sind oft genaue Beobachter und können sehr anspruchsvoll sein; darum sind sie streng sich selbst gegenüber und bei der Kritik an anderen. Manchmal äußern sie unerwartet ihr Eigeninteresse und schaden damit ihrem Ansehen.

Die meisten von ihnen haben einen klaren Kopf und ein auf Selbstschutz ausgerichtetes Wesen. Oft sind sie zu bedächtig in ihren Handlungen und nehmen vielleicht eine allzu vorsichtige Haltung ein. Was immer sie wollen, sie geben nicht leicht auf. Ihr abhängiges Wesen braucht starke Unterstützung beim Prozeß der Entscheidungsfindung. Ihre Stetigkeit und ihr Fleiß helfen ihnen normalerweise, gute Ratgeber und Partner zu finden.

Sie haben starkes Selbstvertrauen und sind ausdauernd. Gesellschaftlich bleiben sie in ihren eigenen Kreisen und werden auf diese Weise leicht eingebildet. Manchmal konfrontieren sie andere mit unwichtigen Angelegenheiten, weil sie immer alles kontrollieren wollen.

Die Frauen sind geistig sensibel, aber recht starrsinnig. Sie wollen unabhängig sein, aber ihr Charakter macht es ihnen schwer, ihr Leben allein zu gestalten. Was sie brauchen, ist Anpassungsfähigkeit; wenn sie die entwickelt haben, wird ihr Leben angenehmer verlaufen. Männer haben eine Art feminines Bedürfnis, sich auf jemanden zu verlassen, auch wenn sie maskulin handeln mögen. Sowohl Frauen als auch Männer brauchen viel Aufmerksamkeit und Zuneigung, um ihre Bedürfnisse befriedigen zu können.

Wenn sie mit einer ernsten Entscheidung konfrontiert werden, können sie weicher werden, selbst wenn sie genau wissen, was sie wollen. Um entschieden zu handeln, brauchen sie die Unterstützung von starken, ehrlichen Menschen. Wenn sie Verständnis und Unterstützung finden, ist ihr Erfolg gesichert.

Gesellschaftlich erscheinen die meisten Männer zuverlässig und großzügig. Dies ist eine Täuschung: Wenn ein Notfall eintritt, sind sie oft nicht stark genug, Verantwortung zu übernehmen. Sie sind nicht der Typ, der jedem gefällig sein kann. Wenn sie sich einmal Freunde gewählt haben, brauchen und erwarten sie tiefgehende Bindung. In der Liebe sind sie eigennützig und wechseln ihre Meinung recht oft. Die Frauen sind sehr ernsthaft und erwarten große Aufmerksamkeit.

Sie haben Glück mit dem Geld, wenn sie fähig sind, gelassen und sachlich zu bleiben. Jede Situation wird in hohem Maß davon beeinflußt, wieviel und welche Art von Aufmerksamkeit sie erhalten.

William Henry Harrison – 9. Februar 1773
Abraham Lincoln – 12. Februar 1809
Charles Darwin – 12. Februar 1809
Adolphe Menjou – 18. Februar 1890
Rex Harrison – 5. März 1908
Dinah Shore – 1. März 1917
Arthur O. Sulzberger – 5. Februar 1926
Sonny Bono – 16. Februar 1935
Roger Daltrey – 1. März 1944

März **2** – 1 – 6

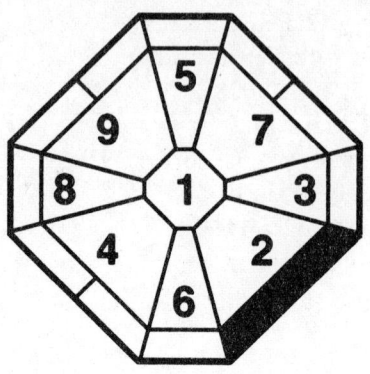

Daten des Monatswechsels

6. März–4. April 1899	6. März–4. April 1953
6. März–4. April 1908	6. März–4. April 1962
6. März–4. April 1917	6. März–4. April 1971
6. März–4. April 1926	5. März–3. April 1980
6. März–5. April 1935	5. März–4. April 1989
6. März–4. April 1944	6. März–4. April 1998

einsichtig	*unflexibel*
konservativ	*vorsichtig*
würdevoll	*abhängig*
stolz	*methodisch*

Diese Menschen sind oft einsichtsvoll, können aber in Situationen, die eine vorausschauende Beurteilung der Dinge erfordern, unflexibel sein. Normalerweise sind sie stolz. Gleichzeitig sind sie konservativ mit einem abhängigen Wesen.

Manchmal befinden sich diese Menschen unter dem Einfluß von mächtigen Personen. Sie wollen sich sicher fühlen. Sie sind vorsichtig darauf bedacht, ihre Würde zu bewahren, was ein gutes Ergebnis hervorbringen kann. Manchmal kann es die entgegengesetzte Wirkung

144

haben, weil das Bedürfnis nach Sicherheit eine Art Widerspruch zu ihrem grundsätzlichen Stolz ist.

Ihr vorsichtiges, opferbereites Wesen in Kombination mit einem oft exzellenten Verstand hilft ihnen, diplomatische Geschicklichkeit zu praktizieren. Es hilft ihnen, ihr Ansehen in einer sozialen Gemeinschaft zu entwickeln.

Die meisten Männer dieses Typs haben einen Mangel an Verantwortungsgefühl bei häuslichen Pflichten. Die Übertreibung dieser Tendenz läßt sie manchmal die Rücksicht auf andere vergessen. Ihre Detailbezogenheit in Geldangelegenheiten macht sie oft geizig.

Sie sind normalerweise sicher in gesellschaftlichen Situationen, können aber Gefühle nicht leicht zum Ausdruck bringen, weil sie nicht offen sein können. Wenn sie in eine Affäre verwickelt werden, sind sie bereit, ein radikales Doppelleben zu führen.

Sie haben Glück mit dem Geld. Normalerweise kommt ihr finanzielles Glück indirekt über sie: durch eine gute Partnerschaft oder eine Stellung, die ihnen jemand vermittelt, durch den Wertzuwachs einer Investition, die ihnen jemand empfohlen hat, und so weiter.

Frauen dieses Typs haben die Kraft, unabhängig zu sein und Verantwortung zu tragen. Wenn sie Befriedigung in der Ehe finden sollen, ist es oft nötig, daß sie in der dominanten Position sind.

Die meisten Männer scheinen Glück mit den Frauen zu haben, die sie unterstützen, obgleich sie niemals frei von anderen Gelüsten zu sein scheinen.

Sowohl für Männer als auch für Frauen dieses Typs ist es das wichtigste, eine lebenslange Beziehung mit einem verständnisvollen Partner einzugehen. Andernfalls erwartet sie möglicherweise eine einsame Zukunft.

FRANCISCO GOYA – 30. März 1746
GLORIA SWANSON – 27. März 1899
MICHAEL REDGRAVE – 20. März 1908
DAVID LEAN – 25. März 1908
NAT KING COLE – 17. März 1917
JERRY LEWIS – 16. März 1926
JOHN FOWLES – 31. März 1926
HERB ALPERT – 31. März 1935

RICHARD CHAMBERLAIN – 31. März 1935
TONY ORLANDO – 3. April 1935
SLY STONE – 15. März 1944
JOHN SEBASTIAN – 17. März 1944
DIANA ROSS – 26. März 1944

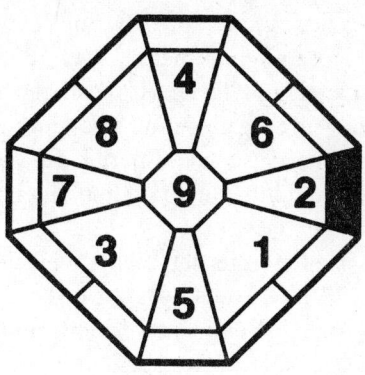

Daten des Monatswechsels

5. April–5. Mai 1899	5. April–5. Mai 1953
5. April–5. Mai 1908	5. April–5. Mai 1962
5. April–5. Mai 1917	5. April–5. Mai 1971
5. April–5. Mai 1926	4. April–4. Mai 1980
6. April–5. Mai 1935	5. April–4. Mai 1989
5. April–5. Mai 1944	5. April–5. Mai 1998

vorausschauend	*launisch*
überzeugend	*konservativ*
kreativ	*abhängig*
scharfsinnig	*gesellig*

Diese Menschen neigen dazu, scharfsinnig und kreativ zu sein. Sie haben ein Verlangen nach dem Schönen und Intellektuellen. Oft besitzen sie große Überzeugungskraft. Die Schwäche, ihren eigenen Interessen nachzugeben, kann zeitweise unpraktisch sein.

Normalerweise lieben sie das gesellige Leben und sind insofern eher keine häuslichen Typen. Sie haben die Fähigkeit, sich mit vielen verschiedenen Menschen zu verstehen. Sie schaffen eine intellektuelle Atmosphäre und sind oft vorausschauend. Sie scheinen die Gedanken

147

anderer Menschen lesen zu können. Dies hilft ihnen, in gesellschaftlichen Situationen akzeptiert und geschätzt zu werden.

Sie sind überzeugende Redner, die sowohl logische Kommentare als auch fröhliche Betriebsamkeit anbieten. Manchmal können sie jedoch launisch und zu schnell mit ihren Äußerungen sein, so daß sie ein Geheimnis verraten – ihr eigenes oder das eines anderen.

Sie wenden normalerweise viel Energie für gesellschaftliche und geschäftliche Aktivitäten auf. Sie brauchen einen Ort zum Ausruhen oder jemanden, der sie verwöhnt.

Sie haben Schwierigkeiten in der Liebe, weil sie distanziert überlegen, was ihrem Wohl dient oder was zu ihren manchmal übereilten Schlußfolgerungen paßt. Wenn sie verliebt sind, möchten sie sehr ernsthaft geliebt, aber nicht in ihrer Freiheit beschränkt werden. Diese Haltung führt normalerweise nicht dazu, daß sie in der Ehe Befriedigung finden.

Sie sind vorsichtig bei der Planung von finanziellen Angelegenheiten, können aber manchmal zum Verschwender werden. Sie sind gut im Pläneschmieden, brauchen aber viel Zeit, diese zu verwirklichen. Oft haben sie das Glück, andere zu finden, die ihnen dabei helfen.

Ihre Zukunft liegt in ihrer Hand, und sie gehen normalerweise ihren eigenen Weg. Jedoch müssen sie die richtige Person oder Autorität finden, die ihrem abhängigen Wesen dabei hilft, eine erfolgreiche Zukunft aufzubauen. Ihre Handlungsfreiheit hängt davon ab, ob sie diese Person oder Autorität finden und sinnvoll damit umgehen.

JAMES BUCHANAN – 23. April 1791
WILLIAM RANDOLPH HEARST – 29. April 1863
DUKE ELLINGTON – 29. April 1899
BETTE DAVIS – 5. April 1908
HUGH HEFNER – 9. April 1926
QUEEN ELIZABETH II – 26. April 1926
CLORIS LEACHMAN – 30. April 1926
BOBBY VINTON – 16. April 1935
DUDLEY MOORE – 19. April 1935
RITA COOLIDGE – 1. Mai 1944

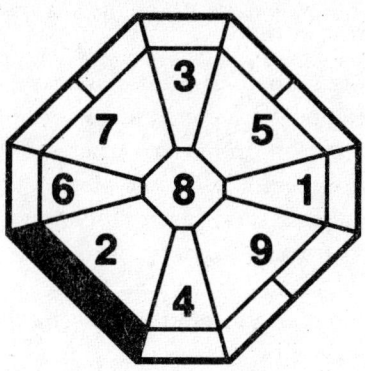

Daten des Monatswechsels

6. Mai–5. Juni 1899	6. Mai–5. Juni 1953
6. Mai–5. Juni 1908	6. Mai–5. Juni 1962
6. Mai–5. Juni 1917	6. Mai–5. Juni 1971
6. Mai–5. Juni 1926	5. Mai–4. Juni 1980
6. Mai–6. Juni 1935	5. Mai–5. Juni 1989
6. Mai–5. Juni 1944	6. Mai–5. Juni 1998

ernsthaft	*ehrgeizig*
abhängig	*hochmütig*
schüchtern	*starrsinnig*
eigennützig	*impulsiv*

Die meisten dieser Menschen haben ein etwas widersprüchliches Wesen: Im Grunde sind sie abhängig, aber doch eigennützig. Wenn sie
etwas finden, was sie tun wollen, stürzen sie sich darauf, ohne die
nötigen vorbereitenden Schritte zu unternehmen. Dies macht es ihnen
schwer, Dinge angemessen zu regeln. Im Ergebnis muß oft jemand
anderes die sachgemäße Erledigung der Angelegenheiten übernehmen.

Sie sind ernsthaft und ehrgeizig in bezug auf ihre Interessen, aber
auch sprunghaft und ändern leicht ihre Meinung.

149

Sie sind zartfühlend und schüchtern, aber doch starrsinnig. Oft können sie Situationen nicht klar beurteilen; dieser Charakterzug macht Schwierigkeiten, wenn sie Einschätzungen ihrer Person mißverstehen.

Sie sind eigennützig, aber es fehlt ihnen die Standhaftigkeit. Sie werden durch Rede und Verhalten anderer beeinflußt. Dies führt zu dem Ergebnis, daß sie oft Chancen verpassen, ihre Karriere aufzubauen. Sie zögern, obwohl alles bereit wäre.

Ihr äußeres Verhalten ist oft durch Hochmut gekennzeichnet, was das Ergebnis ihrer Anstrengungen ist, ihre schüchterne Unsicherheit zu verbergen.

Sie haben einen scharfen Verstand und wechselnde Stimmungen. Sie haben Schwierigkeiten, ihre Ideen in die Tat umzusetzen, so daß sie, wenn sie auf Probleme stoßen, nicht immer richtig damit umgehen können.

Sie konzentrieren sich mehr auf die eigenen Interessen, was sie manchmal dazu führt, die Rücksicht auf andere und ein Verständnis des Gesamtbildes aus den Augen zu verlieren. Sie sind freundlich, aber argwöhnisch, was im Ergebnis oft instabile Beziehungen mit Verbündeten bedeutet. Sie haben ein Bedürfnis nach alleinigem Besitz und erscheinen oft kindisch. Sie brauchen starke Bindungen, wollen aber, daß andere trotzdem ihren eigenen Weg gehen. Sie müssen sich darüber klar werden, wie eigensinnig sie sind.

Frauen dieses Typs müssen darauf achten, daß ihre Erwartungen nicht immer größer werden, was zu Frustration und Unzufriedenheit in der Liebe und im Leben führt. Sie sollten nicht immer von anderen erwarten, sie zufriedenzustellen. Sie suchen oft berühmte Männer, wollen aber doch die Dinge beherrschen, so daß sie es schwer haben, ihr Glück zu finden.

Männer dieses Typs sind oft sensibel und gefühlvoll, fürchten aber, dies zu zeigen. Die meisten von ihnen lieben Frauen mit starker Persönlichkeit. Jedoch lassen sie sich normalerweise nicht gern von den Frauen beherrschen, weil sie ihre Freiheit bewahren wollen.

Diese Menschen haben Glück mit dem Geld. Sie sind ehrgeizig, haben aber wenig Geduld. Die Schlüssel zu ihrem zukünftigen Erfolg sind Geduld und Achtung vor den Bedürfnissen anderer.

Ho Chi Minh – 19. Mai 1890
Fred Astaire – 10. Mai 1899
James Stewart – 20. Mai 1908
Don Ameche – 31. Mai 1908
John F. Kennedy – 29. Mai 1917
Beatrice Arthur – 13. Mai 1926
Miles Davis – 25. Mai 1926
Marilyn Monroe – 1. Juni 1926
Allen Ginsberg – 3. Juni 1926
George Lucas – 14. Mai 1944
Joe Cocker – 20. Mai 1944
Gladys Knight – 28. Mai 1944

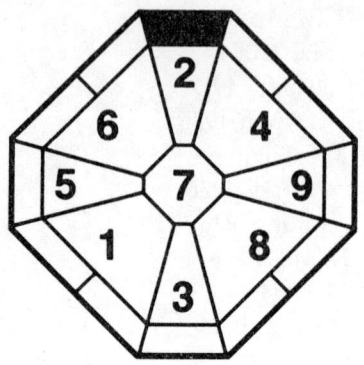

Daten des Monatswechsels

6. Juni–6. Juli 1899	6. Juni–6. Juli 1953
6. Juni–6. Juli 1908	6. Juni–6. Juli 1962
6. Juni–7. Juli 1917	6. Juni–7. Juli 1971
6. Juni–7. Juli 1926	5. Juni–6. Juli 1980
7. Juni–7. Juli 1935	6. Juni–6. Juli 1989
6. Juni–6. Juli 1944	6. Juni–6. Juli 1998

stolz   *befangen*
flexibel   *detailbezogen*
vorausschauend   *wählerisch*
einfallsreich   *gesellig*

Diese Menschen sind oft einfallsreich und verwenden viel Aufmerksamkeit auf Details. Sie haben die Fähigkeit, andere zu beherrschen oder zu beeinflussen, während sie selbst im Hintergrund bleiben.

Viele Menschen dieses Typs verfügen über ein gutes Urteilsvermögen in Geschmacksfragen. Sie haben oft die Fähigkeit, Ideen zu aktualisieren und populär zu machen.

Sie lieben es nicht, den Anweisungen anderer zu folgen. Normalerweise finden sie Befriedigung in Bereichen ihrer eigenen Wahl. Jedoch können sie Schwierigkeiten haben, in der gleichen Stellung zu bleiben oder eine bestimmte Karriere aufzubauen.

Sie sind detailbewußt und haben Organisationstalent, können aber etwas nachlässig werden. Es fällt ihnen leicht, kreativ zu sein, aber sie können die Ideen nicht immer bis zur Verwirklichung vorantreiben. Dies bringt die Leute dazu, sie falsch einzuschätzen, da ihre Taten nicht mit ihren Worten übereinstimmen.

Sie haben ein gesundes Empfinden für Geld, geben es aber gerne unkontrolliert aus. Dies kann zu finanziellen Schwierigkeiten führen, die für andere nicht nachvollziehbar sind.

Sie sind vorausschauend und haben die Kraft, mit leichter Hand schwierige Probleme zu lösen. Manchmal werden diese Probleme zu ihren eigenen, und sie verlieren ihr Gleichgewicht.

Ihr Stolz ist oft größer, als es scheint. Sie sind normalerweise aufmerksam zu Leuten, die sich ihnen anschließen, aber sie können argwöhnisch gegen jene sein, die es nicht tun. Sie sind oft auf Selbstschutz bedacht und manchmal gleichzeitig befangen.

Die meisten Frauen dieses Typs lieben Männer, die über eine ausgeprägte Individualität verfügen, aber oft können sie es in einer solchen Beziehung nicht aushalten. Die Männer dieses Typs mögen zarte und gefühlvolle Frauen, aber irgendwie neigen sie dazu, immer bei anderen Frauen zu landen.

Da sie Eigenschaften besitzen, die ihnen in ihren Beziehungen und im gesellschaftlichen Leben hilfreich sind, können sie flexibel und beeindruckbar sein. Ihre weiche und offene Haltung und ihre Geselligkeit bringen ihnen normalerweise einen positiven Ruf in ihrer Umgebung ein.

CALVIN COOLIDGE – 4. Juli 1872
DEAN MARTIN – 17. Juni 1917
RICHARD BOONE – 18. Juni 1917
KLAUS TENNSTEDT – 6. Juni 1926
FRANÇOISE SAGAN – 21. Juni 1935
BOZ SCAGGS – 8. Juni 1944
RAY DAVIES – 21. Juni 1944
JEFF BECK – 24. Juni 1944

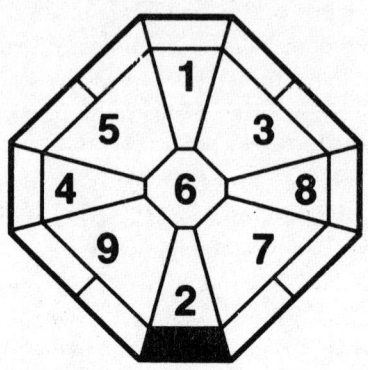

Daten des Monatswechsels

7. Juli–7. August 1899	7. Juli–7. August 1953
7. Juli–7. August 1908	7. Juli–7. August 1962
8. Juli–7. August 1917	8. Juli–7. August 1971
8. Juli–7. August 1926	7. Juli–6. August 1980
8. Juli–7. August 1935	7. Juli–6. August 1989
7. Juli–7. August 1944	7. Juli–7. August 1998

zärtlich, liebevoll	*auf Selbstschutz bedacht*
wählerisch	*abhängig*
stilvoll	*pedantisch*
stetig	*unsicher*

Die meisten Menschen dieses Typs haben in irgendeiner Weise eine große Distanz zu ihrem Vater. Ihr liebevolles, feines Wesen hilft ihnen, andere zu finden, die ihnen helfen oder für sie sorgen können.

Durch ihre Abhängigkeit und Zartheit fühlen die Leute sich ihnen nahe, aber tatsächlich fällt es ihnen schwer, sich zu öffnen, weil sie auf Selbstschutz bedacht und manchmal argwöhnisch sind. Darum ist es schwer für sie, enge Beziehungen zu unterhalten.

Sie sind manchmal unsicher und schnell dabei, sich zu verteidigen.

Wenn Probleme ernsthaft werden, kämpfen sie starrsinnig, bis eine Autoritätsperson erscheint, um zu vermitteln. Damit sind sie dann einverstanden.

Sie haben oft Stilempfinden, können aber auch Angeber sein. Sie können knapp mit Geld sein und es darum schwer haben, anderen Respekt einzuflößen.

Weil sie oft schüchtern und unsicher sind, wirken die Männer sexy. Diese Eigenschaften können bei ihnen einen Minderwertigkeitskomplex verursachen. Frauen dieses Typs brauchen mehr Aufmerksamkeit und scheinen weniger abhängig zu sein, da sie ein anmaßenderes Auftreten haben.

Diese Menschen neigen dazu, übermäßig vorsichtig zu sein und lassen Selbstvertrauen und Führungsqualitäten vermissen. Aber sie können Autoritätspositionen erreichen, indem sie sich ihre stetigen, pedantischen Qualitäten zunutze machen, um Fertigkeiten, Techniken und Erfahrungen auf beruflichem Gebiet zu entwickeln.

Sie sind scharfsinnig und einsichtig, aber eine gewisse Ängstlichkeit kann ihrem Ehrgeiz hinderlich sein. Sie haben eine Tendenz, Leute zu suchen, die ihnen helfen und freie Hand lassen. Es ist nicht leicht für sie, eine Beziehung aufrechtzuerhalten, wenn sie die dominanten Personen sind. Gleiches kann auch für Liebesangelegenheiten gesagt werden. Diese Menschen fürchten, verletzt zu werden, sind aber sehr liebevoll.

Sie haben oft Interessen außerhalb ihrer Fachbereiche und verbünden sich mit einflußreichen Leuten, die ihnen Erfolg bringen können. Dies gibt ihnen Sicherheit und nimmt ihnen die Ängstlichkeit.

GEORGE EASTMAN – 12. Juli 1854
HENRY FORD I – 30. Juli 1863
GEORGE D. CUKOR – 7. Juli 1899
ERNEST HEMINGWAY – 21. Juli 1899
NELSON ROCKEFELLER – 8. Juli 1908
MILTON BERLE – 12. Juli 1908
ROBERT MITCHUM – 6. August 1917
STEVE LAWRENCE – 8. Juli 1935
DONALD SUTHERLAND – 17. Juli 1935
GERALDINE CHAPLIN – 31. Juli 1944

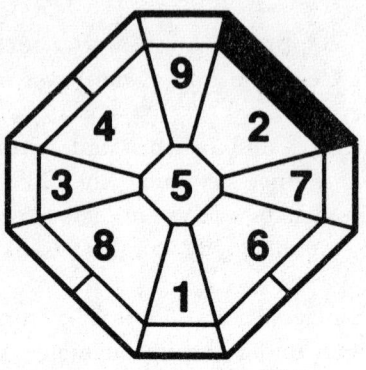

Daten des Monatswechsels

8. August–7. September 1899	8. August–7. September 1953
8. August–7. September 1908	8. August–7. September 1962
8. August–7. September 1917	8. August–7. September 1971
8. August–7. September 1926	7. August–6. September 1980
8. August–8. September 1935	7. August–7. September 1989
8. August–7. September 1944	8. August–7. September 1998

fleißig   *pedantisch*
konservativ   *starrsinnig*
vorausschauend   *ernsthaft*
stetig   *abhängig*

Diese Menschen haben oft ein konservatives und starrsinniges Wesen. Die meisten sind fleißige Arbeiter, die mit Ausdauer eine Karriere aufbauen. Sie sind normalerweise sanftmütig, verfolgen aber ihre Ziele mit großer Beharrlichkeit, auch wenn sie nicht diesen Eindruck machen.

Ihre ernsthafte, zuverlässige Art macht sie gegenüber anderen oft zu unterwürfig, so daß sie aus dem Auge verlieren können, was wichtig ist. Dies kann dazu führen, daß man die Achtung vor ihnen verliert, obwohl ihre Absichten gut sind. Sie müssen den gebenden Teil ihres Wesens beherrschen, weil sie nicht bester Freund und Helfer von jedermann sein können.

Im Grunde genommen sind sie abhängig. Sie brauchen einen starken Menschen, um ihre eigenen besten Eigenschaften entwickeln zu können und ihre Karriere voranzutreiben. Sie treffen umfassende Vorsorge, sind aber pedantisch, so daß sie viel Zeit brauchen, Angelegenheiten zu erledigen.

Frauen können leichter als Männer von anderen Hilfe erbitten, da die Männer dieses Typs dazu neigen, übermäßig stolz zu sein, auch wenn sie vielleicht wissen, wer die Dinge für sie erleichtern könnte.

Die Frauen sind sehr feminin, aber starrsinnig. Sie schenken allem oder jedem, der zu ihnen gehört, große Aufmerksamkeit, aber die Dinge müssen unter ihrer Kontrolle sein. Sie schätzen ihre Stellung als Mutter oder Ehefrau als sehr wichtig ein. Ihre Schwäche besteht darin, daß sie ihren Ehrgeiz nicht beherrschen können, der sich normalerweise auf die Leute bezieht, mit denen sie zu tun haben.

Männer dieses Typs können sich problemlos die notwendige Zeit nehmen, um ihre Karriere zu entwickeln. Wenn sie sich einmal für einen Weg bezüglich ihrer Zukunft entschieden haben, wenden sie volle Energie für ihr Ziel auf. Als Folge davon schenken sie vielleicht anderen nicht genug Aufmerksamkeit. Sie sind nicht geschickt darin, ihre Kraft einzuteilen. Um erfolgreich zu sein, sind sie darauf angewiesen, daß sie von denjenigen, die ihnen nahestehen, wieder Energie bekommen.

In der Liebe finden diese Menschen selten ihren Idealpartner. Sie werden oft durch den ersten Eindruck und die körperliche Erscheinung beeinflußt, obwohl sie sich gern von höheren Qualitäten anziehen lassen würden.

ALFRED HITCHCOCK – 13. August 1899
CHARLES BOYER – 28. August 1899
BILLY ROSE – 6. September 1899
LYNDON B. JOHNSON – 27. August 1908
HENRY FORD II – 4. September 1917
FIDEL CASTRO – 13. August 1926
SEIJI OZAWA – 1. September 1935

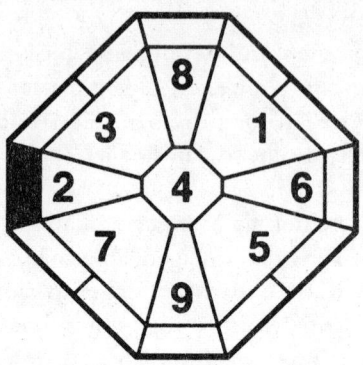

Daten des Monatswechsels

8. September–7. Oktober 1899	8. September–8. Oktober 1953
8. September–8. Oktober 1908	8. September–8. Oktober 1962
8. September–8. Oktober 1917	8. September–8. Oktober 1971
8. September–8. Oktober 1926	7. September–7. Oktober 1980
9. September–8. Oktober 1935	8. September–7. Oktober 1989
8. September–7. Oktober 1944	8. September–7. Oktober 1998

aggressiv   *bequem*
eigenwillig   *ungeduldig*
emotional   *abhängig*
einfallsreich   *wählerisch; detailbezogen*

Die Männer und Frauen dieses Typs bringen diese Charakterzüge verschieden zum Ausdruck. Die Männer neigen dazu, sanftmütiger zu erscheinen, und die Frauen erscheinen aktiver und ungeduldiger. Innerlich jedoch sind die Männer zugleich aggressiv und abhängig; die Frauen sind emotionaler und bequemer.

Diese Menschen sind normalerweise souverän in gesellschaftlichen Situationen, weil sie aufmerksame Beobachter sind. Sie sind jedoch bequem und neigen dazu, Verantwortlichkeiten zu vermeiden, obwohl sie das Zentrum der Aufmerksamkeit sein wollen. Wenn sie zur Verantwortung gezwungen werden, glauben sie, sich schützen zu müssen.

Weil diese Menschen energisch, aber trotzdem abhängig sind, neigen sie dazu, Ideen zu schnell in die Tat umzusetzen. Ihnen fehlt die Geduld, auf lange Sicht durchzuhalten. Kurzzeitig können sie jedoch ihre volle Energie einsetzen.

Oft brauchen diese Menschen jemanden, der ihnen hilft, ihre Ideen durchzuführen. Sie sind einfallsreich und sehr entschieden, so daß sie gute Möglichkeiten haben.

Viele Menschen dieses Typs trachten nach Kultiviertheit, aber es ist im Grunde genommen ihre provinzielle Natur, die andere Leute anzieht. Sie erleben oft emotionale Unsicherheiten, die sie schwer beherrschen können, auch wenn diese Zustände normalerweise nicht lange anhalten.

In der Liebe suchen die Frauen die große Romanze, aber normalerweise treffen sie ihre Wahl in zurückhaltender Weise für den sicheren Partner. Ihre Abenteuer enden oft in Frustration, und sie können Probleme wegen des Konflikts zwischen ihrer Aggressivität und ihrer Unsicherheit bekommen. Die Männer dieses Typs appellieren an die mütterlichen Instinkte der Frauen, indem sie ihre provinzielle, rührende Abhängigkeit zur Schau stellen.

Ihr Leben verläuft wechselhaft, weil sie Schwierigkeiten haben, ihre Energie zu beherrschen. Sie sind nicht immer rücksichtsvoll gegenüber anderen. Sie sind aufmerksam bei Chancen, ihre Finanzen zu verbessern, und haben in dieser Hinsicht normalerweise Glück.

AGATHA CHRISTIE – 15. September 1890
JOSHUA LOGAN – 5. Oktober 1908
CAROLE LOMBARD – 6. Oktober 1908
JERRY LEE LEWIS – 29. September 1935
JOHNNY MATHIS – 30. September 1935
JULIE ANDREWS – 1. Oktober 1935
JACQUELINE BISSET – 13. September 1944
JULIO IGLESIAS – 23. September 1944
PATTI LABELLE – 4. Oktober 1944

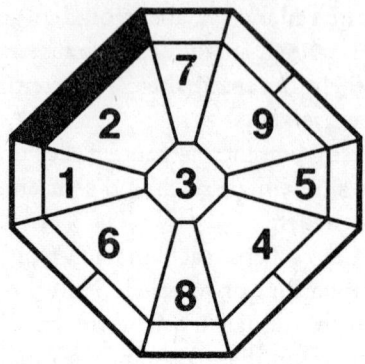

Daten des Monatswechsels

8. Oktober–7. November 1899	9. Oktober–7. November 1953
9. Oktober–7. November 1908	9. Oktober–7. November 1962
9. Oktober–7. November 1917	9. Oktober–7. November 1971
9. Oktober–7. November 1926	8. Oktober–6. November 1980
9. Oktober–7. November 1935	8. Oktober–6. November 1989
8. Oktober–6. November 1944	8. Oktober–6. November 1998

verständnisvoll   *abhängig*
schlau   *empfindlich*
zurückhaltend   *impulsiv*
lebhaft   *pedantisch*

Dieser Personentyp ist oft verständnisvoll, lebhaft und schlau. Auch haben diese Menschen eine Tendenz, abhängig und empfindlich zu sein. Es ist schwierig für sie, Macht zu gewinnen – etwas, was sie in Wirklichkeit wollen. Wenn sie Macht gewinnen, haben sie oft Schwierigkeiten, damit umzugehen.

Die meisten Personen dieses Typs sind erfolgreich bei geschäftlichen Unternehmungen. Sie können gute Gelegenheiten ergreifen, oft eher durch gegebene Situationen als durch ihre eigene Initiative.

Menschen dieses Typs sind normalerweise von starken Müttern beeinflußt. Sie neigen dazu, ihrer Verwandtschaft große Aufmerksamkeit zu schenken, erhalten dafür aber normalerweise nicht viel Gegenleistung.

Sie haben klare Vorlieben und Abneigungen in ihren Beziehungen, was sie dazu führen kann, daß sie die Fähigkeiten anderer Leute nicht mehr erkennen. Sie neigen zu Abhängigkeit von ihren emotionalen Vorlieben und Abneigungen und können Probleme bekommen, wenn sie ihre persönlichen und ihre geschäftlichen Beziehungen vermischen.

Weil sie dazu neigen, impulsiv zu sein, haben sie es nicht leicht, ihr zurückhaltendes, verständnisvolles Verhalten aufrechtzuerhalten. In der Abhängigkeit von einem starken Verbündeten haben sie normalerweise eine bessere Chance zum Erfolg.

Männer dieses Typs sind normalerweise nicht sehr häuslich. Sie verlassen sich oft auf die Stärke ihrer Partnerin. Frauen dieses Typs sind in häuslichen Situationen etwas verantwortungsbewußter als Männer. Sie setzen mehr Energie für das Familienleben ein, erhalten aber oft nicht die entsprechende Resonanz.

Weil sie empfindlich und abhängig sind, haben sie ein auf Selbstschutz bedachtes Wesen, das ihnen Probleme bereiten kann. Manchmal greifen sie impulsiv einen Feind an, aber wenn dieser Stärke zeigt, geben sie normalerweise nach.

Was Geld anbelangt, scheint dieser Personentyp gute Gelegenheiten instinktiv zu spüren. Wegen ihrer impulsiven Natur müssen diese Menschen bei der Handhabung ihrer Finanzen vorsichtig sein.

Allgemein sind diese Menschen einsichtig und schlau. Ihre Unsicherheit macht es wichtig, daß sie eine starke Person finden, auf die sie sich stützen können. Sie müssen darauf achten, daß ihre emotionale Art, Menschen zu sehen, nicht ihre Fähigkeit zu einer realistischen Einschätzung behindert.

OSCAR WILDE – 16. Oktober 1854
PABLO PICASSO – 25. Oktober 1881
DWIGHT D. EISENHOWER – 14. Oktober 1890
JOAN FONTAINE – 22. Otober 1914
CHUCK BERRY – 18. Oktober 1926
LUCIANO PAVAROTTI – 12. Oktober 1935

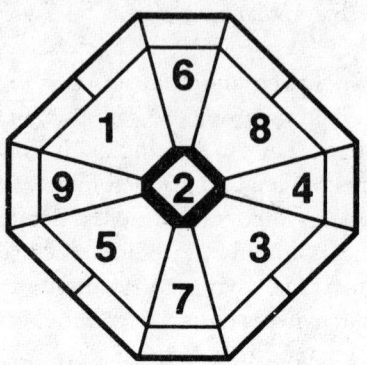

Daten des Monatswechsels

8. November–6. Dezember 1899	8. November–6. Dezember 1953
8. November–6. Dezember 1908	8. November–7. Dezember 1962
8. November–7. Dezember 1917	8. November–7. Dezember 1971
8. November–7. Dezember 1926	7. November–6. Dezember 1980
8. November–7. Dezember 1935	7. November–6. Dezember 1989
7. November–6. Dezember 1944	7. November–6. Dezember 1998

zuversichtlich	*wählerisch*
zurückhaltend	*starrsinnig*
vernünftig	*abhängig*
beherrschend	*wechselhaft*

Diese Menschen haben oft die Fähigkeit, Angelegenheiten vernünftig zu organisieren. Sie sind normalerweise zuversichtlich und legen großen Wert auf eine äußere Erscheinung, die anderen auffällt.

Oft sind sie zurückhaltend, haben aber ein ausgeprägtes Rivalitätsempfinden, das Beziehungen belasten kann. Manchmal sind sie starrsinnig und versuchen, anderen ihren Willen aufzuzwingen.

Sie sind normalerweise intelligent und möchten gern unabhängig sein, benötigen aber Hilfe und Aufmerksamkeit, um Selbstvertrauen zu gewinnen. Sie können jedoch leicht durch Worte und Verhalten anderer beeinflußt werden, so daß sie sich davor hüten müssen, ihre Meinung zu leicht zu ändern.

Gesellschaftlich können diese Menschen maßvoll und konservativ wirken, aber gleichzeitig erwarten sie, daß andere ihre Überlegenheit anerkennen.

Ihr rationales Organisationstalent hilft ihnen in geschäftlichen und finanziellen Angelegenheiten. Im allgemeinen sind sie eifrige Sparer.

Weil diese Menschen oft unflexibel und abhängig sind, können sie zwischen verschiedenen Handlungsweisen schwanken.

Männer dieses Typs sind manchmal sehr zurückhaltend, so daß die Leute sie für unentschlossen halten. Dies kann dazu führen, daß sie gute Gelegenheiten verpassen. Oft versuchen diese Männer, ihr bescheidenes Wissen durch eine Überbetonung ihrer Männlichkeit zu verbergen. Oft lieben sie ehrgeizige Frauen, können aber Schwierigkeiten haben, der Führung eines anderen zu folgen. Frauen dieses Typs sind normalerweise sehr mütterlich. Sie schenken Familienangelegenheiten große Aufmerksamkeit.

Im allgemeinen finden Menschen dieses Typs Mittel und Wege, anderen ihre Meinung zu vermitteln und dies zu ihrem Vorteil zu nutzen. Wenn sie sich anstrengen, ihr etwas wechselhaftes Temperament zu beherrschen, können sie ziemlich ausgeglichen sein.

Da diesen Menschen oft die Stärke fehlt, unabhängig zu sein, sollten sie ihr Verlangen, Situationen vollständig zu beherrschen, auf ein Minimum beschränken. Um das Beste aus ihrem Leben machen zu können, sollten sie die Hilfe vertrauenswürdiger Personen in ihrer Umgebung annehmen.

MARTIN VAN BUREN – 5. Dezember 1782
EUGENE ORMANDY – 18. November 1899
ALISTAIR COOKE – 20. November 1908
INDIRA GANDHI – 19. November 1917
WOODY ALLEN – 1. Dezember 1935
TOM SEAVER – 17. November 1944
JODIE FOSTER – 19. November 1962

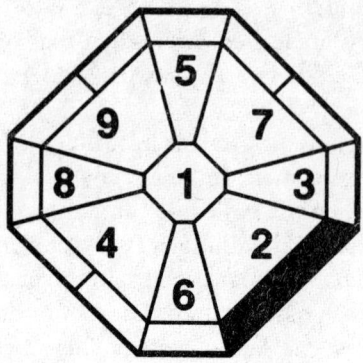

Daten des Monatswechsels

7. Dez. 1899–5. Januar 1900	7. Dez. 1953–5. Januar 1954
7. Dez. 1908–5. Januar 1909	8. Dez. 1962–5. Januar 1963
8. Dez. 1917–5. Januar 1918	8. Dez. 1971–5. Januar 1972
8. Dez. 1926–5. Januar 1927	7. Dez. 1980–4. Januar 1981
8. Dez. 1935–5. Januar 1936	7. Dez. 1989–4. Januar 1990
7. Dez. 1944–5. Januar 1945	7. Dez. 1998–4. Januar 1999

besonnen	*pedantisch*
fleißig	*auf Selbstschutz bedacht*
vorsichtig	*unflexibel*
intelligent	*abhängig*

Obgleich diese Menschen oft intelligent, besonnen und fleißig sind, wollen sie alles beherrschen. Dies kann ihr Leben verkomplizieren.

Oft sind sie pedantisch und erwarten Perfektion. Dies verzögert ihr Vorankommen. Normalerweise versuchen sie, vernünftig zu sein, aber ihr entschiedenes Wesen kann sie dazu bringen, ihre Flexibilität zu verlieren. Diese Tendenz kompliziert viele Dinge und macht es für andere schwer, ihrem Denken zu folgen.

Viele Menschen dieses Typs haben das Verlangen nach Anerkennung, aber häufiger entwickeln sie ihr Ansehen in einer stetigen, allmählichen Weise. Normalerweise haben sie Erfolg, wenn sie sich auf eine stärkere Person stützen können. Jedoch ist es oft schwer für sie, sich an die Denk- und Handlungsweise anderer Leute anzupassen.

Beim Treffen von Entscheidungen können diese Menschen wegen ihrer Vorsicht etwas ineffizient oder langsam sein. Sie haben ein abhängiges Wesen, bleiben aber geistig unabhängig.

Männer dieses Typs sind ernsthaft und empfindlich. Sie können Angst haben, ihr sensibles, zartfühlendes Wesen zu zeigen. Sie möchten lieber würdevoll erscheinen. Viele von ihnen sind auf Selbstschutz bedacht.

Frauen neigen mehr dazu, unabhängig, stolz und hartnäckig zu sein. Sie beherrschen gern. Sie können sehr darauf bedacht sein, ihre Führungsrolle zu bewahren.

Diese Personen geben Geld oft aus Eitelkeit aus oder um sich Ansehen zu verschaffen. Aber sie fahren finanziell besser, wenn sie mit einem Partner zusammenarbeiten oder sich von Kollegen beraten lassen.

Allgemein scheuen sich diese Menschen nicht, für ihren Lebensunterhalt hart zu arbeiten. Wenn sie ihre Neigung zur Vorsicht nutzen und es vermeiden, nach immer mehr Anerkennung zu streben, können sie leichter zum Erfolg kommen. Ihr stetiges, fleißiges Wesen hilft ihnen, ihre Ziele zu erreichen, auch wenn dies Zeit kosten mag.

NOEL COWARD – 16. Dezember 1899
LEW AYRES – 28. Dezember 1908
BARRY GOLDWATER – 1. Januar 1909
LEE REMICK – 14. Dezember 1935
TRACY AUSTIN – 12. Dezember 1962

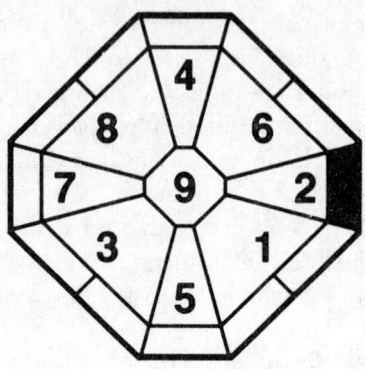

Daten des Monatswechsels

6. Januar–3. Februar 1900	6. Januar–3. Februar 1954
6. Januar–3. Februar 1909	6. Januar–3. Februar 1963
6. Januar–4. Februar 1918	6. Januar–4. Februar 1972
6. Januar–4. Februar 1927	5. Januar–3. Februar 1981
6. Januar–4. Februar 1936	5. Januar–3. Februar 1990
6. Januar–3. Februar 1945	5. Januar–3. Februar 1999

gescheit	*launisch*
ausdrucksfähig	*abhängig*
überzeugungsstark	*eitel*
ungezwungen	*sprunghaft*

Diese Menschen sind gescheit und ausdrucksfähig. Sie können sehr überzeugend argumentieren. Sie sind ungezwungen und gesellig, neigen aber auch dazu, sich eitel, launisch und sprunghaft zu verhalten.

Sie werden von anderen normalerweise akzeptiert und gelobt, aber ihre Launen lassen sie manchmal schwierig erscheinen, und die Leute stellen deshalb ihre Zuverlässigkeit in Frage.

Weil Menschen dieses Typs eitel sein können, streben sie normalerweise nach Aufmerksamkeit und Anerkennung. Sie planen gut, brau-

166

chen aber oft andere, um ihre Pläne zu verwirklichen. Sie setzen viel Energie ausdrücklich zu dem Zweck ein, auf andere anziehend zu wirken.

Was Geld anbelangt, müssen sie sich davor hüten, verschwenderisch zu werden, da ihre Eitelkeit zur Angeberei führen kann. Sie planen gut, wenn auch langsam, so daß sie ihr Geld normalerweise sinnvoller ausgeben, wenn sie auf den Rat von ehrlichen Leuten hören.

Frauen dieses Typs wollen sehr intensiv geliebt werden, aber weil sie gern beherrschen, können sie auf Probleme stoßen. Männer dieses Typs scheinen in der Lage zu sein, den Mutterinstinkt der Frauen zu aktivieren, haben aber einen starken Drang, ihre Freiheit zu bewahren.

Wenn es darauf ankommt, Entscheidungen zu treffen, können diese Menschen manchmal Probleme haben. Oft wollen sie schnell mit Situationen fertig werden, aber ihr abhängiges, launisches Wesen kann zu impulsiven oder verworrenen Lösungen führen.

Diese Menschen brauchen besonders den richtigen Partner, Geliebten oder Mitarbeiterstab, um erfolgreich zu sein. Geduldig auf die Ideen anderer zu hören und sie in ihre Planung einzubeziehen, wird ihnen viel helfen. Da sie in der Lage sind, den wichtigen Teil ihrer Pläne recht gut durchzusetzen, brauchen sie nur die Energie aufzuwenden, andere zu finden, auf sie zu hören und mit ihnen zu arbeiten, um ein gut geplantes Leben zu vollenden.

WOLFGANG AMADEUS MOZART – 27. Januar 1756
ADOLPH ZUKOR – 7. Januar 1873
FRANKLIN DELANO ROOSEVELT – 30. Januar 1882
GENE KRUPA – 15. Januar 1909
ETHEL MERMAN – 16. Januar 1909
JOHNNY RAY – 10. Januar 1927
ALAN ALDA – 28. Januar 1936
ROD STEWART – 10. Januar 1945
TOM SELLECK – 29. Januar 1945
MARTY BALIN – 30. Januar 1945
STEPHEN STILLS – 30. Januar 1945

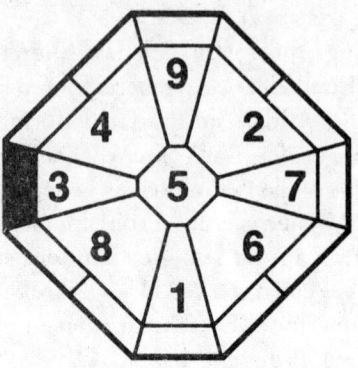

Daten des Monatswechsels

4. Februar–4. März 1898	5. Februar–5. März 1952
5. Februar–6. März 1907	4. Februar–5. März 1961
5. Februar–5. März 1916	4. Februar–5. März 1970
4. Februar–5. März 1925	4. Februar–5. März 1979
4. Februar–4. März 1934	4. Februar–4. März 1988
5. Februar–5. März 1943	4. Februar–4. März 1997

kraftvoll	*forsch, hastig*
entschieden	*selbstbewußt*
vorsorgend	*ungeduldig*
intelligent	*empfindlich*

Wenn diese Menschen jung sind, bringen ihnen ihre Aktivität und ihre Begeisterung oft schnellen Erfolg. Ihre Entschiedenheit, Voraussicht, Intelligenz und Schlauheit helfen ihnen, sehr schnell erfolgreich zu sein. Viele gewinnen auf diese Weise Anerkennung in der Welt, obwohl ihre Unternehmungen Feinheiten vermissen lassen mögen.

Sie sind scharfsinnig, entschlossen und begabt, aber ihr Selbstbewußtsein kann sie dazu verleiten, »König des Berges« zu spielen, was eine Verschlechterung ihres Rufes zur Folge haben kann. Ihre

Ungeduld und Eile lassen sie schnell handeln, und die Energie, die ihre Begeisterung erfordert, kann sie ermüden. Wenn sie darum in ihrem Leben auf lange Sicht planen wollen, müssen sie lernen, ihre Energie *jetzt* zu kontrollieren.

Sie sind souveräne Redner, gut argumentierend und überzeugend, aber sie sind auch ungeduldig und finden es einfach, ihre Beziehungen zu wechseln, falls es zu ihrem Vorteil ist. Wenn sie jung sind, verleihen ihnen diese Charakterzüge Charme. Wenn sie das mittlere Alter erreichen, kann dieser Charme fadenscheinig und verantwortungslos wirken. Mangel an Verantwortung und übermäßige Schutzreaktionen können sie in Schwierigkeiten bringen.

Die meisten von ihnen haben einen scharfen Verstand für vorausschauende Finanzplanung, was Glück in Geldangelegenheiten bringt.

In der Liebe bringt sie die begeisterungsfähige Seite ihres Wesens dazu, sich zu engagieren, schnell das Interesse zu verlieren und für ihren eigenen Vorteil häufig die Partner zu wechseln, sei es beruflich oder sexuell. Ihre Sensibilität führt sie hierhin und dorthin, so daß es schwer für sie ist, volle Befriedigung zu erlangen. Einsamkeit kann ein Problem für sie sein.

Wegen ihrer Sensibilität und der Neigung, die Partner schnell zu wechseln, erleben viele ein periodisches Hoch und Tief in ihrem Leben. Wenn sie in begeisterter Stimmung sind, können sie sehr schnell Erfolg haben.

BERTOLT BRECHT – 10. Februar 1898
W. H. AUDEN – 21. Februar 1907
JACKIE GLEASON – 26. Februar 1916
JACK LEMMON – 8. Februar 1925
ROBERT ALTMAN – 20. Februar 1925
SAM PECKINPAH – 21. Februar 1925
HANK AARON – 5. Februar 1934
ALAN BATES – 17. Februar 1934
DAVID GEFFEN – 21. Februar 1943
GEORGE HARRISON – 25. Februar 1943

März **3** – 4 – 4

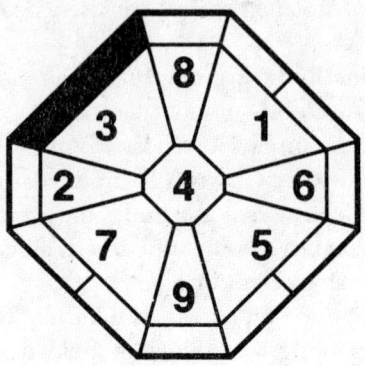

Daten des Monatswechsels

5. März–4. April 1898	6. März–4. April 1952
7. März–5. April 1907	6. März–4. April 1961
6. März–4. April 1916	6. März–4. April 1970
6. März–4. April 1925	6. März–4. April 1979
6. März–4. April 1934	5. März–3. April 1988
6. März–5. April 1943	5. März–4. April 1997

vorausschauend	*empfindlich*
liebenswürdig	*ausweichend*
kreativ	*ungeduldig*
zuversichtlich	*emotional*

Diese Menschen sind normalerweise vorausschauend und umgänglich, aber innerlich sind sie oft recht empfindlich. Obwohl sie es nicht immer zeigen, bereitet ihnen diese Eigenschaft manchmal Schwierigkeiten. Wenn sie ihre Gefühle für sich behalten, werden sie frustriert und können gegen jemanden ausfallend werden, der ihnen nahesteht.

Die meisten sind mit starker Zuwendung vom gegengeschlechtlichen Elternteil aufgewachsen. Die Männer sind normalerweise liebenswürdig und gesellig, souverän in gesellschaftlichen und geschäftlichen Situationen. Oft verbrauchen sie ihre Energie außerhalb der Familie, so daß ihre Frauen keine stabile Aufmerksamkeit erwarten können. Die Frauen dieses Typs sind unabhängig, und ihre Erwartungen an das Gefühl eines Mannes sind oft übertrieben. Sie haben starke mütterliche Instinkte, werden aber nicht gern von Männern beherrscht, obgleich machtvolle Männer sie anziehen.

Ihre zuversichtliche Haltung trägt oft zu ihrer Reputation bei, und obwohl sie Zeit brauchen, um Entscheidungen zu treffen, treffen sie diese normalerweise sehr umsichtig. Weil ihnen Geduld und Ausdauer fehlen, mißlingt es diesen Menschen manchmal, ihre Ziele zu erreichen. Normalerweise verläuft ihr Leben problemlos und erfolgreich, aber manchmal wird dieser gerade Weg durch Scheidung oder Arbeitsverlust unterbrochen.

Oft ernten sie Lob für ihre Intelligenz und ihre originellen Ideen, doch am Anfang können die Menschen ihrer Umgebung Schwierigkeiten haben, ihre Überlegungen zu verstehen. Diese Menschen neigen dazu, ausweichend zu sein, sie müssen sich ausführlich erklären, um anderen ein besseres Verständnis ihrer Gedanken zu geben.

In der Liebe wählen sich die Männer normalerweise schnell und leicht eine Frau, die ihnen guttut. Sie wollen ihre Geliebte vollständig besitzen. Sobald sie verliebt sind, werden sie sehr ernsthaft; sie wollen eine feste Beziehung. Die Frauen dieses Typs haben die Fähigkeit, freier und ungehemmter zu lieben.

Viele Menschen dieses Typs können ihre Karriere erfolgreich entwickeln, sind aber unfähig beim Organisieren ihres häuslichen Lebens. Wenn sie einen verständnisvollen Partner haben, bleiben sie geistig jung. Allein kommen sie nicht gut zurecht.

MICHELANGELO – 6. März 1475
JOHN TYLER – 29. März 1790
VINCENT VAN GOGH – 30. März 1853
HARRY JAMES – 15. März 1916
EUGENE MCCARTHY – 29. März 1916
GREGORY PECK – 5. April 1916
SHIRLEY JONES – 31. März 1934
LYNN REDGRAVE – 8. März 1943
EDDIE MURPHY – 3. April 1961

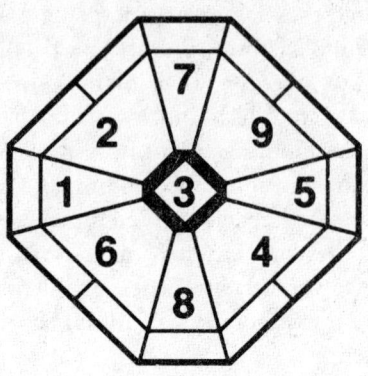

Daten des Monatswechsels

5. April–4. Mai 1898	5. April–5. Mai 1952
6. April–6. Mai 1907	5. April–5. Mai 1961
5. April–5. Mai 1916	5. April–5. Mai 1970
5. April–5. Mai 1925	5. April–5. Mai 1979
5. April–5. Mai 1934	4. April–4. Mai 1988
6. April–5. Mai 1943	5. April–4. Mai 1997

neugierig	*voreilig*
arbeitsam	*scharfsinnig*
selbstbewußt	*empfindlich*
direkt	*starrsinnig*

Diese Menschen sind normalerweise sehr empfindlich, aber auch starrsinnig, obgleich sie weichherzig und liebenswürdig erscheinen. Sie treffen, oft als ein Mittel zum Selbstschutz, eine klare Unterscheidung zwischen Vorlieben und Abneigungen in ihren menschlichen Beziehungen. Die meisten sind stark von ihrer Mutter beeinflußt.

Sie haben die Kraft zum Führen, sind aber nicht immer stark genug, die Situationen, die ihnen Befriedigung geben würden, voll zu beherrschen. Sie haben oft das Glück, von einem guten Mitarbeiterstab oder Gefolgsleuten umgeben zu sein, die ihnen helfen oder ihre Stellung respektieren. Taten und Verhalten der Männer sind sehr direkt. Wenn sie Kompetenz besitzen, werden sie bewundert; wenn nicht, können sie ihren guten Ruf verlieren. Die Frauen sind ebenfalls sehr direkt, erscheinen aber emotional empfindlicher.

Sie haben ein Interesse an der Forschung, besitzen vorausschauende Intelligenz und ein gutes Anpassungsvermögen in den meisten Situationen. Diese Fähigkeiten erzeugen die marktfähigen Ideen, die ihnen oft Vorteile bringen.

Manchmal bringt sie ihr hohes Maß an Sensibilität und Spannkraft dazu, neue Konzepte und Vorschläge zu suchen, aber ihre Voreiligkeit und ihr Starrsinn können es schwierig für sie machen, ihre Projekte zu vollenden.

Sie sind leidenschaftliche Liebende, aber ungeduldig. In Beziehungen haben sie oft Streit wegen ihrer Wutanfälle. Viele haben Schwierigkeiten, in ihrer ersten Ehe zu bleiben. Der Schlüssel zum Erfolg hängt von ihrem Mut ab und davon, ob sie fähige Leute für sich gewinnen können, die ihnen helfen. Meistens werden sich die Menschen ihnen wegen ihres Charmes und ihres Talentes anschließen.

CHARLIE CHAPLIN – 16. April 1889
ADOLF HITLER – 20. April 1889
FRED ZINNEMANN – 29. April 1907
KATE SMITH – 1. Mai 1907
ALFRED BLOOMINGDALE – 15. April 1916
YEHUDI MENUHIN – 22. April 1916
GLENN FORD – 1. Mai 1916
ROD STEIGER – 14. April 1925
SHIRLEY MACLAINE – 24. April 1934
MICHAEL BENNETT – 8. April 1943

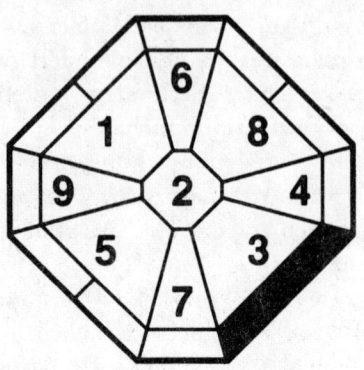

Daten des Monatswechsels

5. Mai–5. Juni 1898	6. Mai–5. Juni 1952
7. Mai–6. Juni 1907	6. Mai–5. Juni 1961
6. Mai–5. Juni 1916	6. Mai–5. Juni 1970
6. Mai–5. Juni 1925	6. Mai–5. Juni 1979
6. Mai–5. Juni 1934	5. Mai–4. Juni 1988
6. Mai–6. Juni 1943	5. Mai–5. Juni 1997

würdevoll   *empfindlich*
taktvoll   *unflexibel*
vernünftig   *ungeduldig*
stolz   *voreilig*

Diese Menschen sind normalerweise stolz und würdevoll. Oft erscheinen sie schüchtern, und die Leute denken vielleicht, sie seien unentschlossen. Das ist nicht wahr. Sie können sehr hartnäckig sein und ihre eigenen Entscheidungen treffen. Zeitweise kann ihr Stolz sie dazu führen, ein Gefühl der Überlegenheit gegenüber anderen zu hegen.

Sie können voreilig und manchmal unflexibel mit ihrer Meinung sein, aber normalerweise wissen sie, was sie zu tun haben oder tun wollen. Viele bekommen Gelegenheiten zum Erfolg in jungen Jahren.

In kooperativen Beziehungen sind sie schwach. Der Grund dafür ist, daß es für andere Menschen oft schwer ist, ihrer ungeduldigen Natur zu folgen. Sie können sehr stolz und überheblich handeln, was Schwierigkeiten mit Kollegen bringt.

Die Männer haben Probleme, Befriedigung in der Ehe zu finden. Die Frauen neigen zu größerer Empfindlichkeit und sind normalerweise luxusbewußter als die Männer. Sie handeln sehr entschieden und unabhängig. Manchmal ist ihre Haltung für andere Leute zu dominant, vor allem für andere Frauen, und sie können negative Reaktionen provozieren, wenn sie nicht vorsichtig sind.

In der Liebe haben Männer wie Frauen ein ausgeprägtes Bewußtsein für ihre eigene Wichtigkeit und Stolz. Sie lieben es, im Rampenlicht zu stehen, und wollen Aufmerksamkeit. Selbst wenn sie sich von jemandem trennen, versuchen sie, eine freundschaftliche Beziehung aufrechtzuerhalten. Für sie ist es das Wichtigste, daß »jemand sie liebt«, denn sie sind normalerweise romantisch und leicht zu verletzen. Wenn sie einmal verletzt sind, ist es für sie wegen ihrer Empfindlichkeit und ihres Stolzes schwierig, die Beziehung aufrechtzuerhalten. Und doch können sie die Verbindung nicht vollständig abbrechen.

Wenn sie genügend Aufmerksamkeit und Zuneigung bekommen, können sie ihre Probleme lösen, indem sie ihren rationalen, gut angepaßten Verstand benutzen. Bei der Planung ihrer finanziellen Angelegenheiten sind sie gut organisiert.

LAURENCE OLIVIER – 22. Mai 1907
JOHN WAYNE – 26. Mai 1907
JOHNNY WEISSMÜLLER – 2. Juni 1907
YOGI BERRA – 19. Mai 1925
MALCOLM X – 19. Mai 1925
TONY CURTIS – 3. Juni 1925
PETER NERO – 22. Mai 1934
PAT BOONE – 1. Juni 1934
JACK BRUCE – 14. Mai 1943
JOE NAMATH – 31. Mai 1943

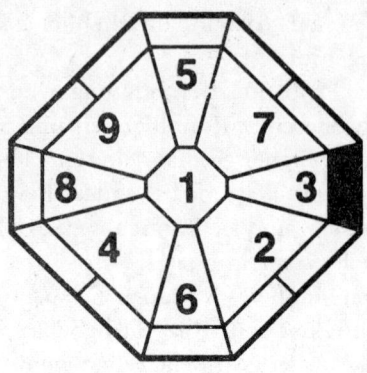

Daten des Monatswechsels

6. Juni–6. Juli 1898	6. Juni–6. Juli 1952
7. Juni–7. Juli 1907	6. Juni–6. Juli 1961
6. Juni–6. Juli 1916	7. Juni–7. Juli 1970
6. Juni–7. Juli 1925	6. Juni–7. Juli 1979
6. Juni–7. Juli 1934	5. Juni–6. Juli 1988
7. Juni–7. Juli 1943	6. Juni–6. Juli 1997

einsichtig	*empfindlich*
arbeitsam	*auf Selbstschutz bedacht*
intensiv	*gesellig*
direkt	*bequem*

Diese Menschen sind einsichtsvoll, aber ihre Einstellung zum Leben ist bequem. Sie sind in der Lage, sich vor großen Mißerfolgen zu schützen, können es aber wegen ihrer Bequemlichkeit doch schwer haben, vollen Erfolg zu erreichen.

Die meisten von ihnen sind klug und entschlossen. Sie können sich gut konzentrieren, haben aber oft eine eingefahrene Sichtweise. Ihre Familienbeziehungen und -traditionen sind sehr wichtig für sie, und sie können bei der Beurteilung von Verwandten objektiv bleiben.

Sie haben eine direkte Art, sind aber sehr empfindlich, wenn es um ihre eigenen Probleme geht: zum Beispiel wenn sie ihre Liebe zugeben oder auf Kritik stoßen. Die Männer müssen klarer äußern, was in ihren Köpfen vorgeht, weil sie manchmal sehr spezielle Ideen haben.

Die meisten Menschen dieses Typs sind harte Arbeiter mit einer positiven Lebenseinstellung. Sie wissen, was sie wollen und wenden große Energie auf, um das auch zu erreichen. Wenn sie jedoch in einer Arbeitssituation keine Befriedigung finden, können sie manchmal recht plötzlich ihren Job oder ihre Position aufgeben.

Die meisten sind in der Lage, ohne Anstrengung Geld zu verdienen. Sie können von guten Partnerschaften profitieren, weil sie manchmal unfähig sind, mit ihrem Geld zu planen und zu wirtschaften.

Oft wenden sie große Energie für ihr gesellschaftliches Leben auf. Wegen ihrer auf Selbstschutz bedachten Natur wählen sie sich ausschließlich Partner, die ihnen entgegenkommen, ehe sie Vertrauen fassen.

Normalerweise suchen sie sich eine starke Liebesbeziehung, um ihrer Unsicherheit gegenzusteuern. Oft erwarten sie vollkommene Liebe, und es ist nicht leicht für sie, in der Ehe Kompromisse zu schließen. Viele werden durch Menschen in ungewöhnlichen Situationen angezogen: durch eine verheiratete Person, zum Beispiel, oder eine Person von außergewöhnlichem Charakter oder eine Person in ungewöhnlichen Verhältnissen. Ihre natürliche Neigung zum Selbstschutz bewahrt sie oft vor Verletzungen in solchen Situationen, aber sobald sie wieder frei sind, tendieren sie dazu, das gleiche Verhaltensmuster zu wiederholen.

Wenn sie eine flexiblere Einstellung zum Leben annehmen, hilft ihnen ihre einsichtige und direkte Art, ihre Ziele leichter zu erreichen.

Alice A. Bailey – 16. Juni 1880
Jean Cocteau – 5. Juli 1889
Erich Maria Remarque – 22. Juni 1898
Robert McNamara – 9. Juni 1916
James Levine – 23. Juni 1943
Geraldo Rivera – 4. Juli 1943
Dan Aykroyd – 1. Juli 1952
Prinzessin Diana – 1. Juli 1961

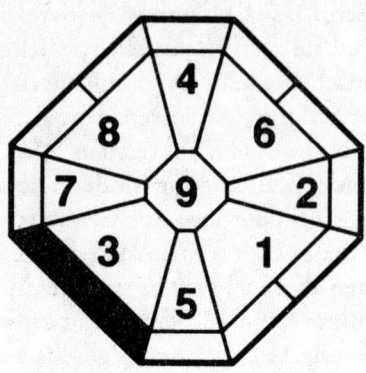

Daten des Monatswechsels

7. Juli–6. August 1898	7. Juli–7. August 1952
8. Juli–8. August 1907	7. Juli–7. August 1961
7. Juli–7. August 1916	7. Juli–7. August 1970
8. Juli–7. August 1925	8. Juli–7. August 1979
8. Juli–7. August 1934	7. Juli–6. August 1988
8. Juli–7. August 1943	7. Juli–6. August 1997

intelligent	*ungeduldig*
ehrgeizig	*empfindlich*
angeberisch	*redselig*
eigenwillig	*eitel*

Diese Menschen sind oft ehrgeizig und intelligent. Sie können ungeduldig und launisch sein, Qualitäten, die dem Erreichen ihrer hochgesteckten Ziele oft hinderlich sind. Oft besitzen sie große Überzeugungskraft und sind in der Lage, beeindruckend zu sprechen. Sie machen oft einen stärkeren Eindruck, als sie wirklich sind. Obgleich ihre Haltung hochmütig und eitel erscheinen mag, sind sie tatsächlich recht empfindlich.

Wegen ihrer extremen Empfindlichkeit haben sie es manchmal

schwer, Entscheidungen zu treffen. Ihr launisches Verhalten kann zu Mißerfolgen führen. Sie brauchen genügend Zeit, um Entscheidungen zu treffen, falls sie ihre Möglichkeiten nicht versäumen wollen.

Abgesehen von ihrer Launenhaftigkeit sind diese Menschen oft ungeduldig und empfindlich, so daß das Leben für sie ein ständiges Wechselbad ist. Ihre Entscheidungen können in Abhängigkeit von ihrem emotionalen Zustand recht widersprüchlich ausfallen. Sie wenden viel Energie für ihr gesellschaftliches Leben auf und verhalten sich dabei mal angeberisch und mal ängstlich. Dies beeinflußt ihr Liebesleben, das ebenfalls Phasen von wechselhaften Gefühlen aufweist.

Sie sind normalerweise sehr mit Geld befaßt und finden Wege, genügend beiseite zu schaffen. Sie versuchen, Unterstützung zu finden, oder kennen jemanden, der ihnen dabei helfen kann.

Die meisten Menschen dieses Typs haben gute Beziehungen zu ihren Familien. Die Frauen erscheinen unabhängiger als die Männer. Die Männer zeigen die empfindliche Seite ihres Wesens. Beide sind normalerweise eigenwillig.

Oft sind sie ehrgeizig, aber ihre Empfindlichkeit hat die Oberhand. Viele dieser Menschen brauchen den Rückhalt bei einer anderen Person, um Erfolg zu haben; sie neigen jedoch dazu, dem zu folgen, was sie befriedigt. Sie können gewinnen, indem sie ihre Gedanken für eine großzügigere Sicht des Lebens zugänglich machen.

MARCEL PROUST – 10. Juli 1871
ERLE STANLEY GARDNER – 17. Juli 1889
ALEXANDER CALDER – 22. Juli 1898
AMELIA EARHART – 24. Juli 1898
HENRI MOORE – 30. Juli 1898
BARBARA STANWYCK – 16. Juli 1907
KEENAN WYNN – 27. Juli 1916
JACQUES D'AMBOISE – 28. Juli 1934
MICK JAGGER – 26. Juli 1943

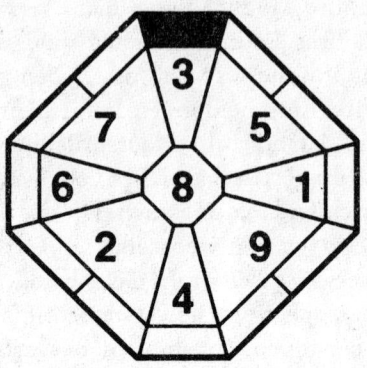

Daten des Monatswechsels

7. August–7. September 1898	8. August–7. September 1952
9. August–8. September 1907	8. August–7. September 1961
8. August–7. September 1916	8. August–7. September 1970
8. August–7. September 1925	8. August–7. September 1979
8. August–7. September 1934	7. August–6. September 1988
8. August–7. September 1943	7. August–6. September 1997

stolz	*empfindlich*
intelligent	*voreingenommen*
einsichtig	*impulsiv*
ehrgeizig	*eigensinnig*

Diese Menschen sind normalerweise intelligent und einsichtig. Sie haben im allgemeinen Führungsqualitäten, die zu schnellem Erfolg befähigen, finden es aber oft schwer, anderen zu folgen.

Sie sind stolz, aber mit guten Manieren, und sie sind souverän in gesellschaftlichen Situationen. Sie verlangen nach Aufmerksamkeit, und wenn sie sie nicht bekommen, sind sie beleidigt. Sie sind verantwortungsbewußte Leute, aber oft sind sie enttäuscht, weil sie von den anderen mißverstanden werden. Ihre Ideen entwickeln sich aus Vorhaben, die ihrem eigenen Vorteil dienen.

Sie sind impulsiv und sollten sich darum besonders viel Zeit für Entscheidungen nehmen. Wenn sie irgend etwas sofort entscheiden müssen, können sie sehr nervös werden. Bei wichtigen Entscheidungen sollten sie sich manchmal nach dem Rat eines anderen richten.

Sie sind gewissenhaft in Geldsachen und in dieser Hinsicht auch mit Glück gesegnet. In der Liebe fühlen sich die Männer oft von Frauen mit starker Persönlichkeit angezogen, und die Frauen vom Ruhm. Sie sind voreingenommen, so daß die Liebe nach ihren Vorstellungen funktionieren muß. Probleme werden oft durch den Einfluß der finanziellen Situation verursacht. Besonders starrsinnig können sie in ihren menschlichen Beziehungen sein. Wenn sie jemanden mögen, können sie fast alles akzeptieren, was diese Person tut; wenn nicht, machen sie ihr jede Verfehlung zum Vorwurf.

Diese Menschen sind oft ehrgeizig, und ihr aktiver Verstand führt sie dazu, neue Ziele für ihren Eroberungsdrang zu suchen. Sie sind begabt für wirtschaftliche Planung und zum Handeln.

Im allgemeinen haben diese Menschen ein etwas kindliches Gemüt. Dies kann sie zu voreiligem Handeln veranlassen. Ihr Verstand ist jedoch normalerweise sehr aktiv, und sie neigen dazu, geistig jung zu bleiben. Diese Eigenschaft verleiht ihnen den Ehrgeiz, neue Ideen und Bereiche für ihre Aktivitäten ins Auge zu fassen.

CLAUDE DEBUSSY – 22. August 1862
LILLIAN CARTER – 15. August 1898
MARTHA RAYE – 27. August 1916
MIKE DOUGLAS – 11. August 1925
OSCAR PETERSON – 15. August 1925
DONALD O'CONNOR – 30. August 1925
ROBERT DeNIRO – 17. August 1943
VALERIE PERRINE – 3. September 1943
JIMMY CONNORS – 2. September 1952

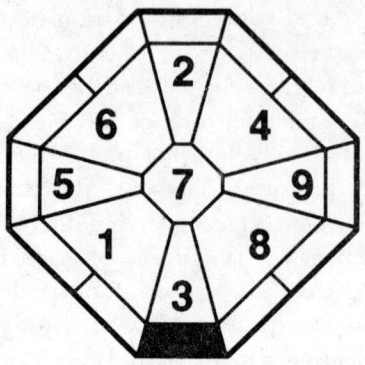

Daten des Monatswechsels

8. September–7. Oktober 1898	8. September–7. Oktober 1952
9. September–8. Oktober 1907	8. September–7. Oktober 1961
8. September–8. Oktober 1916	8. September–8. Oktober 1970
8. September–8. Oktober 1925	8. September–8. Oktober 1979
8. September–8. Oktober 1934	7. September–7. Oktober 1988
8. September–8. Oktober 1943	7. September–7. Oktober 1997

entschieden	*unsicher*
organisiert	*nervös*
ausdrucksstark	*schwach*
geduldig	*gehemmt*

Die meisten dieser Menschen sind harte Arbeiter und suchen immer nach möglichen Betätigungsfeldern. Sie geben schnell auf, wenn sie auf Widerstand stoßen. Während der Kindheit, solange sie die Unterstützung ihrer Eltern haben, scheint ihr Leben leicht und sicher, aber in Wirklichkeit müssen sie große Anstrengung aufwenden, um ihren eigenen Erfolg zu ermöglichen.

Ihre Aufmerksamkeit für Details, ihre Empfindlichkeit und Unsicherheit machen sie in gesellschaftlichen Situationen übermäßig ausdrucksstark. Sie verbrauchen viel Energie für diesen Zweck und müssen diese irgendwo wieder nachfüllen, und die meisten tun dies in ihrer Familie. Die Menschen, die mit ihnen leben, sollten über ihre Bedürfnisse Bescheid wissen, um Mißverständnisse zu vermeiden. Die Kommunikation kann schwierig sein, wenn die Betroffenen sich des Problems nicht bewußt sind.

Sie achten sehr auf Kritik an ihrer Person. Schlechtes Ansehen bringt sie erheblich aus der Fassung, macht sie unsicher und gekränkt.

Die meisten sind sehr an ihren sozialen Beziehungen interessiert und von Anfang an offenherzig, noch bevor sie die Leute gut kennengelernt haben. Aufgrund ihrer Unsicherheit können sie ein wenig überheblich sein. Sie verhalten sich so, um sich zu schützen, obwohl andere es schwer haben, dieses Verhalten zu akzeptieren. Ihre Schwäche macht sie manchmal gehemmt und argwöhnisch, das Ergebnis davon ist Einsamkeit.

Sie haben Energie zum Organisieren, sind aber etwas nachlässig. Die meisten von ihnen verdienen ihr Geld durch harte Arbeit. Sie haben die Energie, Schwierigkeiten zu überwinden, und schaffen oft die Gelegenheit, Geld in großem Stil zu verdienen.

Die Frauen dieses Typs erscheinen stärker als die Männer; allerdings suchen sie immer nach Sicherheit. Die Männer brauchen oft jemanden mit einem stärkeren Charakter, der sie in ihren Plänen bestärkt.

Sie sind normalerweise große Träumer. Viele von ihnen geben vor dem Erreichen ihr Ziel auf, um es später wieder zu bereuen. Einige Träume können gut für sie sein, aber zu viele können zum Mißerfolg führen.

GEORGE GERSHWIN – 26. September 1898
PETER SELLERS – 8. September 1925
B. B. KING – 16. September 1925
BRIAN EPSTEIN – 19. September 1934
SOPHIA LOREN – 20. September 1934
BRIGITTE BARDOT – 28. September 1934
»MAMA« CASS ELLIOTT – 19. September 1943
CHRISTOPHER REEVE – 25. September 1952

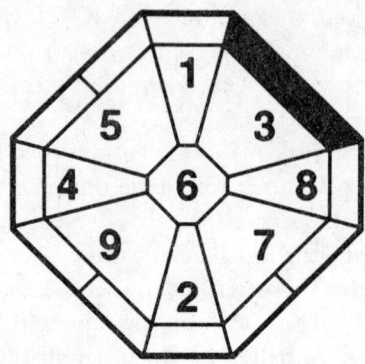

Daten des Monatswechsels

8. Oktober–6. November 1898	8. Oktober–6. November 1952
9. Oktober–7. November 1907	8. Oktober–7. November 1961
9. Oktober–7. November 1916	9. Oktober–7. November 1970
9. Oktober–7. November 1925	9. Oktober–7. November 1979
9. Oktober–7. November 1934	8. Oktober–6. November 1988
9. Oktober–7. November 1943	8. Oktober–6. November 1997

einsichtig   *unflexibel*
hingebungsvoll   *starrsinnig*
arbeitsam   *hochmütig*
konservativ   *empfindlich*

Die meisten Menschen dieses Typs entwickeln ein selbständiges Leben. Sie sind oft empfindlich und konservativ. Im Grunde sind sie hingebungsvoll und arbeitsam.

Normalerweise gehen sie mit starker Intuition durchs Leben. Sie müssen allerdings mit Menschen oder Dingen arbeiten, die sie mögen oder denen sie zustimmen. Unter solchen Bedingungen sammeln sie Erfahrungen, die ihnen dazu verhelfen, auf ihrem Gebiet tüchtig zu werden, und ihnen finanziellen Gewinn bringen.

Frauen dieses Typs äußern sich weit klarer als die Männer und haben oft Führungsqualitäten. Wenn sie sich verlieben, dann nur in ihren eigenen, besonderen Typ. Viele Männer sind schüchtern, aber starrsinnig, was es den Leuten schwermacht, sich ihnen zu nähern. Um ihres eigenen Glückes willen wäre mehr Leidenschaftlichkeit wünschenswert.

Sowohl Männer als auch Frauen sind normalerweise zurückhaltend, aber ungeduldig. Wenn sie ihre Energie und ihre Gefühle unter Kontrolle haben, sind sie zufrieden. Wenn sie mit störenden Situationen konfrontiert werden oder wenn sie jemand verletzt, können sie sehr böse werden, um ihre Verletzlichkeit zu verbergen.

Normalerweise haben diese Menschen einen starken Willen, um ihre Ziele durchzusetzen. Sobald sie einmal an etwas interessiert sind, verwenden sie große Energie darauf. Oft sind sie jedoch unflexibel, so daß es schwer für sie ist, in diesen Situationen die Kontrolle aufrechtzuerhalten. Sie sind einsichtig und haben eine starke Intuition, Eigenschaften, die ihnen helfen, die meisten Schwierigkeiten zu überwinden.

WALTER CRONKITE – 4. November 1916
LENNY BRUCE – 13. Oktober 1925
ANGELA LANSBURY – 16. Oktober 1925
JOHNNY CARSON – 23. Oktober 1925
MARGARET THATCHER – 13. Oktober 1925
CATHERINE DENEUVE – 22. Oktober 1943
JONI MITCHELL – 7. November 1943

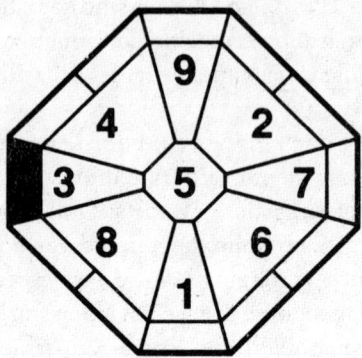

Daten des Monatswechsels

7. November–6. Dezember 1898	7. November–6. Dezember 1952
8. November–7. Dezember 1907	8. November–6. Dezember 1961
8. November–6. Dezember 1916	8. November–6. Dezember 1970
8. November–7. Dezember 1925	8. November–7. Dezember 1979
8. November–7. Dezember 1934	7. November–6. Dezember 1988
8. November–7. Dezember 1943	7. November–6. Dezember 1997

Selbstvertrauen	*ungeduldig*
offen	*starrsinnig*
kreativ	*voreilig*
intelligent	*diplomatisch*

Dieser Personentyp hat viele Ähnlichkeiten mit dem im Februar geborenen Dreier. Die meisten dieser Leute haben gute Familienbeziehungen, aber es kann Schwierigkeiten geben, die den endgültigen Abbruch von Beziehungen zur Folge haben.

Sie haben ein starkes Selbstvertrauen. Normalerweise sprechen sie sehr direkt und verfügen über wenig Selbstbeherrschung. Manchmal kann ihr gewaltiges Selbstbewußtsein andere Leute verletzen und diese zu ihren Feinden machen.

Sie sind sehr aufgeschlossen, aber starrsinnig beim Treffen und Durchführen von Entscheidungen. Dies kann manchmal zum Mißerfolg führen, weil sie, sobald sie eine Idee haben, diese ohne weitere Überlegungen oder Nachforschungen in die Tat umzusetzen versuchen.

Bei ihren Affären sollten sie besonnener und nachdenklicher sein. Sie können sich schnell sehr leidenschaftlich verlieben. Aber da sie ihren Partner häufig aufgrund des ersten Eindrucks wählen, sind sie enttäuscht, wenn ihre Leidenschaft schnell verfliegt.

Sie achten auf finanzielle Planung und arbeiten hart. Auch lieben sie es, Geld zum reinen Vergnügen auszugeben.

Frauen dieses Typs sind normalerweise sehr empfindlich und selbstbewußt. Männer neigen dazu, jede Situation beherrschen zu wollen. Sowohl Männer als auch Frauen haben Schwierigkeiten, den Meinungen anderer zuzustimmen. Dies kann zum Verlust von Freunden und Bekannten führen.

Diese Menschen sind einsichtsvoll und begabt. Wenn sie aufgeschlossen bleiben und es lernen, Kompromisse zu schließen, sparen sie ihre Kraft und können ihre Ziele leichter erreichen, auch wenn sie dann etwas weniger an allgemeiner Befriedigung gewinnen.

MARK TWAIN (*Samuel Clemens*) – 30. November 1835
RENE CLAIR – 11. November 1898
RICHARD BURTON – 10. November 1925
ROCK HUDSON – 17. November 1925
ROBERT F. KENNEDY – 20. November 1925
JULIE HARRIS – 2. Dezember 1925
CARL SAGAN – 9. November 1934
LAUREN HUTTON – 17. November 1943
RANDY NEWMAN – 29. November 1943
NADIA COMANECI – 12. November 1963

Dezember 3 – 4 – 4

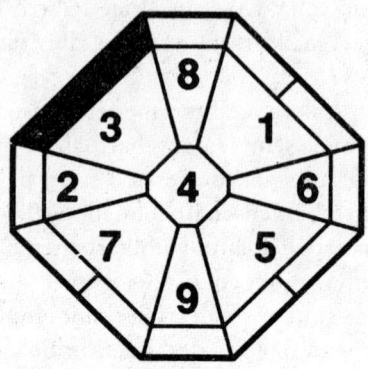

Daten des Monatswechsels

7. Dez. 1898–4. Januar 1899	7. Dez. 1952–6. Januar 1953
8. Dez. 1907–6. Januar 1908	7. Dez. 1961–5. Januar 1962
7. Dez. 1916–5. Januar 1917	6. Dez. 1970–5. Januar 1971
8. Dez. 1925–5. Januar 1926	8. Dez. 1979–5. Januar 1980
7. Dez. 1934–5. Januar 1935	7. Dez. 1988–4. Januar 1989
8. Dez. 1943–5. Januar 1944	7. Dez. 1997–4. Januar 1998

vorausschauend
zärtlich
gesellig
zuversichtlich

emotional
auf Selbstschutz bedacht
impulsiv
empfindlich

Dieser Personentyp hat viel Ähnlichkeit mit dem März-Dreier. Die meisten dieser Menschen sind sehr empfindlich und emotional. Die Männer sind normalerweise weichherzig und zuversichtlich. Ihr Auftreten bezaubert die Leute, aber innerlich sind sie etwas »grobkörnig«. Die Frauen drücken sich unmittelbarer aus als die Männer.

Sie verfolgen normalerweise hohe Ideale, obwohl ihnen manchmal die Aufrichtigkeit zu fehlen scheint, weil sie nicht darauf achten, die Meinung anderer zu berücksichtigen.

Oft verfügen sie über einen scharfen Verstand, sind aber impulsiv. Sie haben die Fähigkeit, Ideen zu verwirklichen, aber ihr Bedürfnis nach Respekt läßt sie fürchten, Fehler zu machen. Entscheidungen zu treffen, ist ebenfalls schwer für sie. Sobald einmal eine Entscheidung getroffen ist, glauben sie schnell, daß sie nicht richtig ist, und müssen eine Alternative suchen.

Sie haben starke Emotionen und sind optimistisch, aber ungeduldig. Wenn ihre Emotionen aus dem Gleichgewicht geraten, werden ihre Handlungen unberechenbar. Aufgrund dieser Schwäche können sie den Respekt anderer Menschen verlieren.

In der Liebe sind sie ernsthaft und auf Selbstschutz bedacht, aber zärtlich in Worten und Taten. Im gesellschaftlichen Leben sind sie umgänglich und pflegen zahlreiche Beziehungen. Die meisten Männer dieses Typs äußern sich selten eindeutig; selbst wenn sie jemanden lieben, kann ihr Verhalten auf die andere Person unschlüssig wirken. Die meisten von ihnen wachsen mit großer Zuneigung des entgegengesetzten Geschlechts in der Familie auf.

Die meisten Männer erwarten Respekt von ihrem Partner, die Frauen haben einen starken Mutterinstinkt. Die Frauen lieben Männer mit ausgeprägter Persönlichkeit, lassen sich aber nicht gerne beherrschen.

Die meisten dieser Menschen sind sehr aktiv. Es ist nicht leicht für sie, ihr häusliches Leben befriedigend zu entwickeln; sie brauchen einen verständnisvollen Partner für die Ehe, um erfolgreich zu sein.

Finanziell verdienen die meisten ihr Geld durch die Unterstützung eines Vorgesetzten. Auch verstehen sie zu sparen. Aber sie müssen darauf achten, ihr gesellschaftliches Leben, das übermäßige Kosten verursachen könnte, unter Kontrolle zu halten.

ANDREW JOHNSON – 29. Dezember 1808
KIRK DOUGLAS – 9. Dezember 1916
SAMMY DAVIS, JR. – 8. Dezember 1925
DICK VAN DYKE – 13. Dezember 1925
GEORGE MARTIN – 3. Januar 1926
JIM MORRISON – 8. Dezember 1943
KEITH RICHARDS – 18. Dezember 1943
JOHN DENVER – 31. Dezember 1943

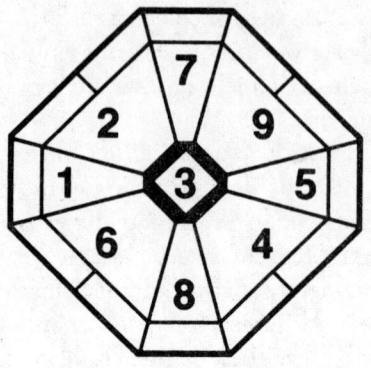

Daten des Monatswechsels

5. Januar–3. Februar 1899	6. Januar–3. Februar 1953
7. Januar–4. Februar 1908	6. Januar–3. Februar 1962
6. Januar–3. Februar 1917	6. Januar–3. Februar 1971
6. Januar–3. Februar 1926	6. Januar–4. Februar 1980
6. Januar–4. Februar 1935	5. Januar–3. Februar 1989
6. Januar–4. Februar 1944	5. Januar–3. Februar 1998

selbstbewußt	*empfindlich*
arbeitsam	*starrsinnig*
leidenschaftlich	*ungeduldig*
begabt	*explosiv*

Dieser Personentyp hat Ähnlichkeit mit dem im April geborenen Dreier. Diese Menschen sind normalerweise von starken Müttern beeinflußt. Sie wirken nach außen selbstbewußt und starrsinnig, sind aber innerlich empfindlich und weniger zuversichtlich. Darum müssen sie manchmal schwierige Entscheidungen treffen. Sie sind leicht verletzlich.

Die meisten von ihnen sind gute Geschäftsleute und harte Arbeiter. Sie bevorzugen Bereiche der Planung und des Verkaufs, haben aber weniger die Fähigkeit, Pläne in die Tat umzusetzen. Oft haben sie gute Beziehungen zu Vorgesetzten, die eine große Rolle bei ihrer Karriere spielen. Wenn sie ihr eigenes Geschäft haben, sollten sie bei ihrer Arbeit an die Devise »Taten vor Worte« denken.

Sie können impulsiv und voreilig sein, Eigenschaften, die zu Fehlentscheidungen führen können, obwohl Überlegung und Voraussicht diese Schwächen auffangen können.

Obgleich sie sehr hart arbeiten, müssen sie sich oft mit geschäftlichen Schwierigkeiten auseinandersetzen. Sie können gut reden, aber ihre Neigung zur Offenheit kann dazu führen, die Fehler anderer Leute zu deutlich zu benennen, was ihnen Feinde macht.

Weil sie eindeutige Vorlieben und Abneigungen haben, können ihre Positionen akzeptiert werden oder nicht.

In der Liebe sind sie leidenschaftlich, aber ungeduldig. Wenn sie Befriedigung finden, bleiben sie vielleicht länger bei einem Partner, aber dies ist selten der Fall. Sie erwarten vollkommene und dauerhafte Befriedigung, ein Ziel, das schwierig oder vielleicht unmöglich zu erreichen ist.

Die meisten dieser Menschen sind begabt und fähig, bereits in jungen Jahren Erfolg zu haben. Ihre explosive Energie und ihre Empfindlichkeit gegenüber den Worten und Taten anderer kann ihnen Schwierigkeiten einbringen, sobald sie älter werden und weniger in der Lage sind, die nötige Energie für ein Leben unter Hochdruck aufzubringen. Wenn sie diese Energien unter Kontrolle bringen, haben sie es leichter, wenn sie älter werden.

MILLARD FILLMORE – 7. Januar 1800
EDGAR ALLAN POE – 19. Januar 1809
NIJINSKY – 12. Januar 1890
HUMPHREY BOGART – 23. Januar 1899
JOSÉ LIMON – 12. Januar 1908
SOUPY SALES – 8. Januar 1926
PATRICIA NEAL – 20. Januar 1926
ELVIS PRESLEY – 8. Januar 1935
SHERRIL MILNES – 10. Januar 1935
A. J. FOYT – 16. Januar 1935
JIMMY PAGE – 8. Januar 1944

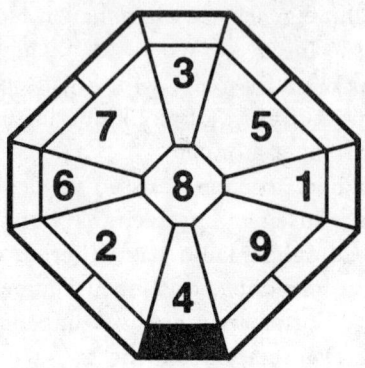

Daten des Monatswechsels

3. Februar–4. März 1897	5. Februar–5. März 1951
5. Februar–5. März 1906	5. Februar–4. März 1960
5. Februar–6. März 1915	4. Februar–5. März 1969
5. Februar–5. März 1924	4. Februar–5. März 1978
4. Februar–5. März 1933	4. Februar–5. März 1987
4. Februar–5. März 1942	4. Februar–4. März 1996

emotional	*manipulativ*
ehrgeizig	*entscheidungsschwach*
unabhängig	*vorsichtig*
klar denkend	*sparsam*

Diese Menschen haben einen aktiven Verstand und packen die Dinge schnell an. Sie sind oft blendende Gesprächspartner und gute Redner von bewährter Überzeugungskraft. Sie können vorsichtig und zurückhaltend sein. Manchmal haben sie die Neigung, andere zu manipulieren.

Sie haben Angst davor, verletzt zu werden, etwas zu verlieren oder Entscheidungen zu treffen. Hart kämpfen sie gegen alles, was ihnen Selbstvertrauen nehmen könnte.

Sie brauchen oft lange, sich zu öffnen und zu zeigen, daß sie starke sexuelle Gefühle haben. Sie können sehr zärtlich und liebevoll mit ihren Partnern umgehen. Sexualität kann ein Ventil für ihre Unsicherheit sein.

Es fällt ihnen schwer, Kompromisse zu schließen.

Sie müssen aktiv sein, da sie zur Vorsicht neigen und sich Sorgen machen, wenn nicht genug passiert. Sie haben ein starkes Verlangen nach materiellen Dingen.

Sie neigen dazu, ehrgeizig, verläßlich und sicher im Umgang mit Geld zu sein.

Männer und Frauen dieses Typs sind sich sehr ähnlich, obgleich die Frauen mehr auf Selbstschutz bedacht sind und mehr über andere herrschen möchten. Bei den Männern ist es wahrscheinlicher, daß sie sich einen starken Verbündeten suchen, um andere zu dominieren. Diese Menschen können schwierige Zeiten erleben, bis sie den Durchbruch schaffen. Wenn sie es lernen, in dieser Zeit auf andere Menschen mehr Rücksicht zu nehmen, wird sich ihr Leben erheblich verbessern.

LON CHANEY – 10. Februar 1906
LORNE GREENE – 12. Februar 1915
ZERO MOSTEL – 18. Februar 1915
LEE MARVIN – 19. Februar 1924
SIDNEY POITIER – 20. Februar 1924
GLORIA VANDERBILT – 20. Februar 1924
YOKO ONO – 18. Februar 1933
PRINZ ANDREW – 19. Februar 1960

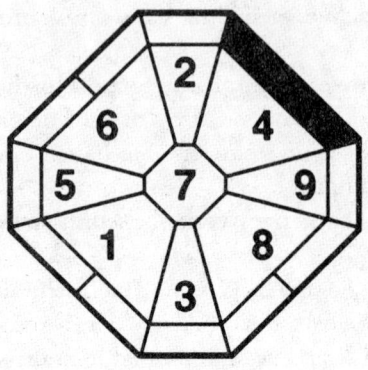

Daten des Monatswechsels

5. März–3. April 1897	6. März–5. April 1951
6. März–5. April 1906	5. März–4. April 1960
7. März–5. April 1915	6. März–4. April 1969
6. März–4. April 1924	6. März–4. April 1978
6. März–4. April 1933	6. März–4. April 1987
6. März–4. April 1942	5. März–3. April 1996

emotional	*befangen*
empfindlich	*organisiert*
konservativ	*detailbezogen*
liebenswürdig	*pedantisch*

Die meisten dieser Menschen sind einfühlsam und haben ein hochsensibles Wesen. Obgleich sie ein angeborenes Empfinden für Kunst haben und künstlerische Betätigungsfelder sehr gut verstehen können, neigen sie dazu, recht konservativ zu sein.

Sie haben einen wachen Verstand, verwenden aber viel Zeit auf unwichtige Details. Diese Eigenschaft verhindert manchmal ihr natürliches Organisationstalent.

Ihr empfindliches, emotionales Wesen liefert sie den Meinungen und

Urteilen anderer aus. Wenn sie verletzt oder falsch beurteilt werden, rächen sie sich nachhaltig.

Wenn sie mit Schwierigkeiten konfrontiert werden, treffen sie ihre eigenen Entscheidungen, obgleich sie sich über diese Entscheidungen oft nachträglich Sorge machen.

Männer dieses Typs sind in ihrer Jugend besonders vorsichtig und konservativ. Ihre Aufmerksamkeit für Details kann extrem sein, und sie erwarten selbst bei unwichtigen Dingen Perfektion. Die Leute empfinden sie als leicht nörglerisch. Die Männer bessern sich im allgemeinen, wenn sie älter werden, und ihre Detailbesessenheit nimmt ab. Die Frauen scheinen genau zu wissen, was sie in bezug auf Familie und ihre Stellung darin wollen. Für sie ist Selbstbehauptung wichtig. Sowohl Männer als auch Frauen sind befangen, was manchmal dazu führt, daß sie überreagieren. Auch neigen sie dazu, ihre Meinung plötzlich zu ändern. Wenn sie nicht in der Lage sind, ihre eigenen Ideen wirksam auszudrücken, geraten sie, frustriert durch die Unfähigkeit zu klarer Kommunikation, außer Fassung.

Sie haben es schwer, ihre eigenen Ideen zu verwirklichen, wenn ihnen nicht jemand eine Hand reicht, obwohl sie stark und durchsetzungsfähig werden, wenn sie sich einem Ziel nähern.

Obgleich sie liebenswürdig und gut zu anderen sind, kann das kritische Urteil von Freunden und Kollegen ein wunder Punkt bei ihnen werden. Die Leute sind überrascht, wenn sie so verständnisvolle Personen im Fall einer Bedrohung gewaltsam reagieren sehen. Sie müssen lernen, sich auszudrücken, ohne so schnell von den Meinungen anderer beeinflußt zu werden.

SARAH VAUGHAN – 27. März 1924
MARLON BRANDO – 3. April 1924
DORIS DAY – 3. April 1924
MICHAEL CAINE – 14. März 1933
MARSHA MASON – 3. April 1942

April **4** – 6 – 3

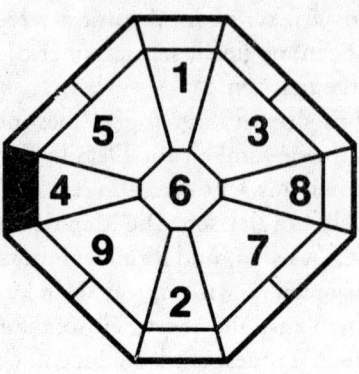

Daten des Monatswechsels

4. April–4. Mai 1897	6. April–5. Mai 1951
6. April–5. Mai 1906	5. April–4. Mai 1960
6. April–6. Mai 1915	5. April–5. Mai 1969
5. April–5. Mai 1924	5. April–5. Mai 1978
5. April–5. Mai 1933	5. April–5. Mai 1987
5. April–5. Mai 1942	4. April–4. Mai 1996

emotional	*begeisterungsfähig*
aktiv	*unflexibel*
starrsinnig	*ungeduldig*
beherrscht	*konzentrationsfähig*

Das Verhalten dieses Personentyps ist von Emotionen beherrscht. Der Erfolg oder Mißerfolg von Schülern zum Beispiel wird oft davon abhängen, ob sie den Lehrer mögen oder nicht. Wenn diese Menschen mit Ängsten oder Verdächtigungen konfrontiert werden, werden sie tief deprimiert. Wenn sie sich jedoch davon erholt haben, ist es leicht für sie, die Ursache ihrer Ängste zu vergessen.

Sie sind sowohl ungeduldig als auch emotional, so daß sie bequem, sogar verwöhnt wirken können. Wenn sie mit anderen Leuten verhandeln, sind sie oft zu ehrlich und zu stolz, so daß sie von anderen betrogen oder mißbraucht werden. Wenn sie an etwas interessiert sind, können sie sich intensiv, manchmal bis zur Erschöpfung, konzentrieren. Auf der anderen Seite können sie ungeduldig sein und leicht aufgeben, wenn sie Dinge tun müssen, die sie nicht mögen. Es ist wichtig, daß sie mit Projekten befaßt sind, die ihnen ein Gefühl der persönlichen Erfüllung vermitteln.

Wenn sie es einmal schaffen, sich auf etwas zu konzentrieren, was sie wirklich tun wollen, sind sie sehr begeisterungsfähig. Dies bringt sie dazu, ihre Interessen professionell umzusetzen.

Sie erscheinen lässig, stehen aber tatsächlich unter Hochspannung. Sie wirken sensibel, aber innerlich sind sie stürmisch und ungeduldig. Ihr Denken paßt sich neuen Situationen nicht schnell oder leicht an, und sie werden durch Gefühle irritiert. Ihr Urteil und ihre Emotionen sind oft zutreffend, aber weil sie von Gefühlen beherrscht werden, haben sie Schwierigkeiten, eine einmal gemachte Überlegung oder Erkenntnis zu ändern. Oft sind sie talentiert beim Verhandeln geschäftlicher Transaktionen großen Stils, neigen aber aufgrund ihrer Ungeduld dazu, bei Kalkulationen kleineren Stils Schwierigkeiten zu bekommen.

Sie haben es schwer, die Bedürfnisse anderer zu berücksichtigen, weil sie so sehr mit ihren eigenen befaßt sind. Diese Einstellung führt zu einer unverblümt schonungslosen Offenheit, die viele Leute für Snobismus halten. Sie sollten mehr Rücksicht auf andere nehmen und ihre Entscheidungen überlegter treffen.

SOL HUROK – 9. April 1888
THORNTON WILDER – 17. April 1897
ANTHONY QUINN – 21. April 1915
ORSON WELLES – 6. Mai 1915
CAROL BURNETT – 26. April 1933
BARBRA STREISAND – 24. April 1942

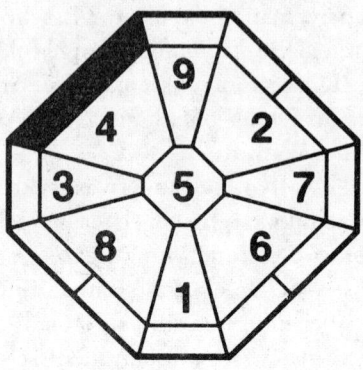

Daten des Monatswechsels

5. Mai–4. Juni 1897	6. Mai–5. Juni 1951
6. Mai–6. Juni 1906	5. Mai–5. Juni 1960
7. Mai–6. Juni 1915	6. Mai–5. Juni 1969
6. Mai–5. Juni 1924	6. Mai–5. Juni 1978
6. Mai–5. Juni 1933	6. Mai–5. Juni 1987
6. Mai–5. Juni 1942	5. Mai–4. Juni 1996

zuversichtlich	*unentschlossen*
harmonisch	*entschieden*
anpassungsfähig	*ausweichend*
emotional	*wechselhaft*

Diese Menschen sind entschieden. Sie können willensstark bis zur Grobheit sein, zeigen aber diese rauhe Seite ihrer Persönlichkeit nicht oft. Ihre Zuversicht und Kreativität helfen ihnen, voranzukommen.

Sie haben einen ausgeprägten Gerechtigkeitssinn und eine Klugheit, die andere Menschen zu ihnen hinzieht. Es ist ihr Wesen, für andere zu sorgen, und dieser Charakterzug führt in gesellschaftlichen Situationen oft zu einer führenden Stellung. Die Leute werden von diesen Eigenschaften angezogen, aber weil dieser Typ gerne ausweicht, ist es für andere nicht leicht, wirklich sicher zu sein, was in dem Kopf dieser Menschen vorgeht.

Es ist ihr Glück, gute Verbindungen zu haben, die ihnen materielle Vorteile einbringen. Bei Geschäften jedoch gerät ihr impulsives, wechselhaftes Wesen in Konflikt mit ihrer Führungsposition. Erfolg ist für sie bei einem Projekt wahrscheinlicher, das jemand anders inszeniert hat. Sie sind jedoch keine Gehorchenden. Ihre Möglichkeiten liegen im Helfen und Sorgen für andere.

Die Ehe kann für diese Menschen ein Problem sein, weil sie ihre Meinung oft ändern und Schwierigkeiten haben, ihre Versprechungen zu halten. Sie haben die Fähigkeit, zu Geld zu kommen, verwalten es jedoch nicht immer mit Bedacht.

IRVING BERLIN – 11. Mai 1888
FRANK CAPRA – 19. Mai 1897
ROBERTO ROSSELLINI – 8. Mai 1906
JOSEPHINE BAKER – 3. Juni 1906
ROSS HUNTER – 6. Mai 1924

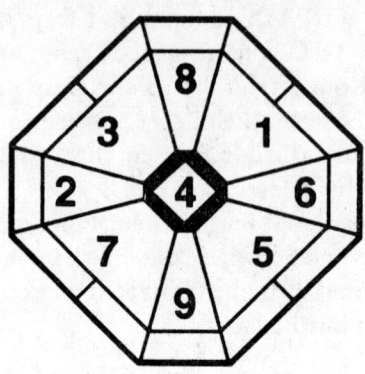

Daten des Monatswechsels

5. Juni–6. Juli 1897	6. Juni–7. Juli 1951
7. Juni–7. Juli 1906	6. Juni–6. Juli 1960
7. Juni–7. Juli 1915	6. Juni–6. Juli 1969
6. Juni–6. Juli 1924	6. Juni–6. Juli 1978
6. Juni–7. Juli 1933	6. Juni–7. Juli 1987
6. Juni–7. Juli 1942	5. Juni–6. Juli 1996

emotional	*starrsinnig*
liebenswürdig	*ausweichend*
hartnäckig	*wechselhaft*
eigenwillig	*nachgiebig*

Diese Menschen sind sehr emotional und starrsinnig. Sie sind liebenswürdig, aber voreingenommen. Obgleich sie sehr motiviert sind, brauchen sie Bewunderung für das, was sie tun, sonst sind sie schnell enttäuscht. Die meisten sind gescheit und wechseln schnell ihre Meinungen, was es für andere schwermacht, ihren Gedanken zu folgen. Weil ihr ausweichendes, emotionales Wesen die Menschen leicht auf Distanz hält, müssen sie sich um ihres eigenen Glückes willen mehr erklären.

Weil sie ihre Meinung oft wechseln und immer nach neuen Interessen suchen, ist eine spezialisierte Arbeit, die ihr Interesse wirklich wach hält, das Beste für sie. Der einzige Weg, um Erfolg zu haben, besteht für sie darin, ihre Interessen zu koordinieren; nur dann werden sie in der Lage sein, ihre Karriere zu entwickeln.

Sie haben ihre eigenen Ideen und berücksichtigen selten deren Wirkung auf andere. Sie erscheinen lässig, aber in Wirklichkeit sind sie aufgrund ihres unberechenbaren, emotionalen Wesens überängstlich. Sie brauchen jemanden mit einem »offenen Ohr«, der ihnen gute Ratschläge gibt, weil es schwer für sie ist, Entscheidungen zu treffen.

Sie lieben es, bewundert zu werden. Ihr eigenwilliges Verhalten macht es jedoch für andere schwer, sie zu akzeptieren, obwohl sie gute Umfangsformen haben können.

Männer und Frauen dieses Typs sind sich ähnlich. Sie müssen beide ihre Emotionen beherrschen. Die Frauen haben einen starken Mutterinstinkt, und die Männer brauchen jemanden, der ihnen helfen kann, ihr Selbstvertrauen aufrechtzuerhalten.

Weil diese Menschen dazu neigen, ein unregelmäßiges Leben zu führen, brauchen sie Geduld und Überzeugungskraft, damit ihre im Grunde vorhandene Wärme und Freundlichkeit andere Menschen anzieht, die ihnen helfen werden, ihre Ziele zu erreichen.

BILLY WILDER – 22. Juni 1906
GEORGE SANDERS – 3. Juli 1906
DAVID ROCKEFELLER – 12. Juni 1915
GEORGE BUSH – 12. Juni 1924
SIDNEY LUMET – 25. Juni 1924
PAUL MCCARTNEY – 18. Juni 1942

Juli **4** – 3 – 6

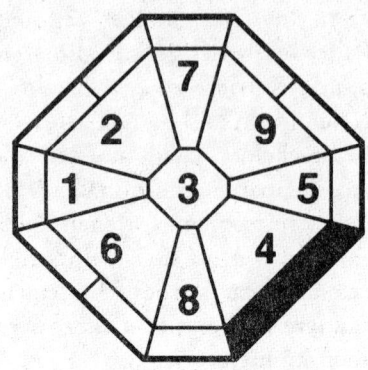

Daten des Monatswechsels

7. Juli–6. August 1897	8. Juli–7. August 1951
8. Juli–7. August 1906	7. Juli–6. August 1960
8. Juli–8. August 1915	7. Juli–7. August 1969
7. Juli–7. August 1924	7. Juli–7. August 1978
8. Juli–7. August 1933	8. Juli–7. August 1987
8. Juli–7. August 1942	7. Juli–6. August 1996

emotional	*würdevoll*
liebenswürdig	*stolz*
empfindlich	*impulsiv*
treu	*vorsichtig*

Die meisten Menschen dieses Typs sind sehr stark von ihren Müttern beeinflußt worden. Sie sind empfindlich und vorsichtig und tendieren zum Perfektionismus. Weil sie stolz sind, ist es schwer für sie, ihre Meinung zu ändern.

Männer dieses Typs verfügen über natürliche Stärke und Entschiedenheit des Willens. Die Frauen bekommen oft Probleme, da sie zu energisch und stolz wirken. Beide haben es nötig, diese Position der Stärke unter Kontrolle zu bringen.

202

Wenn sie emotional betroffen sind, verlieren sie den Überblick und können sehr eifersüchtig werden. Sie haben ausgeprägte Vorlieben und Abneigungen, die ihr Urteilsvermögen beeinflussen.

Obgleich sie ursprünglich würdevoll und stolz sind, sind sie innerlich sehr empfindlich. Die Männer finden es schwer, diese Gefühle zu beherrschen, und können sehr verletzt reagieren.

Sie verlangen stark nach Zuneigung, sind aber selbst stolz und besitzergreifend.

Diese Menschen können ihre Karriere am besten innerhalb einer großen Organisation entwickeln. Sobald erheblicher Zeitaufwand erforderlich ist, haben sie die nötige Energie und Geduld, um ihre Ziele zu erreichen. Es ist sehr wichtig für diese Menschen, daß alles, was sie tun, im Rahmen ihrer eigenen Existenz einen Sinn hat.

JOHN HUSTON – 5. August 1906
JOSEPH KENNEDY, JR. – 25. Juli 1915
VINCENT SARDI, JR. – 23. Juli 1915
JAMES BALDWIN – 2. August 1924
PETER O'TOOLE – 2. August 1933
HARRISON FORD – 13. Juli 1942
MARGARET COURT – 16. Juli 1942
LUCIE ARNAZ – 17. Juli 1951

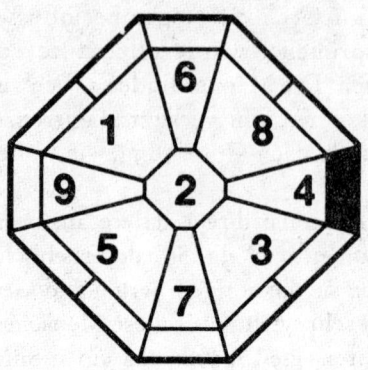

Daten des Monatswechsels

7. August–6. September 1897	8. August–7. September 1951
8. August–8. September 1906	7. August–7. September 1960
9. August–8. September 1915	8. August–7. September 1969
8. August–7. September 1924	8. August–7. September 1978
8. August–7. September 1933	8. August–7. September 1987
8. August–7. September 1942	7. August–6. September 1996

emotional	*berechnend*
überempfindlich	*bewahrend*
liebenswürdig	*egozentrisch*
vorausschauend	*schwach*

Diese Menschen neigen dazu, bewahrend, aber vorausschauend zu sein. Sie erscheinen lässig und ruhig, tatsächlich sind sie innerlich überempfindlich und emotional. Während sie scheinbar auf die Meinungen anderer hören, sind sie in Wahrheit egozentrisch und unwillig, sich überzeugen zu lassen.

Sie haben einen ausgeprägten Sinn für Schönheit und können ihre Lebensqualität verbessern, indem sie ihr ästhetisches Empfinden kultivieren. Wenn sie viel Geld verdienen wollen, müssen sie ihr emotionales Wesen beherrschen. Sie müssen zwischen den zwei starken Seiten ihres Wesens, Gefühl und Berechnung, ein Gleichgewicht herstellen, wenn sie erfolgreich sein wollen.

Aufgrund ihrer liebenswürdigen Art fällt der egozentrische Teil ihres Wesens glücklicherweise nicht sehr auf. Jedoch ist ihre Eigenliebe offensichtlich und kann bei anderen ablehnende oder feindselige Reaktionen hervorrufen.

Die Männer dieses Typs haben feminine Eigenschaften. Sie neigen dazu, Situationen eher durch Emotionalität als durch Rationalität zu beurteilen. Ihr Wesen ist es, erst zu nehmen und dann zu geben. Der Verstand der Frauen ist tendenziell klarer, und sie können souverän mit Tatsachen umgehen. Sowohl Männer als auch Frauen erwarten ein hohes Maß an Aufmerksamkeit. Sobald sie sich verlieben, sind sie sehr gefühlvoll. Oft haben sie Probleme mit einseitigen Liebesbeziehungen.

Im Geschäftsleben sind sie detailbezogen und bevorzugen gut durchdachte Urteile, um ihre Zwecke zu erreichen. Sie kommen oft durch Sparsamkeit in der Jugend zu Geld. Sie sind nicht der Typ, durch einen Handstreich ein Vermögen zu machen.

Allgemein sollten sie andere mehr berücksichtigen und nicht erwarten, etwas zu bekommen, ehe sie nicht gegeben haben.

ETHEL BARRYMORE – 15. August 1879
T. E. LAWRENCE (OF ARABIA) – 15. August 1888
INGRID BERGMAN – 29. August 1915
REGINA RESNIK – 30. August 1924
BUDDY HACKETT – 31. August 1924
ROMAN POLANSKI – 18. August 1933
ISAAC HAYES – 20. August 1942

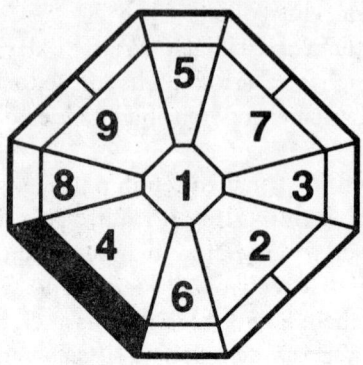

Daten des Monatswechsels

7. September–7. Oktober 1897	8. September–8. Oktober 1951
9. September–8. Oktober 1906	8. September–7. Oktober 1960
9. September–8. Oktober 1915	8. September–7. Oktober 1969
8. September–7. Oktober 1924	8. September–8. Oktober 1978
8. September–8. Oktober 1933	8. September–8. Oktober 1987
8. September–8. Oktober 1942	7. September–7. Oktober 1996

ernsthaft	*emotional*
unabhängig	*unpraktisch*
ausdauernd	*starrsinnig*
eigenwillig	*auf Selbstschutz bedacht*

Diese Menschen gehen ernsthaft und aufrichtig mit Situationen um. Sie schließen nicht leicht Kompromisse. Es ist schwer für sie, mit komplizierten Problemen umzugehen, aber oft werden diese Menschen vom Glück oder durch die zeitweise Hilfe anderer begünstigt.

Sie sind gescheit, aber nicht praktisch veranlagt. Sie können schlechterdings stur sein, wenn es um ihre Ideen geht. Sie haben hohe Ideale und genügend Intelligenz, um bei fast allem, was sie tun, realistisch zu bleiben, sofern sie ihre Halsstarrigkeit beherrschen können.

Sie sind gesellig und können einen großen Bekanntenkreis aufbauen. Aber oft versuchen sie, Leute zu beherrschen, obwohl sie tatsächlich mehr Vorteile davon hätten, wenn sie ihrer Umgebung gestatten würden, ihnen zu helfen, sie zu beraten und sie zu unterstützen.

Sie können sich auf verschiedene Weise isolieren. Ihre emotionale Unberechenbarkeit kann auf Bekannte irritierend wirken. Außerdem blicken sie manchmal auf andere herab, da sie glauben, ihre Art sei die beste.

Wenn es zu Liebe und Zuneigung kommt, sind sie tatsächlich schüchtern und offenbaren nicht ihre wahren Gefühle. Sie neigen mehr dazu, die Gefühle anderer passiv hinzunehmen, als ihre eigenen aktiv auszudrücken. Sie haben hohe Ideale von der Liebe und geben sich Träumen oder Phantasien voller Leidenschaft und Aufregung hin. Wegen ihrer Überzeugung, daß die Liebe so sein muß, erleben sie oft extreme Gefühlsschwankungen, wenn wirklich Probleme auftauchen.

Männer und Frauen dieses Typs sind sich sehr ähnlich. Sie haben die Fähigkeit zur Planung und zur Durchsetzung ihres Willens, aber sie sollten lieber ihren Horizont erweitern und ihre Ausdauer einsetzen, um realistische Ziele zu erreichen, anstatt zu versuchen, andere zu beherrschen.

Diese Menschen haben ein großes Verantwortungsbewußtsein für ihre Verwandten. Sie sollten ihre Verantwortung auch auf andere Menschen ausdehnen und lernen, deren Qualitäten und Ideen zu berücksichtigen und zu respektieren.

MAURICE CHEVALIER – 12. September 1888
WILLIAM FAULKNER – 25. September 1897
LAUREN BACALL – 16. September 1924
MARCELLO MASTROIANNI – 28. September 1924
TRUMAN CAPOTE – 30. September 1924
JIMMY CARTER – 1. Oktober 1924
CHARLTON HESTON – 4. Oktober 1924
RICHARD HARRIS – 1. Oktober 1933

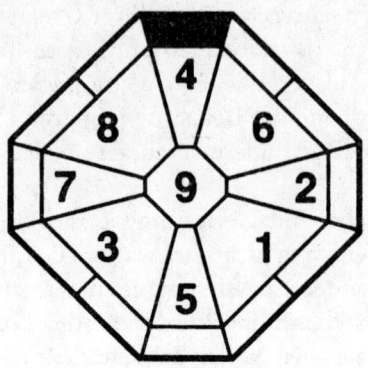

Daten des Monatswechsels

8. Oktober–6. November 1897	9. Oktober–7. November 1951
9. Oktober–7. November 1906	8. Oktober–6. November 1960
9. Oktober–7. November 1915	8. Oktober–6. November 1969
8. Oktober–7. November 1924	9. Oktober–7. November 1978
9. Oktober–7. November 1933	9. Oktober–7. November 1987
9. Oktober–7. November 1942	8. Oktober–6. November 1996

stolz	*launisch*
emotional	*ausdrucksstark*
vorausschauend	*flatterhaft*
liebevoll	*starrsinnig*

Diese Menschen sind stolz und haben eine eindrucksvolle Lebensart, die nicht immer von ihren wirklichen Gefühlen ausgeht, sondern von dem Bedürfnis, einen bestimmten Eindruck zu machen. Aufgrund dieses Charakterzuges können sie andere Leute unbeabsichtigt dazu bringen, sich von ihnen zu distanzieren.

Sie haben eine starke Überzeugungskraft und sind suggestive Redner. Wenn andere Menschen ihren Ratschlägen nicht folgen, geraten sie schnell außer Fassung.

Sie sind kreativ und vorausschauend und haben einen Sinn für Schönheit. Ihr Verstand ist begierig, neue Ideen zu erforschen. Oft verzetteln sie sich zu sehr und verlieren den Überblick. Dieser Verlust zieht große Verwirrung nach sich.

Obwohl sie es nicht lieben, von anderen beherrscht zu werden, sind sie sehr von der Aufmerksamkeit und Zuneigung anderer abhängig. Ihr Handeln ist kraftvoll, und sie zeigen ihre Zuneigung in einer angeberischen Weise, die andere Menschen verwirrt. Das Verhalten und die Äußerungen dieses Typs unterscheiden sich von den wirklichen Gefühlen.

Oft haben diese Menschen Schwierigkeiten mit den Familienbeziehungen. Sie sind intelligent, aber launisch, und das Ergebnis davon ist, daß sie, obgleich sie in der Lage sind, schnelle, scharfsinnige Entscheidungen zu treffen, sich bei diesen Entscheidungen oft von der Laune des Augenblicks beeinflussen lassen.

Die Frauen sind stolzer als die Männer und versuchen, die Dinge zu beherrschen. Sie sind sich nicht bewußt, was für eine Wirkung ihre stürmische Art auf andere Leute hat. Sie erwarten und brauchen die Bewunderung aller. Die Männer sind ebenfalls stolz, aber unentschlossener als die Frauen. Auch wenn sie gute Ideen und Fähigkeiten haben mögen, kann es ihnen aufgrund ihrer Unfähigkeit, schnell zu handeln, mißlingen, aus guten Gelegenheiten Kapital zu schlagen.

Diese Menschen sind sehr sensibel gegenüber Veränderungen. Oft stehen sie an der Spitze von Entwicklungen. Aufgrund ihrer Voraussicht sind ihre Kreativität und ihre Fähigkeit, die Entwicklung der Mode zu erfassen, voll entwickelt. Ihre Launenhaftigkeit jedoch kann emotionale Unausgeglichenheit verursachen, was ihren guten Ruf schnell schädigt. Wenn sie emotional auf einem Tiefpunkt sind, neigen sie dazu, die Beherrschung zu verlieren.

Im Geschäftsleben kann die Unentschlossenheit trotz ihrer Voraussicht und Kreativität die Reaktion auf günstige Gelegenheiten verhindern. Sie sollten ihren Stolz beherrschen und mehr Ehrgeiz entwickeln.

JOHN ADAMS – 30. Oktober 1730
EUGENE O'NEILL – 16. Oktober 1888
LUCIANO VISCONTI – 2. November 1902
ARTHUR MILLER – 17. Oktober 1915

November **4** – 8 – 1

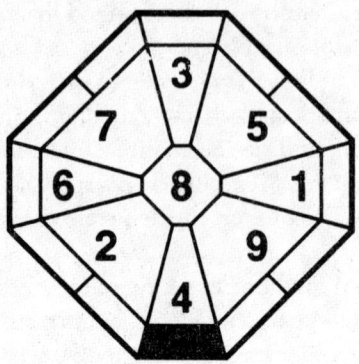

Daten des Monatswechsels

7. November–6. Dezember 1897	8. November–7. Dezember 1951
8. November–7. Dezember 1906	7. November–6. Dezember 1960
8. November–7. Dezember 1915	7. November–6. Dezember 1969
8. November–6. Dezember 1924	8. November–6. Dezember 1978
8. November–6. Dezember 1933	8. November–6. Dezember 1987
8. November–7. Dezember 1942	7. November–6. Dezember 1996

emotional   *unsicher*
ehrgeizig   *entscheidungsschwach*
scharfsinnig   *geldgierig*
egozentrisch   *manipulativ*

Diese Menschen haben normalerweise einen aktiven Verstand und erscheinen würdevoll, aber emotional sind sie oft unsicher. Sie investieren viel Energie in finanzielle Absicherung, aber sie haben es schwer, ihr Geld zusammenzuhalten. Wenn ihr Energiepegel sinkt, wächst ihre Unsicherheit, und sie neigen zu Sorge und Frustration. Oft kompensieren sie über Essen, Sex oder irgendein persönliches Laster ihre Ängstlichkeit.

Sie haben die Kraft, andere Leute zu überzeugen, und manipulieren sie, sobald sie etwas unbedingt erreichen wollen. Gesellschaftlich versuchen sie gern, aus egoistischen Gründen andere Menschen zu beherrschen.

Es fällt ihnen schwer, Entscheidungen zu treffen, sofern sie dabei irgend etwas verlieren oder aufgeben müssen. Sie sind ehrgeizig und fleißig, müssen aber darauf achten, die Geduld beim schrittweisen Aufbau ihrer Zukunft nicht zu verlieren.

Frauen dieses Typs sind relativ unabhängig von ihren Partnern, die sie oft zu beherrschen versuchen.

Männer dieses Typs erscheinen nach außen hin würdevoll, können aber innerlich unsicher sein.

Allgemein sind diese Menschen auf Selbstschutz bedacht und haben es schwer, Kompromisse zu schließen. Ihre Lebensart ist normalerweise kultiviert und intelligent.

(Siehe auch den Februar-Typ des Vierers)

ALFRED G. VANDERBILT – 27. November 1843
OTTO PREMINGER – 5. Dezember 1906
ALEXANDER HAIG – 2. Dezember 1924
MARTIN SCORSESE – 17. November 1942
CALVIN KLEIN – 19. November 1942
JIMI HENDRIX – 27. November 1942

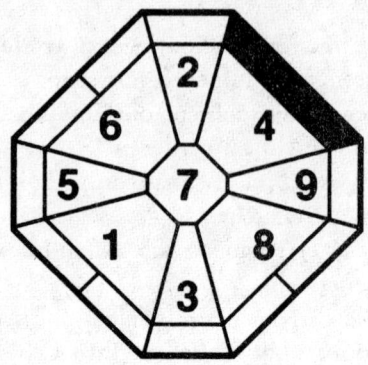

Daten des Monatswechsels

7. Dez. 1897–4. Januar 1898	8. Dez. 1951–5. Januar 1952
8. Dez. 1906–5. Januar 1907	7. Dez. 1960–4. Januar 1961
8. Dez. 1915–6. Januar 1916	7. Dez. 1969–5. Januar 1970
7. Dez. 1924–5. Januar 1925	7. Dez. 1978–5. Januar 1979
7. Dez. 1933–5. Januar 1934	7. Dez. 1987–5. Januar 1988
8. Dez. 1942–5. Januar 1943	7. Dez. 1996–4. Januar 1997

entschlossen	*sehr detailbewußt*
organisiert	*abhängig*
emotional	*explosiv*
überempfindlich	*befangen*

Diese Menschen haben oft eine leichte Lebensart, die andere Leute als Unentschlossenheit mißverstehen. Tatsächlich kann dieser Typ sehr entschlossen sein, wenn er vor wichtige Entscheidungen gestellt wird. Unsicherheit wegen Details läßt diese Menschen nachträglich über ihre Entscheidungen besorgt sein.

Sie verfügen über ein großes Organisationstalent, aber ihre fanatische Fixierung auf Details und die hartnäckige Überprüfung anderer kann ärgerlich werden. Sie neigen dazu, zu intensiv und zu früh in eine

Beziehung verstrickt zu werden, aber im allgemeinen finden sie befriedigende Liebesbeziehungen. Sie haben jedoch Schwierigkeiten, solche Beziehungen über eine längere Zeit aufrechtzuerhalten.

Frauen dieses Typs versuchen, ihr Familienleben nach ihren Vorstellungen zu organisieren, sind aber doch sehr abhängig von ihren Ehemännern. Die Männer erübrigen weniger Energie für ihre Familie, sind aber tüchtig in ihrem Beruf oder Geschäft. Allgemein gewinnen diese Menschen leicht Freunde, unternehmen aber keine großen Anstrengungen, diese Freundschaften zu erhalten. Ein ähnlich lockeres Verhältnis haben sie zum Geld.

Sie sind emotional und abhängig und durch die Meinungen anderer Leute verletzbar. Obwohl sie es nach außen hin vielleicht nicht zu erkennen geben, werden sie stark von den Menschen ihrer Umgebung beeinflußt.

Sie geben nicht leicht auf, auch dann nicht, wenn sie emotional verwirrt sind. Sie haben die Fähigkeit, ihren Willen mit großer Entschlossenheit und Begeisterung durchzusetzen.

Wenn sie ihre Fähigkeiten mehr in der Partnerschaft unter Beweis stellen, können sie erwarten, daß sich ihr Leben günstig entwickelt. Oft geschieht es durch den Rat oder die Vorschläge anderer, daß diese Menschen den Schlüssel zur Erreichung ihrer Ziele finden.

(Siehe auch den März-Typ des Vierers)

RAY MILLAND – 3. Januar 1907
FRANK SINATRA – 12. Dezember 1915
EDITH PIAF – 19. Dezember 1915
EDWARD I. KOCH – 12. Dezember 1924

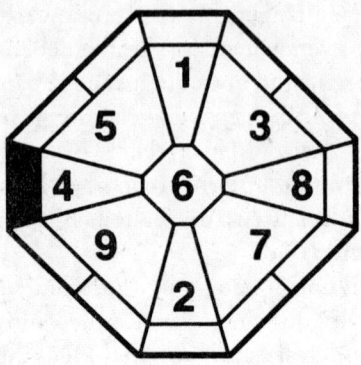

Daten des Monatswechsels

5. Januar–3. Februar 1898	6. Januar–4. Februar 1952
6. Januar–4. Februar 1907	5. Januar–3. Februar 1961
7. Januar–4. Februar 1916	6. Januar–3. Februar 1970
6. Januar–3. Februar 1925	6. Januar–4. Februar 1979
6. Januar–3. Februar 1934	6. Januar–3. Februar 1988
6. Januar–4. Februar 1943	6. Januar–3. Februar 1997

emotional
selbstbewußt, aggressiv
ehrlich
impulsiv

unflexibel
stolz
ungeduldig
rücksichtslos

Diese Menschen werden leicht von ihren Gefühlen beherrscht. Auch sind sie stolz und rücksichtslos, so daß sie selbstsicher erscheinen. Sie neigen dazu, eindeutig zwischen Vorlieben und Abneigungen zu unterscheiden, was zu Schwierigkeiten in Beziehungen führt. Manchmal lehnen sie Leute aufgrund ihres ersten Eindrucks ab, was sich oft als richtig herausstellt.

Wenn sie an einem Projekt interessiert sind, können sie sich konzentrieren und es durchführen; wenn nicht, sind sie unfähig, das Interesse

214

aufrechtzuerhalten. Gesellschaftlich sind sie tüchtig, indem sie weitreichende Verbindungen knüpfen und günstige Gelegenheiten für Geschäfte schaffen. Ihre Ehrlichkeit finden die Leute erfrischend und liebenswert. Sie sind erfolgreich darin, Geschäfte im großen Stil zu verhandeln. Angesichts von schwierigen Situationen bleiben sie ruhig, abgesehen von emotionalen Krisen. Hier können sie zwar gelassen erscheinen, sind aber innerlich aufgewühlt.

Ihre Schwäche ist, daß sie durch ihre Gefühle beeinflußt werden, und da sie sich nicht gut erklären können, haben es andere schwer, sie zu verstehen. Allgemein äußert sich dieser Typ direkter als der April-Typ des Vierers. Auch neigen die Frauen dazu, stärker, aktiver und aggressiver als die Männer zu sein. Sie haben Probleme, ihre Emotionalität unter Kontrolle zu halten. Es ist schwierig für diese Menschen, eine erste Ehe aufrechtzuerhalten, wenn sie nicht den perfekten Partner finden. Die Männer erwarten starke, sensible, aktive Frauen, wollen aber trotzdem ihre Freiheit bewahren.

Es gibt eine Tendenz bei den Menschen dieses Typs, ihren Eltern distanziert gegenüberzustehen, besonders dem Vater. Sie müssen darauf achten, ihre Kräfte nur auf eine Sache zu konzentrieren, sonst können sie sich verausgaben (siehe auch den April-Typ des Vierers).

DOUGLAS MACARTHUR – 26. Januar 1880
W. C. FIELDS – 29. Januar 1880
JAMES MICHENER – 3. Februar 1907
JOHN DELOREAN – 6. Januar 1925
GWEN VERDON – 13. Januar 1925
YUKIO MISHIMA – 14. Januar 1925
TELLY SAVALAS – 21. Januar 1925
PAUL NEWMAN – 26. Januar 1925
JANIS JOPLIN – 19. Januar 1943
KATHERINE ROSS – 29. Januar 1943

Februar **5** – 2 – 8

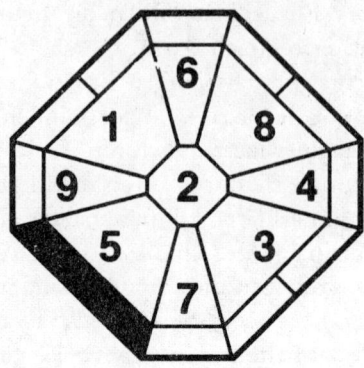

Daten des Monatswechsels

4. Februar–4. März 1896	4. Februar–5. März 1950
4. Februar–5. März 1905	4. Februar–5. März 1959
5. Februar–5. März 1914	5. Februar–4. März 1968
5. Februar–6. März 1923	4. Februar–5. März 1977
5. Februar–5. März 1932	4. Februar–5. März 1986
4. Februar–5. März 1941	4. Februar–5. März 1995

entschieden	*starrsinnig*
ernsthaft	*prahlerisch*
eigenwillig	*schwach*
beherrschend	*unflexibel*

Diese Menschen sind normalerweise entschiedene Idealisten, die den hartnäckigen Ehrgeiz besitzen, ihre Ziele zu erreichen. Oft führt ihr Mangel an Anpassungsfähigkeit zu großer Unzufriedenheit, wenn die Dinge nicht nach ihren Vorstellungen laufen. Sie planen ernsthaft und sorgfältig ihre Zukunft.

Sie sind von der Aufmerksamkeit anderer abhängig, gleichgültig, was sie tun. Wenn sie genügend emotionale Unterstützung erhalten, bleiben sie ausgeglichen und können solide Entscheidungen treffen.

Sobald ihre emotionale Rückendeckung aus dem Gleichgewicht gerät, können sie sich, wenn sie vor eine wichtige Entscheidung gestellt werden, ernsthaft in Schwierigkeiten bringen.

Sie geben sich oft prahlerisch und überheblich, werden tatsächlich aber von Äußerlichkeiten stark beeinflußt.

Ihre Wünsche sind vielfältig, und sie neigen dazu, mit Leuten zu brechen, die sich in ihre Projekte oder Ziele einmischen.

Frauen dieses Typs können sehr unabhängig wirken, aber sie brauchen viel Aufmerksamkeit, um zufrieden zu sein. Männer neigen dazu, ihre Verletzlichkeit durch betont selbstsicheres Auftreten zu verbergen.

Es gibt eine empfindliche Seite im Wesen dieser Menschen, die in Beziehungen Komplikationen und Frustration auslösen kann. Gleichzeitig können sie zu denjenigen hilfreich und nett sein, die Anteil an ihrem gesellingen Leben nehmen oder unter ihren Einfluß geraten.

Von anderen können diese Menschen normalerweise nicht beherrscht werden; ihr Einfluß ist sehr stark. Wenn sie nicht aufpassen, verlieren sie manchmal die Beherrschung.

Sie wenden den Lauf des Lebens oft im Sinne ihres eigenen Vorteils. Viele werden nicht aufgeben, bevor sie nicht volle Zufriedenheit erreicht haben.

GYPSY ROSE LEE – 9. Februar 1914
ARTHUR KENNEDY – 17. Februar 1914
ZSA ZSA GABOR – 6. Februar 1923
ED MCMAHON – 6. März 1923
FRANÇOIS TRUFFAUT – 6. Februar 1932
MILOS FORMAN – 18. Februar 1932
EDWARD M. KENNEDY – 22. Februar 1932
JOHNNY CASH – 26. Februar 1932
ELIZABETH TAYLOR – 27. Februar 1932
MARK SPITZ – 10. Februar 1950
KAREN CARPENTER – 2. März 1950

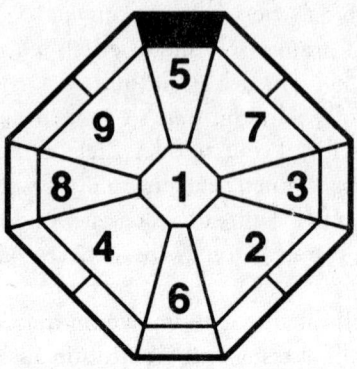

Daten des Monatswechsels

5. März–3. April 1896	6. März–4. April 1950
6. März–4. April 1905	6. März–4. April 1959
6. März–5. April 1914	5. März–4. April 1968
7. März–5. April 1923	6. März–4. April 1977
6. März–4. April 1932	6. März–4. April 1986
6. März–4. April 1941	6. März–4. April 1995

gescheit	*unpraktisch*
entschieden	*starrsinnig*
unabhängig	*stolz*
gütig	*auf Selbstschutz bedacht*

Diese Menschen sind besonders engagiert, wenn es um Themen geht, die sie interessieren. Sie sehen die Dinge jedoch auf ihre eigene Weise und sind leider nicht immer praktisch. Ihre Entscheidungen können recht willkürlich ausfallen.

Sie sind stolz und unabhängig. Oft versuchen sie, andere Leute zu beherrschen, und betrachten Ereignisse auf die Art, die ihnen am angenehmsten ist.

Sie sind meist talentiert und haben einen scharfen Blick für Kunst

218

und Schönheit. Dieses Talent ist oft eine gute Methode der Selbstbestätigung.

Sie neigen dazu, sich zu isolieren, aber da sie im Grunde genommen gütig sind, bleiben sie nicht lange allein, da die Leute diese Eigenschaft spüren und von ihr angezogen werden.

In Gesellschaft sind sie gute Redner, obgleich ihnen diese Rolle nicht immer behagt.

Sie drücken ihre Liebe und Zuneigung sehr verhalten aus und erkennen nicht immer sofort die Gefühle anderer. Sie neigen zu einer Haltung des Selbstschutzes und befinden sich öfter in Situationen einseitiger Liebe.

Finanziell scheinen sie Glück zu haben. In Zeiten schwieriger Entscheidungen erleben sie oft positive Dinge.

Allgemein können diese Menschen davon profitieren, wenn sie ihre Lebensperspektive erweitern, um die Welt außerhalb ihrer etwas engen Bezogenheit auf persönliche Belange kennenzulernen.

NEVILLE CHAMBERLAIN – 18. März 1869
ALBERT EINSTEIN – 14. März 1878
TENNESSEE WILLIAMS – 26. März 1914
EDMUND MUSKIE – 28. März 1914
ALEC GUINNESS – 2. April 1914
CYD CHARISSE – 8. März 1923
MARCEL MARCEAU – 22. März 1923
ARIF MARDIN – 15. März 1932
DEBBIE REYNOLDS – 1. April 1932
ANTHONY PERKINS – 4. April 1932
WAYNE NEWTON – 3. April 1941
PAUL KANTNER – 17. März 1941

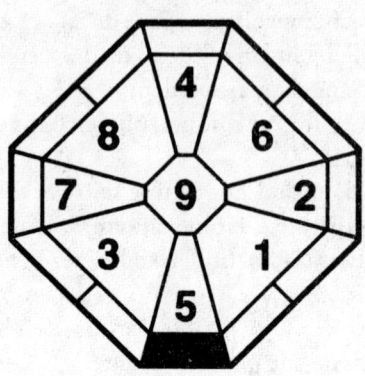

Daten des Monatswechsels

4. April–4. Mai 1896	5. April–5. Mai 1950
5. April–5. Mai 1905	5. April–5. Mai 1959
6. April–5. Mai 1914	5. April–4. Mai 1968
6. April–5. Mai 1923	5. April–4. Mai 1977
5. April–5. Mai 1932	5. April–5. Mai 1986
5. April–5. Mai 1941	5. April–5. Mai 1995

beherrschend	*unbeherrscht*
hartnäckig	*impulsiv*
ausdrucksstark	*unsicher*
stolz	*starrsinnig*

Diese Menschen wollen in so vielen Lebensbereichen wie möglich die Kontrolle übernehmen. Sie wenden große Energie auf, wenn es um Dinge geht, die sie haben oder tun wollen. Weil sie unsicher sind, können sie ihre Wünsche nicht immer ohne die Hilfe anderer durchsetzen. Beziehungen werden eingeschränkt oder manchmal unmöglich, sobald sie die anderen Menschen zu beherrschen versuchen.

Sie sehnen sich nach Erfolg und Ruhm und werden oft von Eitelkeit getrieben, so daß sie sich Arbeitsbereiche suchen, für die sie nicht das nötige Talent haben. Tatsächlich neigen sie von Natur aus dazu, konservativ oder sogar etwas langweilig zu sein. Alle Aspekte ihres Lebens können beeinflußt werden von dem Konflikt zwischen dem, was sie tatsächlich sind, und dem, was sie zu sein begehren.

Oft sind sie überzeugende Redner. Sie können gescheit und kreativ sein, aber auch launisch. Ihre Entscheidungen sind oft von einer Laune des Augenblicks bestimmt. Obwohl sie Entscheidungen schnell und entschlossen treffen können, neigen sie zu übertriebener Sorge und werden unsicher, sobald die Aktivität abnimmt oder ganz aufhört.

Da sie Erfolg haben, sobald sie sich mit einer stärkeren Person verbunden haben, dürfen sie diejenigen, die ihnen helfen, nicht verraten, sofern sie wollen, daß ihr Erfolg anhält. In ihrer Herrschsucht neigen sie dazu, sich von denjenigen abzuwenden, die ihnen zum Erfolg verholfen haben.

Die meisten Menschen dieses Typs sind herzlich und beliebt in gesellschaftlichen Situationen. Die Frauen sind geneigt, anderen zu dienen, und erwarten, dafür viel zurückzubekommen. Männer neigen dazu, äußerlich schüchtern, aber innerlich willensstark zu sein.

Diese Menschen stehen ihrem Beruf oder Geschäft normalerweise sehr positiv gegenüber, zögern aber doch, wenn es darum geht, mit voller Kraft loszulegen. Sie brauchen Hilfe, um voranzukommen.

Diese Menschen müssen auf ihre Gesundheit achten, weil sie sich leicht durch alles deprimieren lassen, was ihren Bestrebungen in die Quere kommt. Das Erreichen ihrer Ziele erfordert alle Kraft, die sie aufbringen können, um vorwärtszukommen.

THOMAS JEFFERSON – 13. April 1743

LIONEL BARRYMORE – 28. April 1878

JULES STEIN – 26. April 1896

WILLIAM FULBRIGHT – 9. April 1905

LIONEL HAMPTON – 29. April 1914

ELAINE MAY – 21. April 1932

HALSTON – 23. April 1932

JULIE CHRISTIE – 14. April 1941

PETE ROSE – 14. April 1941

ANN-MARGARET – 28. April 1941

DAVID CASSIDY – 12. April 1950

PETER FRAMPTON – 22. April 1950

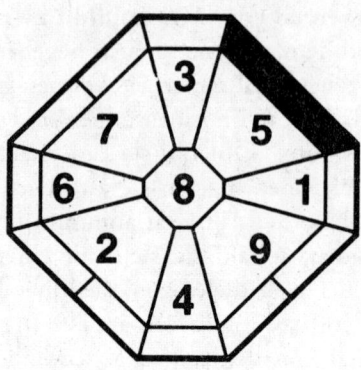

Daten des Monatswechsels

5. Mai–4. Juni 1896	6. Mai–5. Juni 1950
6. Mai–5. Juni 1905	6. Mai–5. Juni 1959
6. Mai–5. Juni 1914	5. Mai–5. Juni 1968
6. Mai–6. Juni 1923	5. Mai–5. Juni 1977
6. Mai–5. Juni 1932	6. Mai–5. Juni 1986
6. Mai–5. Juni 1941	6. Mai–5. Juni 1995

ernsthaft	*unbeherrscht*
verläßlich	*abhängig*
beherrschend	*ausdauernd*
geistig aktiv	*starrsinnig*
hartnäckig	

Diese Menschen neigen dazu, ernsthaft und verläßlich zu sein. Wenn sie einmal entscheiden, daß sie etwas erreichen wollen, verfolgen sie dieses begeistert, hartnäckig und mitunter rücksichtslos.

Ihr Verstand ist aktiv und mit einer Vielfalt von Themen beschäftigt. Die Befangenheit in dieser »geistigen Gymnastik« kann frustrierend für sie sein, und obwohl sie diese Frustration für sich behalten, zeigt sie sich oft als Spielsucht oder durch irgendein anderes Ventil.

Sie erscheinen ruhiger und stärker, als sie wirklich sind. Tatsächlich haben sie ein abhängiges Wesen. Da sie dies die anderen aber nicht wissen lassen wollen, vermeiden sie es, sich von ihnen beraten zu lassen. Dies verursacht Probleme, wenn sie vor schwierige Situationen gestellt werden, die eine Beratung erfordern. Entscheidungen benötigen dann einige Zeit.

Manchmal neigen sie dazu, mit ihrer Energie anzugeben, indem sie stärker agieren, als sie wirklich sind. Ihr Stolz wehrt sich gegen jeden Makel an ihrem Status. Wenn sie ihren Stolz nicht beherrschen können, verlieren sie in bestimmten Situationen ihr Gleichgewicht. Es ist nicht leicht für sie, ein guter Chef zu sein, weil sie ihre Position nicht aufgeben wollen. Das macht Verhandlungen schwierig.

Wenn die gesellschaftlichen Umstände unter ihrer Kontrolle sind, sind sie recht fürsorglich.

Ihre Starrsinnigkeit kann positiv für sie sein, indem sie sie in einer kindlichen Weise recht charmant erscheinen läßt. Diese Starrsinnigkeit wirkt negativ, wenn sie zur Unbeherrschtheit wird. Diesen Menschen ist der Eindruck, den sie auf andere machen, sehr wichtig.

Obwohl die Frauen dieses Typs normalerweise versuchen, ihre Ehemänner und Liebhaber zu beherrschen, sind die Männer damit beschäftigt, sich um ihre eigenen Interessen zu kümmern. Das Eheleben ist nicht leicht für diese Menschen.

Sowohl Männer als auch Frauen sind harte Arbeiter, die extrem aufs Geld fixiert sind. Allgemein haben diese Menschen auch im Fall eines Mißerfolges die nötige Energie, um sich wieder aufzubauen.

JOSEPH COTTEN – 15. Mai 1905
HENRY FONDA – 16. Mai 1905
JOE LOUIS – 13. Mai 1914
ANNE BAXTER – 7. Mai 1923
RICHARD AVEDON – 15. Mai 1923
VALENTINO – 11. Mai 1932
HENRY KISSINGER – 27. Mai 1932
BOB DYLAN – 24. Mai 1941
CHARLIE WATTS – 2. Juni 1941
STACY KEACH – 2. Juni 1941
STEVIE WONDER – 13. Mai 1950

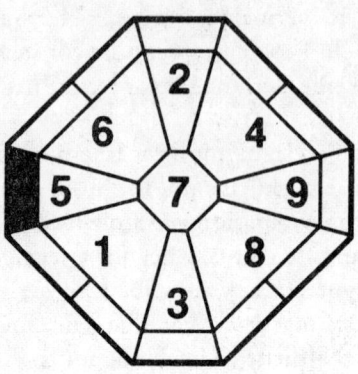

Daten des Monatswechsels

5. Juni–6. Juli 1896	6. Juni–7. Juli 1950
6. Juni–7. Juli 1905	6. Juni–7. Juli 1959
6. Juni–7. Juli 1914	6. Juni–6. Juli 1968
7. Juni–7. Juli 1923	6. Juni–6. Juli 1977
6. Juni–6. Juli 1932	6. Juni–6. Juli 1986
6. Juni–6. Juli 1941	6. Juni–6. Juli 1995

beherrschend	*voreilig*
direkt	*hastig*
überempfindlich	*starrsinnig*
detailbewußt	*ungeduldig*
befangen	

Obwohl diese Menschen die Dinge beherrschen wollen, sind sie befangen und empfindlich gegenüber der Meinung anderer. Ihr Widerstreben, irgend etwas von ihrer jeweiligen Position aufzugeben, führt zu Schwierigkeiten in Beziehungen.

Die Dinge, die sie zu tun wünschen, nehmen sie mit grenzenloser Energie in Angriff. Aber oft führt ihre Ungeduld dazu, daß die angefangene Arbeit unvollendet bleibt.

224

Sie sind sehr sensibel für Details und besitzen Organisationstalent, aber weil sie voreilig und hastig handeln, führen sie die angefangenen Projekte manchmal nicht erfolgreich zu Ende.

Sobald sie eine Situation im Griff haben, arbeiten sie sehr zuverlässig und sind verständnisvoll gegenüber anderen. Wenn jedoch jemand mit ihrer Arbeit unzufrieden ist oder die Situation beherrschen will, reagieren sie bei dem Versuch, ihre Meinung durchzusetzen, oft heftig und peinlich. Starrsinnig beharren sie darauf, recht zu haben.

Sie sind dann erfolgreich, wenn sie ihren eigenen Weg einschlagen können, um ihre Karriere aufzubauen.

Ihre Schwäche ist ihre Überempfindlichkeit gegenüber der Meinung anderer. Sie sollten ihr voreiliges Verhalten unter Kontrolle bringen, sonst wird ihr Leben eine Folge von Rückschlägen sein. Wenn sie ihre Überempfindlichkeit beherrschen lernen, kann die Zukunft große Möglichkeiten für sie bereit halten.

FRANK LLOYD WRIGHT – 8. Juni 1869
GEORGE M. COHAN – 4. Juli 1878
GEORGE ABBOTT – 23. Juni 1887
LILLIAN HELLMAN – 20. Juni 1905
LES PAUL – 9. Juni 1923
MARIO M. CUOMO – 15. Juni 1932

Juli **5** – 6 – 4

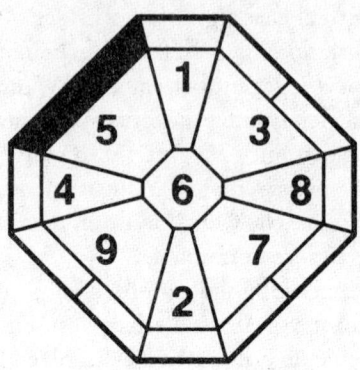

Daten des Monatswechsels

7. Juli–6. August 1896	8. Juli–7. August 1950
8. Juli–7. August 1905	8. Juli–7. August 1959
8. Juli–7. August 1914	7. Juli–6. August 1968
8. Juli–8. August 1923	7. Juli–7. August 1977
7. Juli–7. August 1932	7. Juli–7. August 1986
7. Juli–7. August 1941	7. Juli–7. August 1995

beherrschend	*ausweichend*
willensstark	*starrsinnig*
selbstbewußt	*emotional*
intensiv	*unflexibel*

Diese Menschen haben einen starken Willen, ihr Leben nach ihren Bedürfnissen zu gestalten. Sobald sie einmal an etwas interessiert sind, konzentrieren sie sich voll darauf und wenden große Energie auf, um ihre Pläne durchzuführen. Diese Eigenschaften bescheren ihnen einen guten Ruf und beruflichen Erfolg.

Sobald sie gezwungen sind, sich mit unwichtigeren Dingen zu beschäftigen, weichen sie aus, und wenn Situationen nicht nach ihren Vorstellungen ablaufen, wird ihnen ihre Unflexibilität Kummer bereiten.

226

In gesellschaftlichen Situationen verhalten sie sich gut erzogen und liebenswürdig. Sie umgeben sich normalerweise mit einem großen Bekanntenkreis, unterscheiden aber klar zwischen »Freund« und »Feind«. Sie betrachten die Leute objektiv und neigen dazu, sich nicht um die Belange eines anderen zu kümmern, wenn sie nicht wirklich an einer Freundschaft interessiert sind. Sie fassen zu anderen nicht oft Vertrauen und können sehr distanziert und kritisch sein.

Viele Menschen dieses Typs stehen ihrem Vater distanziert gegenüber. Sie finden ihre besten Möglichkeiten außerhalb der Familie, indem sie ihre eigenen Kräfte nutzen.

Sie können sehr starrsinnig und emotional sein. Wenn sie eine Situation nicht mögen, neigen sie dazu, diese zu ändern oder sofort zu verschwinden. Sie müssen diese Neigung kontrollieren lernen, wenn sie Projekte zu Ende bringen wollen.

In der Ehe haben sie hohe Ideale und sind schwer zu befriedigen. Sie haben es schwer, sich realistisch mit anderen zu vergleichen oder sich mit den Augen anderer zu sehen.

Viele dieser Menschen sind in Bereichen erfolgreich, die ihnen ein starkes Gefühl des persönlichen Engagements vermitteln. Ihre Intuition ist stark, und sie können ein tiefes Verständnis für Dinge entwickeln, die sie interessieren.

Obwohl sie sehr stark erscheinen, sind sie emotional leicht verwundbar und sollten realistisch in ihrer Selbsteinschätzung sein.

MARC CHAGALL – 7. Juli 1887
DUCHESS OF WINDSOR – 19. Juli 1896
MYRNA LOY – 2. August 1905
BILLY ECKSTINE – 8. Juli 1914
ESTHER WILLIAMS – 8. August 1932
OSCAR DE LA RENTA – 22. Juli 1932
RICCARDO MUTI – 28. Juli 1941
PAUL ANKA – 30. Juli 1941

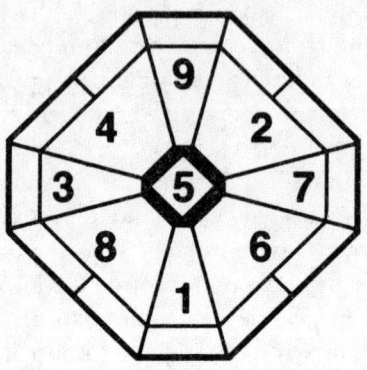

Daten des Monatswechsels

7. August–6. September 1896	8. August–7. September 1950
8. August–7. September 1905	8. August–7. September 1959
8. August–7. September 1914	7. August–7. September 1968
9. August–8. September 1923	8. August–7. September 1977
8. August–7. September 1932	8. August–7. September 1986
8. August–7. September 1941	8. August–7. September 1995

beherrschend	*wechselhaft*
vorausschauend	*starrsinnig*
entschieden	*eigenwillig*
begabt	*gütig*

Diese Menschen wollen immer alle Situationen beherrschen. Es ist sehr schwer für sie, die Meinungen anderer zu berücksichtigen. Sie verfügen über intensive Energien und über Talent in ihren Interessenbereichen. Sie haben bemerkenswerte Eigenmotivation und Antriebskraft. Dies führt oft zu überraschenden Erfolgen, manchmal aber auch zu großen Schwierigkeiten, weil es ihnen in Situationen, die ihr Eigeninteresse betreffen, schwer fällt, andere zu berücksichtigen.

Sie haben eine starke Motivation und Voraussicht, so daß sie hohe

Ziele erreichen können, sofern sie es lernen, ihre intensiven Energien zu beherrschen.

Für Leute, die unter ihren Einfluß geraten, sorgen sie gut. Die Frauen verhalten sich großzügig gegenüber anderen. Bei Männern kommt dies in geringerem Maß zum Ausdruck. Wenn sich jedoch jemand gegen sie wendet, werden sie sich bis zum äußersten weigern, nachzugeben.

Sie sind offen und direkt, innerlich aber von einer Ängstlichkeit, die ihrer äußeren Stärke widerspricht und emotionale Schwankungen bewirkt.

Sie können starrsinnig sein, bleiben aber zuvorkommend, wenn jemand ihre Hilfe braucht. In der Liebe engagieren sie sich schnell, haben es aber schwer, eine Beziehung aufrechtzuerhalten, wenn nicht alles nach ihren Wünschen läuft.

Diese Menschen sollten die Ängstlichkeit akzeptieren, die durch die empfindliche Seite ihres Wesens entsteht. Das kann sie anziehend für andere machen und Beziehungen reibungsloser verlaufen lassen.

BENJAMIN HARRISON – 20. August 1833
SAM LEVENE – 28. August 1905
RHONDA FLEMING – 10. August 1923
RICHARD ADLER – 23. August 1923
RICHARD ATTENBOROUGH – 29. August 1923
DAVID CROSBY – 14. August 1941

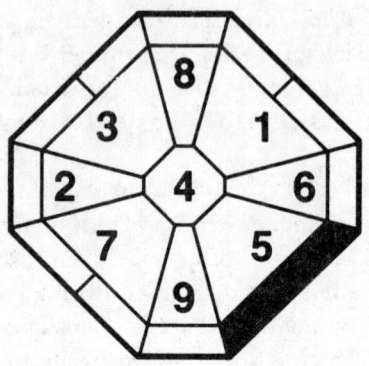

Daten des Monatswechsels

7. September–7. Oktober 1896	8. September–8. Oktober 1950
8. September–8. Oktober 1905	8. September–8. Oktober 1959
8. September–8. Oktober 1914	8. September–7. Oktober 1968
9. September–8. Oktober 1923	8. September–7. Oktober 1977
8. September–7. Oktober 1932	8. September–7. Oktober 1986
8. September–8. Oktober 1941	8. September–8. Oktober 1995

beherrschend   *impulsiv*
würdevoll   *starrsinnig*
willensstark   *emotional*
großzügig   *ausweichend*

Wie alle Fünfer besitzen auch diese Menschen ein großes Talent zum Herrschen. Viele lassen sich auf spekulative Unternehmungen oder Transaktionen im großen Stil ein, für die sie viel Energie aufwenden. Wenn sie jedoch das Interesse verlieren, verlieren sie auch die nötige Energie, um die Aufgabe zu vollenden.

Die meisten sind gescheit und voller Ideen, aber sie neigen dazu, immer etwas Neues zu suchen. Dies macht es für andere schwer zu wissen, was in ihren Köpfen vorgeht.

Sie sind starrsinnig, aber würdevoll. Da sie nicht sehr anpassungsfähig sind, ist es auch schwer für sie, flexibel zu reagieren, wenn sie mit Dingen konfrontiert werden, die anders sind, als sie es erwartet haben.

Sie sind emotional und großzügig, sobald sie es mit anderen Leuten zu tun haben. Wenn sie ihr Leben reibungslos abwickeln wollen, müssen sie ihren starken Willen beherrschen.

Die meisten scheinen große Zuneigung vom gegengeschlechtlichen Elternteil bekommen zu haben. Dies kann ihre Wertschätzung der Zuneigung anderer vermindern und zu dem Ergebnis führen, daß sie Schwierigkeiten haben, emotionale Befriedigung durch Freunde und Geliebte zu bekommen.

Frauen dieses Typs sind manchmal pedantisch und im allgemeinen innerlich stark und verläßlich. Die Männer neigen dazu, weicher und emotionaler zu sein, wobei sie ihr starrsinniges Äußeres trotzdem aufrechterhalten.

Die meisten scheinen Glück mit den Finanzen zu haben, besonders wenn sie mit einer Krise oder Veränderung konfrontiert werden. In solchen Zeiten können sie enorme Anstrengungen aufbringen, die den Erfolg letztendlich sichern.

In der Liebe fällt es den Frauen schwer, häuslich zu sein. Es ist auch schwer für sie, in einer ersten Ehe oder Beziehung auszuharren. Wenn diese andauert, liegt es oft daran, daß die Frauen große Verantwortung für ihr eigenes Leben übernehmen. Die Männer sind sehr auf ihre Familien bedacht, aber dies kann sekundär sein gegenüber allem anderen, was sie sonst noch im Leben versuchen.

Anstelle einer hundertprozentigen Befriedigung ihrer Wünsche sollten sie eine ruhige, stetige Entwicklung ihres Lebens anstreben.

MAHATMA GANDHI – 2. Oktober 1869
BUSTER KEATON – 4. Oktober 1896
JOSEPH E. LEVINE – 9. September 1905
GRETA GARBO – 18. September 1905
JOHN WERNER KLUGE – 21. September 1914
WALTER MATTHAU – 1. Oktober 1923
PATSY CLINE – 8. September 1932
RAY CHARLES – 23. September 1932
LINDA MCCARTNEY – 24. September 1941

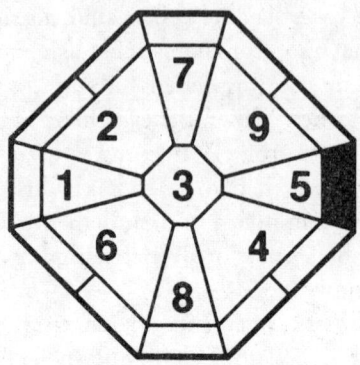

Daten des Monatswechsels

8. Oktober–6. November 1896	9. Oktober–7. November 1950
9. Oktober–7. November 1905	9. Oktober–7. November 1959
9. Oktober–7. November 1914	8. Oktober–6. November 1968
9. Oktober–7. November 1923	8. Oktober–6. November 1977
8. Oktober–6. November 1932	8. Oktober–7. November 1986
9. Oktober–7. November 1941	9. Oktober–7. November 1995

beherrschend	*selbstbewußt*
direkt	*starrsinnig*
leichtlebig	*empfindlich*
gesellig	*berechnend*

Menschen dieses Typs sind sehr selbstbewußt, aber auch sehr empfindlich, was dieser Eigenschaft widerspricht. Sie äußern sich in einer direkten und lässigen Art, werden aber oft zu aggressiv, wenn sie wirklich etwas wollen, so daß die Leute ihre Aufrichtigkeit bezweifeln. Dies kann sie dazu führen, ihre Ziele aufzugeben.

Sie haben normalerweise eine »glückliche Hand« für Geschäfte und finden recht häufig günstige Gelegenheiten durch gesellschaftliche Beziehungen.

Wegen der großen Energie, die sie aufwenden, um ihre verschiedenen Ziele zu erreichen, werden sie oft für gierig gehalten. Tatsächlich ist das Ziel ihres Energieaufwandes für sie weniger wichtig als der Prozeß des Erreichens. Weil sie sich ständig zu neuen Dingen weiterzubewegen scheinen, brauchen sie eine Arbeit, die ihr volles Interesse hat, sofern sie sich für längere Zeit niederlassen sollen.

Diese Menschen sind oft stark von ihrer Mutter beeinflußt und neigen dazu, sich Beziehungen auszusuchen, die ihnen mütterliche Geborgenheit verschaffen.

Die Männer, obgleich allgemein keine häuslichen Typen, suchen oft Beziehungen zu älteren Frauen. Sobald sie ihr Familienleben einmal eingerichtet haben, verlagern sich ihre Interessen wieder nach außen. Frauen dieses Typs sind normalerweise sehr aktiv. Sie verwenden auf alle Dinge größte Anstrengung, obwohl sie schnell aufgeben, sobald sie merken, daß etwas nicht in Ordnung ist. In der Liebe werden sie durch Verstrickungen leicht verletzt und zurückhaltend in bezug auf Liebschaften, so daß sie lange Zeit allein bleiben. Im allgemeinen suchen sie nach zärtlichen, fürsorglichen Partnern.

Diese Menschen unterscheiden klar zwischen Vorlieben und Abneigungen. Auch ziehen sie einen deutlichen Trennungsstrich zwischen ihrem privaten und öffentlichen Leben und erwarten Respekt vor ihrer Privatsphäre.

Im Geschäftsleben neigen sie dazu, Menschen, die sie mögen, einer kompetenteren Person vorzuziehen. Das hat manchmal Schwierigkeiten mit anderen Kollegen zur Folge. Sie verwenden große Aufmerksamkeit auf Leute, die sie mögen, wenden sich aber brüsk ab von jenen, die ihre Zuneigung nicht verdient haben.

Sie lieben das gesellschaftliche Leben und geben verschwenderisch Geld aus, wenn sie es haben. Sobald sie aber knapp sind, werden sie gnadenlos ihre Geldbörse zuschnüren, so daß sie auf ihre Freunde geizig wirken.

CHIANG KAI-SHEK – 31. Oktober 1887
RUTH GORDON – 30. Oktober 1896
DYLAN THOMAS – 27. Oktober 1914
JESSE JACKSON – 8. Oktober 1941
ART GARFUNKEL – 5. November 1941

November **5** – 2 – 8

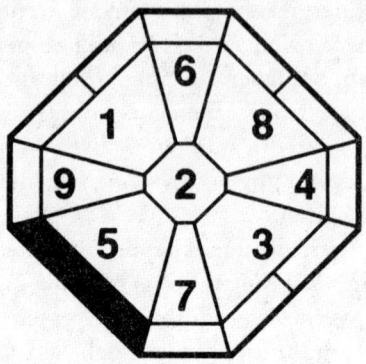

Daten des Monatswechsels

7. November–5. Dezember 1896	8. November–7. Dezember 1950
8. November–7. Dezember 1905	8. November–7. Dezember 1959
8. November–7. Dezember 1914	7. November–6. Dezember 1968
8. November–7. Dezember 1923	7. November–6. Dezember 1977
7. November–6. Dezember 1932	8. November–6. Dezember 1986
8. November–6. Dezember 1941	8. November–6. Dezember 1995

entschieden	*emotional abhängig*
stolz	*starrsinnig*
gesellig	*wenig anpassungsfähig*
antriebsstark	*eitel*

Diese Menschen scheinen oft antriebsstark und entschieden zu sein, aber manchmal stoßen sie mit ihrem Drang nach Unabhängigkeit auf Schwierigkeiten. Sie können hartnäckig alle ihre Wünsche in die Tat umsetzen wollen und brauchen dazu die Aufmerksamkeit anderer. Sie brauchen Unterstützung und Zuneigung, um mit Situationen ruhig und objektiv umgehen zu können.

Sie neigen dazu, in bezug auf ihr Äußeres eitel zu sein. Nach außen hin feinsinnig und zart, sind sie innerlich stolz und karriereorientiert.

234

In gesellschaftlichen Situationen sanft und an anderen interessiert, sind sie in Wirklichkeit selten zufrieden, solange sie die Leute und Ereignisse um sich herum nicht beherrschen.

Da sie darauf bestehen, ihren eigenen Weg zu gehen, passen sie sich neuen Situationen nicht leicht an. Manchmal rücksichtslos, sind sie doch sehr sensibel gegenüber schwächeren Menschen und versuchen oft, ihre Hilfe anzubieten.

Männer dieses Typs wenden große Energie für ihr Leben außerhalb der Familie auf und lassen wenig psychische Reserven für die häuslichen Auseinandersetzungen übrig. Die Frauen neigen dazu, etwas hochmütig und stolz zu sein, und haben daher oft Schwierigkeiten, Zuneigung auszudrücken.

Diese Menschen haben normalerweise mehr Interesse daran, einen guten Ruf in finanzieller Hinsicht zu haben, als am Geld selbst.

Im allgemeinen sind diese Menschen geschickt, schwierige Probleme zu lösen, müssen aber einen guten Grund haben, dies zu tun. Sie müssen den Willen haben, ihre Energie zu nutzen, und sollten sich nicht gehenlassen.

ANDRE GIDE – 22. November 1869
BORIS KARLOFF – 23. November 1887
IRA GERSHWIN – 6. Dezember 1896
TOMMY DORSEY – 19. November 1905
JOE DIMAGGIO – 25. November 1914
PETULA CLARK – 15. November 1932
ROBERT GUILLAUME – 30. November 1932
LITTLE RICHARD (PENNIMAN) – 5. Dezember 1932
BONNIE RAITT – 8. November 1950

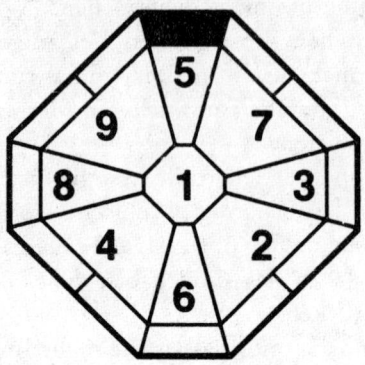

Daten des Monatswechsels

6. Dez. 1896–4. Januar 1897	8. Dez. 1950–5. Januar 1951
8. Dez. 1905–5. Januar 1906	8. Dez. 1959–5. Januar 1960
8. Dez. 1914–5. Januar 1915	7. Dez. 1968–4. Januar 1969
8. Dez. 1923–6. Januar 1924	7. Dez. 1977–5. Januar 1978
7. Dez. 1932–5. Januar 1933	7. Dez. 1986–5. Januar 1987
7. Dez. 1941–5. Januar 1942	7. Dez. 1995–5. Januar 1996

stolz	*starrsinnig*
gescheit	*unpraktisch*
beherrschend	*vorsichtig*
unabhängig	*idealistisch*

Diese Menschen neigen dazu, stolz zu sein. Oft haben sie bezüglich ihrer Interessen und Wünsche hohe Ideale. Sie sind intelligent und können sich intensiv auf Dinge konzentrieren, die sie faszinieren.

Ihr Stolz und ihr konzentriertes Interesse können es schwer für sie machen, weisungsgebunden zu arbeiten. Es ist normalerweise für alle Betroffenen besser, wenn diese Menschen Führungspositionen einnehmen. Sobald sie jedoch andere Menschen anleiten, müssen sie klar erklären, was sie denken, damit die anderen ihnen folgen können.

236

Wenn sie vor Probleme gestellt werden, sprechen sie offen und klar darüber. Sobald sie das Interesse verlieren, neigen sie dazu, sich zurückzuziehen und zu schweigen, sogar in geselligen Situationen.

Sie sind unabhängig und offenbaren sich anderen nicht leicht. Dies kann zur Entfremdung von Freunden und Kollegen führen.

Gesellschaftlich sind sie aktiv, aber sobald unverbindliche Beziehungen ernsthafter werden, verlieren sie oft ihre Fähigkeit, sich klar zu äußern.

Wenn diese Menschen wirklich etwas wollen, scheinen sie fast automatisch in der Lage zu sein, die richtige Art von Hilfe in Anspruch nehmen zu können, um mit ihrem Vorhaben schnell voranzukommen.

Dieser Typ des Fünfers ist weniger praktisch veranlagt als der März-Typ und nicht immer stark genug, seine idealistischen Träume in die Tat umzusetzen. Durch die Aufwendung zusätzlicher Energie können der Durchbruch geschafft und die Ziele erreicht werden.

HENRI MATISSE – 31. Dezember 1869
CONRAD HILTON – 25. Dezember 1887
HOWARD R. HUGHES – 24. Dezember 1905
DOROTHY LAMOUR – 10. Dezember 1914
RICHARD WIDMARK – 26. Dezember 1914
ELLEN BURSTYN – 7. Dezember 1932
CICELY TYSON – 19. Dezember 1932
DIONNE WARWICK – 12. Dezember 1941

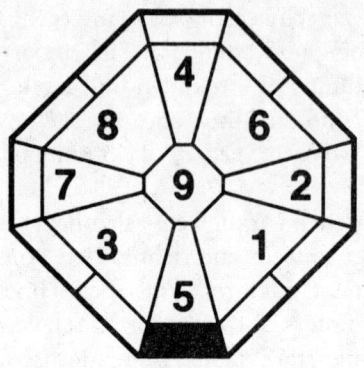

Daten des Monatswechsels

5. Januar–2. Februar 1897	6. Januar–4. Februar 1951
6. Januar–4. Februar 1906	6. Januar–4. Februar 1960
6. Januar–4. Februar 1915	5. Januar–3. Februar 1969
7. Januar–4. Februar 1924	6. Januar–3. Februar 1978
6. Januar–3. Februar 1933	6. Januar–3. Februar 1987
6. Januar–3. Februar 1942	6. Januar–3. Februar 1996

beherrschend	*launisch*
hartnäckig	*starrsinnig*
ausdrucksstark	*stolz*
gefühlvoll	*unsicher*

Menschen dieses Typs versuchen normalerweise, ihren Weg der Karriere und des Lebens unabhängig zu gehen. Sie wollen alles beherrschen und geben selten auf, auch wenn es eine lange Zeit erfordert, das Ziel zu erreichen.

Sie sind oft redegewandt und in der Lage, öffentlich überzeugend zu sprechen. Sie erscheinen intelligent und fröhlich, aber ihre Grundnatur ist verschlossen. Sie sind stolz und haben Angst, verletzt zu werden. Es fällt ihnen nicht leicht, anderen Menschen zu trauen.

Sie sind selbstbewußt, finden es aber schwer, aktiv zu werden, solange sie nicht ruhig und sorglos leben.

In der Partnerschaft erlauben sie normalerweise der anderen Person keine Gleichberechtigung.

Viele dieses Typs sind sexuell attraktiv und werden oft in mehr als eine Beziehung verstrickt. Sie sind sehr gefühlvoll, aber dies nicht offen, was zu ihrem Sex-Appeal beiträgt. Sie können sehr eifersüchtig sein.

Die meisten Menschen dieses Typs verlassen sich nicht auf die Hilfe ihrer Familie. Sie erringen ihren Erfolg unabhängig.

Mit Geld gehen sie sparsam um. Sie geben es vernünftig und überlegt aus. Wenn sie es allerdings ausgeben müssen, lieben sie es, dies mit großer persönlicher Geste zu tun.

Frauen dieses Typs sind geduldig, aber starrsinnig. Wenn sie von einer Situation unbefriedigt oder frustriert sind, werden sie anmaßend und regelrecht besessen von ihren Problemen. Die Männer sind besonders starrsinnig. Wenn sie sich einmal zu etwas entschlossen haben, werden sie beharrlich bis zum Ende sein.

Im allgemeinen besitzen diese Leute eine große Energie, die sie durchs Leben treibt. Ihr Starrsinn kann in Widerspruch zu ihrer Anpassungsfähigkeit treten; ihr starker Wille und ihre Geduld werden ihnen jedoch helfen, letztendlich ihre Ziele zu erreichen.

WILLIAM MCKINLEY – 29. Januar 1843

ARISTOTELES ONASSIS – 20. Januar 1906

ERNEST BORGNINE – 24. Januar 1915

DEAN JONES – 25. Januar 1933

MUHAMMAD ALI – 18. Januar 1942

MAC DAVIS – 21. Januar 1942

GRAHAM NASH – 2. Februar 1942

CRYSTAL GAYLE – 9. Januar 1951

PHIL COLLINS – 31. Januar 1951

Februar **6** – 5 – 6

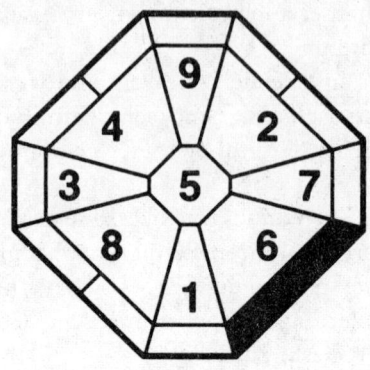

Daten des Monatswechsels

4. Februar–5. März 1895	4. Februar–5. März 1949
5. Februar–5. März 1904	4. Februar–5. März 1958
4. Februar–5. März 1913	4. Februar–5. März 1967
5. Februar–5. März 1922	5. Februar–4. März 1976
5. Februar–5. März 1931	4. Februar–4. März 1985
5. Februar–5. März 1940	4. Februar–5. März 1994

willensstark   *beherrschend*
vorausschauend   *starrsinnig*
stilvoll   *unflexibel*
unabhängig   *stolz*

Diese Menschen verfügen normalerweise über ein ausgeprägtes Temperament und leben unabhängig. Sie erscheinen ehrgeizig und voller Selbstvertrauen und haben eine angenehme Ausstrahlung und Zuverlässigkeit. Oft sind sie jedoch eigensinnig und anpassungsunfähig.

Sie können ein Vorhaben mit großer Stilsicherheit durchführen, werden aber manchmal zu willensstark, um noch Kompromisse eingehen zu können.

Sie besitzen Führungsqualitäten, sobald sie sich ihrer Tendenz bewußt werden, den Rat und die Bedürfnisse anderer zu ignorieren. Tatsächlich lieben sie das Gefühl von Macht. Wenn sie aber keine Führungsposition innehaben, kann ihr Stolz leiden, und sie bekommen Schwierigkeiten, Situationen zu akzeptieren.

Frauen dieses Typs übernehmen wegen ihres Stolzes und starken Willens oft Positionen mit großer Verantwortung. Obwohl sie in der Lage sind, ihr Leben auf unabhängige Art zu führen, erweisen sich häusliche Situationen als schwierig für sie, solange sie sich über ihre eigensinnige Natur nicht im klaren sind. Männer dieses Typs neigen dazu, übermäßig zuversichtlich zu sein, lange bevor sie genügend Energie haben, ihre Ziele zu erreichen.

Diese Menschen wissen, wie man Geld verdient und damit umgeht. Jedoch geben sie es nicht immer sinnvoll aus.

Im allgemeinen neigen sie dazu, »Vollkommenheit« zu suchen, was sich als schwierig erweist, wenn sie sich nicht um mehr Anpassungsfähigkeit bemühen. Aber auch so verfügen sie normalerweise über Voraussicht und ein gutes Urteilsvermögen.

AUGUSTE RENOIR – 25. Februar 1841
BABE RUTH – 6. Februar 1895
JIMMY DORSEY – 29. Februar 1904
JAMES DEAN – 8. Februar 1931
CLAIRE BLOOM – 15. Februar 1931
TOM WOLFE – 2. März 1931
SMOKEY ROBINSON – 19. Februar 1940
ANDY GIBB – 5. März 1958

März **6** – 4 – 7

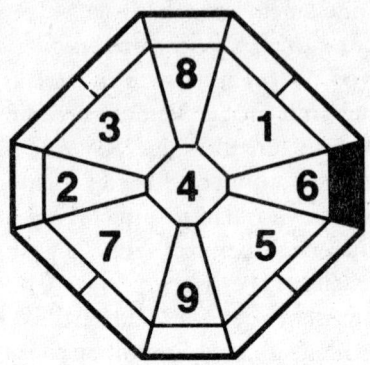

Daten des Monatswechsels

6. März–4. April 1895	6. März–4. April 1949
6. März–4. April 1904	6. März–4. April 1958
6. März–4. April 1913	6. März–4. April 1967
6. März–4. April 1922	5. März–4. April 1976
6. März–5. April 1931	5. März–4. April 1985
6. März–4. April 1940	6. März–4. April 1994

willensstark	*bequem*
liebenswürdig	*emotional*
zuversichtlich	*ausweichend*
gesellig	*starrsinnig*

Das Wesen dieser Menschen ist ziemlich komplex, weil es hier eine ständige Verlagerung zwischen einem starken, selbstsicheren und einem beträchtlich bequemen Benehmen gibt. Kein Wunder, daß diese Menschen lange Zeit brauchen, um wichtige Entscheidungen zu treffen (und durchzuführen)! Sie beherrschen normalerweise ihr Leben in der Weise, wie sie es wollen, werden aber oft falsch beurteilt, weil es ihnen nicht leicht fällt, anderen Leuten ihre komplexe Gedankenwelt zu erklären. Sie können ausweichend, schüchtern oder ängstlich er-

242

scheinen. Dies ist natürlich nicht der Fall. Ihre Entschlossenheit und ihre Zuversicht überwinden normalerweise ihre Unentschiedenheit. Sie können von der großen Zuneigung beeinflußt sein, die ihnen vom gegengeschlechtlichen Elternteil entgegengebracht wird. Dies kann sie zuviel erwarten lassen, wenn sie sich verlieben.

Sie sind gefühlvoll und liebenswürdig und deshalb angenehm in gesellschaftlichen Situationen. Es ist ihre Art, sich um andere zu kümmern, die in ihr Leben treten.

Die Männer sind auf das, was sie tun, stolz und haben das Bedürfnis, dafür gewürdigt zu werden. Sie müssen eine stabile Grundlage schaffen, um darauf ihr Selbstvertrauen aufzubauen. Die Frauen haben einen ausgeprägten Mutterinstinkt und sorgen für die Leute in ihrem Umfeld, vorausgesetzt, sie können die Situation beherrschen. Sie sind glücklich darüber, in dieser Weise zu geben, müssen aber darauf achten, nicht besitzergreifend zu werden und die ausschließliche Liebe eines anderen zu verlangen.

Sie scheinen fähig zu sein, Geld zu verdienen, verstehen es aber nicht immer, dieses zu sparen. Sie neigen dazu, viel Geld auszugeben. Besonders die Frauen denken an andere, wenn sie übriges Bargeld haben.

Nicht immer sind sie gute Planer, weil sie zu emotional reagieren. Es fällt ihnen schwer, einem Weg zu folgen, der ihrem Urteil oder ihrem Willen zu widersprechen scheint.

Sie sind normalerweise in der Lage, einen Partner, Freund oder sonst jemanden zu finden, der ihnen beisteht. Die Wichtigkeit dieser Beziehungen, besonders in Krisenzeiten, müssen sie sich bewußt machen.

JAMES MADISON – 16. März 1751
EDGAR CAYCE – 18. März 1877
AL JOLSON – 26. März 1886
JACK KEROUAC – 12. März 1922
RICHARD KILEY – 31. März 1922
WILLIAM SHATNER – 22. März 1931
LORETTA LYNN – 14. März 1940

April **6** – 3 – 8

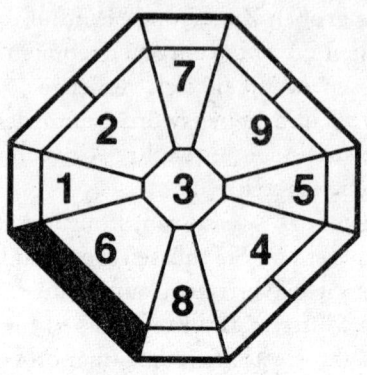

Daten des Monatswechsels

5. April–5. Mai 1895	5. April–5. Mai 1949
5. April–5. Mai 1904	5. April–5. Mai 1958
5. April–5. Mai 1913	5. April–5. Mai 1967
5. April–5. Mai 1922	5. April–4. Mai 1976
6. April–5. Mai 1931	5. April–4. Mai 1985
5. April–5. Mai 1940	5. April–5. Mai 1994

willensstark   *vorsichtig*
antriebsstark   *voreingenommen*
einsichtsvoll   *ungeduldig*
stilvoll   *empfindlich*

Diese Menschen sind freundlich zu anderen, sofern sie die Beziehung beherrschen können. Sie erscheinen entschieden und großzügig, sind aber recht empfindlich und haben Angst, ihr Selbstvertrauen zu verlieren. Sie stehen oft unter dem Einfluß ihrer Mutter.

Sie sind einsichtig und haben hohe Ideale, was dazu führt, daß sie von anderen erwarten, ihre gesellschaftlichen und politischen Ansichten zu akzeptieren. Gesellschaftlich führt dies zu Problemen, da sie für die Ideen und Bedürfnisse anderer keinen Raum lassen.

Ihre Vorsicht kann sie dazu bringen, Gelegenheiten zu verpassen. Obwohl sie schnell zupacken können, kommen sie in Schwierigkeiten, weil sie oft zu lange warten, ehe sie handeln.

Die meisten dieser Menschen sind ehrgeizig und haben das Gefühl, daß ihre Meinungen die einzig richtigen sind. Sie wollen auf ihre eigene Weise zum Erfolg gelangen und können schnell die Geduld verlieren. Das kann manchmal zu Schwierigkeiten führen.

Sie neigen zu einem ausgeprägten Stilbewußtsein und sind wünschenswerte Verbündete in gesellschaftlichen Situationen. Auch versuchen sie, anderen unter die Arme zu greifen, wenn es in ihrer Macht liegt.

Die Männer dieses Typs sind empfindlicher als die Frauen. Oft sorgen sie für Verwandte. Frauen dieses Typs führen ein unabhängiges und ehrgeiziges Leben, wenn sie einen stabilen Familienhintergrund haben. Frauen mit einer schwächeren Familienbasis können unbeugsam und unruhig sein, wobei sie oft andere Leute benutzen. Es ist selten, daß sie zurückschauen oder ihre Vergangenheit würdigen. Die meisten der Frauen haben Glück bei der Partnerwahl. Die Männer dieses Typs haben mehr Glück darin, Geschäftspartner zu finden.

Wenn diese Menschen anderen ihre Ambitionen und Ideen klar vermitteln können, dürfen sie auf ein glückliches Leben hoffen.

IMMANUEL KANT – 22. April 1724
HANS CHRISTIAN ANDERSEN – 21. April 1805
JOHN GIELGUD – 14. April 1904
BING CROSBY – 2. Mai 1904
LIONEL HAMPTON – 20. April 1913
TYRONE POWER – 5. Mai 1913
CHARLES MINGUS – 22. April 1922
JACK KLUGMAN – 27. April 1922
HERBIE HANCOCK – 12. April 1940
AL PACINO – 25. April 1940

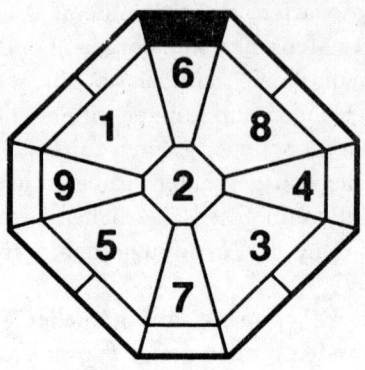

Daten des Monatswechsels

6. Mai–5. Juni 1895	6. Mai–5. Juni 1949
6. Mai–5. Juni 1904	6. Mai–5. Juni 1958
6. Mai–5. Juni 1913	6. Mai–5. Juni 1967
6. Mai–6. Juni 1922	5. Mai–4. Juni 1976
6. Mai–6. Juni 1931	5. Mai–5. Juni 1985
6. Mai–5. Juni 1940	6. Mai–5. Juni 1994

willensstark	*stolz*
organisiert	*vorsichtig*
verläßlich	*taktvoll*
ruhig	*befangen*

Diese Menschen sind stolz und willensstark. Oft glauben andere Leute, sie seien eingebildet und schwer zugänglich. Tatsächlich sind sie ziemlich befangen und brauchen die Aufmerksamkeit anderer.

Sie sind verläßliche Arbeiter und können gut organisieren. Normalerweise sind sie rücksichtsvoll, eine Eigenschaft, die sie dazu befähigt, Führungspositionen zu erreichen. Manchmal sind sie allzu vertrauensvoll, und das kann problematisch werden. Sie sind nicht immer gute Untergebene und haben Schwierigkeiten, Führung oder Kritik zu akzeptieren. Diese Haltung führt zu Problemen in Partnerschaften oder Arbeitssituationen.

Sie haben die Fähigkeit, Dinge objektiv zu betrachten, was ihnen hilft, ein gutes gesellschaftliches Leben und Möglichkeiten für ihre Zukunft durch gesellschaftliche Kontakte zu entwickeln. Manchmal führt diese Objektivität dazu, auf gewisse Leute herabzublicken, ohne dies zu bemerken.

In schwierigen Situationen neigen sie dazu, übervorsichtig zu sein, und bereiten sich selbst damit Kummer.

Die Frauen dieses Typs haben oft Schwierigkeiten, weil die Leute ihr ruhiges, stolzes Wesen für hart und hochmütig halten. Die Männer neigen dazu, befangen und sogar noch vorsichtiger als die Frauen zu sein.

Allgemein sind diese Menschen beliebte Chefs und harte Arbeiter, die gut für ihre Zukunft planen.

PIERRE CURIE – 15. Mai 1859
RUDOLPH VALENTINO – 6. Mai 1895
SALVADOR DALI – 11. Mai 1904
STEWART GRANGER – 6. Mai 1913
JOSEPH PULITZER, JR. – 13. Mai 1913
RICK NELSON – 8. Mai 1940
BILLY JOEL – 9. Mai 1949

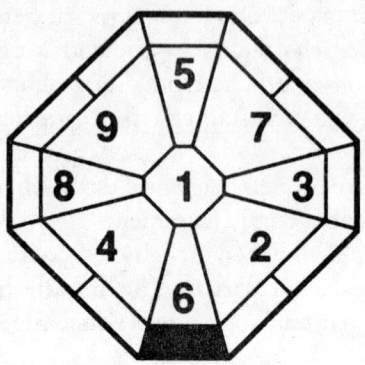

Daten des Monatswechsels

6. Juni–6. Juli 1895	6. Juni–6. Juli 1949
6. Juni–7. Juli 1904	6. Juni–7. Juli 1958
6. Juni–7. Juli 1913	6. Juni–7. Juli 1967
6. Juni–7. Juli 1922	5. Juni–6. Juli 1976
7. Juni–7. Juli 1931	6. Juni–6. Juli 1985
6. Juni–6. Juli 1940	6. Juni–6. Juli 1994

willensstark	*großzügig*
gescheit	*ausdauernd*
selbstsicher	*unsicher*
perfektionistisch	*unflexibel*

Die meisten Menschen dieses Typs sind gescheit und willensstark. Sie neigen dazu, innerlich unsicher zu sein; kombiniert mit ihrer Tendenz zur Selbstbehauptung kann diese Unsicherheit zu einer Schwäche bei der Kommunikation mit anderen führen. Oft sind sie sehr klug, aber unpraktisch. Sie neigen dazu, die Dinge in ihrer eigenen, engen Weise zu sehen, wobei sie manchmal die praktischere Sichtweise völlig verfehlen. Sie haben es schwer, sich den Ideen anderer anzupassen, wenn sie den eigenen, hartnäckig festgehaltenen Meinungen widersprechen.

Sie neigen dazu, stilvoll zu leben, und besitzen ein ausgeprägtes Bewußtsein für Ästhetik. Gepaart mit ihrem Organisationstalent läßt ihre Unsicherheit sie nach Perfektion streben. Sie schätzen die besseren Dinge im Leben und haben ein Gefühl für Schönheit, obwohl dieses normalerweise auf das Gebiet beschränkt ist, das sie sich als Gegenstand ihres Interesses gewählt haben.

Weil sie großzügig sind, widmen sie den Leuten, die schwächer als sie selbst sind, ihre Aufmerksamkeit. Jedoch möchten sie, daß die Dinge nach ihren Vorstellungen ablaufen, so daß die Leute ihre Anstrengungen nicht immer schätzen.

Sie neigen dazu, Brücken zu ihren Zielen zu bauen. Jedoch neigen sie auch dazu, diese Brücken hinter sich abzubrechen, um wieder neue bauen zu lassen. Ihr Schicksal ist das Neue, da sie sich unter stabilen Bedingungen nicht wohlfühlen.

Frauen dieses Typs sind mehr auf Selbstschutz bedacht als die Männer. Oft versuchen sie, zu herrschen, weil sie keine guten Untergebenen sein können. Die Männer sind großzügiger, versuchen aber dennoch auch zu herrschen. Sowohl Männer als auch Frauen haben es schwer, Liebe oder Zuneigung auszudrücken, weil sie Angst haben, verletzt zu werden.

Finanziell können sie Erfolg erreichen, wenn sie in einer stetigen, sparsamen Weise planen.

Allgemein sollten diese Menschen vermeiden, Brücken hinter sich abzubrechen. Sie müssen lernen, ihr Leben ökonomisch aufzubauen und sich unter stabilen Bedingungen wohler zu fühlen.

JACK DEMPSEY – 24. Juni 1895
JUDY GARLAND – 10. Juni 1922
BILL BLASS – 22. Juni 1922
PIERRE CARDIN – 7. Juli 1922
LESLIE CARON – 1. Juli 1931
TOM JONES – 7. Juni 1940
NANCY SINATRA – 9. Juni 1940
MERYL STREEP – 22. Juni 1949
LINDSAY WAGNER – 22. Juni 1949

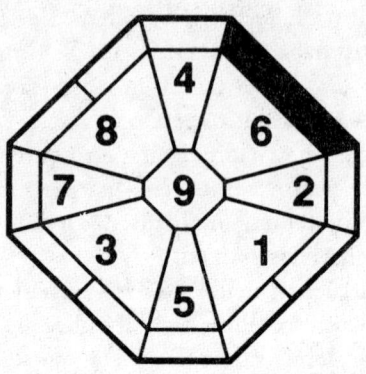

Daten des Monatswechsels

7. Juli–7. August 1895	7. Juli–7. August 1949
8. Juli–7. August 1904	8. Juli–7. August 1958
8. Juli–7. August 1913	8. Juli–6. August 1967
8. Juli–7. August 1922	7. Juli–6. August 1976
8. Juli–7. Auugst 1931	7. Juli–6. August 1985
7. Juli–7. August 1940	7. Juli–7. August 1994

willensstark	*zurückhaltend*
fleißig	*launisch*
klug	*selbstbezogen*
nachdenklich	*eitel*

Dieser Typ hat einen starken Willen, neigt aber dazu, in einer etwas zurückhaltenden Art zu leben. Jedoch wollen diese Menschen normalerweise, daß die Dinge nach ihrem Kopf gehen, und sie arbeiten fleißig daran, ihre Ziele zu erreichen. Sie sind klug und können überzeugende Redner sein.

In gesellschaftlichen Situationen sind sie umgängliche Menschen. Sie faszinieren andere Menschen, die dann oft enttäuscht sind, wenn sie merken, daß dieser Typ seine von Selbstvertrauen getragenen Ideen

250

nicht immer in die Tat umzusetzen vermag. Manchmal sind sie wegen ihres Mangels an Interesse für andere unfähig, ihre Führungsposition aufrechtzuerhalten.

In ihrem Beruf arbeiten sie fleißig, und Vorgesetzte sind oft bereit, ihnen zu helfen. Wenn sie auf andere Rücksicht nehmen und sich praktisch verhalten, können sie gute Vorgesetzte sein.

Die Männer können recht sparsam sein, wenden aber eine Menge Zeit und Geld auf, um ein würdevolles Äußeres zu bewahren. Sie sind oft eitel, und diese Tendenz kann ihre persönlichen Beziehungen behindern. Zu Hause erwarten sie Liebe und Aufmerksamkeit, um ihre erschöpften psychischen Reserven wieder aufzufüllen. Frauen dieses Typs sind normalerweise gute Gesprächspartner, treu und fähig, eine Familie mit ruhiger Hand zu leiten – vorausgesetzt, die Dinge laufen nach ihren Vorstellungen. Sowohl Männer als auch Frauen haben Schwierigkeiten, klare Entscheidungen zu treffen, da ihre Stimmungen oft wechseln. Wenn diese Menschen ernsthaft versuchen, praktischer und realistischer zu sein, können sie ihre Launenhaftigkeiten vermeiden und besonnen eine stabile Zukunft aufbauen.

Sie neigen dazu, Geld in kleinen Raten anzuhäufen. Wegen ihrer Eitelkeit müssen sie darauf achten, nicht verschwenderisch zu werden.

Allgemein liegt für diese Menschen der Schlüssel zum Erfolg darin, die Dinge nicht zu übereilen und ihre Klugheit und ihren Fleiß darauf zu verwenden, wertvolle Lebensziele zu erreichen.

GUY DE MAUPASSANT – 5. August 1850
GERALD R. FORD – 14. Juli 1913
RED SKELTON – 18. Juli 1913
BLAKE EDWARDS – 26. Juli 1922
RINGO STARR – 7. Juli 1940

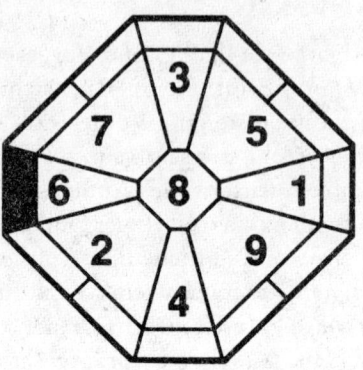

Daten des Monatswechsels

8. August–7. September 1895	8. August–7. September 1949
8. August–7. September 1904	8. August–7. September 1958
8. August–7. September 1913	7. August–7. September 1967
8. August–7. September 1922	7. August–6. September 1976
8. August–8. September 1931	7. August–7. September 1985
8. August–7. September 1940	8. August–7. September 1994

würdevoll *voreilig*
großzügig *antriebsstark*
stilvoll *eigenwillig*
stolz *ehrgeizig*

Diese Menschen erscheinen wegen ihrer Würde, ihrer Großzügigkeit und ihres Stils oft beeindruckender, als sie in Wirklichkeit sind. Diese Eigenschaften schaffen ihnen oft günstige Gelegenheiten für ihre Karriere und bewirken eine enorme gesellschaftliche Attraktivität.

Sie unterscheiden genau zwischen den Leuten, die sie mögen oder nicht mögen. Wenn sie jemanden mögen, sind sie sehr rücksichtsvoll; wenn nicht, ziehen sie es vor, die betreffende Person vollkommen zu meiden.

Sie sind stolz und haben hohe Ideale. Sobald sie einmal ein Ziel ins Auge gefaßt haben, wenden sie große Energie auf, es zu erreichen. Weil sie dazu neigen, voreilig zu sein, können sie manchmal ihre Urteilsfähigkeit oder ihr Gefühl für Ausgewogenheit verlieren. Sie müssen sich darüber klar werden, wie wichtig es ist, sich Zeit zu nehmen, um die Dinge sich entwickeln zu lassen, anstatt ungeduldig loszustürmen und alles zu verderben.

Sie sind ehrgeizig, und ihr Verstand ist aktiv. Dies bringt sie dazu, eine positive Entwicklung für ihr Leben zu erwarten. Manchmal ist ihr Verstand so aktiv, daß sie Schwierigkeiten bekommen können, mit all den Bällen zu jonglieren, die sie in die Luft geworfen haben.

Die meisten Männer dieses Typs verwenden, manchmal ohne genügend Vorsicht, große Energie auf ihre persönliche Entwicklung. Gedankenlos stürmen sie vorwärts und landen in einem chaotischen Wechsel von Gefühlen. Oft lieben sie starke Frauen, wollen aber nicht beherrscht sein. Die Frauen haben normalerweise eine stärkere Reaktionsfähigkeit als die Männer, wenn sie mit den Fakten einer gegebenen Situation konfrontiert werden. Um von Ereignissen befriedigt zu sein, wollen sie diese beherrschen. Oft entfremdet ihnen diese Haltung andere Menschen, besonders andere Frauen. Manchmal entstehen Probleme, wenn Frauen dieses Typs darauf bestehen, die Familie nach ihren eigenen Vorstellungen zu organisieren.

Allgemein scheinen diese Menschen in bezug auf Geld und Anerkennung mit Glück gesegnet zu sein. Ihr großzügiges Wesen arbeitet für sie, solange sie sich bemühen, die Rücksicht auf andere in ihre Pläne einzubeziehen.

Napoleon Bonaparte – 15. August 1769
Count Basie – 21. August 1904
John Mitchell – 5. September 1913
Eydie Gorme – 16. August 1931
Valerie Harper – 22. August 1940
Raquel Welch – 4. September 1940
Michael Jackson – 29. August 1958

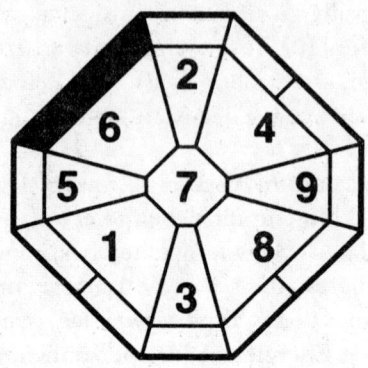

Daten des Monatswechsels

8. September–7. Oktober 1895	8. September–8. Oktober 1949
8. September–8. Oktober 1904	8. September–8. Oktober 1958
8. September–8. Oktober 1913	8. September–8. Oktober 1967
8. September–8. Oktober 1922	7. September–7. Oktober 1976
9. September–8. Oktober 1931	8. September–7. Oktober 1985
8. September–7. Oktober 1940	8. September–7. Oktober 1994

stolz	*überempfindlich*
willensstark	*emotional*
bequem	*befangen*
stilvoll	*detailbezogen*

Diese Menschen sind normalerweise stolz und arbeitsam. Oft geben sie gute Chefs ab. Sie sind detailorientiert und haben das starke Bedürfnis, die Umstände in ihrem Sinne zu beherrschen.

Wenn sie mit Leuten aus ihrem eigenen Umfeld zu tun haben, sind sie souverän, aber in Situationen, bei denen Außenseiter beteiligt sind, kann ihre Eigensinnigkeit sie aufdringlich oder sogar rücksichtslos werden lassen.

Gesellschaftlich sind sie etabliert, weil ihnen damit eine Ausdrucksmöglichkeit für ihr stilvolles, großzügiges Wesen gegeben wird. Sie können jedoch empfindlich und befangen sein und auf Meinungen und Haltungen anderer überreagieren. Wenn sich jemand gegen sie wendet, sind sie schnell verletzt, und ihre leutselige Art wandelt sich in eine beleidigte und nachtragende. Durch ihre Überempfindlichkeit bleiben sie angreifbar, und sie müssen sich diese Tatsache bewußt machen, um sich beherrschen zu lernen.

Normalerweise sind sie zuverlässig, und sobald sie ein Ziel haben, wenden sie viel Energie für dessen Erreichung auf. Sie sind manchmal intellektuell und haben eine gute Begabung für Politik.

Frauen dieses Typs werden sich normalerweise gefühlsmäßig nicht sehr engagieren, bis sie jemanden finden, der ihnen Erfolg oder Sicherheit garantiert. Die Männer neigen dazu, stilbewußter zu sein, und sie verwenden mehr Energie auf das Leben außerhalb der Familie. Emotional jedoch brauchen sie viel Aufmerksamkeit und Zuneigung.

Diese Menschen sind in bezug auf Geld und berufliche Stellung normalerweise mit Glück gesegnet, besonders in einer Führungsposition. Jedoch müssen sie die Fähigkeiten entwickeln, andere Menschen zu berücksichtigen und ihre Überempfindlichkeit zu beherrschen. Wenn sie das tun, wird ihre Beliebtheit wachsen, und ihre Führungskapazität und ihr persönliches Leistungspotential werden sich beträchtlich vermehren.

GROUCHO MARX – 2. Oktober 1895
STANLEY KRAMER – 29. September 1913
ARTHUR PENN – 27. September 1922
ANNE BANCROFT – 17. September 1931
LARRY HAGMAN – 21. September 1931
BARBARA WALTERS – 25. September 1931
TWIGGY (LESLIE HORNBY) – 19. September 1949
BRUCE SPRINGSTEEN – 23. September 1949

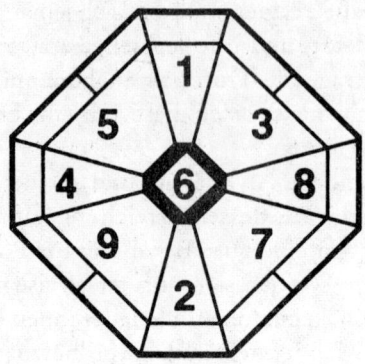

Daten des Monatswechsels

8. Oktober–7. November 1895	9. Oktober–7. November 1949
9. Oktober–7. November 1904	9. Oktober–7. November 1958
9. Oktober–7. November 1913	9. Oktober–7. November 1967
9. Oktober–7. November 1922	8. Oktober–6. November 1976
9. Oktober–7. November 1931	8. Oktober–6. November 1985
8. Oktober–6. November 1940	8. Oktober–6. November 1994

stilbewußt	*selbstbewußt*
würdige Erscheinung	*starrsinnig*
organisiert	*vorsichtig*
hartnäckig	*unflexibel*

Diese Menschen neigen dazu, würdevoll und stilbewußt aufzutreten. Sie sind selbstbewußt und haben es schwer, anderen zu gehorchen. Innerlich sind sie empfindlicher, als sie erscheinen. Sie können gut organisieren, haben es aber schwer, ihre Entscheidungen zu erklären. Sie würden lieber die Erklärungen anderen Leuten überlassen.

Im allgemeinen führt ihre Hartnäckigkeit dazu, Dinge von Interesse sorgfältig zu überprüfen. Sie können ihre Interessen nicht ändern, ehe sie nicht in bestimmten Bereichen zufriedengestellt sind.

Sowohl Männer als auch Frauen neigen dazu, sich gesellschaftlich hervorzutun, aber manchmal kommen sie in Schwierigkeiten, wenn sie zu stolz sind, den Vorschlägen anderer zu gehorchen und zu folgen. Dies kann die Frauen stärker betreffen als die Männer. Es liegt in ihrer Natur, für andere zu sorgen, aber sie überlassen die Führung nicht gern anderen Personen. Normalerweise sind sie nicht sehr häuslich und funktionieren besser in Situationen und bei Arbeiten, wo sie ihre Intuition einsetzen können, um ihre Projekte zur Zufriedenstellung verfolgen zu können. Wenn sie Sorgen haben, leiden sie und verschwenden erhebliche Energie, weil sie sich zu lange und zu intensiv darauf konzentrieren.

Finanziell scheint es ihnen am besten zu gehen, wenn sie ihr Stilbewußtsein einsetzen können, um andere Leute zu beeindrucken. Wenn sie lernen können, die Ideen anderer zu akzeptieren und ihre starrsinnige Art zu beherrschen, können sie viel Geld und Ansehen erwerben. Sobald sie einmal in der Lage sind, ihre Energien in wohlorganisierten Projekten zu nutzen, und ihre Tendenz überwinden, unflexibel und übermäßig hartnäckig zu sein, können sie normalerweise Erfolg erringen.

BURT LANCASTER – 2. November 1913
VIVIEN LEIGH – 5. November 1913
BARBARA BEL GEDDES – 31. Oktober 1922
CHARLES BRONSON – 3. November 1922
DAN RATHER – 31. Oktober 1931
IKE TURNER – 5. November 1931
MIKE NICHOLS – 6. November 1931
JOHN LENNON – 9. Oktober 1940

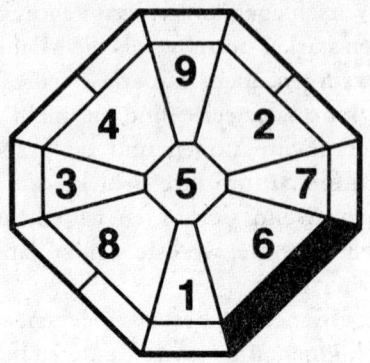

Daten des Monatswechsels

8. November–6. Dezember 1895	8. November–6. Dezember 1949
8. November–6. Dezember 1904	8. November–6. Dezember 1958
8. November–7. Dezember 1913	8. November–7. Dezember 1967
8. November–7. Dezember 1922	7. November–6. Dezember 1976
8. November–7. Dezember 1931	7. November–6. Dezember 1985
7. November–6. Dezember 1940	7. November–6. Dezember 1994

eigenwillig	*starrsinnig*
stolz	*hochmütig*
treu	*egoistisch*
großzügig	*anpassungsfähig*

Diese Menschen neigen dazu, umfassend am Leben interessiert zu sein. Sie haben keine Angst, es darauf ankommen zu lassen, und mögen es nicht, ihre Energie für Unwichtiges zu verschwenden.

Sie lieben es, wenn alles nach ihrem Kopf geht, und sie sind keine guten Untergebenen. Sobald sie sich einmal entschieden haben, neigen sie dazu, die Meinungen und Ideen anderer abzuwehren. Normalerweise sind sie Spätentwickler, weil sie in der Jugend unfähig waren, der Führung anderer zu folgen.

Sie haben Organisationstalent, wären aber erfolgreicher, wenn sie nicht so kompromißlos ihren eigenen Weg gehen würden. Weil sie sich nicht leicht anpassen und darauf bestehen, alles zu dirigieren, brauchen sie länger, um Erfolg zu erringen oder um ihre Ziele zu erreichen. Sie verschwenden viel Energie, die wirksamer genutzt werden könnte, wenn sie ihre Starrsinnigkeit erkennen und auf die Meinungen anderer hören würden.

Obgleich die Männer länger brauchen, um sich eine Führungsposition zu erarbeiten, sind sie sehr tüchtig, wenn sie diese erreicht haben. Die Frauen sind oft der Mittelpunkt in der Familie. Weil sie die Tendenz haben, übermäßig stolz und sehr eigenwillig zu sein, sollten sie darauf achten, andere Familienmitglieder nicht zu erdrücken. Sie sorgen gern für andere, aber da sie dabei auf ihren eigenen Maßstäben bestehen, wissen dies die anderen oft nicht zu schätzen.

Finanziell sind diese Menschen großzügig. Wenn sie Geld haben, scheuen sie sich nicht, es – normalerweise auf ihre eigene Art – als Hilfe für andere zu verwenden.

Allgemein können diese Menschen im gesellschaftlichen und familiären Leben treu und gütig sein. Jedoch brauchen sie Zeit, sich zu bilden, um den für sie passenden Lebensstil zu entwickeln.

ROBERT LOUIS STEVENSON – 13. November 1850
SCOTT JOPLIN – 24. November 1868
BUSBY BERKELEY – 29. November 1895
ALGER HISS – 11. November 1904
ROBERT RYAN – 11. November 1913
ELEANOR POWELL – 21. November 1913
MARY MARTIN – 1. Dezember 1913
NATALIA MAKAROVA – 21. November 1940
RICHARD PRYOR – 1. Dezember 1940

Dezember **6** – 4 – 7

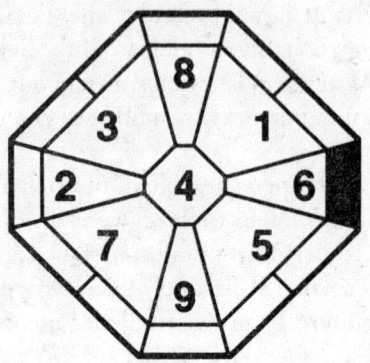

Daten des Monatswechsels

7. Dez. 1895–5. Januar 1896	7. Dez. 1949–5. Januar 1950
7. Dez. 1904–5. Januar 1905	7. Dez. 1958–5. Januar 1959
8. Dez. 1913–5. Januar 1914	8. Dez. 1967–5. Januar 1968
8. Dez. 1922–5. Januar 1923	7. Dez. 1976–4. Januar 1977
8. Dez. 1931–5. Januar 1932	7. Dez. 1985–4. Januar 1986
7. Dez. 1940–5. Januar 1941	7. Dez. 1994–5. Januar 1995

großzügig	*ausweichend*
stilbewußt	*empfindlich*
emotional	*eigensinnig*
kreativ	*vorsichtig*

Weil diese Menschen oft stilbewußt und großzügig sind, genießen sie gute Unterhaltung. Ihr Wesen wird von ihren Emotionen beherrscht, was sie für andere, die nicht verstehen können, was sie denken, schwierig erscheinen läßt. Sie sind gescheit und haben einen aktiv arbeitenden Verstand.

Die meisten von ihnen sind durch die starke Zuneigung des gegengeschlechtlichen Elternteils beeinflußt. Dies führt oft dazu, daß sie zuviel erwarten, wenn sie sich verlieben.

Frauen dieses Typs haben einen ausgeprägten Mutterinstinkt. Sie wollen für die Menschen sorgen, die in ihr Leben treten. Jedoch verlassen sie ihren Weg nicht oft wegen Menschen außerhalb ihres Kreises; die Männer können dazu bereit sein.

Äußerlich scheinen diese Menschen eine sanfte Art zu haben, aber tatsächlich sind sie sehr eigensinnig und vorsichtig. Man kann sich ihrer Motive nicht immer sicher sein, da ihr Verstand durch ihre Emotionen beherrscht wird. Generell werden sie nicht gern von anderen kontrolliert, sondern ziehen es vor, selbst die Verantwortung zu übernehmen.

Finanziell sind sie großzügig und scheinen in der Lage zu sein, Geld zu verdienen, das sie gern ausgeben. Aber sie müssen darauf achten, nicht zu nachlässig mit ihrem Geld umzugehen, vor allem im gesellschaftlichen Leben.

Ihre großzügige Lebensart kann wertvoll sein, wenn sie mit kummervollen Situationen konfrontiert sind, aber sobald eine Situation Durchhaltevermögen erfordert, können diese Menschen daran scheitern, daß sie nicht genug Energie aufbringen, oder sie entscheiden sich vielleicht für eine einfachere Lösung.

MARLENE DIETRICH – 27. Dezember 1904
CARLO PONTI – 11. Dezember 1913
JANE WYMAN – 4. Januar 1914
RITA MORENO – 12. Dezember 1931
FRANK ZAPPA – 21. Dezember 1940
ROBIN UND MAURICE GIBB – 22. Dezember 1949
SISSY SPACEK – 25. Dezember 1949

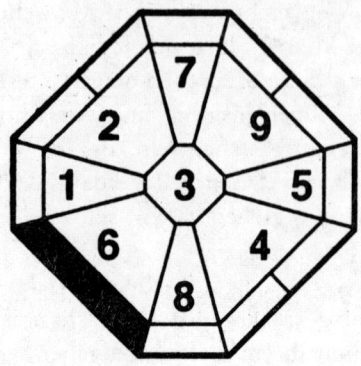

Daten des Monatswechsels

6. Januar–3. Februar 1896	6. Januar–3. Februar 1950
6. Januar–3. Februar 1905	6. Januar–3. Februar 1959
6. Januar–4. Februar 1914	6. Januar–4. Februar 1968
6. Januar–4. Februar 1923	5. Januar–3. Februar 1977
6. Januar–4. Februar 1932	5. Januar–3. Februar 1986
6. Januar–3. Februar 1941	6. Januar–3. Februar 1995

eigenwillig   *empfindlich*
organisiert   *vorsichtig*
perfektionistisch   *auf Selbstschutz bedacht*
großzügig   *sparsam*

Das Verhalten dieser Menschen ist normalerweise eigenwillig. Sie lieben es, die Dinge auf ihre Weise zu organisieren. Oft sind sie stark von ihrer Mutter beeinflußt.

Sie neigen dazu, vorsichtig und empfindlich zu sein, so daß es schwer für sie ist, enschieden aufzutreten, selbst wenn sie wissen, was zu tun wäre.

Sie sind gute Organisatoren, besonders dann, wenn alles auf ihre Weise erledigt werden kann. Sie neigen dazu, perfektionistisch zu sein

262

und genau zu unterscheiden. Dies kann ihren Freundes- und Bekanntenkreis erheblich begrenzen. Sie sind großzügig zu Leuten, die ihrer
Führung folgen, und neigen zur Rücksichtslosigkeit gegen diejenigen,
die dies nicht tun.

Weil sie auf Selbstschutz bedacht sind, haben sie Angst davor, auf
Fehler hingewiesen zu werden. Sie betrachten ihre Ansichten als richtig. Sie sind oft sehr tüchtig darin, reich zu werden. Normalerweise
sind sie häuslich, besonders die Männer. Die Frauen isolieren sich
manchmal, weil sie ihr eigenes Leben selbst bestimmen wollen. In
Wirklichkeit brauchen sie andere, die ihnen helfen, sich in der besten
Weise zu entwickeln.

Allgemein sind diese Menschen ehrgeizig, und das hilft ihnen, den
Blick nach vorn gerichtet zu halten, auch wenn der Lebensweg be-
schwerlich wird. Diese Fähigkeit, auch in schwierigen Zeiten fröhlich
zu bleiben, bereitet sie gut auf die Zukunft vor.

Sogar noch mehr als der April-Typ nehmen sie ihren Perfektionismus ernst und mögen es nicht, eine andere Person als Vorgesetzten zu
haben. Wenn diese Menschen anfangen, Situationen aus einem anderen
Blickwinkel als dem eigenen zu betrachten, finden sie oft erfolg-
reichere Lösungen für ihre Probleme.

GEORGE BURNS – 20. Januar 1896
JEAN STAPLETON – 19. Januar 1923
CAROL CHANNING – 31. Januar 1923
NORMAN MAILER – 31. Januar 1923
RICHARD LESTER – 19. Januar 1932
YVETTE MIMIEUX – 8. Januar 1941
FAYE DUNAWAY – 14. Januar 1941
SUSANNAH YORK – 9. Januar 1941
PLACIDO DOMINGO – 21. Januar 1941
NEIL DIAMOND – 24. Januar 1941
LINDA BLAIR – 22. Januar 1959

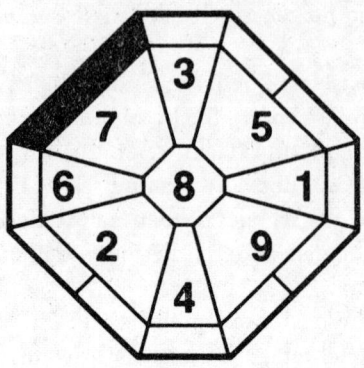

Daten des Monatswechsels

4. Februar–4. März 1894	5. Februar–5. März 1948
5. Februar–6. März 1903	4. Februar–5. März 1957
5. Februar–5. März 1912	4. Februar–5. März 1966
4. Februar–5. März 1921	4. Februar–5. März 1975
4. Februar–5. März 1930	4. Februar–4. März 1984
5. Februar–5. März 1939	4. Februar–4. März 1993

leichtlebig	*überempfindlich*
flexibel	*egozentrisch*
unterhaltsam	*nervös*
gesellig	*berechnend*

Diese Menschen haben ein unterhaltsames Wesen und sind gesellig. Dies verschafft ihnen viele Gelegenheiten, Leute zu treffen und Möglichkeiten für die Zukunft auszukundschaften. Sie treten gewandt auf und sind gute Gesprächspartner, die andere Menschen faszinieren, aber sie sind empfindlich und versuchen immer, sich zu schützen. Die meisten von ihnen sind berechnend; diese Eigenschaft trägt zu ihrer Flexibilität bei. Sie müssen darauf achten, daß ihre Flexibilität nicht in Unaufrichtigkeit umschlägt.

Die meisten haben ein leutseliges Wesen, doch ihre starke Eigenwilligkeit macht sie in der Gestaltung ihres Lebens ehrgeizig. Aufgrund dieser ungewöhnlichen Kombination von leichtlebiger Persönlichkeit und starkem Leistungstrieb können sie zeitweise in einer fast kindischen Weise egozentrisch sein.

Ihre Flexibilität befähigt sie auch, mit den meisten Situationen, die auftreten, zurechtzukommen, aber wenn sie sich vor ein ernsthaftes persönliches Problem gestellt sehen, müssen sie ihre Überempfindlichkeit kontrollieren. Dies macht sie sehr nervös, und oft werden sie zu leicht von der Situation beeinflußt, vor der sie gerade stehen. Besonders schnell geraten sie aus der Fassung, wenn ihre finanzielle Situation instabil ist, obwohl sie normalerweise mit Geld recht viel Glück haben.

Die meisten haben einen klaren Verstand, der immer aktiv nach Verwirklichung der eigenen Ideen sucht. Sie haben hohe Ideale und erwarten viel, haben aber Angst, irgend etwas zu verlieren. Diese Neigung erklärt, warum sie oft so lange brauchen, um eine wichtige Entscheidung zu treffen. Sie hassen es, etwas aufzugeben, um etwas anderes dafür zu gewinnen; sie möchten gern »alles haben«.

Sie verwenden viel Energie darauf, ihr eigenes Selbstvertrauen aufzubauen. Obgleich ihre Haltung anderen gegenüber sehr offen und ehrlich sein mag, sind sie oft zu sehr mit ihren eigenen Plänen beschäftigt, um ernsthaft zu berücksichtigen, was andere Leute denken oder wollen. Jedoch haben sie ein inneres Empfinden für die Pflicht, sich um andere zu kümmern, und wenn sie es lernen, die Bedürfnisse anderer Menschen zu verstehen, werden sie in der Lage sein, ihr Leben leichter zu entfalten.

Die Männer dieses Typs sind leichtlebiger als die Frauen und erwarten oft, einen starken Partner zu finden. Jedoch erfreuen sie sich auch ihrer Freiheit und können zu enge Beziehungen nicht ertragen. Frauen dieses Typs verlieben sich nicht leicht, aber sobald sie einmal einen Mann gefunden haben, der ihnen eine sichere Zukunft bieten kann, entwickelt sich sofort ihre Liebe. Gegenüber ihrer Familie sind sie sehr beschützend.

Diese Menschen haben sehr viel Glück mit Geld und Arbeit und viel Energie, um eine erfolgreiche Zukunft aufzubauen. Ihr leichtlebiges Wesen kommt ihrem ausgeprägten Ehrgeiz manchmal in die

Quere. Das Wichtigste, was sie lernen müssen, ist die Beherrschung ihrer Überempfindlichkeit, damit sie ihre Fähigkeit, Situationen zu erkennen und zu meistern, nicht behindert.

GEORGE WASHINGTON – 22. Februar 1732
JACK BENNY – 14. Februar 1894
ROBERT WAGNER – 10. Februar 1930
JOHN FRANKENHEIMER – 19. Februar 1930
JOANNE WOODWARD – 27. Februar 1930
PETER FONDA – 23. Februar 1939
TOMMY TUNE – 28. Februar 1939
JENNIFER O'NEILL – 20. Februar 1948
BERNADETTE PETERS – 28. Februar 1948

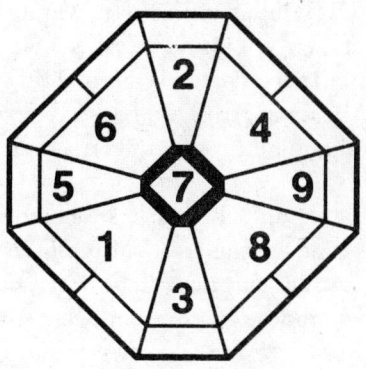

Daten des Monatswechsels

5. März–4. April 1894	6. März–4. April 1948
7. März–5. April 1903	6. März–4. April 1957
6. März–4. April 1912	6. März–4. April 1966
6. März–4. April 1921	6. März–6. April 1975
6. März–4. April 1930	5. März–3. April 1984
6. März–5. April 1939	5. März–4. April 1993

arbeitsam	*starrsinnig*
unterhaltsam	*detailbewußt*
kraftvoll	*nervös*
gute Organisatoren	*befangen*

Die meisten dieser Menschen sind sehr harte Arbeiter, die ein hohes Maß an Energie investieren, um Projekte, die sie lieben, zur Vollendung zu bringen. Sie haben ein gutes Organisationstalent, können aber zu detailbezogen sein. Ihre Begabung und ihre Anstrengungen bringen ihnen einen guten Ruf ein; auf der anderen Seite kann zuviel Aufmerksamkeit für Details ihre natürliche Fähigkeit, zu organisieren und Projekte zu vollenden, in einer Weise behindern, die ihnen vielleicht niemals bewußt wird.

Obwohl sie beträchtliches Selbstvertrauen an den Tag legen, können sie innerlich nervös und überempfindlich sein. Sie werden oft schnell von den jeweiligen Umständen beeinflußt. Wenn sie kritisiert werden, kann ihr Selbstvertrauen zusammenbrechen. Starrsinnig streben sie nach Beständigkeit und geben niemals ihren Drang nach Vollkommenheit auf. Sie haben Angst vor Kritik und der Verletzung, die diese ihnen zufügt. Jede Beschädigung ihres guten Rufes kann für sie unerträglich sein.

Ihre Empfindsamkeit und ihr starkes Selbstbewußtsein verleihen ihnen gute Manieren und ein sicheres Auftreten. In Gesellschaft neigen sie dazu, charmant und auf eine natürliche Weise unterhaltsam zu sein. Wenn sie wissen, daß andere Leute sie mögen, öffnen sie sich. Wenn jedoch jemand gegen sie ist, sind sie verletzt und reagieren sehr heftig. Das gesellschaftliche Leben ist nicht einfach für sie. Sie wenden viel Energie auf und brauchen eine ruhige Zeit, um sich psychisch wieder zu stabilisieren, sowie einen verständnisvollen Partner, der ihnen die Möglichkeit dazu gibt. Sie sind sehr zurückhaltend in diesen Zeiten und weigern sich, den Menschen einen tieferen Zugang zu ihren Gefühlen zu gestatten. Sobald aber ihre Energien erneuert sind, können sie den anderen wieder eine Menge Aufmerksamkeit schenken.

Sie sind sehr sensibel und besitzen fast einen »sechsten Sinn«. Mit ihren künstlerischen und oft spirituellen Neigungen finden sie schnell Anschluß. Ihre Überempfindlichkeit kann sie dazu bringen, ihre Meinung leicht zu ändern, aber sie treffen ihre Entscheidungen meistens unabhängig. Die Entscheidungsfindung ist jedoch oft ein mühsamer Prozeß für sie, weil sie sich dann immer fragen, ob sie die richtige Entscheidung getroffen haben. Diese Menschen sollten ihre Gefühle nicht zurückhalten, was auch immer geschehen mag. Wenn sie sich nicht äußern, kann es ihre körperliche Gesundheit beeinträchtigen.

Die Männer dieses Typs haben eine ausgeprägtere Individualität als die Frauen. Die Frauen haben eine sehr positive Lebenseinstellung und die Fähigkeit, für ihre Familien zu sorgen.

Diese Menschen brauchen eine zuverlässige, liebevolle Umgebung, die sie befähigt, zu wachsen und zu gedeihen, während die äußeren Einflüsse auf ein Minimum reduziert werden. Sie sollten versuchen, eine solche Atmosphäre für sich als einen vorbereitenden Schritt zum Erfolg aufzubauen – wenn sie nicht bereits hineingeboren worden

sind. Obwohl diese Menschen häufig mit einem Minderwertigkeitskomplex zu kämpfen haben, haben sie normalerweise das Glück, einen
verständnisvollen Partner und Helfer zu finden, eine Ehefrau oder
einen Ehemann oder einen wohlwollenden Geschäftspartner, der
ihnen helfen kann, voranzukommen, und der sie vor unerwünschten
Situationen abschirmt. Auf solche Weise können diese Menschen etwas Großes erreichen.

EMILE ZOLA – 2. April 1840
LAWRENCE WELK – 11. März 1903
SIMONE SIGNORET – 25. März 1921
DIRK BOGARDE – 29. März 1921
STEPHEN SONDHEIM – 22. März 1930
STEVE MCQUEEN – 24. März 1930
DAVID JANSSEN – 27. März 1930
NEIL SEDAKA – 13. März 1939
ALI MCGRAW – 1. April 1939
MARVIN GAYE – 2. April 1939
STEPHEN L. SCHWARTZ – 6. März 1948
JAMES TAYLOR – 12. März 1948
ANDREW LLOYD WEBBER – 22. März 1948

April 7 – 6 – 6

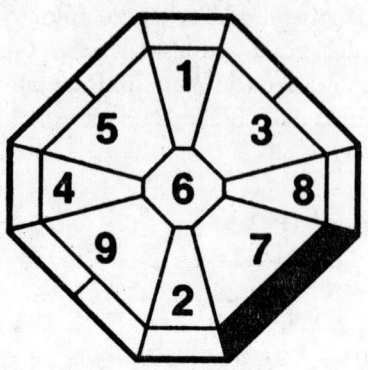

Daten des Monatswechsels

5. April–4. Mai 1894	5. April–5. Mai 1948
6. April–6. Mai 1903	5. April–5. Mai 1957
5. April–5. Mai 1912	5. April–5. Mai 1966
5. April–5. Mai 1921	7. April–5. Mai 1975
5. April–5. Mai 1930	4. April–4. Mai 1984
6. April–5. Mai 1939	5. April–4. Mai 1993

gute Organisatoren	*unflexibel*
willensstark	*starrsinnig*
zuversichtlich	*überempfindlich*
würdevoll	*stürmisch*

Diese Menschen des Siebeners können etwas unausgeglichen sein. Auf der einen Seite sind sie würdevoll und stolz, mit großem Glauben an sich selbst. Auf der anderen Seite sind sie überempfindlich und lassen sich von ihren Gefühlen treiben. So hat dieser Typ in Abhängigkeit von seinen Reaktionen auf verschiedene Situationen eine Menge Gefühlsschwankungen. Das Wichtigste für diese Menschen ist es, ihre Empfindlichkeit beherrschen zu lernen.

Sie werden sehr durch ihre Gefühle beeinflußt, weil sie anders als die

270

meisten Siebener, die mehr von äußeren Kräften bewegt werden, eine starke Intuition besitzen. Sie neigen dazu, das Leben im großen Zusammenhang zu sehen, indem sie sich hohe Ziele setzen und einen hohen Grad von Perfektion erwarten, um diese Ziele zu erreichen. Sie besitzen normalerweise die nötige Energie, um ihre Wünsche durchzusetzen. Sobald sie einmal etwas gefunden haben, was ihnen gefällt, begeistern sie sich sehr dafür, es weiterzuentwickeln.

Diese Art von positiver Energie und Begeisterung hilft ihnen, Projekte zu vollenden. Jedoch können ihre Konzentration und ihre Anstrengungen hier so intensiv werden, daß sie nicht mehr in der Lage sind, irgend etwas oder irgend jemanden zu berücksichtigen. Das kann Probleme verursachen.

Sie haben natürliche Führungsqualitäten, aber ihre Überempfindlichkeit behindert sie häufig. Sie mögen die Arbeiten ihren eigenen Gefühlen entsprechend in ihrem eigenen Stil organisieren, sind aber doch in Gefahr, die Kontrolle sowohl über ihr Organisationstalent als auch über ihre beträchtliche Energie zu verlieren, sobald ihre empfindliche Seite getroffen und ihr Wohlbefinden bedroht ist.

Es ist niemals leicht für diese Menschen, ihre Meinung zu ändern oder ihre Pläne zu korrigieren. Sie sind weniger anpassungsfähig als andere, weil sie es lieben, ihren starken Intuitionen zu folgen. Sie können ihre leidenschaftlichen Gefühle nicht gut in ihrem Inneren verbergen. Wenn das, was sie denken, zufällig mit dem übereinstimmt, was andere denken, entwickeln sich die Dinge reibungslos. Wenn nicht, dann können sie zwischen sich und den anderen eine erhebliche Distanz herstellen, indem sie starrsinnig jeden Kompromiß verweigern. Aus diesen Gründen ist es oft schwierig für andere, diesen Menschen zu folgen.

In der Liebe sind sie sehr gefühlsbetont, sobald sie sich einmal emotional engagiert haben. Die Männer dieses Typs verwenden mehr Energie auf das außerhäusliche Leben. Die Frauen sind unabhängiger und neigen dazu, das Leben auf ihre eigene Weise zu organisieren, was sowohl gut wie auch schlecht sein kann. Ihre Haltung ist ziemlich selbstbewußt, und daher werden sie von anderen oft irrtümlich als hochmütig und stolz eingeschätzt. Sie sind gern Führer und haben die Kraft und Energie, bei der Arbeit wie zu Hause viel Verantwortung zu übernehmen.

Der Schlüssel für die Entwicklung des Erfolges bei diesen Menschen ist es, ihre Empfindlichkeiten auszugleichen. Wenn sie diese unter Kontrolle bringen können und es lernen, sich an Situationen anzupassen, haben sie das Potential sowohl zur Führerschaft als auch für große Leistungen.

ULYSSES S. GRANT – 27. April 1822
CLEMENTINE CHURCHILL – 8. April 1885
HAROLD LLOYD – 20. April 1894
RUDOLF HESS – 26. April 1894
DR. BENJAMIN SPOCK –2. Mai 1903
DAVID FROST – 7. April 1939
FRANCIS FORD COPPOLA – 7. April 1939
DUSTY SPRINGFIELD – 16. April 1939
JUDY COLLINS – 1. Mai 1939
GIORGIO DI SANT'ANGELO – 5. Mai 1939

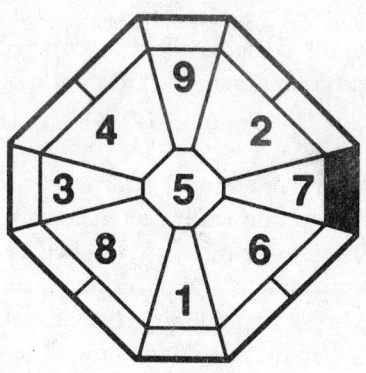

Daten des Monatswechsels

5. Mai–5. Juni 1894	6. Mai–5. Juni 1948
7. Mai–6. Juni 1903	6. Mai–5. Juni 1957
6. Mai–5. Juni 1912	6. Mai–5. Juni 1966
6. Mai–5. Juni 1921	6. Mai–5. Juni 1975
6. Mai–5. Juni 1930	6. Mai–4. Juni 1984
6. Mai–5. Juni 1939	5. Mai–5. Juni 1993

überempfindlich	*berechnend*
bequem	*starrsinnig*
gesellig	*selbstbewußt*
begabt	*hartnäckig*

Die meisten dieser Menschen sind von Natur aus mit der Energie gesegnet, ein erfülltes Leben aufzubauen. Anstatt zu versuchen, in einen bestehenden Rahmen hineinzupassen, werden diese Menschen normalerweise eher versuchen, Situationen zu finden oder zu schaffen, die zu ihnen passen. Sie können durch selbständige Arbeit weit mehr zustande bringen, als wenn sie Teil einer Gruppe sind, wo sie nicht ihre eigenen Maßstäbe setzen können.

Sie besitzen eine interessante Kombination von Charakterzügen.

273

Auf der einen Seite sind sie überempfindlich, sehr leicht zu beeinflussen und auf Selbstschutz bedacht. Auf der anderen Seite sind sie leutselig, unterhaltsam und sehr gesellig. Zu lernen, diese unterschiedlichen Eigenschaften ins Gleichgewicht zu bringen, ist der beste Weg für sie, sich selbst zu verstehen. Wenn sie ihre Empfindlichkeit zu beherrschen lernen, haben sie eine gute Chance, das zu erreichen, was sie sich wünschen.

Obgleich sie bequem sein können, sind sie trotzdem sehr auf Selbstbehauptung bedacht und können berechnend sein. Sie können diesen Zug positiv nutzen, indem sie für ein Vorhaben alles geben, sobald sie sich einmal engagiert haben. Sie mögen es nicht, etwas nur halb zu tun. Sie bevorzugen es, vorsichtig und mit großer Ernsthaftigkeit vorzugehen, bis sie ihr Vorhaben bis zur Vollendung durchgeführt haben. Mit ihrer Empfindlichkeit ist große Voraussicht gepaart, und zusammen mit ihrer starrsinnigen Ausdauer hilft ihnen das, ihre Pläne durchzuführen.

In der Öffentlichkeit sind sie oft gute Gesprächspartner. Ihr Zugang zu anderen Menschen oder Beziehungen ist durch eine kindliche Unschuld gekennzeichnet, die manchmal an Idealismus grenzt. Sie können leicht ausgenützt oder betrogen werden, wenn sie sich der Zweischneidigkeit dieser Charakterzüge nicht bewußt sind.

Ihr von Natur aus unterhaltsames Wesen führt sie oft dazu, ein Leben im Luxus zu lieben (und zu erwarten!). Sie haben normalerweise Glück im Umgang mit Geld und geben es ungezwungen für ihr eigenes Vergnügen aus. Sie brauchen jemanden, der sie zurückhalten und ihnen helfen kann, ihre finanziellen Ausgaben zu bedenken, ohne ihnen den Spaß daran zu nehmen. Diese Menschen haben auch die Fähigkeit, eine gute Familienatmosphäre zu schaffen.

Die Männer erlauben es sich schon mal, ihre Organisationsfähigkeit durch ihre Empfindlichkeit behindern zu lassen. Sie neigen dazu, große Bewegungsfreiheit und eine entspannte, unstrukturierte Lebensweise zu bevorzugen. Die Frauen haben die nötige Energie und Entschiedenheit, ihr Leben zu organisieren, und sie lieben es nicht, von ihren Männern beherrscht zu werden.

Diese Menschen sind normalerweise sehr gesellig und legen großen Wert auf ihr gesellschaftliches Leben. Sie lieben die Unterhaltung und gutes Essen. Oft konzentrieren sie ihre Talente auf die verschiedensten künstlerischen Bestrebungen. Auf diese Weise wenden sie viel Energie auf, so daß sie immer wieder viel Zeit brauchen, sich zu entspannen.

DOLLY MADISON – 20. Mai 1768
RICHARD WAGNER – 22. Mai 1813
MARTHA GRAHAM – 11. Mai 1894
DASHIELL HAMMETT – 27. Mai 1894
BOB HOPE – 29. Mai 1903
PHIL SILVERS – 11. Mai 1912
PERRY COMO – 18. Mai 1912
SAM SNEAD – 27. Mai 1912
DANIEL BERRIGAN – 9. Mai 1921
NELSON RIDDLE –1. Juni 1921
CLINT EASTWOOD – 31. Mai 1930

Juni 7 – 4 – 8

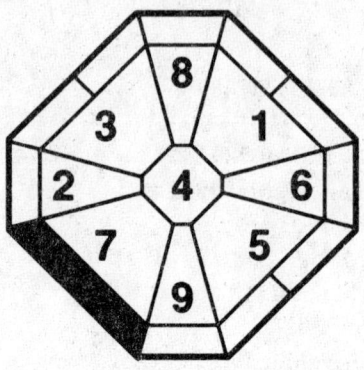

Daten des Monatswechsels

6. Juni–6. Juli 1894	6. Juni–6. Juli 1948
7. Juni–7. Juli 1903	6. Juni–6. Juli 1957
6. Juni–6. Juli 1912	6. Juni–6. Juli 1966
6. Juni–7. Juli 1921	6. Juni–7. Juli 1975
6. Juni–7. Juli 1930	5. Juni–6. Juli 1984
6. Juni–7. Juli 1939	6. Juni–6. Juli 1993

einfallsreich	*beharrlich*
liebenswürdig	*überempfindlich*
gesellig	*emotional*
vorsichtig	*eigensinnig*

Diese Menschen erscheinen lebhaft, fröhlich und liebenswürdig. Dies verleiht ihnen ein angenehmes, natürliches Auftreten in ihrem gesellschaftlichen Leben, das sie aktiv pflegen. Innerlich jedoch sind sie oft eigensinnig und unbeugsam. Sie lieben es nicht, gehorchen zu müssen.

Die meisten von ihnen sind sehr gescheit und einfallsreich, wobei sie sich an das halten, was ihnen logisch erscheint. In ihrem alltäglichen Leben aber verhalten sie sich nicht unbedingt logisch. Das liegt daran, daß sie von ihren Gefühlen und ihrer Empfindlichkeit stark beeinflußt

276

werden. Sie ändern ihre Meinung recht oft. Aber selbst dann versuchen sie, an ihren eigenen Ideen festzuhalten und ihren eigenen Weg zu gehen, wann immer es möglich ist.

Sie sind normalerweise vorsichtig und klug und nehmen sich die Zeit, mit klarem Verstand eine Entscheidung zu treffen. Sobald sie jedoch etwas fest in der Hand haben, ist ihre zielbewußte Beharrlichkeit in der Tat recht ausgeprägt. Dies macht sie zu dem Typ, der »niemals aufgibt«.

Ihr Denken kann erheblich von ihrem emotionalen, überempfindlichen Wesen bestimmt werden. Darauf beruht ihr gelegentlicher Mangel an Konsequenz, der ein Problem werden kann. Es kann sie einige Zeit kosten, einen Punkt im Leben zu erreichen, wo sie zufriedengestellt sind, da sie ihre Meinung absichtlich ändern, aber sie verfügen immer über das Potential, etwas zustande zu bringen, und verlieren niemals die Hoffnung. Selbst wenn sie sehr verzweifelt sind, können diese Menschen tatsächlich ihre Schwierigkeiten durchbrechen, indem sie ihren starken Willen und ihre große Entschlossenheit aktivieren.

Die meisten dieser Menschen erhielten viel Aufmerkamkeit von ihrem gegengeschlechtlichen Elternteil. Dies beeinflußt erheblich ihr Bedürfnis nach Zuneigung als Erwachsene. Obwohl die Männer dieses Typs ihre eigenen starken, entschiedenen Vorstellungen über die Entwicklung ihres Lebens haben, versuchen die Frauen, sich mit mächtigen Männern zu verbinden, die eine kraftvolle Erscheinung oder Präsenz besitzen.

Diese Menschen neigen dazu, alles nach ihren eigenen Maßstäben zu beurteilen, so daß es die Leute in ihrer Umgebung schwer haben, ihre Gedanken zu verstehen. Jedoch ist es ihre Natur, für die Menschen zu sorgen, die in ihren Einflußbereich kommen. Anfangs widmen sie anderen viel Aufmerksamkeit und Rücksicht, aber letztendlich wollen sie die Situation selbst bestimmen.

Mit ihrem unbeugsamen Wesen und ihrer großen Empfindlichkeit entfremden sie sich oft von mächtigen und einflußreichen Leuten, weil sie es schwer haben, einer stärkeren Führungsperson zu folgen. Dies kann sie in die Isolierung führen, so daß sie nicht mehr wissen, wie sie aus ihrem Leben etwas Nützliches machen sollen. In solchen Zeiten verlassen sie sich auf ihren Charme, ihr ungetrübtes Selbstvertrauen und ihren Einfallsreichtum, um durchzukommen.

LOU GEHRIG – 19. Juni 1903
DUKE OF EDINBURGH – 10. Juni 1921
JANE RUSSELL – 21. Juni 1921
JOSEPH PAPP – 22. Juni 1921
NANCY REAGAN – 6. Juli 1921
ROBERT EVANS – 29. Juli 1930
TODD RUNDGREN – 22. Juni 1948

Juli 7 – 3 – 9

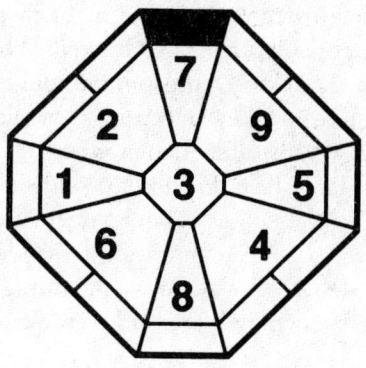

Daten des Monatswechsels

flexibel
stolz
gescheit
einfallsreich

überempfindlich
selbstgerecht
ungeduldig
hastig

Diese Menschen sind schlagfertig und flexibel, so daß sie sich leicht an die meisten Situationen anpassen. Ihr Einfallsreichtum bringt neue, oft brillante Ideen hervor, die andere Menschen gern akzeptieren. Ihre Voraussicht, ihr gutes Konversationstalent und ihre intelligenten Äußerungen in geselligen Situationen wirken attraktiv auf Leute, die vielleicht daran interessiert sind, ihren Ideen zu folgen oder sich an ihren Projekten zu beteiligen. Besonders tüchtig sind sie darin, interessante, gewinnbringende Finanzperspektiven ausfindig zu machen.

279

Sie sind stolz und überempfindlich, und wenn sie mit einer wichtigen Situation konfrontiert werden, treibt sie ein starker Gerechtigkeitssinn, damit fair, ehrlich und direkt umzugehen. Es ist unmöglich für diese Menschen, ihre Gefühle zu verbergen. Sobald sie einmal stark empfinden, werden sie keine Kompromisse schließen und sich nicht einreden, etwas anderes denken oder tun zu wollen.

Ihre Intelligenz und Sensibilität helfen ihnen, die Gedanken anderer Menschen zu lesen. Trotz ihrer Flexibilität sind sie allerdings selbstgerecht in bezug auf Vorlieben und Abneigungen. Tatsächlich kann ihre Flexibilität zeitweise so übersteigert sein, daß andere Leute ihre Aufrichtigkeit in Frage stellen oder sie für wankelmütig halten. Aber dieser Typ wird immer versuchen, in klarer, offener Weise zu äußern, was er im Sinn hat.

Diese Menschen werden durch einen starken Drang nach Zuneigung getrieben, was einen erheblichen Einfluß auf ihren Verstand und ihre Gefühle hat. Manchmal erwarten sie so viel Zuneigung, daß sie, wenn sie nicht vollständig befriedigt sind, sehr frustriert werden. Jedoch sind sie klug genug, diese Frustration nur solchen Leuten zu offenbaren, die sie verstehen oder ihnen helfen können.

Ihre Überempfindlichkeit kann in Widerspruch zu ihrem von Natur aus flexiblen, einfallsreichen Verstand treten. Sie können übereilte Entscheidungen treffen, noch ehe sie wirklich ihre Gedanken auf den Gegenstand ausgerichtet haben. Sie fühlen sich gedrängt, etwas zu tun, sobald eine Situation gegeben ist. Diese Ungeduld kann ihr Verderben sein, wenn sie die Dinge nicht in Ruhe durchdenken.

Frauen dieses Typs sind sehr stolz und ziemlich offen. Sie wollen voll befriedigt sein und brauchen viel Zuneigung, sonst werden sie frustriert.

Die Männer dieses Typs haben starke Begierden, aber ihre Energie ist nicht immer stark genug, diesen zu entsprechen. Ihre Entscheidungen können fragwürdig wirken, weil sie oft ihre Meinung ändern und dazu neigen, ihre Chance zum Handeln zu versäumen. Sie sollten ihre Begierden unter Kontrolle bringen und lernen, andere mehr zu berücksichtigen. Die Männer sind manchmal Spieler, aber wenn sie vor eine ernsthafte Wahl gestellt werden, handeln sie nicht immer entschieden. Sowohl Männer als auch Frauen dieses Typs sind stark von ihren Müttern beeinflußt, was beträchtliche Auswirkungen auf ihre Bedürfnisse hat. Bei Gefühlen kann ihre Flexibilität in Widerspruch zu ihrem Engagement in einer Beziehung treten. Für andere Bereiche des Lebens verschafft sie ihnen jedoch viel Energie.

In der Liebe geben diese Menschen leicht auf. Ihre Leidenschaft brennt heiß, kann aber nach einiger Zeit abkühlen. Sobald das geschieht, werden diese empfindlichen Menschen von Frustration geplagt, bis sie die Aufmerksamkeit und Zuneigung finden, die sie brauchen.

REMBRANDT – 15. Juli 1606
ALDOUS HUXLEY – 26. Juli 1894
WOODY GUTHRIE – 14. Juli 1912
JOHN GLENN – 18. Juli 1921
NEIL ARMSTRONG – 5. August 1930
ELEANOR SMEAL – 30. Juli 1939
PETER BOGDANOVICH – 30. Juli 1939
PEGGY FLEMING – 27. Juli 1948

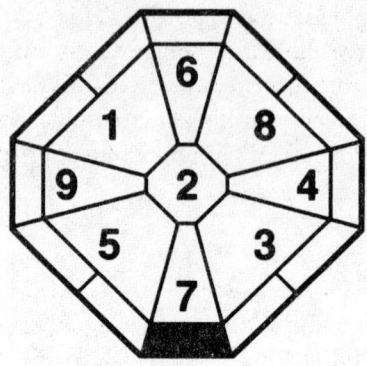

Daten des Monatswechsels

7. August–7. September 1894	7. August–7. September 1948
9. August–8. September 1903	8. August–7. September 1957
8. August–7. September 1912	8. August–7. September 1966
8. August–7. September 1921	8. August–7. September 1975
8. August–7. September 1930	7. August–6. September 1984
8. August–7. September 1939	7. August–7. September 1993

stetig	*überempfindlich*
vorsichtig	*auf Selbstschutz bedacht*
einfallsreich	*berechnend*
gesellig	*unsicher*

Die meisten Menschen dieses Typs sind einfallsreich und haben die Beständigkeit, ihr Leben erfolgreich zu entwickeln. Dies verleiht ihnen die Fähigkeit, komplizierte Situationen gelassen zu beurteilen.

Diese Menschen suchen immer nach Aufmerksamkeit, die entscheidend ist für ihr Gefühl von Wohlbefinden. Da sie dazu neigen, überempfindlich und auf Selbstschutz bedacht zu sein, können sie von anderen leicht so beeinflußt werden, daß sie unsicher werden. Sie sind sich ihrer emotionalen Verletzlichkeit bewußt und versuchen, ihre

Unsicherheit gegenüber der Außenwelt zu verbergen oder auf ein Minimum zu reduzieren. Obgleich sie nach außen hin in einer bestimmten Weise wirken mögen, fühlen sie innerlich oft etwas völlig anderes. Sie brauchen und erwarten von anderen, daß sie ihre Gefühle verstehen und mit ihnen sympathisieren, ob sie diese äußern oder nicht.

Im allgemeinen sind sie gesellig, weil ihnen das die Gelegenheit gibt, zu erfahren, was in den Köpfen anderer vorgeht. Wenn sie von anderen Menschen genug Aufmerksamkeit bekommen, sind sie gute Zuhörer und gute Gesprächspartner. Selbst dann sind sie aber extrem vorsichtig und vertrauen anderen nicht leicht.

Sobald diese Menschen einmal wissen, was sie tun wollen, treffen sie klare Entscheidungen. Weil sie so vorsichtig sind, brauchen sie oft mehr Zeit, sich zu entschließen, so daß andere Leute irrtümlich denken, sie seien entscheidungsschwach. Zeitweise kann ihre Unsicherheit ihre Fähigkeit stören, ein Vorhaben bis zur Vollendung durchzuführen.

Obwohl sie gern glänzend und angeberisch auftreten, kann ihre Vorsicht ihre natürliche Begeisterung behindern. Doch immer verlangen sie nach Aufregung und nach den feinen Dingen im Leben und behalten auf lange Sicht eine positive Perspektive.

Viele dieser Menschen haben Schwierigkeiten in der Liebe, weil sie anderen nicht leicht vertrauen und sehr auf Selbstschutz bedacht sind. Sie können zu vorsichtig sein und zu lange brauchen, sich zu entscheiden, so daß ihre Geliebten des Wartens überdrüssig werden und aufgeben.

Im Geschäftsleben haben diese Menschen aufgrund ihrer verläßlichen, einfallsreichen Natur ein großes Potential, zukünftigen Erfolg aufzubauen. Jedoch dürfen sie nicht zuviel Betonung auf die Finanzen legen. Wenn sie dies tun, werden ihre Unsicherheit und ihr Mangel an Vertrauen sie in einer Weise behindern, die sie sich nicht vorstellen können. Diese Menschen müssen im Kreise von hilfsbereiten Kollegen arbeiten, die ihnen die Aufmerksamkeit und Zuneigung geben können, die sie brauchen, um all ihre Wünsche zu erfüllen. Wenn sie sich mit Leuten wohlfühlen, verwenden sie große Energie darauf, ihnen zu helfen. Sobald sie aber in einer Situation irgendeine Unausgeglichenheit von Geben und Nehmen bemerken, können sie vollkommen das Interesse verlieren.

Julia Child – 15. August 1912
Gene Kelly – 23. August 1912
Alex Haley – 11. August 1921
Sean Connery – 25. August 1930
Mitzi Gaynor – 4. September 1930
William Friedkin – 29. August 1939
Elizabeth Ashley – 30. August 1939
Lily Tomlin – 1. September 1939
Robert Plant – 20. August 1948

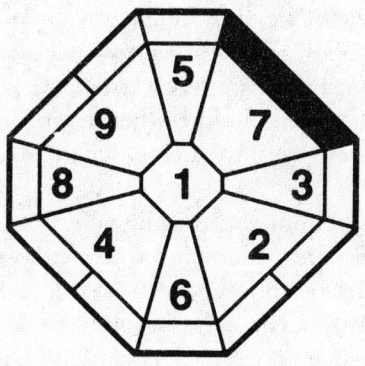

Daten des Monatswechsels

8. September–7. Oktober 1894	8. September–7. Oktober 1948
9. September–8. Oktober 1903	8. September–8. Oktober 1957
8. September–8. Oktober 1912	8. September–8. Oktober 1966
8. September–8. Oktober 1921	8. September–8. Oktober 1975
8. September–8. Oktober 1930	7. September–7. Oktober 1984
8. September–8. Oktober 1939	8. September–7. Oktober 1993

intuitiv	*halsstarrig*
verläßlich	*konservativ*
großzügig	*leidenschaftlich*
gesellig	*überempfindlich*

Diese Menschen neigen dazu, intuitiv zu sein. Sobald sie einmal starke Gefühle haben, folgen sie ihnen sehr unabhängig. Sie scheinen eine glückliche Hand darin zu haben, bei diesen Situationen Entscheidungen zu treffen.

Im gesellschaftlichen Leben bewegen sie sich normalerweise sicher. Ob diese Menschen gesprächig sind oder nicht, das hängt weitgehend davon ab, ob sie an dem jeweiligen Gesprächsthema interessiert sind. Ihre leichtlebige Natur hilft ihnen, viele verschiedene Leute kennenzulernen, aber sie öffnen sich nicht leicht gegenüber Menschen, bevor sie diese nicht gut kennen. Ihre Empfindlichkeit macht sie schüchtern, und oft ist es schwer für sie, ihre Zuneigung zu äußern, solange nicht irgend etwas Wichtiges geschieht. Sobald sie aber erst einmal mit ernsthaften Emotionen konfrontiert werden, lassen sie sich hineinfallen und werden sehr leidenschaftlich (besonders die Frauen). Es kann eine Weile dauern, ehe sie ihre Leidenschaft offen zugeben, da sie zurückhaltend sind.

Sie sind übersensibel und eigensinnig, aber weil sie sich großzügig und unabhängig verhalten, merken die Leute das nicht immer.

Frauen haben ganz bestimmte Ideen über ihre »ideale« Beziehung und neigen dazu, Liebhaber eines besonderen Typs zu wählen, der einem sehr persönlichen Geschmack entspricht. Dies kann zu Schwierigkeiten führen. Die Frauen müssen sich ständig des Konflikts zwischen ihrem unabhängigen Verstand und ihrem im Grunde abhängigen Wesen bewußt sein und versuchen, ein gesundes Gleichgewicht zwischen beiden zu halten. Die Männer sind zurückhaltender bei der Entfaltung ihres Lebens. Oft äußern sie sich nicht genau genug, weil sie extrem auf Selbstschutz bedacht sind.

In bezug auf Geld scheinen diese Menschen indirekt mit Glück gesegnet zu sein. Zum Beispiel könnten sie einen guten Partner wählen, der ihnen hilft, ihr Geschäft aufzubauen, oder die Empfehlung eines Freundes könnte ihnen eine gute Gelegenheit zum Geldverdienen verschaffen. Sie können mit Geld umgehen, sind aber zurückhaltend mit ihren Investitionen. Das gleiche scheint für die Entscheidungen zu gelten, die sie treffen. Irgend etwas oder irgend jemand erscheint immer gerade im richtigen Augenblick, um ihnen zu helfen, die richtige Wahl zu treffen. Auch ihre Intuition hilft ihnen dabei.

Das wichtigste für diesen Typ ist es, zu wissen, wie er seine beträchtliche Stetigkeit und seine Empfindlichkeit ins Gleichgewicht bringt. Wenn diese Menschen auf Schwierigkeiten stoßen, können ihr unabhängiges Denken und ihre Hartnäckigkeit ihnen zum Durchbruch verhelfen und ihre empfindliche Natur überwinden. Sie müssen lernen, ihren Verstand offenzuhalten, vor allem, wenn sie mit anderen zu tun haben.

RUTHERFORD B. HAYES – 4. Oktober 1822
D. H. LAWRENCE – 11. September 1885
MICHELANGELO ANTONIONI – 29. September 1912
RAY CHARLES – 23. September 1930
FRANKIE AVALON – 18. September 1939
OLIVIA NEWTON-JOHN – 26. September 1948

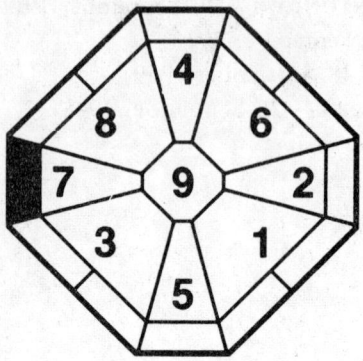

Daten des Monatswechsels

8. Oktober–6. November 1894	8. Oktober–6. November 1948
9. Oktober–8. November 1903	9. Oktober–7. November 1957
9. Oktober–7. November 1912	9. Oktober–7. November 1966
9. Oktober–7. November 1921	9. Oktober–7. November 1975
9. Oktober–7. November 1930	8. Oktober–6. November 1984
9. Oktober–7. November 1939	8. Oktober–6. November 1993

unterhaltsam	*befangen*
stolz	*voreilig*
leidenschaftlich	*hastig*
überempfindlich	*gesprächig*

Diese Menschen neigen dazu, einen mehrschichtigen Charakter zu haben. Nach außen treten sie recht gewandt auf; sie sind aktiv, zuverlässig und stark. Im Inneren jedoch sind sie passiv, empfindlich und haben oft Angst vor dem Alleinsein. Für diejenigen, die sie kennen, sind sie in der Tat »doppelköpfig«. Oft sind sie überzeugende Redner.

Diese Menschen sind unternehmungslustig und fröhlich und von Natur aus gute Unterhalter. Sie lieben es, im Mittelpunkt der Aufmerksamkeit zu stehen. Weil man sie schnell sympathisch findet und weil sie sehr gesprächig sind, fallen sie in einer Menschenmenge normalerweise auf und bewegen sich sicher in gesellschaftlichen Situationen. Ihr persönlicher Charme und ihr offensichtliches Selbstvertrauen lassen andere Leute bei der ersten Begegnung annehmen, daß sie außerordentlich zuverlässig sind. Wenn die Leute jedoch besser mit ihnen bekannt werden, können sie bemerken, daß die innerlichen Gefühle dieser Menschen ganz anders sind als jene, die sie ursprünglich zur Schau gestellt haben.

Diese Menschen verwenden enorme Energie auf ihr persönliches Auftreten und ihre Erscheinung in der Öffentlichkeit. Innerlich sind sie in bezug auf ihre Erscheinung befangen und überempfindlich gegenüber Kritik; in Kombination mit ihrem Stolz macht sie dies zu einer leichten Beute für Schmeichler.

Sie neigen auch dazu, launisch zu sein, und können abrupt oder aggressiv reagieren, wenn sie mit einer wichtigen Veränderung oder einer öffentlichen Herausforderung konfrontiert werden. Wenn ihre Stimmung gelassen ist, erlaubt ihnen die Verbindung von natürlicher Voraussicht mit ihrem Sinn für Stolz und ihrer Flexibilität, selbst in Zeiten großer Schwierigkeiten logisch zu denken. Dieser Typ akzeptiert jedoch nicht immer die Meinung anderer, sondern versucht oft, manchmal zum Schaden anderer Betroffener, seine eigenen Ideen durchzusetzen. Die Kritik an anderen kann hier ein Mittel sein, die eigenen Interessen zu schützen. Dieser Aspekt ihres Wesens wird normalerweise nicht von der Geduld begleitet, die erforderlich ist, Dinge zu Ende zu bringen, was oft zum Scheitern eines Vorhabens führt.

Frauen dieses Typs widmen ihrer Erscheinung viel Aufmerksamkeit und sind oft faszinierend. Sie benötigen mehr Zuwendung, als die Leute vermuten, weil sie dazu neigen, stärker zu erscheinen, als sie wirklich sind. Die Männer haben eine Tendenz, auf andere Leute beim ersten Kontakt sehr zuverlässig zu wirken; sie sind aber oft frivoler als vermutet. Darum können sie trotz ihres Charmes Schwierigkeiten bekommen, eine Geliebte an sich zu binden.

In Geldangelegenheiten sind diese Menschen schnell bei der Hand, gewinnbringende Situationen auszunützen. Bei der Langzeitplanung jedoch lassen sie leicht Voreiligkeit und Ungeduld überwiegen, so daß sie manchmal gute Gelegenheiten verpassen. Es ist schwer für sie, ihr

Geld langfristig unter Kontrolle zu behalten. Um ihre Zahlungsfähigkeit zu sichern, müssen sie einem Plan vorsichtigen Sparens folgen.

Diese Menschen können sehr leidenschaftlich sein und viel Energie auf Dinge verwenden, die sie wirklich wollen. Ihr Erfolg hängt davon ab, daß sie ihre Überempfindlichkeit, ihre Befangenheit und ihre Voreiligkeit beherrschen. Sie müssen lernen, ihre Energien über eine längere Zeitspanne aufrechtzuerhalten und dabei immer ihre Ziele im Auge zu behalten.

JAMES K. POLK – 2. November 1795
THEODORE ROOSEVELT – 27. Oktober 1858
PAPST PAUL I. – 17. Oktober 1912
YVES MONTAND – 13. Oktober 1921
HAROLD PINTER – 10. Oktober 1930
RALPH LAUREN – 14. Oktober 1939

November 7 – 8 – 4

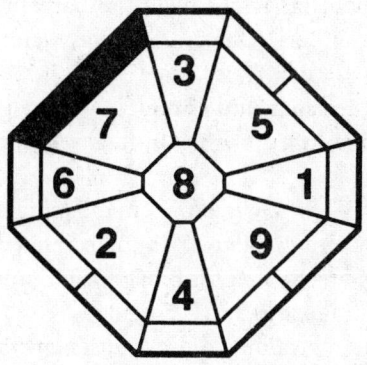

Daten des Monatswechsels

7. November–6. Dezember 1894	7. November–6. Dezember 1948
9. November–7. Dezember 1903	8. November–6. Dezember 1957
8. November–6. Dezember 1912	8. November–6. Dezember 1966
8. November–7. Dezember 1921	8. November–7. Dezember 1975
8. November–7. Dezember 1930	7. November–6. Dezember 1984
8. November–7. Dezember 1939	7. November–6. Dezember 1993

liebenswürdig	*überempfindlich*
gescheit	*egozentrisch*
gesellig	*nervös*
ehrgeizig	*hartnäckig*

Dieser Typ des Siebeners hat viele Ähnlichkeiten mit dem Februar-Siebener; jedoch sind diese Menschen weniger flexibel. Sie haben eine begrenzte Fähigkeit, ihre Überempfindlichkeit zu beherrschen. Sie sind nicht immer in der Lage, Schritt für Schritt vorzugehen. Was sie wollen, wollen sie sofort!

Sie sind gesellig und treten gewandter auf als der Februar-Siebener. Das läßt sie zuverlässig erscheinen und hilft ihnen, Leute an sich zu ziehen.

291

Sie sind ihren eigenen Gefühlen und Ideen treu; obgleich sie sich scheinbar treiben lassen, ist ihr Verhalten häufig egozentrisch. Ihre Empfindlichkeit macht sie leicht beeinflußbar durch die Meinungen anderer und durch äußere Umstände. Dies kann sie inkonsequent werden lassen.

Die meisten sind gescheit und ehrgeizig und zeigen eine unbekümmerte, liebenswürdige Art, die ihnen hilft, gesellschaftlich gut zurechtzukommen.

Die Frauen dieses Typs neigen dazu, unabhängiger als die Männer zu sein, und sie haben eine größere Fähigkeit, andere zu beherrschen. Männer dieses Typs erscheinen sanfter als die Frauen und fühlen sich zu starken Frauen hingezogen.

Was Geld anbelangt, scheinen diese Menschen eine glückliche Hand beim Erwerb zu haben, aber nicht dabei, es zu behalten. Sie neigen dazu, Bargeld bei dem Versuch zu verschwenden, sich einen guten Ruf zu erkaufen, selbst wenn sie den starken Wunsch haben, es für sich selbst beiseite zu legen.

Wenn es dazu kommt, Entscheidungen zu treffen, hat dieser Typ es schwer, seine Wünsche und Ambitionen in Einklang mit dem zu bringen, wozu er tatsächlich in der Lage ist, weil er durch seine Überempfindlichkeit im Geschäftsleben oft verletzt wird.

Diese Menschen haben ein ausgeprägtes Empfinden für Kunst und die Fähigkeit, Anerkennung auf künstlerischen Gebieten zu finden, wenn sie geduldig und willig sind, ihren guten Ruf Schritt für Schritt aufzubauen.

FRANKLIN PIERCE – 23. November 1804
JAMES A. GARFIELD – 19. November 1831
CLAUDE MONET – 14. November 1840
MARIE CURIE – 7. November 1867
DAVID MERRICK – 27. November 1912
JOHN V. LINDSAY – 24. November 1921
PRINZ CHARLES – 14. November 1948
CAROLINE KENNEDY – 27. November 1957

Daten des Monatswechsels

7. Dez. 1894–4. Januar 1895	7. Dez. 1948–5. Januar 1949
8. Dez. 1903–6. Januar 1904	7. Dez. 1957–5. Januar 1958
7. Dez. 1912–5. Januar 1913	7. Dez. 1966–5. Januar 1967
8. Dez. 1921–5. Januar 1922	8. Dez. 1975–5. Januar 1976
8. Dez. 1930–5. Januar 1931	7. Dez. 1984–4. Januar 1985
8. Dez. 1939–5. Januar 1940	7. Dez. 1993–4. Januar 1994

organisiert	*befangen*
arbeitsam	*überempfindlich*
besonnen	*starrsinnig*
Führungsqualitäten	*auf Selbstschutz bedacht*

Diese Menschen haben von Natur aus ein detailorientiertes Denken. Ihre Organisationsfähigkeit ist sehr stark, und doch wenden sie, sobald sie sich einmal auf ein Projekt konzentrieren, so viel Energie für dessen Durchführung auf, daß ihre Unterscheidungsfähigkeit zwischen Detail und Gesamtstruktur völlig verlorengehen kann.

Stark auf Selbstbehauptung bedacht, bauen sie ihr Leben mit einer Verbindung aus Überempfindlichkeit und einer gewissen Starrsinnigkeit auf. Die Überempfindlichkeit kann bewirken, daß sie durch die

Umstände oder von der Meinungen anderer beeinflußt werden. Sie trägt auch dazu bei, daß sie häufig ihre Meinung ändern und der Dinge leicht überdrüssig werden. Sie sind sehr auf Selbstschutz bedacht, und obwohl ihre Entscheidungen oder ihre Haltung vielleicht die meiste Zeit zuversichtlich und gefestigt erscheinen, können sie sich ängstlich oder schwach fühlen. Wenn sie äußerlich ruhig und zurückhaltend sind, können sie tatsächlich zugleich innerlich argwöhnisch und starrsinnig sein. Wenn sie sich jedoch einmal in bezug auf irgend etwas oder irgend jemanden entscheiden, äußern sie sich sehr unumwunden.

Diese Menschen neigen dazu, die Dinge vorsichtig zu bedenken, und versuchen, wo immer es möglich ist, sich dann einen vernünftigen, gewissenhaften Zugang zu ihnen zu ermöglichen. Sie haben ein starkes Bedürfnis zu herrschen und hassen halbherzige Maßnahmen. Obwohl sie eine gewisse natürliche Führungsqualität haben, ist es schwer für sie, ihre Ansichten zu mäßigen, so daß die Leute sie leicht für starrsinnig oder unflexibel halten. Sie lieben es nicht, in einer Situation zu stecken, wo jemand anderes uneingeschränkt bestimmen kann.

Sie sind arbeitsam und haben ziemlich viel Glück mit Geld. Sie lieben es, dieses auszugeben, besonders für ihre bevorzugten gesellschaftlichen Leidenschaften. Im Geschäftsleben haben sie ein gutes Auge dafür, sich ruhig auf etwas zu konzentrieren und ein kluges Urteil zu fällen. Sie bevorzugen die hochkarätigen Transaktionen.

Die Männer dieses Typs besitzen viel Energie für ihren Beruf oder ihr Geschäft und sind von Natur aus keine häuslichen Menschen. Die Frauen haben Glück in ihren Arbeitssituationen und bei Beziehungen, können es in der Ehe aber zeitweise schwer haben.

Dieser Typ hat viel gemeinsam mit dem im März geborenen Typ des Siebeners. Weniger als der März-Siebener fähig, sein detailbezogenes Wesen zu nutzen, neigt dieser Typ dazu, sich in einen gesellschaftlichen Rahmen zu drängen, indem er sein Selbstbewußtsein in einer sehr direkten Weise einsetzt. Darum halten die Leute diese Menschen für sehr stark. Sie müssen immer auf der Hut vor ihrer Überempfindlichkeit sein, durch die sie die Kontrolle verlieren, wenn diese aus dem Gleichgewicht geraten ist.

Isaac Newton – 25. Dezember 1642
Arthur Fiedler – 17. Dezember 1894

294

STEVE ALLEN – 26. Dezember 1921
ALVIN AILEY – 5. Januar 1931
PHIL SPECTOR – 26. Dezember 1939
JACK NICKLAUS – 2. Januar 1940

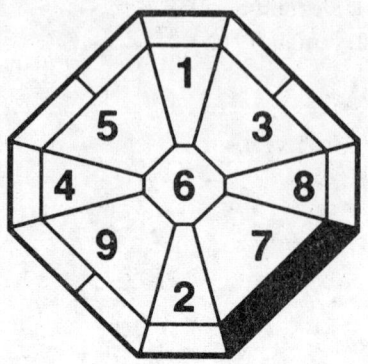

Daten des Monatswechsels

5. Januar–3. Februar 1895	6. Januar–3. Februar 1949
7. Januar–4. Februar 1904	6. Januar–3. Februar 1958
6. Januar–3. Februar 1913	6. Januar–3. Februar 1967
6. Januar–4. Februar 1922	6. Januar–4. Februar 1976
6. Januar–4. Februar 1931	5. Januar–3. Februar 1985
6. Januar–4. Februar 1940	5. Januar–3. Februar 1994

weichherzig	*überempfindlich*
charismatisch	*unflexibel*
intuitiv	*starrsinnig*
verständig	*stolz*

Diese Menschen haben natürliche Führungsqualitäten, die sofort ins Auge fallen. Sie setzen ihre eigenen Maßstäbe und haben ihre eigene, individuelle Philosophie. Doch sind sie weichherzig und empfindsam, so daß sie andere anziehen, die sie als starke Persönlichkeit betrachten.

Viele dieser Menschen sind sehr stolz auf diese Eigenschaften und neigen dazu, sich überlegen zu fühlen. Obgleich sie empfindsam und verantwortungsbewußt im Sorgen für andere sind, werden ihr Stolz und ihr Mangel an Anpassungsfähigkeit zum Störfaktor, wenn sie nicht aufpassen. Sie können zu sehr auf »ihren Weg« fixiert sein. Dieser Mangel an Anpassungsfähigkeit kann jedoch auch eine gute Seite haben. Gepaart mit ihrer Starrsinnigkeit hilft er ihnen, alles ihren Vorstellungen entsprechend durchzuführen. Die Meinungen oder Methoden anderer Leute befriedigen sie normalerweise nicht.

Sie haben eine starke Intuition und die Willenskraft, ihr eigenes Schicksal zu steuern, was es für sie leicht macht, ihren Gefühlen entsprechend vorzugehen. Wenn sie mit etwas Ernsthaftem konfrontiert werden, werden sie sehr emotional und impulsiv. Manchmal, wenn ihre Überempfindlichkeit aus dem Gleichgewicht gerät, können sie ihre Fähigkeit verlieren, eine Situation objektiv zu beurteilen. Ihr Leben kann eine Folge extremer Gefühlsschwankungen sein. Normalerweise jedoch haben diese Menschen die nötige Zuversicht und Hartnäckigkeit, um die schlechten Zeiten zu überstehen.

In der Liebe sind sie positiv, aktiv und beständig. Sobald ihre Gefühle einmal entflammt sind, können sie egoistischer sein, als ihnen bewußt ist. Die Frauen verlassen sich auf sich selbst und erwarten nicht, von jemand anderem abhängig zu sein. Bei der Arbeit wie zu Hause suchen sie die Verantwortung. Die Männer, die sich ebenfalls sehr auf sich selbst verlassen, sind weniger anpassungsfähig als die Frauen. In häuslichen Situationen kann die Anpassung schwer für sie werden, und es kann sich für sie als kompliziert erweisen zu lernen, wie sie Familie und Geschäft in ein Gleichgewicht bringen können.

Gepaart mit ihrer Intuition bringen ihre Überempfindlichkeit und ihre Starrsinnigkeit sie dazu, sich radikal auf ein Interessengebiet zu konzentrieren. Je nachdem, ob sie ihr kühles Urteil aufrechterhalten können und auf ihre starke Intuition hören oder nicht, kann dies großen Erfolg oder Schwierigkeiten bringen.

Sie scheinen in Geldangelegenheiten Glück zu haben, handeln aber auch hier nach dem Gefühl. Das Ergebnis ist, daß sie Schwierigkeiten haben können, eine stabile Finanzlage aufrechtzuerhalten.

Obgleich es zwischen diesen Menschen und dem April-Siebener viele Ähnlichkeiten gibt, ist der April-Typ sehr geneigt, seinen Gefühlen zu folgen, und daher weniger flexibel als der Januar Typ. Der Januar-Typ hat mehr Glück mit Geld und schenkt finanziellen Angelegenheiten mehr Aufmerksamkeit. Das hilft ihm, seine Emotionen erfolgreicher zu beherrschen und flexibler als der April-Typ zu sein.

Edouard Manet – 23. Januar 1832
John Ford – 1. Februar 1895
Cary Grant – 18. Januar 1904
George Balanchine – 22. Januar 1904
Richard M. Nixon – 9. Januar 1913
James Earl Jones – 17. Januar 1913
Danny Kaye – 18. Januar 1913
Carol Channing – 30. Januar 1922
Sam Cooke – 22. Januar 1931
Gene Hackman – 30. Januar 1931
John Belushi – 24. Januar 1949

Februar **8** – 2 – 2

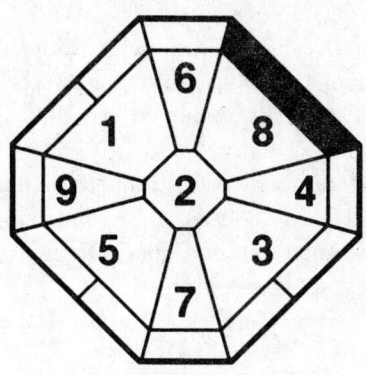

Daten des Monatswechsels

3. Februar–4. März 1893	5. Februar–5. März 1947
5. Februar–5. März 1902	5. Februar–4. März 1956
5. Februar–6. März 1911	4. Februar–5. März 1965
5. Februar–5. März 1920	4. Februar–5. März 1974
4. Februar–5. März 1929	4. Februar–5. März 1983
4. Februar–5. März 1938	4. Februar–4. März 1992

ehrgeizig	*abhängig*
stetig	*eigensinnig*
neugierig	*hartnäckig*
zurückhaltend	*ausdauernd*

Diese Menschen sind gescheit und ehrgeizig. Sie erscheinen schwach und verletzlich, sind aber tatsächlich recht eigensinnig. Sie entwickeln ihr Leben, indem sie ihrem sehr eigenständigen Verstand in einer zurückhaltenden, besonnenen Weise folgen.

Ihre Ambitionen halten ihren nach neuen Erfahrungen suchenden Intellekt in Bewegung. Sie haben ein unglaubliches Gedächtnis, und ihre Empfindsamkeit ist oft mit einem feinen, künstlerischen Sinn verbunden. Obwohl sie dazu neigen mögen, ihre Interessen schnell und häufig zu wechseln, fassen sie, sobald sie etwas wirklich wollen, den Entschluß, dies zu erreichen, und geben niemals auf, bis sie Erfolg haben.

Es gehört wesenhaft zu ihrer Natur, eigenständig und hartnäckig zu sein, aber auch abhängig. Als Ergebnis ist es sehr wichtig für diesen Typ, von anderen Aufmerksamkeit zu erhalten, indem sie für seine Ziele arbeiten.

Wenn sie es schaffen, bei Entscheidungen die Ansichten anderer zu berücksichtigen und eine dauerhafte Stellung zu erreichen, können ihre natürliche Besonnenheit und ihre Organisationsfähigkeit zum Tragen kommen und sie weiterbringen.

Sie können jedoch einige Zeit brauchen, bis sie diesen Punkt in ihrem Leben erreichen. Diese Menschen müssen eine große Vielfalt von Situationen erleben, um Vertrauen zu entwickeln. Obwohl sie immer nach Unabhängigkeit streben, dauert es eine gewisse Zeit. Weil sie in Wirklichkeit abhängig sind, können sie durch ihre Umgebung leicht verunsichert werden. Sie sind immer auf ihren Status bedacht und nehmen die Dinge manchmal zu ernst oder sind zu sehr von Äußerlichkeiten betroffen. Sobald sie ärgerlich werden, klammern sie sich starr an ihre eigene Meinung, aber wenn eine stärkere, kraftvollere Person versucht, sie zu halten oder zu kontrollieren, können sie nicht immer standfest bleiben und geben leicht nach. Aus diesen Gründen müssen sie sich langsam und stetig entwickeln, um sicher zu lernen, wie jede Art von übereilter Entscheidung zu vermeiden ist.

Sobald sie diese Stabilität einmal erreicht haben, kann sich ihre Lebenseinstellung ändern, vor allem, wenn sie von Freunden oder vertrauenswürdigen Mitarbeitern umgeben sind. Wenn sie sich wohlfühlen, können sie sich entspannen und es ihrem neugierigen Verstand und ihrem Engagement erlauben, anderen freie Hand zu lassen. Auf diese Weise kann eine Person, die introvertiert, zurückgezogen, argwöhnisch und unfähig ist, sich zu äußern, offen, vertrauensvoll und kontaktfähig werden. Dennoch muß dieser Typ darauf achten, nicht dadurch ins Abseits zu geraten, daß er die Ereignisse zu beherrschen versucht.

Frauen dieses Typs sind sehr eigenwillig, aber doch abhängig. Oft verwöhnt in der Jugend, haben sie es in späteren Jahren leichter, zum Erfolg zu kommen. Sie sind hervorragende Assistentinnen oder Ehefrauen und Mütter. Männer dieses Typs brauchen Zeit zur Stabilisierung und haben eine Menge Erfahrungen im Leben zu machen. Sobald sie einmal zurückgesteckt haben, können sie ihre ehrgeizigen Gedanken und ihre Stetigkeit gut nutzen.

Wegen ihres eigenwilligen, abhängigen Wesens, das ihnen hohe Ideale und große Erwartungen verleiht, haben viele dieser Menschen Schwierigkeiten in der ersten Ehe oder in einer neuen Liebesgeschichte.

CHARLES DICKENS – 7. Februar 1812
JOHN STEINBECK – 27. Februar 1902
RONALD REAGAN – 6. Februar 1911
AN WANG – 7. Februar 1920
OLIVER REED – 13. Februar 1938

März **8** – 1 – 3

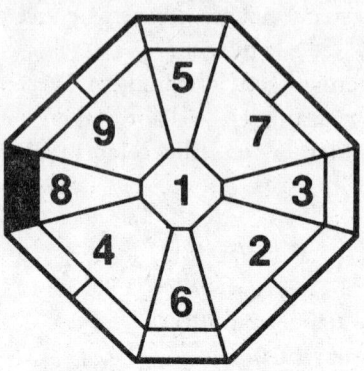

Daten des Monatswechsels

5. März–3. April 1893	6. März–4. April 1947
6. März–5. April 1902	5. März–4. April 1956
7. März–5. April 1911	6. März–4. April 1965
6. März–4. April 1920	6. März–4. April 1974
6. März–4. April 1929	6. März–4. April 1983
6. März–4. April 1938	5. März–3. April 1992

eigenwillig	*ungeduldig*
unabhängig	*ehrgeizig*
ehrlich	*empfindlich*
geradeheraus	*engstirnig*

Diese Menschen sind antriebsstark und äußern sich in einer ehrlichen, direkten Weise. Sie gehen ehrgeizig auf ihre Ziele zu. Wenn ihnen dies ermöglicht wird, werden sie sehr optimistisch sein und weder zurückblicken noch sich Sorgen machen.

Wenn diese Menschen eingeschränkt werden oder man von ihnen erwartet, daß sie ihre starken Bedürfnisse zurückhalten, werden sie sehr frustriert. Ihre Natur verlangt, daß sie ihre Wünsche zur Geltung bringen. Es ist schwer für sie, ihre Gefühle im Inneren ruhen zu lassen.

302

Diese Menschen, und besonders die Frauen, können sehr gesprächig und gesellschaftlich gewandt sein. Sie äußern sich sehr klar. Sie sind fähig, mit Worten zu verletzen, und obwohl sie gescheit sind, kann ihre Selbstsicherheit ihr Verhalten manchmal kindisch erscheinen lassen und zu Meinungsverschiedenheiten führen. Sie haben aber ein stabiles Urteilsvermögen und wissen es zu nutzen. Sie können sich andere Leute ansehen und sie recht gut einschätzen.

Weil sie empfindlich und ehrlich sind, sind sie vorsichtig damit, sich zu engagieren. Sobald sie aber einmal mit der Arbeit an einem Projekt beginnen, verwenden sie große Energie auf seine Durchführung. Bei ihrem Vorgehen müssen sie auf emotionale Probleme achten, die dadurch verursacht werden, daß sie andere Meinungen nicht berücksichtigen. Solche Situationen können zu einem Objektivitätsverlust ihres Urteils führen.

Diese Menschen verwenden große Energie darauf, für Verwandte zu sorgen. Obgleich sie normalerweise gesellig sind, haben sie manchmal Schwierigkeiten, sich auszudrücken, wenn sie, etwa in der Liebe, vor eine ernste Situation gestellt werden.

Dieser Typ hat normalerweise auf eine indirekte Weise Glück mit Geld und versteht es, dieses unter Kontrolle zu halten.

Diese Menschen müssen lernen, ihre Ungeduld zu beherrschen. Sie müssen sich davor hüten, zuviel Betonung auf sich selbst, ihre Ambitionen und Bedürfnisse zu legen. Andernfalls werden sie dazu neigen, sich auf neue Projekte zu stürzen, ehe sie die alten erledigt haben.

ANDREW JACKSON – 15. März 1767
L. RON HUBBARD – 13. März 1911
TENNESSEE WILLIAMS – 26. März 1911
TOSHIRO MIFUNE – 1. April 1920
IRENE PAPAS – 9. März 1929
JAMES COCO – 21. März 1929
RUDOLF NUREJEW – 17. März 1938
ELTON JOHN – 25. März 1947
EMMYLOU HARRIS – 2. April 1947

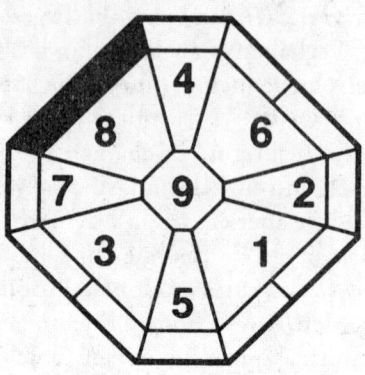

Daten des Monatswechsels

4. April–4. Mai 1893	5. April–5. Mai 1947
6. April–5. Mai 1902	5. April–4. Mai 1956
6. April–6. Mai 1911	5. April–5. Mai 1965
5. April–5. Mai 1920	5. April–5. Mai 1974
5. April–5. Mai 1929	5. April–5. Mai 1983
5. April–5. Mai 1938	4. April–4. Mai 1992

kreativ	*launisch*
ehrgeizig	*eigenwillig*
stolz	*wechselhaft*
selbstbewußt	*emotional*

Diese Menschen sind oft talentiert, was ihre Arbeit oder ihr Geschäft anbelangt. Geschicklichkeit ermöglicht es ihnen, ein vernünftiges Maß an Erfolg zu erringen. Sie sind immer aktiv im Streben nach Geld und Karriere. Oft sind sie überzeugende Redner.

Die Tatsache, daß sie nicht nur kreativ, sondern auch stolz, launisch und wechselhaft sind, verleiht ihrem Leben eine unberechenbare, emotionale Qualität. Wenn es im Leben um (in ihren Augen) unwichtige Details geht, sind sie oft auf die Hilfe anderer angewiesen.

Sie können eine Situation oft völlig in der Hand haben. Sie sind unterhaltsam, zuversichtlich und oft charmant. Innerlich jedoch können sie in bezug auf ihr Verhalten recht befangen sein.

Ihre Entscheidungen hängen normalerweise von ihren Stimmungen ab. Wenn ihre Stimmung positiv ist, sind sie eifrig und bereit, auf alles zu reagieren, was ihnen in den Weg kommt. Wenn sie unbefriedigt sind, läßt ihre Frustration sie leicht die Kontrolle verlieren.

Die meisten Frauen dieses Typs sind intelligent und stolz und haben mehr Selbstvertrauen als die Männer. Sie erlauben es sich selten, von einem Mann abhängig zu sein. Männer dieses Typs lieben verläßliche Frauen. Dennoch wollen sie normalerweise, daß alles nach ihrem Kopf geht, und ihre Freiheit ist ihnen wichtig. Sie sind tüchtig in einer flexiblen Beschäftigung, die ihnen Raum für Abwechslung und Entwicklung gibt.

Das Wichtigste für diese Menschen ist es, ihre Begabung und ihre wechselhafte Meinung miteinander zu versöhnen. Sie müssen sich auf weniger Aktivitäten konzentrieren und emotionale Höhen und Tiefen vermeiden. Sie sollten sich mehr darauf konzentrieren, langsam vorzugehen, Aufgaben zu vollenden und ihre eigenwilligen Ambitionen unter Kontrolle zu halten.

JAMES MONROE – 28. April 1758
JOAN MIRO – 20. April 1893
HUNTINGTON HARTFORD – 18. April 1911
JACQUES BREL – 8. April 1929
AUDREY HEPBURN – 4. Mai 1929
CLAUDIA CARDINALE – 15. April 1938
DOUG HENNING – 3. Mai 1947
KAREEM ABDUL-JABBAR – 16. April 1947

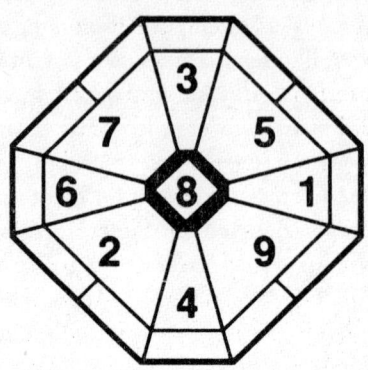

Daten des Monatswechsels

5. Mai–4. Juni 1893	6. Mai–6. Juni 1947
6. Mai–6. Juni 1902	5. Mai–5. Juni 1956
7. Mai–6. Juni 1911	6. Mai–5. Juni 1965
6. Mai–5. Juni 1920	6. Mai–5. Juni 1974
6. Mai–5. Juni 1929	6. Mai–5. Juni 1983
6. Mai–6. Juni 1938	5. Mai–4. Juni 1992

selbstbewußt	*eigenwillig*
ehrgeizig	*starrsinnig*
energisch	*kindisch*
überzeugend	*voreingenommen*

Diese Menschen haben normalerweise eine ungewöhnlich starke Antriebskraft, Ehrgeiz und große Energie, um ihre Ziele zu verfolgen. Sie
besitzen einen scharfen Witz und einen immer aktiven Verstand, der
nach neuen Erfahrungen sucht. Sie haben Lust auf Abenteuer. Dies
macht es schwierig, sie zu befriedigen.

   Diese dauernde Suche nach neuen Gelegenheiten kann sie daran
hindern, bei einem Vorhaben oder einer Person länger zu bleiben. Ihre
Begeisterung wechselt schnell, da sie ständig ihre Interessen ändern.

Dies kann ihrem Leben eine wechselhafte Qualität verleihen und auch ihre Finanzen beeinflussen. Obwohl sie mit Geld Glück haben, kann es schwer für sie sein, über einen längeren Zeitraum Stabilität aufrechtzuerhalten.

Diese Menschen erscheinen stolz und zuverlässig und sind aktiv und ehrgeizig. Sie ziehen die Aufmerksamkeit der Leute leicht auf sich und haben die Fähigkeit, überzeugend zu sprechen. Andere finden sie charmant und ihre Bemerkungen amüsant.

Menschen dieses Typs können ihre Energien auf viele Interessen verteilen und unfähig sein, sich auf eine Sache zu konzentrieren. Sie werden leicht zu geschäftig, indem sie ihre Aufmerksamkeit auf mehrere Ideen oder Projekte verteilen und, abhängig von der jeweiligen Situation, mehr oder weniger kompetent erscheinen. Trotz ihres ehrgeizigen Temperamentes läßt sie die Tatsache, daß sie eigensinnig und unbeständig sind, oft viel Zeit brauchen, ehe sie wichtige Entscheidungen treffen.

Männer dieses Typs haben große Ziele im Leben, aber manchmal gerät die Überbetonung des Geldes in Konflikt mit ihrem persönlichen Stolz. Frauen dieses Typs sind eigenwilliger und erwarten mehr Freiheit als die Männer. Viele von ihnen scheinen kein Glück mit ihrer ersten Ehe zu haben.

Diese Menschen haben ein enormes Selbstvertrauen und neigen zeitweise dazu, voreingenommen zu sein. Ihre große Energie und ihr eigensinniges Verhalten können kindisch wirken, obwohl sie angesichts einer stärkeren Person nachgeben. Die Schwachpunkte dieser Menschen sind ihre Naivität, ihre Großzügigkeit, da sie anderen schnell vertrauen, und ihre Bereitschaft, sich für Themen zu öffnen, die ihr Eigeninteresse ansprechen. Der Ehrgeiz kann sie blind machen für die ganze Wahrheit, und sie können dadurch leicht ihre Urteilsfähigkeit verlieren.

Trotz ihrer Energie, ihres Stolzes und ihres Starrsinns müssen sie jemanden finden, der ihnen Rückendeckung gibt. Sie sind verschwenderisch, werden daher leicht betrogen und brauchen jemanden, der ihren großen Stolz und ihren Ehrgeiz versteht und sie leiten und schützen kann. Oft sind sie nicht so unabhängig, wie sie es gern selbst glauben möchten, und es kann an einer anderen Person liegen, was aus ihrem Leben wird. Wenn sie einen stabilen Rückhalt haben, können sie ihre eigenständigen Energien weit besser nutzen.

MARTHA WASHINGTON – 2. Juni 1731
MARQUIS DE SADE – 2. Juni 1740
HARRY S. TRUMAN – 8. Mai 1884
DAVID O. SELZNICK – 10. Mai 1902
HUBERT H. HUMPHREY – 27. Mai 1911
ROSALIND RUSSELL – 4. Juni 1911
PAPST JOHANNES PAUL II. – 18. Mai 1920
PEGGY LEE – 26. Mai 1920
BURT BACHARACH – 12. Mai 1929
BEVERLY SILLS – 25. Mai 1929
RICHARD BENJAMIN – 22. Mai 1938
SUGAR RAY LEONARD – 17. Mai 1956

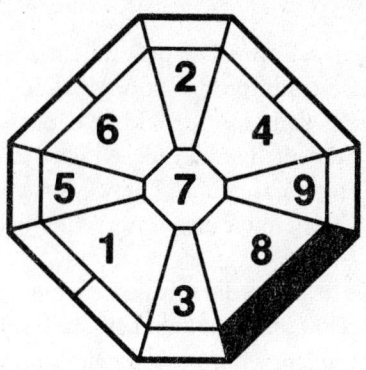

Daten des Monatswechsels

5. Juni–6. Juli 1893	7. Juni–7. Juli 1947
7. Juni–7. Juli 1902	6. Juni–6. Juli 1956
7. Juni–7. Juli 1911	6. Juni–6. Juli 1965
6. Juni–6. Juli 1920	6. Juni–6. Juli 1974
6. Juni–7. Juli 1929	6. Juni–7. Juli 1983
7. Juni–7. Juli 1938	5. Juni–6. Juli 1992

selbstbewußt	*voreingenommen*
organisiert	*überempfindlich*
entschieden	*starrsinnig*
eigenwillig	*unflexibel*

Obwohl diese Menschen sehr selbstbewußt und von sich eingenommen sein können, neigen sie dazu, nachgiebig oder bequem zu erscheinen, was irreführend sein kann. Ihre Entschiedenheit und ihr Organisationstalent machen sie zu guten Führungspersonen; diese Charakterzüge lassen sie jedoch auch etwas starrsinnig und unflexibel werden. Wenn ihren Wünschen Widerstand entgegengebracht wird, reagieren sie frustriert. Sobald in einer Situation gegenseitige Übereinstimmung herrscht, können sie Projekte zu einem erfolgreichen Abschluß zu bringen.

Diese Menschen können beim Verfolgen von Zielen nachlässig werden, aber im Fall ihres Interesses können sie ihre Begabung voll zum Tragen bringen.

Sie neigen dazu, sich sehr mit Details zu befassen, und reagieren oft überempfindlich in bestimmten Situationen. Dies kann sie befangen machen, und sie müssen dann nachdrücklich demonstrieren, was anderen als Führungsqualität erscheint. Anderen wird es aber oft zuviel, mit dieser Selbstdarstellung umzugehen. Diese Menschen haben es nötig, ihre Einstellung zu überdenken und unterschiedliche Gesichtspunkte zu tolerieren.

Frauen dieses Typs besitzen die nötige Energie, ihre Ziele zu verfolgen, und sie können sehr stolz und daher auch oft unabhängig sein. Die Männer neigen dazu, nachgiebig zu erscheinen, obwohl sie in Wirklichkeit entschlossen sind, ihren Weg zu gehen.

Die meisten Menschen dieses Typs sind harte Arbeiter. Sobald sie einen Beruf gefunden haben, der sie befriedigt, verwenden sie große Energie darauf, zum Erfolg zu gelangen.

Sie verstricken sich in ihr gesellschaftliches Leben. Sie haben es leicht, anziehend auf Menschen zu wirken, aber wenn sie ihre Neigung, offen und von sich eingenommen zu sein, nicht beherrschen, können sie Schwierigkeiten bekommen, Beziehungen aufrechtzuerhalten.

Die Erwartungen, die diese Menschen für sich selbst haben, sind oft groß, und sie müssen darauf achten, sich nicht zu überschätzen.

Diese Menschen haben normalerweise eine glückliche Hand für die Entwicklung eines erfolgreichen und produktiven Lebens, solange sie darauf achten, sich nur Projekte vorzunehmen, die sie auch bewältigen können.

BJÖRN BORG – 6. Juni 1956
THOMAS MANN – 6. Juni 1875
GUY LOMBARDO – 19. Juni 1902
RICHARD ROGERS – 28. Juni 1902
VITTORIO DE SICA – 7. Juli 1902
PRINZ ALY KHAN – 13. Juni 1911
MITCH MILLER – 4. Juli 1911
JUNE CARTER CASH – 23. Juni 1929

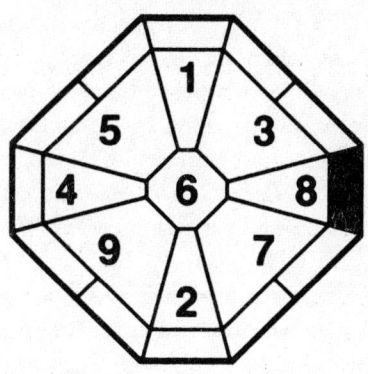

Daten des Monatswechsels

7. Juli–6. August 1893	8. Juli–7. August 1947
8. Juli–7. August 1902	7. Juli–6. August 1956
8. Juli–8. August 1911	7. Juli–7. August 1965
7. Juli–7. August 1920	7. Juli–7. August 1974
8. Juli–7. August 1929	8. Juli–7. August 1983
8. Juli–7. August 1938	7. Juli–6. August 1992

intuitiv   *selbstbewußt*
stilvoll   *eigenwillig*
idealistisch   *überempfindlich*
leidenschaftlich   *unflexibel*

Viele dieser Menschen erscheinen leichtlebig, doch sie verfügen über einen starken Willen. Wenn sie einmal ein Ziel im Kopf haben, wollen sie sofort praktische Schritte unternehmen, um es zu erreichen. Sie können enorme Energie und Begeisterung für die Konzentration auf interessante Aktivitäten aufbringen, bis sie befriedigt sind. Ihre Begeisterung hilft ihnen oft, großen Erfolg zu erringen.

Ihre Überempfindlichkeit macht sie jedoch durch die Umstände leicht beeinflußbar, so daß sie sich zeitweise Sorgen machen. Normalerweise bewahren sie ihr Selbstbewußtsein und ihre leichtlebige Art davor, sich allzulange zu grämen.

Sie werden durch ihre Gefühle bewegt, die oft richtig sind, doch in gewissen Situationen können sie dadurch ihre Anpassungsfähigkeit verlieren. Sie müssen sich erklären, weil andere vielleicht nicht in der Lage sind, sie ohne weiteres zu verstehen. Auch können sie eigensinnig sein und wollen sich ungern auf andere umstellen, besonders wenn sie etwas Interessantes oder Wichtiges im Auge haben. Sie sind sehr auf Selbstbehauptung bedacht und versuchen, jeden Widerstand zu durchbrechen.

Ihr Verhalten ist liebenswürdig und stilvoll, so daß sie andere anziehen, aber ihre Wertungen basieren eindeutig auf ihren Gefühlen gegenüber anderen. Dadurch können Personen dieses Typs ein sehr unterschiedliches Ansehen genießen. Ihr ehrgeiziges, abenteuerliches Temperament, das immer nach neuen Erfahrungen sucht, treibt sie voran. Manchmal mißverstehen die Leute sie, weil sie sich oft schnell und ohne Rücksicht auf andere in Projekte stürzen. Sobald sie jedoch einmal eine gute Beziehung aufgebaut haben, erhöhen sich ihre Aufmerksamkeit und Rücksicht gegenüber anderen erheblich.

Diese Menschen arbeiten hart und haben auch das Bedürfnis, ein hartes Spiel zu spielen. Wenn ihr Selbstvertrauen stabil ist oder sie sich in einer führenden Position befinden, machen sie gesellschaftlich eine gute Figur. Ihre Entscheidungen sind klar und einfach, ihre Gedanken sind einsichtig und originell.

Die Frauen sind stolz und ehrgeizig und scheinen oft auf andere herabzublicken. Wenn es auch schwer erscheinen mag, sich ihnen zu nähern, haben sie doch ein intensives Gefühl für Liebe und sind tatsächlich sehr leidenschaftlich, sobald sie sich einmal jemandem geöffnet haben. Die Männer haben große Erwartungen und hohe Ideale über Liebe und Zuneigung. Sie können verspielt sein, aber sobald sie ernst werden, haben sie Angst vor Verletzungen. Sowohl Männer als auch Frauen erwarten in Beziehungen mehr zu bekommen, als sie geben.

Diese Menschen haben einen großartigen persönlichen Stil und das Bedürfnis, einen gewissen Status zu erreichen. Wenn dies nicht gelingt, können sie still vor sich hin leiden, aber sobald sie Erfolg haben, können sie sich wieder besser ausdrücken.

John Quincy Adams – 11. Juli 1767
Amadeo Modigliani – 12. Juli 1884
Ginger Rogers – 16. Juli 1911
Marshall McLuhan – 21. Juli 1911
Robert Taylor – 5. August 1911
Lucille Ball – 6. August 1911
Yul Brynner – 11. Juli 1920
Bella Abzug – 24. Juli 1920
Jacqueline Kennedy Onassis – 28. Juli 1929
Natalie Wood – 20. Juli 1938
O. J. Simpson – 9. Juli 1947
Arlo Guthrie – 10. Juli 1947

August **8** – 5 – 8

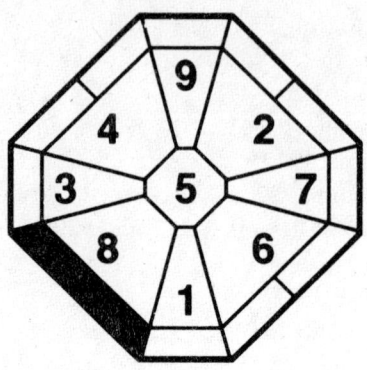

Daten des Monatswechsels

7. August–6. September 1893	8. August–6. September 1947
8. August–8. September 1902	7. August–7. September 1956
9. August–8. September 1911	8. August–7. September 1965
8. August–7. September 1920	8. August–7. September 1974
8. August–7. September 1929	8. August–7. September 1983
8. August–7. September 1938	7. August–6. September 1992

begeistert	*ehrgeizig*
talentiert	*beharrlich*
liebenswürdig	*wechselhaft*
selbstbewußt	*starrsinnig*

Andere Leute finden diese Menschen normalerweise charmant und liebenswürdig. Sie strahlen eine Qualität der Erdverbundenheit aus, die attraktiv ist. Sie neigen dazu, ein etwas unausgewogenes Wesen zu haben. Sie können großzügig und doch eigennützig, ehrgeizig und doch zögernd, energisch und doch frustriert sein. Sie sind kraftvoll, aber ihre Meinung ändert sich leicht. Ungeachtet dessen verwenden sie ihre Energie und Begeisterung für die Dinge, auf die sie sich in einem bestimmten Moment konzentrieren.

314

Ihre Begeisterung in Verbindung mit ihrer Begabung und ihrem Ehrgeiz hilft ihnen, ihre Projekte durchzuführen. Sobald sie einmal etwas wollen, können sie recht starrsinnig sein, so daß sie sogar ihre gute Urteilsfähigkeit verlieren. Wenn sie ohne Beständigkeit oder genügend Energie zahlreiche Ziele verfolgen, können ihre Unternehmungen sich zwar gut anlassen, aber auf halbem Weg steckenbleiben.

Oft wirkt ihr selbstbewußtes Verhalten auf eine liebenswürdige Art kindisch. Da sie abenteuerlustig und schlechte Untergebene sind, neigen diese Menschen dazu, auf sich selbst gestellt gut zurechtzukommen. Gut arbeiten sie freiberuflich oder in einer Stellung, wo sie sich frei bewegen und tun können, was sie wollen.

Ihre Beziehungen zu ihrer Familie sind normalerweise harmonisch, und sie haben oft Glück in Geldsachen.

Sowohl Männer als auch Frauen werden durch ehrgeizige Pläne vorangetrieben. Die Frauen neigen dazu, ungehemmter als die Männer zu sein.

In den menschlichen Beziehungen neigen sie dazu, starke sexuelle und emotionale Bedürfnisse zu haben und außerordentlich ernst zu werden, was manchmal Probleme verursacht. Sie können sogar versuchen, eine andere Person ausschließlich zu besitzen, egal, ob diese andere Person mit jemand anderem verbunden ist oder nicht.

Diese Menschen bleiben normalerweise nicht gern lange an einem Ort. Sie suchen immer etwas Neues. Solange ihre Ambitionen realistisch sind und sich im Bereich des Machbaren bewegen, werden sie in der Lage sein, ihre Energien und Talente auf erfolgversprechende Ziele zu lenken.

JOHANN WOLFGANG VON GOETHE – 28. August 1749
DARRYL F. ZANUCK – 5. September 1902
CHARLIE PARKER – 29. August 1920
CRAIG CLAIBORNE – 4. September 1920
KENNY ROGERS – 21. August 1938
ELLIOTT GOULD – 29. August 1938

September **8** – 4 – 9

Daten des Monatswechsels

---

7. September–7. Oktober 1893	7. September–8. Oktober 1947
9. September–8. Oktober 1902	8. September–7. Oktober 1956
9. September–8. Oktober 1911	8. September–7. Oktober 1965
8. September–8. Oktober 1920	8. September–8. Oktober 1974
8. September–8. Oktober 1929	8. September–8. Oktober 1983
8. September–8. Oktober 1938	7. September–7. Oktober 1992

---

stolz	*emotional*
selbstbewußt	*statusbewußt*
neugierig	*ausweichend*
vorausschauend	*wechselhaft*

Große Neugier und großer Ehrgeiz führen diese Menschen in zahlreiche Abenteuer, da sie große Energie für den Aufbau ihres Lebens einsetzen. Sobald einmal ihr Interesse für ein Thema geweckt ist, machen sie ausführliche Pläne, wie die Sache am besten in Angriff zu nehmen ist. Sie sind sehr gescheit und zu großer Voraussicht fähig. Doch zugleich versuchen sie, alles von einem Augenblick zum anderen zu erledigen, was Stabilität erschwert.

Die meisten dieser Menschen sind stolz, intelligent und selbst-

316

bewußt. Obgleich sie gelassen und zuverlässig erscheinen mögen, zweifeln sie oft, weil sie hochgradig von ihren Gefühlen beeinflußt sind. Emotional und nach außen hin ausweichend, können sie es anderen schwer machen, sie zu verstehen. Ihren eigenen Meinungen bleiben sie treu und haben es schwer, mit anderen Kompromisse zu schließen. Gepaart mit ihrem Stolz kann ihnen das eine Ausstrahlung von arroganter Überlegenheit verleihen, und ihre Fixiertheit auf das Erreichen eines besonderen Status kann sie von anderen Menschen isolieren.

Entscheidungen werden schnell, aber in Abhängigkeit von den emotionalen Reaktionen immer korrigierbar getroffen. Wenn diese Menschen mit den Ergebnissen nicht zufrieden sind, ändern sie sie immer wieder, bis sie es sind. Ihre Maßstäbe sind hoch, und so kann es schwer für sie sein, volle Befriedigung zu erreichen. Ihre berufliche Stellung und ihr Wohnort sind ebenfalls Gegenstand häufigen Wechsels.

Die meisten von ihnen wurden von ihrem gegengeschlechtlichen Elternteil beeinflußt oder haben starke Zuneigung von ihm erhalten. Dies beherrscht ihre Erwartungen in der Liebe und an gesellschaftlicher Aufmerksamkeit in ihrem Erwachsenenleben.

Die Frauen dieses Typs lieben kraftvolle Männer, möchten aber nicht von ihnen beherrscht werden. Sie können nur schwer Kompromisse schließen. Die Männer ziehen ruhige, unabhängige Frauen vor, haben aber das Bedürfns, auf ihrem eigenen Weg zu bleiben.

Sobald andere Leute in ihren gesellschaftlichen Kreis kommen, sorgen sie gern für sie. Sie sind freundlich zu anderen, haben aber normalerweise eine Abneigung dagegen, sich mit komplizierten Situationen abzugeben, so daß sie es oft vorziehen, nicht in solche hineingezogen zu werden. Diesen distanzierten Status können sie jedoch nicht immer aufrechterhalten.

Obgleich sie hart arbeiten und eine natürliche Fähigkeit zur Führung anderer Menschen haben, können diese der Geschwindigkeit ihrer vorausschauenden aber wechselhaften Gedanken nicht immer folgen. Sie müssen sich anderen gegenüber erklären, um den Eindruck zu vermeiden, daß sie arrogant und ausweichend sind. Trotz ihrer Voraussicht und ihrer Begeisterungsfähigkeit sollten diese Menschen an ihren Interessen festhalten und sie nicht zu oft ändern. Wenn sie ihre

Energie in einer konzentrierten Anstrengung einsetzen, sind sie in der Lage, vielen Menschen zu helfen und zugleich für sich selbst Erfolg zu erringen.

CHESTER A. ARTHUR – 5. Oktober 1830
WILLIAM HOWARD TAFT – 15. September 1857
H. G. WELLS – 21. September 1866
J. C. PENNEY – 16. September 1875
ALEXANDER KORDA – 16. September 1893
RAYMOND A. KROC – 5. Oktober 1902
MICKEY ROONEY – 23. September 1920
ARNOLD PALMER – 10. September 1929
STEPHEN KING – 21. September 1947

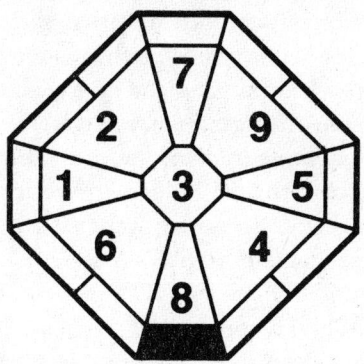

Daten des Monatswechsels

8. Oktober–6. November 1893	9. Oktober–7. November 1947
9. Oktober–7. November 1902	8. Oktober–6. November 1956
9. Oktober–7. November 1911	8. Oktober–7. November 1965
9. Oktober–7. November 1920	9. Oktober–7. November 1974
9. Oktober–7. November 1929	9. Oktober–7. November 1983
9. Oktober–7. November 1938	8. Oktober–6. November 1993

ehrgeizig
geduldig
selbstbewußt
konkurrenzfähig

empfindlich
unsicher
vorsichtig
auf Selbstschutz bedacht

Diese Menschen haben großen Ehrgeiz, der mit Geduld gepaart ist. Sie setzen viel Energie ein, um ihr Leben zu entwickeln, und überwinden oft schwierige Situationen. Die meisten von ihnen scheinen aktiv und offenherzig zu sein, aber innerlich kann ihnen Unsicherheit Probleme bereiten. In Verbindung mit der Unsicherheit kann ihre Empfindlichkeit in Konflikt mit ihrem natürlichen Selbstbewußtsein geraten. In Kombination mit der Geduld kann die Unsicherheit ihnen die Energie und das Bedürfnis verleihen, fast alles zu überwinden.

Diese Menschen sind oft von einer starken Mutter beeinflußt, die sie manchmal zuviel beschützt hat. Dies kann ihre Beziehungen mit anderen Menschen beeinträchtigen, indem es sie abhängiger macht.

Der Ehrgeiz erzeugt bei diesen Menschen einen starken Trieb nach Berühmtheit oder Anerkennung. Solche Energie hilft ihnen, Möglichkeiten für den späteren Erfolg zu entwickeln. Wegen ihrer Neugier, ihrem abenteuerlichen Temperament und ihrer Liebe zum Wettstreit können sie als große Unterhalter voller Selbstvertrauen auftreten. Tatsächlich kann ihnen ihre Unsicherheit innerlich Zweifel oder Sorgen bereiten, und sie brauchen ein gewisses Maß an Aufmerksamkeit und Bewunderung von anderen. Sie sind empfindlich und zugleich auf Selbstschutz bedacht, und wenn jemand gegen sie Partei ergreift, kann ihre Reaktion in einer defensiven Weise gewaltsam sein.

Vorsichtig im Treffen von Entscheidungen, verfügen sie über große Geduld. Sobald sie einmal eine Wahl getroffen haben, setzen sie ihre gesamte Energie ein, um ihre Ambitionen in die Tat umzusetzen. Wenn sie etwas nicht entscheiden können, erleben sie große Frustration und Verlust an Selbstvertrauen, was ihre Unsicherheit vermehrt. Die gleiche Frustration tritt auf, wenn sie in einer Situation festgefahren sind; diese Menschen brauchen ständig neue Aktivität.

Solange sie nicht persönlich betroffen sind, können sie Situationen besonnen beurteilen. Wenn sie betroffen sind, neigen sie dazu, sich zu schützen. Sobald sie anderen Menschen jedoch trauen, können sie sehr aufmerksam sein. Und doch halten sie vielfach eine gewisse Distanz aufrecht.

Frauen dieses Typs haben, besonders in familiären Situationen, mehr Energie als die Männer, ihre Begierden zu beherrschen. Sie sind geduldig und können für etwa auftretende Probleme Verantwortung übernehmen. Der starke Ehrgeiz und die aktive Natur der Männer vereinen sich zu großer Unabhängigkeit, sobald sie gewisse Schwierigkeiten überwunden haben. Wenn sie ihre Energien genau kontrollieren, können sie ein friedlicheres Leben führen.

Wenn sie ein gewisses Maß an Erfolg erringen, ufert ihre Energie leicht aus oder steigert sich so, daß sie sie kaum noch beherrschen können. Wenn sie versuchen, ihre explosiven Gefühle zurückzuhalten, oder nicht die Ausdauer haben, mit dem ständigen Druck ihrer Ambitionen Schritt zu halten, können Frustration und Kummer überhand nehmen, was großen physischen und emotionalen Streß hervorruft. Sie müssen sich immer des Konflikts zwischen ihrer grundlegenden ehrgeizigen, energischen Natur und ihrer Unsicherheit und Besorgtheit bewußt sein. Diese zwei Seiten im Gleichgewicht zu halten, das bleibt eine andauernde Aufgabe. Diese Menschen müssen versuchen, stark und physisch gesund zu bleiben, um dem Druck ihrer eigenen Triebkräfte standhalten zu können.

ELEANOR ROOSEVELT – 11. Oktober 1884
ELSA LANCHESTER – 28. Oktober 1902
LARAINE DAY – 13. Oktober 1920
MONTGOMERY CLIFT – 17. Oktober 1920
TIMOTHY LEARY – 22. Oktober 1920
EVEL KNIEVEL – 17. Oktober 1938
RICHARD DREYFUSS – 29. Oktober 1947
CARRIE FISHER – 28. Oktober 1956

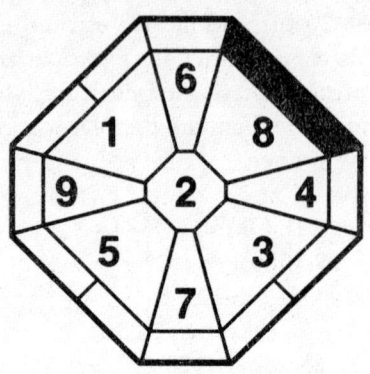

Daten des Monatswechsels

7. November–7. Dezember 1893	8. November–7. Dezember 1947
8. November–7. Dezember 1902	7. November–6. Dezember 1956
8. November–7. Dezember 1911	8. November–6. Dezember 1965
8. November–6. Dezember 1920	8. November–6. Dezember 1974
8. November–6. Dezember 1929	8. November–6. Dezember 1983
8. November–7. Dezember 1938	7. November–6. Dezember 1992

selbstbewußt	*empfindlich*
gesellschaftlich aktiv	*abhängig*
ehrgeizig	*hartnäckig*
zurückhaltend	*stolz*

Diese Menschen sind selbstbewußt und stolz. Sie haben eine ruhige, sanft wirkende Kraft, die es ihnen leicht macht, andere Menschen zu bezaubern. Obwohl ihr Auftreten normalerweise ruhig und zurückhaltend ist, sind sie auch eigenwillig und ehrgeizig. In einem kritischen Moment können sie ihre überlegene Haltung aufgeben und sich heftig auf etwas oder jemanden stürzen. Wenn sie etwas gefunden haben, was sie wirklich wollen, geben sie nicht auf, bis sie es erreicht haben.

Obwohl sie von Unabhängigkeit träumen und einen hohen Status im

322

Leben anstreben, hindert sie ihre abhängige, empfindliche Natur oft daran, diese Ziele eigenständig zu erreichen. Ihre Energie ist von der Art, daß es besser für sie ist, wenn sie sich in einer zweitrangigen Stellung zusammen mit einem stärkeren, machtvolleren Verbündeten einrichten, der sie auf dem Weg zu den für beide Seiten vorteilhaften Zielen führt. Es mag schwer für sie sein, diese Regelung zu akzeptieren, weil ihr Stolz und ihr selbstbewußtes Wesen sie immer dazu treiben, die Menschen oder die Umstände zu führen oder zu beherrschen. Wenn sie es jedoch schaffen, sich in einer stabilen, zweitrangigen Position zu etablieren, können sie mit der Zeit einen guten Ruf aufbauen und viel wertvolle Erfahrung sammeln.

Zurückhaltend und hart arbeitend, lieben diese Menschen Aktivitäten und haben ein abenteuerlustiges Temperament. Trotz ihres starken Selbstbewußtseins, ihres klugen Verstandes und ihres ruhigen Urteilsvermögens werden sie leicht von äußeren Umständen beeinflußt. Ihre Abhängigkeit und Empfindlichkeit verlangen ein gewisses Maß an Aufmerksamkeit und Bewunderung von anderen. Sie betrachten die anderen auf ihre Weise, oft in einer detailbezogenen Art, die die Leute nicht akzeptieren können. Diese Eigenschaft kann als rücksichtslos oder gleichgültig gegen die Gefühle anderer mißdeutet werden, obwohl dies nicht der Fall ist.

Gesellschaftlich sind sie charmant, attraktiv und beliebt. Obwohl sie etwas vorsichtig sind und sich nicht leicht öffnen, können sie überheblich werden und sich den Leuten entfremden, sobald ihr Stolz außer Kontrolle gerät. Auch müssen sie sich vor Eigensinn hüten und dürfen sich nicht gestatten, ihre Äußerungen gegenüber jemandem, der andere Ansichten hat, zu heftig werden zu lassen. Es ist immer schwer für sie, zuzugeben, daß sie im Unrecht sind.

Frauen dieses Typs erwarten immer Unabhängigkeit und versuchen stets, ihren eigenen Weg zu gehen. Sie entscheiden sich dafür, ihr abenteuerlustiges Temperament in einer sehr aktiven Weise auszudrücken. In jungen Jahren können sie verwöhnt sein; viele finden ihr Selbstbewußtsein dennoch charmant. Die Männer äußern sich zurückhaltender als die Frauen und erscheinen sanfter. Sie halten ihre Aktivitäten erfolgreicher unter Kontrolle und sind glücklich, in ihrem eigenen kleinen Freundeskreis zu bleiben. Sowohl Männer als auch Frauen können es schwer haben, in ihrer ersten Ehe auszuharren.

Dieser November-Typ ist sehr entschlossen, die Dinge seinen eigenen Ideen entsprechend zu entwickeln, so daß es nicht leicht für ihn ist,
einen Mitarbeiterstab zu finden. Obwohl Aufmerksamkeit für diese
Menschen wichtig ist, ist ihr Bedürfnis danach weniger intensiv als
beim Februar-Typ, der versucht, sich mit Gleichgesinnten zu umgeben. Der November-Typ wird auf dem Weg zum begehrten Status
durch selbstmotivierte Energien getrieben. Seine besten Gelegenheiten
ergeben sich oft im gesellschaftlichen Leben, wo seine Intelligenz sehr
charmant wirkt.

FJODOR DOSTOJEWSKY – 11. November 1821
HARPO MARX – 21. November 1893
RICARDO MONTALBAN – 25. November 1920
VIRGINIA MAYO – 30. November 1920
DICK CLARK – 30. November 1929
GRACE KELLY – 12. November 1929
EDWARD ASNER – 15. November 1929
JEAN SEBERG – 13. November 1938
RICH LITTLE – 26. November 1938
TINA TURNER – 26. November 1938
BO DEREK – 20. November 1956

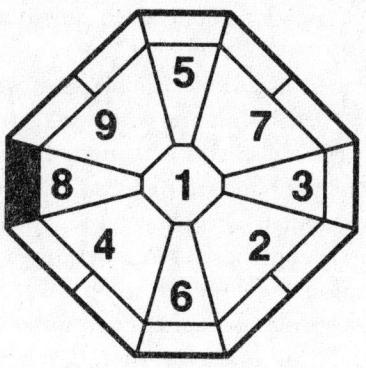

Daten des Monatswechsels

7. Dez. 1893–4. Januar 1894	8. Dez. 1947–5. Januar 1948
8. Dez. 1902–5. Januar 1903	7. Dez. 1956–4. Januar 1957
8. Dez. 1911–6. Januar 1912	7. Dez. 1965–5. Januar 1966
7. Dez. 1920–5. Januar 1921	7. Dez. 1974–5. Januar 1975
7. Dez. 1929–5. Januar 1930	7. Dez. 1983–5. Januar 1984
8. Dez. 1938–5. Januar 1939	7. Dez. 1992–4. Januar 1993

selbstbewußt	*eigensinnig*
fortschrittlich	*vorsichtig*
unabhängig	*ängstlich*
schlagfertig	*voreilig*

Diese Menschen sind mit einer fortschrittlichen Geisteshaltung ausgestattet und normalerweise aufrichtig, da sie sich ungezwungen äußern. Sie können recht sensibel sein, bis hin zu einer hohen Qualität im Verständnis des Lebens und der Kunst. Sie sind jedoch voreilig, was sie in Kombination mit einer eigennützigen Einstellung die Flexibilität verlieren lassen kann.

Sie sind schlagfertig, arbeitsam und ziemlich ernsthaft. Trotz einer normalerweise positiven Einstellung neigen sie dazu, sich zu sorgen und ängstlich zu werden, wenn die Dinge nicht so laufen, wie sie es wollen. Sobald sie frustriert sind, haben sie es schwer, geduldig zu bleiben, und können auf der Suche nach einem schnellen Ergebnis übereilt vorgehen.

Gesellschaftlich haben sie klare Vorlieben und Abneigungen, die sie gemäß ihren eigenen Ansichten unterscheiden. Ihr Mangel an Geduld und ihre ständige Unruhe machen Beziehungen oft unausgeglichen. In ihrer Passivität können sie andere nicht so berücksichtigen, wie sie sollten. Auch wenn sie einen Groll hegen mögen oder zeitweise eifersüchtig sind, halten sich solche Gefühle bei ihnen selten sehr lange.

Ihre Selbstmotivation befähigt sie, große Energie für eine Sache aufzuwenden, was sie erfolgreich, aber nicht unbedingt beliebt macht! Sie neigen dazu, ihre Flexibilität zu verlieren, sobald sie allzusehr von ihren eigenen Interessen besessen sind. Wenn sie auf Schwierigkeiten stoßen, hilft ihnen oft ein Freund, oder es passiert genau im richtigen Augenblick etwas zu ihrem Vorteil. Sie haben auch normalerweise Glück mit den Finanzen und können sie unter Kontrolle halten.

Oft sind diese Menschen das Lieblingskind gewesen und können viel wohlwollende Aufmerksamkeit von ihrer Familie bekommen haben. Sie lieben es jedoch nicht, von ihren Eltern oder Verwandten kontrolliert oder in ihren Aktivitäten eingeschränkt zu werden. Sie bevorzugen es, ihre Unabhängigkeit auszuleben.

Frauen dieses Typs sind oft sehr geschwätzig, und ihre unbedachten Äußerungen können manchmal Probleme verursachen. Die Männer äußern sich zurückhaltender und neigen zu Verschwiegenheit. Wenn sie jemanden oder etwas mögen, werden sie ebenfalls redseliger und temperamentvoller.

Allgemein müssen diese Menschen sich ihrer Neigung zu Selbstbestätigung und Voreingenommenheit bewußt sein. Dann können sie sich öffnen, lernen, ihre Beziehungen harmonisch zu gestalten, und ihre Ungeduld überwinden.

MAO TSE-TUNG – 26. Dezember 1893
RALPH RICHARDSON – 19. Dezember 1902
DAVID SÜSSKIND – 19. Dezember 1920
LIV ULLMANN – 16. Dezember 1938
STEVEN SPIELBERG – 18. Dezember 1947

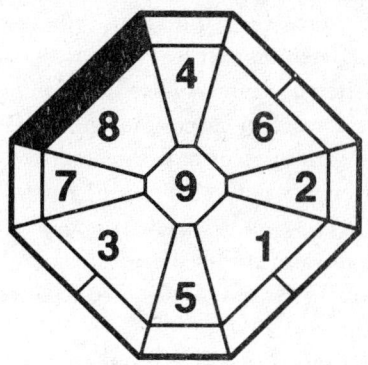

Daten des Monatswechsels

5. Januar–3. Februar 1894	6. Januar–4. Februar 1948
6. Januar–4. Februar 1903	5. Januar–3. Februar 1957
7. Januar–4. Februar 1912	6. Januar–3. Februar 1966
6. Januar–3. Februar 1921	6. Januar–3. Februar 1975
6. Januar–3. Februar 1930	6. Januar–3. Februar 1984
6. Januar–4. Februar 1939	5. Januar–3. Februar 1993

stolz	*emotional*
herzlich	*angeberisch*
talentiert	*anmaßend*
selbstbewußt	*launisch*

Diese Menschen haben ein unternehmungslustiges Temperament; sie sind gescheit, offenherzig und stolz. Ihr Stolz und ihre hohen Ideale lassen sie dynamisch und verantwortlich erscheinen, und in gesellschaftlichen Situationen machen sie eine gute Figur. Sie sind abenteuerlustig und streben immer danach, große Aufgaben gestellt zu bekommen und zu lösen. Sie wenden bereitwillig erhebliche Energien auf, um ihre eigenen hohen Ideale zu verfolgen, besonders dann, wenn der Erfolg oder die Vollendung bevorsteht. Sobald sie einmal an etwas interessiert sind, begeistern sie sich sehr, obwohl sie ihre Interessen schnell wechseln können.

Die meisten dieser Menschen sind ernst und haben Selbstvertrauen. Sie lieben das Spiel und nehmen oft Risiken auf sich, ohne eine Sekunde zu zögern. Ihr Selbstbewußtsein und ihr Talent erzeugen den Wunsch, viel zu erreichen; sie werden zu immer neuen Interessensgebieten hingezogen. Wenn sie vor eine Situation gestellt werden, in der sie ihre Wünsche zurückhalten müssen, reagieren sie frustriert und können die Beherrschung verlieren. Diese Menschen achten normalerweise vorsichtig darauf, wo und wann sie ihre Frustration zu erkennen geben, da eine öffentliche Szene ihr Ansehen und ihre Chancen für zukünftigen Erfolg schädigen könnte.

Sie sind launisch, und dieser Charakterzug kann ihre Entscheidungsfähigkeit beeinträchtigen. Wenn sie übereilte Entscheidungen treffen, können sie günstige Gelegenheiten versäumen oder unterbrechen und gezwungen werden, wieder neu zu beginnen. Dies kann große Schwankungen in ihrem Leben verursachen und häufige Veränderungen bis zum mittleren Alter nach sich ziehen.

Diese Menschen können sehr emotional, sogar stürmisch sein, aber doch recht liebevoll. Wenn sie etwas fühlen, können sie es sehr direkt ausdrücken, wirken aber zugleich kindlich. Die meisten Leute finden sie charmant, intelligent und ungezwungen, was alles zu ihrem Ansehen beiträgt. Jedoch setzen sie sich manchmal nur aus Effekthascherei anmaßend in Szene und vergeuden damit wertvolle Energie, die sie besser nutzen könnten.

In der Ehe verfolgen sie hohe Ideale und suchen oft nach Perfektion. In der Erwartung, schnell Befriedigung zu finden, können sie das Äußere überbetonen und dadurch andere Leute immer wieder falsch beurteilen. Sie neigen dazu, Ereignisse (und Menschen) gemäß ihrer eigenen besonderen Überzeugung zu beurteilen. Anderen jedoch können sie beziehungslos erscheinen, weil sie so schnell von einer Liebe zur nächsten wechseln können.

Die meisten Männer sind stolz und legen großes Gewicht auf ihr Äußeres. Sie brauchen viel Aufmerksamkeit. Die Frauen sind ehrgeizig und unternehmungslustig, wollen jedoch nicht völlig unabhängig leben.

Diese Menschen gehen betont ihren eigenen Weg und bringen für jede Aufgabe, die sie sich stellen, große Energie auf. Sie sind rücksichtsvoll gegenüber anderen und erwarten das gleiche umgekehrt. Wenn jemand versucht, sie zu beherrschen, reagieren sie bedrückt und desorientiert. Trotz ihrer starken Selbstmotivation und ihres Stolzes brauchen diese Menschen einen guten Manager – jemanden, der die scheinbar unwichtigen Details für sie erledigt und sie im Gleichmaß halten kann. Sie müssen sich immer über ihr emotionales Wesen und die Art im klaren sein, wie dieses ihren Ehrgeiz und ihre Begabung beeinflußt. Wenn sie sich selbst distanzierter betrachten und ihre Launenhaftigkeit beherrschen können, können sie ihr Leben harmonischer und erfüllter entwickeln.

JEROME KERN – 27. Januar 1885
NORMAN ROCKWELL – 3. Februar 1894
ERICH LEINSDORF – 4. Februar 1912
MARIO LANZA – 31. Januar 1921
SAL MINEO – 10. Januar 1939
GERMAINE GREER – 29. Januar 1939
MIKHAIL BARYSHNIKOV – 28. Januar 1948

Februar 9 – 5 – 9

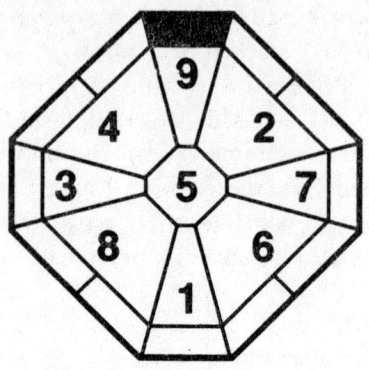

Daten des Monatswechsels

4. Februar–4. März 1892	4. Februar–5. März 1946
4. Februar–5. März 1901	5. Februar–5. März 1955
5. Februar–5. März 1910	5. Februar–4. März 1964
5. Februar–6. März 1919	4. Februar–5. März 1973
5. Februar–5. März 1928	4. Februar–5. März 1982
4. Februar–5. März 1937	4. Februar–5. März 1991

stolz	*ungeduldig*
vorausschauend	*zuversichtlich*
bestimmt	*starrsinnig*
gescheit	*eitel*

Diese Menschen sind vorausschauend, stolz und oft talentiert. Sie treffen normalerweise schnell Entscheidungen. Diese Eigenschaften machen sie zu guten Führungspersonen, besonders in künstlerischen oder akademischen Bereichen. Unglücklicherweise sind sie ungeduldig, wenn es darum geht, grundlegende Dinge zu studieren, und weil man nicht in kurzer Zeit erfahren sein kann, können sie Schwierigkeiten haben, ihre Ziele zu erreichen.

Ihre stolze, bestimmte Art kann zu sehr dominieren, so daß sie hochmütig erscheinen und manchmal bei anderen Ablehnung hervorrufen.

Sie haben das starke Verlangen, Situationen zu beherrschen, und Schwierigkeiten, ihr Ego zurückzuhalten. Diese Begrenztheit kann in Widerspruch zu ihren Führungsqualitäten geraten.

Sie haben eine stürmische Natur und lieben es, Dinge schnell zu erledigen. Da sie leicht zornig werden und geneigt sind, ihre Meinung öfter zu ändern, fällt es ihnen schwer, eine feste Position zu erreichen und die Gefühle und Ideen anderer zu berücksichtigen.

Manchmal schenken sie Äußerlichkeiten große Aufmerksamkeit – bis hin zur Eitelkeit. Zeitweilig besitzen sie ein Übermaß an Selbstvertrauen. Dies kann ihre Fähigkeit verringern, die Stärke und Begabung anderer zu erkennen, wodurch ihnen die nötige Hilfe oder Unterstützung entgehen.

Frauen dieses Typs sind normalerweise gescheit und stolz und erreichen oft Führungspositionen. Die Ehe kann schwierig für sie sein, weil sie ideale Vorstellungen davon haben, wie eine Ehe funktionieren sollte. Männer dieses Typs neigen dazu, starrsinniger als die Frauen und etwas befangener im Hinblick auf die Meinung anderer zu sein. Sie legen normalerweise großes Gewicht auf ihr Äußeres.

Wenn dieser Typ geduldig sein und auf andere Menschen Rücksicht nehmen kann, kann er langsam zu einem hervorragenden Vorgesetzten heranreifen. Wenn nicht, könnte sein intelligenter Verstand ihn verschlagen, listig und egoistisch machen.

Allgemein unterhalten diese Menschen enge Beziehungen zu ihrer Familie. Sie legen großes Gewicht auf viel Geld, das sie oft als ein Mittel benutzen, ihren Stolz aufrechtzuerhalten, was für sie außerordentlich wichtig ist.

VICTOR HUGO – 26. Februar 1802
THOMAS EDISON – 11. Februar 1847
JENNIFER JONES – 2. März 1919
ANDREW MORAN GREELEY – 5. Februar 1928
FATS DOMINO – 26. Februar 1928
KAREN SILKWOOD – 19. Februar 1946
SANDY DUNCAN – 20. Februar 1946

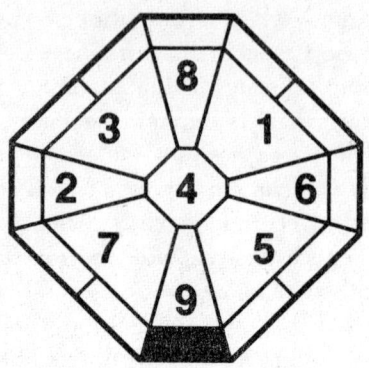

Daten des Monatswechsels

5. März–3. April 1892	6. März–4. April 1946
6. März–4. April 1901	6. März–5. April 1955
6. März–5. April 1910	5. März–4. April 1964
7. März–5. April 1919	6. März–4. April 1973
6. März–4. April 1928	6. März–4. April 1982
6. März–4. April 1937	6. März–4. April 1991

stolz	*starrsinnig*
kreativ	*eigensinnig*
geduldig	*unsicher*
emotional	*wechselhaft*

Diese Menschen sind klug, stolz und kreativ, müssen aber immer mit ihrer Unsicherheit kämpfen, die eine tiefe Wirkung auf ihr Leben hat. Ihre Erscheinung ist von Verletzlichkeit gekennzeichnet, indem sie normalerweise ruhig und schüchtern sind und vielleicht die Tatsache verbergen, daß ihre innere Natur starrsinnig und stürmisch ist. Da sie Perfektion erwarten, benötigen sie oft lange Zeit, um Befriedigung zu erlangen. Glücklicherweise haben sie eine vorsichtige Einstellung zum Leben, und ihre Geduld tut ihnen gute Dienste.

332

Diese Menschen sind emotional, aber sie können ihre Gefühle nicht offen äußern. Sie neigen dazu, innerlich zurückzuhalten, was Frustration erzeugt, weil ihr Stolz und ihre Unsicherheit in Konflikt zueinander stehen. Ehe sie sich direkt äußern, wollen sie sicher sein, daß sie keinen Fehler machen. Zeitweilig versuchen sie, stärker zu erscheinen, als sie wirklich sind. Wenn jemand ihren Stolz verletzt, schlagen sie dementsprechend trotz ihres normalerweise ruhigen Wesens unerwartet hart zurück.

Sie können ausweichend und wechselhaft wirken, in ihren Entscheidungen schwankend, was es für andere schwer macht, sie zu verstehen. Sie arbeiten hart, weil sie es nötig haben zu beweisen, daß das, was sie tun, richtig ist, und um die Bewunderung anderer Menschen zu gewinnen. Dies vermindert ihre Unsicherheit und befähigt sie, weiterzumachen.

Diese Menschen widmen sich der Anhäufung von Wissen. Sie verwenden viel Aufmerksamkeit auf Details, die ihr Ansehen erhöhen. Auch sind sie achtsam beim Umgang mit Geld und strengen sich an, dieses zu sparen.

Sie leben vorsichtig und brauchen doch dauernd Aktivitäten. Ihre Unsicherheit erhöht sich, wenn sich die Dinge langsam entwickeln und sie frustriert werden. Darum brauchen sie ein gutes System der Unterstützung – Freunde oder Mitarbeiter, die sie umgeben –, so daß sie sich ausreichend geschützt fühlen, um die Probleme, mit denen sie vielleicht konfrontiert werden, durchzufechten.

Diese Menschen können in ihren Beziehungen voreingenommen und unfähig sein, anderen zu vertrauen. Viele wurden als Kinder durch eine komplizierte Familiensituation beeinflußt oder haben viel Aufmerksamkeit vom gegengeschlechtlichen Elternteil erhalten. Diese frühkindlichen Eindrücke können die späteren Ansichten beträchtlich beeinflussen.

Frauen dieses Typs erwarten immer ein gewisses Maß an Aufmerksamkeit und sind bis zu einem bestimmten Grad emotional abhängig. Aber im Grunde sind sie unabhängiger als die Männer. Die Männer suchen immer ihre eigene Perfektion. Als Feministen sind sie normalerweise freundlich und rücksichtsvoll gegenüber Frauen und haben die Fähigkeit, eine gewisse Objektivität aufrechtzuerhalten, wenn sie sich körperlich mit jemandem eingelassen haben.

Individualität ist für diese Menschen wichtig. Sie wählen ihr eigenes gesellschaftliches Umfeld und weigern sich starrsinnig, sich mit Leuten zu treffen, die sie nicht mögen. Sie sind klug und eigenwillig, brauchen aber Zeit und Ruhe, wenn sie sich exakt ausdrücken sollen. Trotz ihrer Neigung zum Starrsinn analysieren sie gern und versuchen, logisch zu denken. Diese Fähigkeit gibt ihnen Spielraum und hilft ihnen, überlegte Entscheidungen zu treffen. Ihr Stolz und ihre Geduld befähigen sie, sogar großartige Träume wahrzumachen.

HARRY HOUDINI – 24. März 1874
LON CHANEY – 1. April 1883
AKIRA KUROSAWA – 23. März 1910
EDWARD ALBEE – 12. März 1928
JOSEPH CARDINAL BERNARDIN – 2. April 1928
WARREN BEATTY – 30. März 1937
LIZA MINELLI – 12. März 1946
PRINZ EDWARD – 10. März 1964

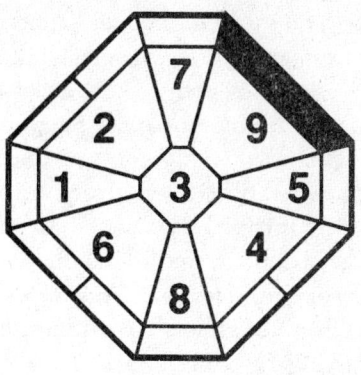

Daten des Monatswechsels

4. April–4. Mai 1892	5. April–5. Mai 1946
5. April–5. Mai 1901	6. April–5. Mai 1955
6. April–5. Mai 1910	5. April–4. Mai 1964
6. April–6. Mai 1919	5. April–5. Mai 1973
5. April–5. Mai 1928	5. April–5. Mai 1982
5. April–5. Mai 1937	5. April–5. Mai 1991

zurückhaltend	*empfindlich*
stolz	*stürmisch*
klug	*leidenschaftlich*
flexibel	*übervorsichtig*

Diese Menschen sind normalerweise stolz und zurückhaltend. Obwohl sie ruhig und sanft erscheinen, werden sie in Wirklichkeit von großer Sensibilität und Leidenschaft beherrscht. Wenn ihre Begierden einmal geweckt sind, können sie sich nicht zurückhalten. Wenn sie etwas stark fühlen oder wollen, werden sie mit einer Intensität darauf zugetrieben, die andere oft erstaunt. Was sie suchen, sind Perfektion und vollkommene Befriedigung.

Die meisten haben einen klugen, flexiblen Verstand, außer wenn ihr

Stolz im Spiel ist. Oft erkennen sie einen neuen Trend früher als andere. Gesellschaftlich hält ihre stolze, zurückhaltende Einstellung sie etwas auf Abstand. Die Leute brauchen Zeit, sie kennenzulernen.

Ihre Entscheidungen werden von einer Art Empfindlichkeit beherrscht. Sie können unentschieden wirken, sobald sie übervorsichtig sind. Wenn sie jedoch vor eine ernsthafte Situation gestellt werden, können sie sich innerlich sehr aufregen und ihre Ansichten heftig äußern. Diese überraschend direkte Ausdrucksform kann ihre Beziehungen stören. Wo Geld im Spiel ist, haben diese Menschen ein klares Empfinden für Ausgewogenheit und Flexibilität. Ihre Wünsche sind groß, und sie drängen darauf, sie zu befriedigen. Sie neigen dazu, hohe Erwartungen zu haben, was in ihrer Arbeit zum Erfolg führen kann oder aber zur Enttäuschung, wenn sie es nicht schaffen, diesen Erwartungen gerecht zu werden.

Viele Menschen dieses Typs haben starke Mütter, deren Einfluß tief auf ihr Leben wirkt. Ihre Beziehung zur Mutter hat große Tragweite für ihre Ansichten über Männlichkeit und Weiblichkeit im späteren Leben. Was Gefühle anbelangt, erwarten diese Menschen oft vollkommene Befriedigung, so daß sie ein schwieriges Liebesleben haben.

Frauen dieses Typs können stolzer und unabhängiger erscheinen als Männer. Sie haben es schwer, mit Veränderungen umzugehen, werden aber oft von ausweichenden, launischen Männern angezogen. Dies kann frustrierend werden, weil sie Perfektion und Sicherheit erwarten. Die Männer sind oft nach außen hin aktiv, um ihre Empfindlichkeit zu verbergen. Gleichwohl sind sie innerlich sehr stolz und können es schwer haben, mit anderen harmonische Beziehungen herzustellen.

Allgemein erstreben diese Menschen Erfolg, Berühmtheit und eine gute Stellung. Sie müssen aber lernen, ihre Erwartungen realistisch zu halten, wenn sie ihr Leben harmonisch aufbauen wollen. Weil sie von Natur aus zurückhaltend sind, können sie ein stetiges, erfolgreiches Leben entwickeln, wenn sie sich ihres eigenen stürmischen Wesens bewußt bleiben. Oft treibt sie nur irgendeine schwierige Situation zu entschiedenem Verhalten. In solchen Zeiten haben sie eine bessere Chance durchzukommen, wenn sie ihr heftiges Temperament unter Kontrolle halten, ihre Partner mit Achtung behandeln und ihren Stolz zügeln.

Robert F. Wagner – 20. April 1910
Ann Miller – 12. April 1919
Celeste Holm – 29. April 1919
Betty Comden – 3. Mai 1919
Shirley Temple Black – 23. April 1928
James Brown – 3. Mai 1928
Jack Nicholson – 27. April 1937
Hayley Mills – 16. April 1946

Mai **9** – 2 – 3

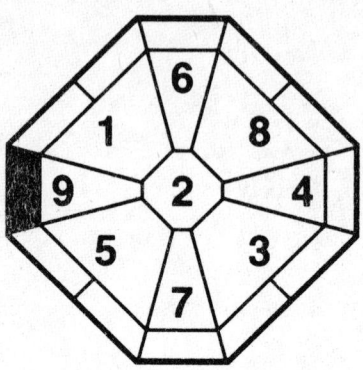

Daten des Monatswechsels

5. Mai–4. Juni 1892	6. Mai–5. Juni 1946
6. Mai–5. Juni 1901	6. Mai–5. Juni 1955
6. Mai–6. Juni 1910	5. Mai–5. Juni 1964
7. Mai–5. Juni 1919	6. Mai–5. Juni 1973
6. Mai–5. Juni 1928	6. Mai–5. Juni 1982
6. Mai–5. Juni 1937	6. Mai–5. Juni 1991

vorausschauend	*aggressiv*
stolz	*abhängig*
gesellig	*leidenschaftlich*
ordentlich	*ungeduldig*

Diese Menschen sind intelligent, stolz und aktiv, mit großem Organisationstalent. Ihre Voraussicht und ihre fortschrittliche Lebenseinstellung verleihen ihnen ein fast grenzenloses Potential. Aufgrund ihrer natürlichen Begabung und ihrer großen Arbeitskapazität ist es selbstverständlich, daß diese Menschen immer ihre volle Energie für ihr Erfolgsstreben einsetzen. Doch trotz ihrer nach außen gerichteten Antriebskraft sind sie innerlich abhängig und emotional ziemlich empfindsam. Da sie schnell durch ihre Leidenschaftlichkeit ins Wanken geraten, haben diese Menschen die Aufmerksamkeit und Unterstützung anderer bitter nötig, wenn sie ihr eigenes Gleichgewicht halten wollen.

Dieses Bedürfnis nach Aufmerksamkeit läßt sie viel Energie für ihr gesellschaftliches Leben aufwenden, und in der Tat ist dies oft der Ort, wo sie ihr Ansehen am besten aufbauen können und die verlockendsten Gelegenheiten erhalten. Sie haben gute Führungsqualitäten, aber manchmal macht ihr zurückhaltendes Wesen trotz ihrer unabhängigen Bestrebungen eine *aktive* Position schwer für sie. Sie können überstürzt handeln, um die Kontrolle über eine Situation zu gewinnen, die sie in ihrem Sinne gestalten wollen.

Wenn sie eine Entscheidung treffen, ist es normalerweise eine gut überlegte, und sie haben es schwer, die Ideen anderer zu akzeptieren, weil sie sehr eigensinnig sind. Diese aggressive Haltung kann sie von anderen isolieren. Sie werden sehr verwirrt und bekümmert, wenn andere Leute ihnen die Aufmerksamkeit oder Unterstützung entziehen. Oft ist ihnen die befremdende Wirkung ihrer direkten Art nicht bewußt.

Ihre Voraussicht, ihre Sensibilität für Schönheit und ihre Sentimentalität verleihen ihnen ein feines ästhetisches Empfinden, das sie bei künstlerischen Ambitionen zu ihrem Vorteil einsetzen können. Jedoch brauchen sie Zeit und Mühe, um sich zu entwickeln und zu bilden, wenn sie zum Erfolg kommen sollen. Obgleich sie ernsthaft und aktiv bei ihrer Arbeit sind, haben sie eine zurückhaltende Seite, die ein langsames, stetiges Arbeiten fordert. Das Leben wird jedoch schwierig, wenn diese stetige Seite versucht, ihre Aktivität zu bremsen oder zu beherrschen. Wenn ihre leidenschaftliche Seite dämmert, verhilft es ihren Projekten oft zum Fortschritt, aber sie müssen sich vor ihrer Ungeduld hüten.

In Liebesbeziehungen sind sie manchmal unpraktisch, obwohl sie viel Energie und Interesse darauf verwenden. Sie können ihre Gefühle nicht leicht vermitteln; normalerweise sind ihre Äußerungen zu direkt oder zu ernst. Sobald sie verliebt sind, können sie einer Person große Leidenschaft entgegenbringen. Unglücklicherweise ignorieren sie dabei manchmal die Wünsche der anderen Person.

Die Frauen sind stolz und halten sich für unabhängig. Sie können jedoch eifersüchtig sein und brauchen viel Aufmerksamkeit und Aktivität, um glücklich zu sein. Die Männer können viel Energie auf ihr geselliges Leben verwenden, sind aber gefühlsmäßig wählerischer als die Frauen.

Diese Menschen sind nicht leicht zu befriedigen, weil ihre Erwartungen die Tendenz haben, ständig zu wachsen. Sie streben aktiv nach Erfolg, aber sie müssen, um ihr Potential zu erkennen, ihr ästhetisches Empfinden entwickeln, in der Kommunikation mit anderen flexibler werden und ihren Bezugsrahmen erweitern. Sie brauchen viel Aufmerksamkeit, um ein emotionales Gleichgewicht zu halten. Um die Aufmerksamkeit, die sie begehren, zu erhalten, müssen sie lernen, mehr Rücksicht auf andere zu nehmen.

DOUGLAS FAIRBANKS, SR. – 23. Mai 1883
GARY COOPER – 7. Mai 1901
LAURENCE S. ROCKEFELLER – 26. Mai 1910
EVA PERON – 7. Mai 1919
LIBERACE – 16. Mai 1919
MARGOT FONTEYN – 18. Mai 1919
GEORGE CARLIN – 12. Mai 1937
CANDICE BERGEN – 9. Mai 1946
CHER – 20. Mai 1946

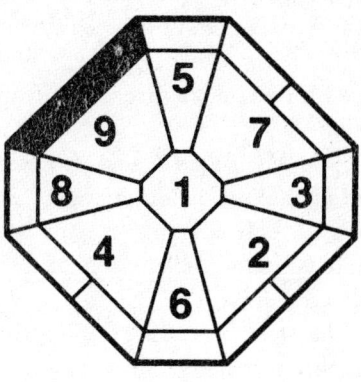

Daten des Monatswechsels

5. Juni–6. Juli 1892	6. Juni–7. Juli 1946
6. Juni–7. Juli 1901	6. Juni–7. Juli 1955
7. Juni–7. Juli 1910	6. Juni–6. Juli 1964
6. Juni–6. Juli 1919	6. Juni–6. Juli 1973
6. Juni–6. Juli 1928	6. Juni–6. Juli 1982
6. Juni–7. Juli 1937	6. Juni–6. Juli 1991

stolz	*hartnäckig*
vorausschauend	*selbstgerecht*
zuversichtlich	*impulsiv*
klug	*ausdauernd*

Diese Menschen sind normalerweise zuversichtlich und vorausschauend und haben Charakterzüge, die auf der Erfolgsleiter hilfreich sind.
Sie sind oft selbstgerecht und starrsinnig. Sie sind normalerweise stolz,
klug und unabhängig; diese Eigenschaften können ihnen bei ihrer
Arbeit helfen, wenn sie darauf achten, die Gefühle und Ideen anderer
nicht zu ignorieren. Wenn sie es ihrer impulsiven Natur gestatten, die
Oberherrschaft über ihre Intelligenz zu gewinnen, können sie Schwierigkeiten haben, mit anderen Leuten auszukommen.

Eine Art von Überlegenheitskomplex kann bewirken, daß sie nur eine Seite einer Sache sehen. Wenn sie sich dieses Problems bewußt werden, können sie es korrigieren und gute Führungspersönlichkeiten werden.

Oft haben sie enge Bindungen zu ihrer Familie und beschützen diese vor Kritik von außen.

Generell haben diese Menschen Glück im Leben. Sie schaffen es normalerweise, eine gute Position zu erringen, und verdienen genug Geld, um ihren Stolz zu befriedigen.

Ihre Schwäche, eine Neigung, sich zu sehr zu schützen, kann sie von der realen Welt entfremden.

Manchmal geben sie sich die größte Mühe, ihre Überlegenheit in einer Situation aufrechtzuerhalten, und verwenden gelegentlich sogar fragwürdige Methoden, um siegreich zu bleiben.

Frauen dieses Typs sind besonders stolz und selbstgerecht, aber im Hinblick auf Liebe oder Gefühl neigen sie dazu, impulsiv zu reagieren. Dies kann es schwer für sie machen, Partner zu finden. Sie lieben sanfte, zurückhaltende Männer. Männer dieses Typs sind oft besonders klug, haben aber wegen ihres Überlegenheitsdünkels Schwierigkeiten, Liebespartner zu gewinnen. Sowohl die Männer als auch die Frauen haben Führungsqualitäten, wenn sie ihre enge, egozentrische Sicht des Lebens überwinden und andere Menschen und Situationen berücksichtigen.

Wenn diese Menschen ihre Voraussicht nutzen und darauf achten, keine unüberlegten und selbstgerechten Gefühle die Oberhand gewinnen zu lassen, können sie normalerweise erfolgreich und produktiv werden.

ACHMED SUKARNO – 6. Juni 1901
JEANNETTE MACDONALD – 18. Juni 1901
ROBERT PRESTON – 8. Juni 1919
E. G. MARSHALL – 18. Juni 1919
CHE GUEVARA – 14. Juni 1928
ANNE MURRAY – 20. Juni 1946
SYLVESTER STALLONE – 6. Juli 1946

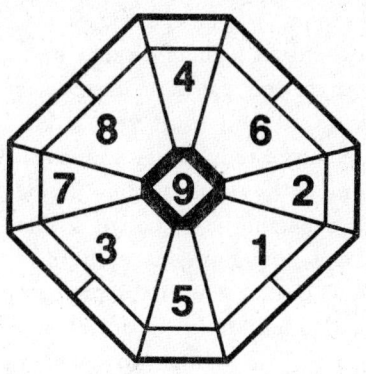

Daten des Monatswechsels

7. Juli–6. August 1892	8. Juli–7. August 1946
8. Juli–7. August 1901	8. Juli–7. August 1955
8. Juli–7. August 1910	7. Juli–6. August 1964
7. Juli–7. August 1919	7. Juli–7. August 1973
7. Juli–7. August 1928	7. Juli–7. August 1982
8. Juli–7. August 1937	7. Juli–7. August 1991

stolz	*impulsiv*
vorausschauend	*launisch*
großzügig	*anmaßend*
unterhaltsam	*starrsinnig*

Diese Menschen sind normalerweise stolz und vorausschauend. Sie lieben es, im Zentrum der Aufmerksamkeit zu stehen. Ohne Aufmerksamkeit neigen sie dazu, sich isoliert zu fühlen. In ihren Zielsetzungen scheinen sie kreativ zu sein, doch fehlt oft das Organisationstalent.

In geselligen Situationen geben sie sich unterhaltsam und großzügig, was sie sympathisch macht und andere Menschen anzieht. Ihre Impulsivität kann jedoch bewirken, daß sie an einem Tag liebenswürdig sind und am nächsten unangenehm.

Dieser Personentyp kann sehr freundlich und überzeugend sein, liefert aber vielleicht nicht immer wahrheitsgemäße Informationen. Sie reden den Leuten oft ein, daß sie Qualitäten oder Kenntnisse hätten, über die sie in Wirklichkeit vielleicht nicht verfügen.

Entscheidungen zu treffen, das kann diesen Menschen schwerfallen, weil sie oft launisch sind und stark von ihren Gefühlen beeinflußt werden. Auf sich selbst gestellt, sind sie meist wenig selbstsicher.

Im allgemeinen sind sie keine häuslichen Typen. Sie haben ein unternehmungslustiges, wechselhaftes Wesen, das ihnen ausgefallene Erfahrungen und fruchtbare Beziehungen beschert.

Frauen dieses Typs können sehr unabhängig, redselig und stolz sein, aber sie brauchen jemanden, der ihre Ideen und Ziele unterstützt, um in Hochform zu bleiben. Die Männer kommen gut mit Frauen aus und machen den Eindruck, sehr zuverlässig und vertrauenswürdig zu sein. Sie können aber auch sehr selbstgerecht und starrsinnig werden. Solange sie noch nicht viel Lebenserfahrung haben, benötigen sie die Führung und Anerkennung anderer. Sie brauchen die Rückversicherung, daß ihre Ideen und Meinungen interessant sind. Der Schlüssel zum Erfolg ist für sie die Auswahl der richtigen Leute, die sie darin unterstützen, solide Entscheidungen zu treffen, bis sie selbst erfahren genug sind, um wirklich unabhängig zu arbeiten und zu leben.

Wenn diese normalerweise großzügigen, unterhaltsamen Menschen ihre Launen beherrschen lernen, können sie ein erfolgreiches Leben erwarten.

ALEXANDRE DUMAS – 24. Juli 1802
GEORGE BERNARD SHAW – 26. Juli 1856
BENITO MUSSOLINI – 29. Juli 1883
BILL COSBY – 12. Juli 1937
PETER DUCHIN – 28. Juli 1937
ALFONSE M. D'AMATO – 1. August 1937
LINDA RONSTADT – 15. Juli 1946

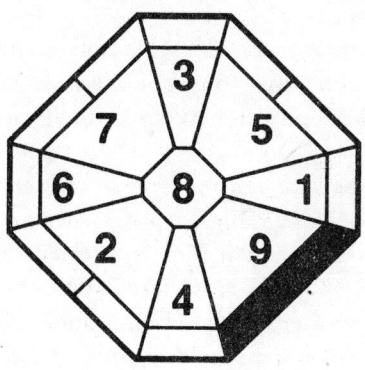

Daten des Monatswechsels

7. August–6. September 1892	8. August–7. September 1946
8. August–7. September 1901	8. August–7. September 1955
8. August–7. September 1910	7. August–6. September 1964
8. August–7. September 1919	8. August–7. September 1973
8. August–7. September 1928	8. August–7. September 1982
8. August–7. September 1937	8. August–7. September 1991

stolz	*selbstgerecht*
würdevoll	*eitel*
ehrgeizig	*unflexibel*
intelligent	*eigensinnig*

Die meisten Menschen dieses Typs neigen dazu, nach außen hin stark und innerlich weich zu sein. Sie sind normalerweise stolz und würdevoll, ehrgeizig und intelligent. Ihr Ehrgeiz kann so stark sein, daß er sie manchmal gierig werden läßt oder sie dazu führt, ihre Fähigkeit zur Mäßigung zu verlieren.

Ihr Verstand ist normalerweise sehr rege, und sie haben die Tendenz, neue Trends schnell aufzuspüren. Ihr Stolz läßt sie Perfektion erwarten, was ihre Entscheidungsfähigkeit beeinträchtigt.

Weil sie zur Selbstgerechtigkeit tendieren, streben sie nach persönlicher Befriedigung und neigen dazu, gleichgültig gegenüber den Ideen und Bedürfnissen anderer zu sein.

Sie sind oft eine würdevolle Erscheinung und haben ein sicheres Empfinden für die Planung von Projekten im großen Stil. Zu weit getrieben, kann diese Eigenschaft sie jedoch eitel und eigensinnig machen.

Frauen dieses Typs sind normalerweise stolzer und ehrgeiziger als die Männer und haben die Fähigkeit, Verantwortung zu übernehmen. Sie müssen jedoch darauf achten, nicht eitel oder stolz zu werden, sonst wird sie ihre Selbstgerechtigkeit isolieren. Tatsächlich sind sie weniger unabhängig, als sie erscheinen möchten. Männer dieses Typs brauchen eine starke Führung, um Entscheidungen zu treffen. Sie neigen dazu, ein übertriebenes oder raffiniertes Verhalten an sich zu haben, das die Menschen anzieht, aber sie sollten diese Eigenschaft nicht zur Überheblichkeit werden lassen.

Die meisten Menschen dieses Typs legen großes Gewicht auf das Sparen von Geld oder das Erringen von Berühmtheit, und sie sind auf diesen Gebieten auch oft erfolgreich. Wenn diese Menschen darauf achten, ihren Stolz und ihre Eitelkeit zu beherrschen und auf guten Rat hören, wenn er angeboten wird, können sie normalerweise erfolgreich sein.

HERBERT HOOVER – 10. August 1874
MAE WEST – 17. August 1892
SYLVIA SIDNEY – 8. August 1910
GEORGE WALLACE – 25. August 1919
HENRY FORD II – 4. September 1919
ANN BLYTH – 16. August 1928
DUSTIN HOFFMAN – 8. August 1937
ROBERT REDFORD – 18. August 1937
SUSAN ST. JAMES – 14. August 1946
BARRY GIBB – 1. September 1946

September **9** – 7 – 7

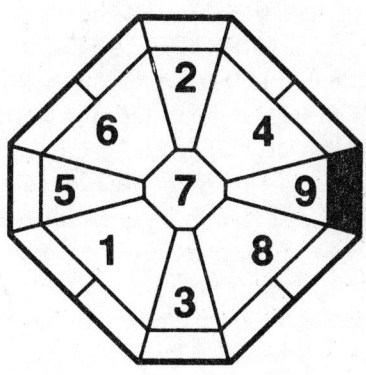

Daten des Monatswechsels

7. September–7. Oktober 1892	8. September–8. Oktober 1946
8. September–8. Oktober 1901	8. September–8. Oktober 1955
8. September–8. Oktober 1910	7. September–7. Oktober 1964
8. September–8. Oktober 1919	8. September–7. Oktober 1973
8. September–7. Oktober 1928	8. September–7. Oktober 1982
8. September–8. Oktober 1937	8. September–8. Oktober 1991

stolz	*überempfindlich*
ordentlich	*berechnend*
gelassen	*leidenschaftlich*
großzügig	*befangen*

Diese Menschen sind normalerweise stolz und großzügig. Sie können gelassen, ruhig und bedächtig erscheinen, doch unter der Oberfläche befindet sich eine leidenschaftliche, stürmische Natur. Es kann eine bleibende Aufgabe für sie sein, diese widersprüchlichen Eigenschaften im Gleichgewicht zu halten.

Sie haben normalerweise ein empfindliches, nervöses Temperament, neigen zur Mimosenhaftigkeit und werden leicht durch die Umstände beeinflußt. Ihr Stolz und ihre Befangenheit begründen eine Haltung des Selbstschutzes und der Furcht vor Kritik. Auch wenn sie vielleicht nicht zeigen, wenn sie aus der Fassung gebracht worden sind, kann ihre Empfindlichkeit ernsthaft ihre körperliche Verfassung beeinträchtigen. Wenn sie es nicht schaffen, ihr stürmisches Wesen im Gleichgewicht zu halten, kann ihr Leben ein ständiges »Wechselbad« sein, das von ihren emotionalen Reaktionen bestimmt wird.

Diese Personen haben oft einen von Natur aus berechnenden Verstand und die Fähigkeit, die meisten Situationen gut zu organisieren. Weniger erfolgreich sind sie bei ihren persönlichen Angelegenheiten, besonders wenn sie vor Aufgaben gestellt werden, die sie mühsam, kompliziert oder unangenehm finden. Sie neigen dazu, ärgerliche Situationen zu meiden, so daß sie als feige oder unfähig zur Konfliktlösung erscheinen. Oft wechseln sie lieber die Richtung, als eine unerfreuliche Situation lange auszuhalten. Sobald sie jedoch etwas wollen, arbeiten sie normalerweise hart dafür, setzen viel Energie ein und schenken den Details große Aufmerksamkeit.

Diese Menschen können sehr großzügig sein und geben oft verschwenderisch Geld für persönliches Vergnügen oder Freunde und Geliebte aus. Sie haben ein Gefühl für Schönheit und guten Geschmack, müssen sich aber vor Eitelkeit hüten. Vorsicht und Ausgewogenheit sind auch bei diesen Dingen das beste.

Diese Menschen suchen normalerweise nach jemandem, mit dem sie zum Vergnügen zusammensein können. In der Liebe sind sie verspielt, selten ernsthaft. Wegen ihrer lässigen Einstellung werden sie oft mißverstanden und können es mit Beziehungen schwer haben, auch wenn sie sich leidenschaftlich darum bemühen. Ihr sorgloses Auftreten läßt andere ihre Aufrichtigkeit bezweifeln und glauben, sie seien zu einem ernsthaften Engagement nicht fähig.

Frauen dieses Typs können stolzer sein und unabhängiger erscheinen als die Männer. Sie suchen normalerweise ehrgeizige, selbstbewußte Männer. Die Männer mögen unzuverlässig erscheinen, können aber tatsächlich sehr hart arbeiten. Sie scheinen zarte Frauen zu lieben. Sowohl Männer als auch Frauen dieses Typs haben die Fähigkeit, solide Entscheidungen zu treffen; dies gibt ihnen ausgezeichnete Voraussetzungen für ihre zukünftige Entwicklung.

Solange ihr Leben durch Stolz und Überempfindlichkeit beherrscht wird, können diese Menschen eine schwere Zeit haben. Sie brauchen

Erfahrung, die ihnen hilft, ihr leichtlebiges und doch empfindliches Wesen in Harmonie zu halten und ihr Selbstvertrauen zu entwickeln. Ein großer Vorteil für sie ist es, wenn sie einen guten Partner finden, jemanden, der ihnen erlauben kann, das Zentrum der Aufmerksamkeit zu sein, sie aber vor den negativen äußeren Einflüssen schützt, die ihre empfindsamen Nerven aus der Fassung bringen können. Wenn diese Menschen längere Zeit ihre Zuversicht aufrechterhalten und ihre stürmische Natur unter Kontrolle halten können, steht ihnen viel positive Energie für das Erreichen ihrer Ziele zur Verfügung.

WILLIAM PALEY – 28. September 1901
JOSEPH PASTERNAK – 19. September 1901
GEORGE PEPPARD – 1. Oktober 1928
JULIET PROWSE – 25. September 1937

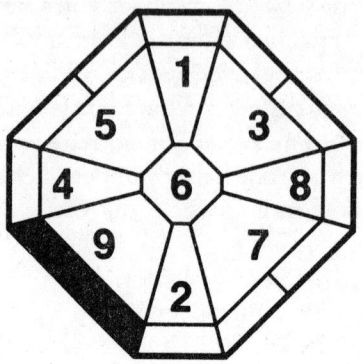

Daten des Monatswechsels

8. Oktober–6. November 1892	9. Oktober–7. November 1946
9. Oktober–7. November 1901	9. Oktober–7. November 1955
9. Oktober–7. November 1910	8. Oktober–6. November 1964
9. Oktober–7. November 1919	8. Oktober–6. November 1973
8. Oktober–7. November 1928	9. Oktober–7. November 1982
9. Oktober–7. November 1937	9. Oktober–7. November 1991

stolz   *vorsichtig*
intuitiv   *eigenwillig*
detailbezogen   *stürmisch*
charismatisch   *unflexibel*

Diese Menschen sind normalerweise klug und intuitiv, aber vorsichtig. Obgleich ihr Verhalten normalerweise freundlich ist, sind sie stolz und eigenwillig. Sie haben einen starken Drang, Situationen zu beherrschen und auf ihrer Führungsposition zu beharren. Ihr Stolz und ihr persönlicher Ehrgeiz können sie jedoch manchmal wichtigtuerisch erscheinen lassen und sie von anderen isolieren, was ihre Führungsposition in Frage stellt. Sie sind erfolgreicher, wenn sie Fakten und Umstände mit Offenheit und großer Rücksicht auf andere betrachten.

Oft beherrschen sie die Situation, indem sie ihren scharfen Verstand gebrauchen. Sie haben normalerweise ein von Natur aus intuitives Empfinden und eine hochentwickelte Konzentrationsfähigkeit, und sie sind begeistert, wenn sie ihre Energien auf einen Aspekt des Lebens konzentrieren können. Ihr Temperament kann jedoch auch stürmisch und wechselhaft sein, so daß der Brennpunkt ihres Interesses sich schnell verschiebt. Trotz guter Absichten und Beharrlichkeit können sie Schwierigkeiten haben, eine Aufgabe zu Ende zu bringen.

Diese Menschen erben oft Geld oder eine Position oder werden vielleicht durch eine andere Person mit in ein etabliertes Unternehmen hineingenommen. Obgleich sie in gesellschaftlichen Situationen normalerweise leutselig sind, können sie ihren Familien zeitweise fernstehen, weil ihre häuslichen und persönlichen Beziehungen manchmal durch ihr wichtigtuerisches Auftreten negativ beeinflußt werden. Gepaart mit ihrer Neigung zu freimütiger Kritik können ihre scharfen Beurteilungen andere dazu bringen, sie für herzlos oder rücksichtslos zu halten. Wenn diese Individuen gute Führungspersonen werden wollen, müssen sie lernen, ihren Blickwinkel zu erweitern und auf andere mehr Rücksicht zu nehmen, besonders dann, wenn sie Situationen beurteilen und mit Fakten zu tun haben.

Sobald ihnen Widerstand entgegengebracht wird, kämpfen sie hartnäckig, um die Kontrolle zu behalten. Sie sind oft unflexibel. Weil sie jedoch nicht immer stark genug sind, unangenehme Situationen durchzuhalten, versuchen sie im allgemeinen, diese zu vermeiden.

Frauen dieses Typs sind intelligent, willensstark, stolz und oft unflexibel. Aufgrund ihres selbstbewußten Auftretens und ihrer hohen Erwartungen können sie es schwer haben, den richtigen Partner zu finden und voll befriedigt zu werden. Die Männer sind ebenfalls stolz und willensstark, getrieben von einem eigenwilligen Ehrgeiz, der sie leicht die Rücksicht auf andere vergessen läßt, was ihre Führungsposition problematisch macht. Mit den Jahren entwickeln sie eine zurückhaltendere Einstellung zum Leben.

Für diese Menschen sind Intuition und Selbstmotivation miteinander verknüpft. Die Selbstmotivation treibt sie voran, während die Vorsicht und die intuitiven Gefühle auf ihre Entscheidungen mäßigend einwirken. Aufgrund ihres stürmischen Temperaments kann alles von einer Minute zur nächsten wieder ganz anders sein. Wenn Menschen dieses Typs es schaffen, ihre Konzentration auf eine Sache über eine längere Zeit aufrechtzuerhalten, und wenn sie lernen, auf andere mehr Rücksicht zu nehmen, sind sie in der Lage, ihr Führungspotential zu realisieren.

MARIE ANTOINETTE – 2. November 1775
RITA HAYWORTH – 17. Oktober 1919
MUHAMMAD REZA PAHLEVI – 26. Oktober 1919
MARTIN BALSAM – 4. November 1919
BEN VEREEN – 10. Oktober 1946
SUZANNE SOMERS – 16. Oktober 1946
SALLY FIELD – 6. November 1946

November **9** – 5 – 9

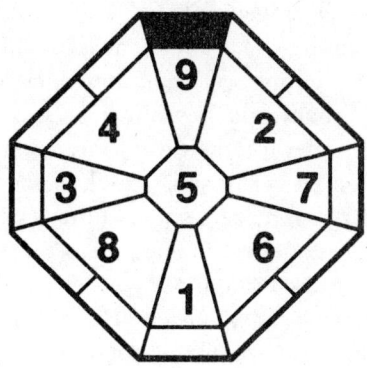

Daten des Monatswechsels

---

7. November–6. Dezember 1892	8. November–7. Dezember 1946
8. November–7. Dezember 1901	8. November–7. Dezember 1955
8. November–7. Dezember 1910	7. November–6. Dezember 1964
8. November–7. Dezember 1919	7. November–6. Dezember 1973
8. November–6. Dezember 1928	8. November–6. Dezember 1982
8. November–6. Dezember 1937	8. November–6. Dezember 1991

---

stolz	*stürmisch*
entschieden	*ausdauernd*
aggressiv	*anmaßend*
aufrichtig	*hochmütig*

Diese Menschen sind oft recht stolz und aggressiv. Sie können sehr bestimmend und schwer zu befriedigen sein, aber sie werden die nötigen Anstrengungen machen, um ihre Ziele zu erreichen.

Sie sind normalerweise aufrichtig, und ihr Verhalten kann übertrieben ehrenhaft und aggressiv sein, so daß sie leicht hochmütig erscheinen. Die meisten sind bereit, jede Herausforderung anzunehmen, und arbeiten hart, um ein Projekt durchzuführen. Sie sind ausdauernd und nicht bereit, aufzugeben.

Sie sind angeberisch und werden leicht das Opfer von Leuten, die ihnen schmeicheln. Weil sie normalerweise starrsinnig und stürmisch sind, werden sie schnell ungeduldig.

Sie können oft gute Vorgesetzte sein, müssen sich aber ihrer Schwierigkeiten bei der Herstellung harmonischer Beziehungen in ihrer Familie und ihrem Mitarbeiterstab bewußt sein. Sie schenken Geldangelegenheiten große Aufmerksamkeit, und ihre harte Arbeit hilft ihnen normalerweise, genug zu verdienen, um das Leben zu genießen.

Frauen dieses Typs neigen dazu, stilbewußte, großzügige Männer zu lieben. Sie können es vorziehen, in ihren Beziehungen die Führung zu übernehmen. Die meisten der Männer werden zu guten Vorgesetzten, wenn sie sich anstrengen, harmonische Beziehungen mit ihren Partnern herzustellen, und es vermeiden, hochmütig zu sein.

Diese Menschen haben im allgemeinen ein starkes Bedürfnis, begonnene Aufgaben zu Ende zu führen, und sie hassen es, irgend etwas unvollendet zu lassen. Es gibt für sie immer die Möglichkeit, »Helden« zu sein. Wenn ihnen aber andererseits die Anstrengung nicht gelingt, ihre Schwächen zu beherrschen – den aggressiven Stolz und den Mangel an Rücksicht auf andere –, können sie völlig isoliert werden.

Wenn Menschen dieses Typs versuchen, die Stärken und Talente anderer zu akzeptieren, werden sie fähig sein, ihr unbeherrschtes Temperament besser im Gleichgewicht zu halten und gut integrierte, wichtige Mitglieder ihrer Gruppe zu werden.

ZACHARY TAYLOR – 24. November 1784
WINSTON CHURCHILL – 30. November 1874
SAM SPIEGEL – 11. November 1901
LEE STRASBERG – 17. November 1901
WALT DISNEY – 5. Dezember 1901
MICKEY MOUSE – 8. November 1928
ANDY WILLIAMS – 3. Dezember 1928

Dezember **9** – 4 – 1

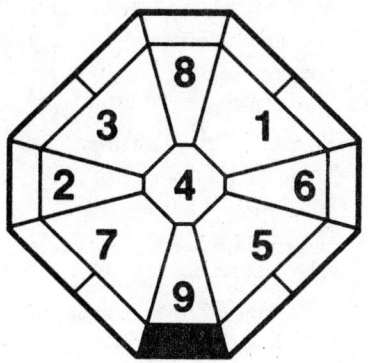

Daten des Monatswechsels

7. Dez. 1892–4. Januar 1893	8. Dez. 1946–5. Januar 1947
8. Dez. 1901–5. Januar 1902	8. Dez. 1955–5. Januar 1956
8. Dez. 1910–5. Januar 1911	7. Dez. 1964–4. Januar 1965
8. Dez. 1919–6. Januar 1920	7. Dez. 1973–5. Januar 1974
7. Dez. 1928–5. Januar 1929	7. Dez. 1982–5. Januar 1983
7. Dez. 1937–5. Januar 1938	7. Dez. 1991–5. Januar 1992

stolz	*emotional*
ernsthaft	*unsicher*
geduldig	*starrsinnig*
anpassungsfähig	*eitel*

Diese Menschen arbeiten normalerweise sehr ernsthaft und geduldig auf ein Ziel hin. Sie können sich neuen Situationen gut anpassen, sind aber starrsinnig in bezug auf die Wichtigkeit von Einzelheiten. Im allgemeinen beklagen sie sich nicht und bringen ihre Unzufriedenheit nicht zum Ausdruck, weshalb angenehm mit ihnen auszukommen ist.

Diese Menschen besitzen großen Stolz und neigen dazu, eitel zu sein. Eine Art Unsicherheit treibt sie zu großen Anstrengungen, um Erfolg zu erringen. Sie arbeiten oft hart wegen des Beifalls anderer.

Die meisten sind ernst und haben ein ausgeprägtes Empfinden für Gerechtigkeit und Verantwortung. Wenn sie ohne vernünftigen Grund unter Druck gesetzt werden, können sie unerwartet starrsinnig und aggressiv werden, wobei sie Verstärkung von anderen zu Hilfe nehmen, um zurückzuschlagen.

Diese Menschen sind gescheit und schlagfertig, aber zögernd bei Entscheidungen. Wenn sie sich wohl fühlen, können sie sehr anpassungsfähig sein. Wenn sie jedoch unsicher und emotional werden, fallen ihnen die Entscheidungen noch schwerer.

Frauen dieses Typs neigen dazu, eitel zu sein. Sie haben einen starken Mutterinstinkt und können frustriert werden, sofern sie die Menschen ihrer Umgebung nicht kontrollieren können. Männer dieses Typs nehmen ihre Ziele im Leben normalerweise sehr ernst. Sie mögen ruhige, unabhängige Frauen.

Im allgemeinen unterlagen viele Menschen dieses Typs in jungen Jahren einem starken Einfluß seitens ihrer Eltern.

Diese Menschen schenken ihrer finanziellen Situation große Aufmerksamkeit und neigen dazu, Geld für die Befriedigung ihrer Eitelkeit ebenso bereitwillig auszugeben wie für ihre alltäglichen Unkosten.

Oft sind sie nur schwierig zufriedenzustellen und neigen dazu, hart zu kämpfen, um voranzukommen. Sie müssen sich anstrengen, sich auf das konzentrieren, was wirklich wichtig ist, dann können sie mit Erfolg rechnen.

WOODROW WILSON – 28. Dezember 1856
J. PAUL GETTY – 15. Dezember 1892
SUN MYUNG MOON – 6. Januar 1920
JACK LORD – 30. Dezember 1928
DYAN CANNON – 4. Januar 1929
JANE FONDA – 21. Dezember 1937
PATTY DUKE – 14. Dezember 1946

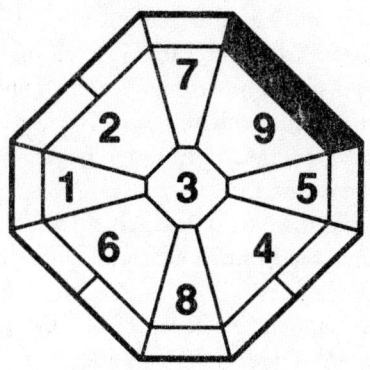

Daten des Monatswechsels

5. Januar–2. Februar 1893	6. Januar–4. Februar 1947
6. Januar–4. Februar 1902	6. Januar–4. Februar 1956
6. Januar–4. Februar 1911	5. Januar–3. Februar 1965
7. Januar–4. Februar 1920	6. Januar–3. Februar 1974
6. Januar–3. Februar 1929	6. Januar–3. Februar 1983
6. Januar–3. Februar 1938	6. Januar–3. Februar 1992

stolz	*starke Begierden*
empfindlich	*perfektionistisch*
besonnen	*befangen*
aggressiv	*vorsichtig*

Die meisten dieser Menschen sind stolz und empfindlich und besitzen starke physische und geistige Wünsche. Sie überdenken Situationen vorsichtig und haben, sofern sie besonnen bleiben, eine flexible Urteilsfähigkeit. Wenn die Vorsicht sie jedoch zwingt, ihre Emotionen für sich zu behalten, kann ihre empfindliche Natur plötzlich und unerwartet reagieren. Manchmal explodieren ihre Gefühle in einer heftigen, direkten Art, so daß es für andere schockierend sein kann. Wenn ihr Stolz verletzt wird, können sie ihr Gleichgewicht völlig verlieren, werden überraschend aggressiv und sind bereit, bis zum letzten zu kämpfen.

Trotz einer ungewöhnlichen Offenheit sind diese Menschen sehr zurückhaltend. Bei der Arbeit oder im Geschäft nehmen sie normalerweise auf andere Rücksicht und strengen sich an, gute Beziehungen zu den Kollegen herzustellen. Auch helfen sie im allgemeinen ihren Familien oder Verwandten, wobei sie in einer Krise vielleicht zusätzliche Verantwortung übernehmen.

Ihr großer Stolz kann sie dazu treiben, in allem, was sie tun, nach Perfektion zu streben. Sie können sich umständlich mit Kleinigkeiten beschäftigen. Dieser Aspekt ihres Charakters kann dazu führen, daß sie ihre Besonnenheit verlieren, und sie können sich selbst schaden, indem sie günstige Gelegenheiten versäumen. Sie müssen sich des Ungleichgewichtes zwischen ihrer starken Neugierde und der Tendenz, ihre Gefühle zurückzuhalten, bewußt sein. In der Tat ist es schwer für diese Menschen, sich überlegt zu äußern. Sie neigen dazu, entweder alles für sich zu behalten oder es wie eine Flut herausbrechen zu lassen. Diese Neigung kann ihr Ansehen schädigen.

Viele dieser Menschen sind stark von ihrer Mutter beeinflußt worden. Die Männer haben wenig Hemmungen und wollen stärker erscheinen, als sie wirklich sind. Sie sind stolz und erwarten Perfektion in jeder Hinsicht. Es ist oft schwer für sie, sich ungezwungen zu äußern oder einen verständnisvollen Partner zu finden. Die Frauen sind oft stolz und empfindlich und drücken ihre Gefühle sehr direkt aus. Obwohl sie sentimental sind, sind ihre Bedürfnisse stark und nicht leicht zu befriedigen. Es ist manchmal schwer für sie, sich in eine abhängige Position zu fügen. Sowohl Männer als auch Frauen wenden in Geldsachen wie in Liebesangelegenheiten viel Energie für das Streben nach Befriedigung auf. Obwohl sie bei ihrer Arbeit Perfektion erwarten, haben sie einen guten Geschäftssinn.

Das Hauptproblem für diese Menschen ist normalerweise die Unfähigkeit, ihre Wünsche zu beherrschen. Sie erwarten so nachdrücklich Befriedigung, daß sie von ihrer Besonnenheit, die ihnen so gut dienlich sein könnte, kaum Gebrauch machen können. Bevor sie nach Perfektion streben, sollten sie erkennen, wie weit sie gehen können, ohne sich selbst zu schaden. Mit der Beherrschung ihrer Wünsche und der Entwicklung maßvoller Ziele können sie allmählich das Mittel finden, ihre Persönlichkeit zum Ausdruck zu bringen und größeren Erfolg zu erringen.

D. W. GRIFFITH – 22. Januar 1875
FEDERICO FELLINI – 20. Januar 1920
MARTIN LUTHER KING – 15. Januar 1929
JULES FEIFFER – 26. Januar 1929
DAVID BOWIE – 8. Januar 1947

Die Grundlage des Ki

Es ist wichtig, daß Sie sich Gedanken über Ihren Wohnsitz und die Folgen Ihrer Aktivität machen, ehe Sie umziehen. Wie sollen Sie wissen, was richtig für Sie ist, wenn Sie im Leben vor eine wichtige Entscheidung gestellt werden?

Die individuelle Ki-Energie muß in Harmonie mit der Ki-Energie der Natur arbeiten, damit das Leben reibungslos abläuft. Bewegung, die nicht harmonisch ist, führt zu Schwierigkeiten.

Richtung und Grad

Die Tafeln in diesem Buch sind in acht Richtungen eingeteilt. Traditionell ist die Richtung Norden im unteren Abschnitt der Tafel lokalisiert. Die anderen Richtungen werden von hier aus im Uhrzeigersinn gelesen: Norden – Nordosten – Osten – Südosten – Süden – Südwesten – Westen – Nordwesten – Norden.

Die vier Hauptrichtungen (Norden, Süden, Osten, Westen) sind als Abschnitte von je dreißig Grad gegliedert. Die vier Abschnitte dazwischen (Nordosten, Südosten, Südwesten, Nordwesten) umfassen sechzig Grad.

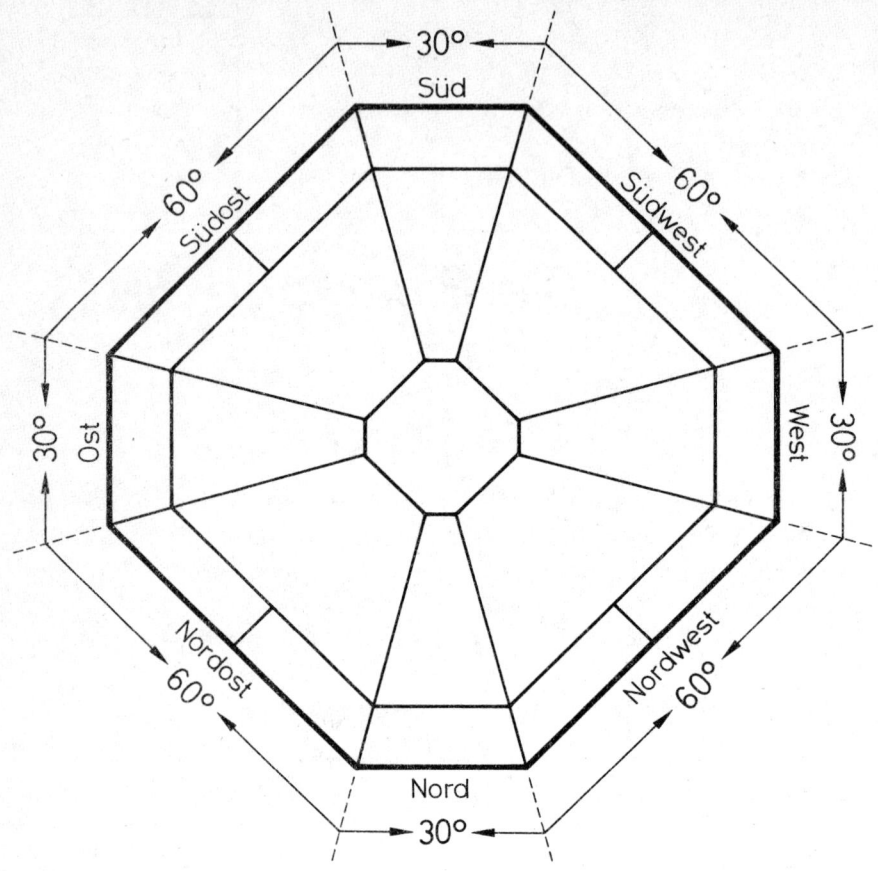

Zwölf Tierkreiszeichen

Die Bauern im alten China verkündeten die wechselnden Jahreszeiten, indem sie den Wachstumsprozeß der Pflanzen und das Verhalten der Tiere beobachteten.

Später, während der Han-Dynastie (200 bis 220 v. Chr.), wählte der Kaiser zwölf bekannte Tiere aus, um den Tierkreis darzustellen, damit die des Lesens unkundigen Bauern sich besser auf die Jahreszeiten und die Hauptrichtungen einstellen konnten.

Auf den folgenden Tafeln erscheinen die Zwölf Tierkreiszeichen und die ihnen entsprechenden Monate und Richtungen in ihren festen Positionen. Die Ratte (Norden) repräsentiert den Dezember; der Ochse (Nordosten) repräsentiert den Januar; der Tiger (Ost-Nordost) repräsentiert den Februar; das Kaninchen (Osten) repräsentiert den März; der Drache (Ost-Südost) repräsentiert den April; die Schlange (Süd-Südost) repräsentiert den Mai; das Pferd (Süd) repräsentiert den Juni; das Schaf (Süd-Südwest) repräsentiert den Juli; der Affe (West-Südwest) repräsentiert den August; der Hahn (West) repräsentiert den September; der Hund (West-Nordwest) repräsentiert den Oktober; das Schwein (Nord-Nordwest) repräsentiert den November.

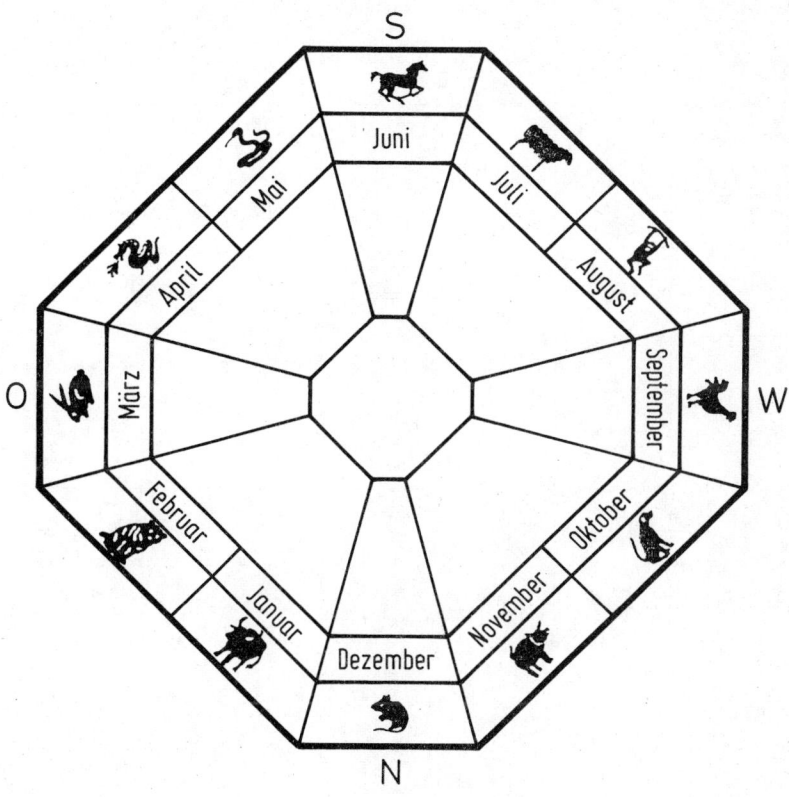

Die Tierkreiszeichen beeinflussen die Zahlen mit den in der folgenden Tafel gezeigten Charakterzügen:

Tierkreiszeichen		Charakterzüge
Ratte		vorsichtig, kreativ, sammelnd, lustvoll, geizig, zweiflerisch
Ochse		geduldig, beharrlich, aufnahmebereit, hartnäckig, langsam, engstirnig
Tiger		vorsichtig, mitleidig, wohlwollend, eingebildet, reizbar, aggressiv
Kaninchen		sanft, freundlich, intelligent, widersprüchlich in Worten und Taten, wankelmütig, nachlässig
Drache		stolz, aggressiv, kraftvoll, kompromißlos, arrogant, voreingenommen
Schlange		intuitiv, einsichtsvoll, finanziell gesichert, eitel, eifersüchtig, egoistisch
Pferd		gesellig, scharfsichtig, temperamentvoll, sinnlich, geschwätzig, leicht zu ärgern
Schaf		anmutig, gehorsam, treu, ängstlich, pessimistisch, empfindlich
Affe		erfinderisch, einfallsreich, neugierig, aufnahmefähig, impulsiv, zerstreut
Hahn		vorausschauend, beweglich, schlau, selbstsüchtig, konzentrationsschwach, angeberisch
Hund		ehrlich, treu, respektvoll, starrsinnig, rechthaberisch, fordernd
Schwein		ernsthaft, gerecht, gute Disposition, rücksichtslos, ungeduldig, unflexibel

364

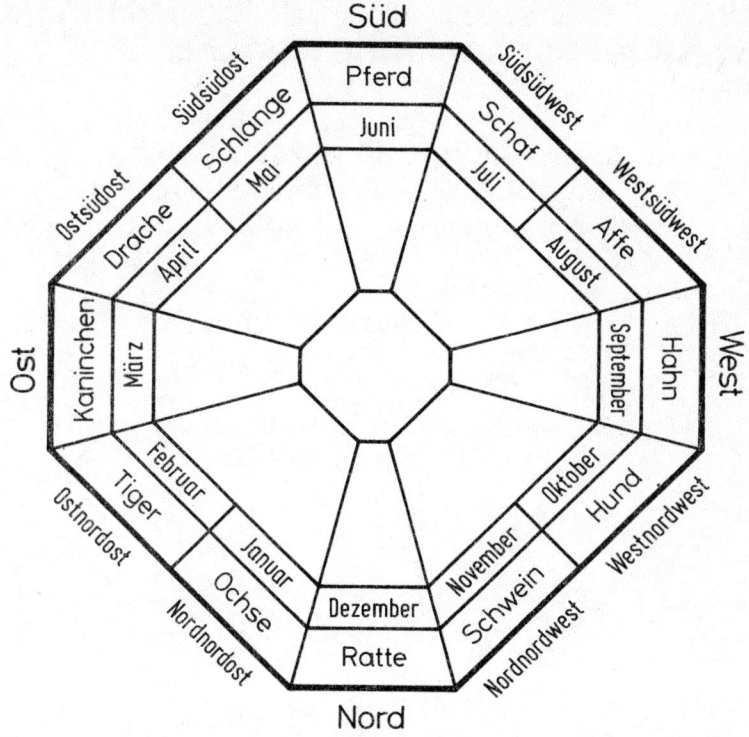

Die zwölf Tierkreiszeichen gliedern sich in drei Gruppen, von denen jede mit drei der neun Zahlen arbeitet:

Ratte, Kaninchen, Pferd, Hahn: 1, 4, 7

Ochse, Drache, Schaf, Hund: 3, 6, 9

Tiger, Schlange, Affe, Schwein: 2, 5, 8

Zum Beispiel muß das Jahr der Ratte in ein Jahr der Zahl 1, 4 oder 7 fallen. Die Ratte könnte nicht mit 3 oder 2 arbeiten.

Wir gebrauchen die Tierkreiszeichen, wenn es um die Richtung geht, um eine »gute« oder eine »schlechte« Bewegung zu bestimmen. Beachten Sie, daß das *jährliche* Tierkreiszeichen zwölf Jahre lang jedes Jahr wechselt, bis es sich wiederholt (s. S. 384 f.), obgleich die *monatliche* Tierkreistafel festgelegt ist.

Die Regel der Zahlenbewegung

Ähnlich wie die Himmelskörper sich im Zickzack durch den Kosmos bewegen, so wandern auch die neun Zahlen innerhalb der individuellen Tafeln. Sehen Sie zum Beispiel, wie sich die Zahl 5 in den folgenden Tafeln bewegt:

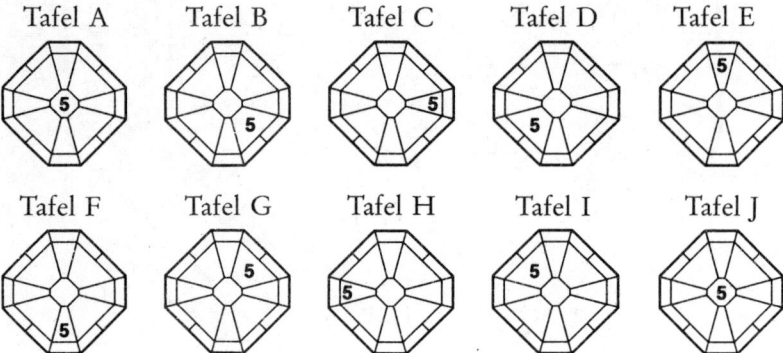

Vom Anfangspunkt in der Mitte der Tafel A bewegt sich die Zahl 5 nach Nordwesten (Tafel B), dann nach Westen (Tafel C). Gebrauchen Sie die folgende Tafel, um zu lernen, wie alle Zahlen sich bewegen. Das Lernen wird leichter sein, wenn Sie einer Zahl schrittweise nachgehen.

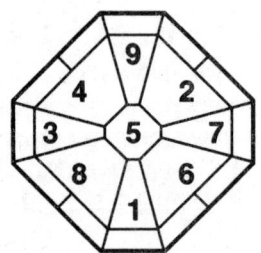

Zahl	Richtung
5	Mitte
6	Nordwesten
7	Westen
8	Nordosten
9	Süden
1	Norden
2	Südwesten
3	Osten
4	Südosten
5	Mitte

Zum Beispiel bewegt sich die Zahl in der Mitte immer nach Nordwesten, die Nordwest-Zahl immer nach Westen, und so weiter (verfolgen
Sie die Pfeile auf der Tafel).

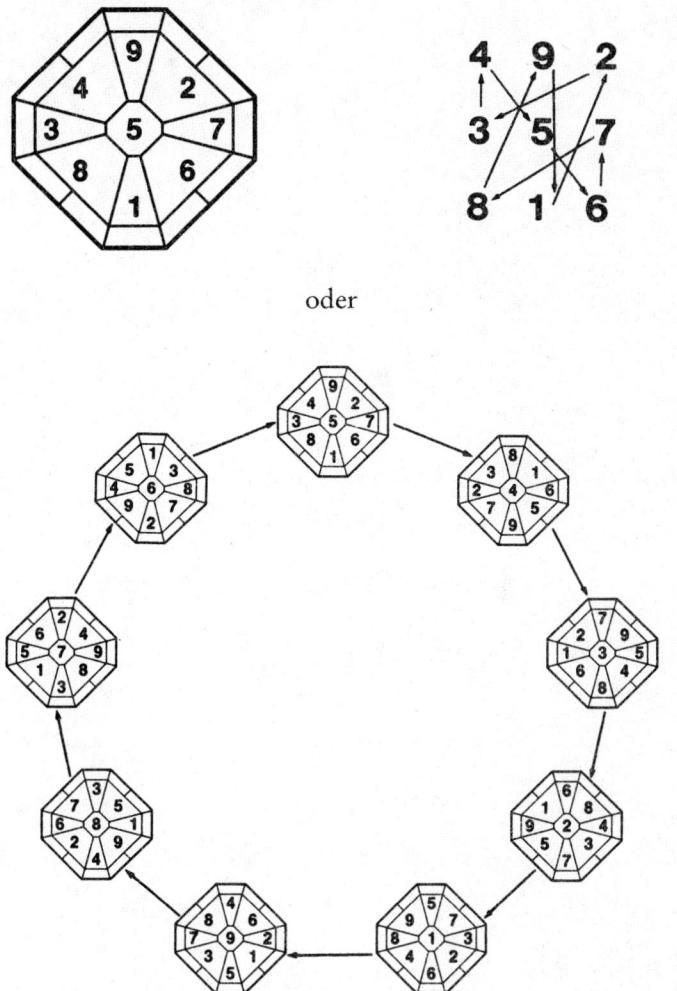

oder

In dieser Weise werden die jährlichen und monatlichen Tafeln gebildet.
Diese Regel der Zahlenbewegung gilt immer.

Die Richtung der Bewegung

Eine kurze Zusammenfassung

Gemäß dem östlichen Denken sind die menschlichen Wesen ein Teil der Natur, und wie die Ki-Energie das menschliche Leben erfüllt und unsere Beziehungen und unsere Kommunikation mit anderen bestimmt, so erfüllt sie auch die Natur und den Kosmos und beeinflußt die Richtung, in der die Menschen und die Natur sich bewegen. Die alte östliche Philosophie lehrt uns die Bewegung in harmonische Richtungen und das Erkennen der Gefahr einer Bewegung gegen die Natur. Die neun Zahlen sprechen für dieses fundamentale Prinzip, da sie sich in einer logischen Weise bewegen müssen, die mit der Natur übereinstimmt.

Es ist oft notwendig, sich die Richtung im wörtlichen Sinn vorzustellen, indem man die Richtung der folgenden Tafel verwendet, um mit der Ki-Energie zu arbeiten, die die von den Alten entwickelten Strukturbilder beinhaltet und die in den Tafeln für die Richtung der Bewegung enthalten ist.

Indem wir uns bewußt machen, daß wir von der Ki-Energie beeinflußt werden, entwickeln wir Sensibilität für die Energie der Naturphänomene und die Energie anderer menschlicher Wesen. Durch dieses Sichöffnen und dieses Verständnis können wir eine größere Bedeutung aus unserem täglichen Leben ableiten.

Als Illustration für die Wichtigkeit der Richtung der Bewegung möchte ich Ihnen gern über die »Bewegung« einiger meiner Kunden berichten.

Drei Jahre nachdem ich einen sehr einflußreichen Rechtsanwalt beraten hatte, schockierte mich die Schlagzeile in der *New York Post* (vom 18. November 1980): Rechtsanwalt wegen Betrugs angeklagt, weil er nicht für seinen Harem bezahlen wollte. 1977 war er ein guter Familienvater für fünf Kinder gewesen und hatte einen ausgezeichneten Ruf wegen seiner Ehrenhaftigkeit genossen. Er hatte 1973 einen möglicherweise zerstörerischen Wohnungswechsel von Brooklyn in das Zentrum von Manhattan vorgenommen. Ich erklärte ihm, daß die Ki-Energie der Richtung bei diesem Umzug völlig unharmonisch war, und legte ihm nahe, den neuen Wohnort zu verlassen. Aber aus irgendeinem Grund ist er nie umgezogen. Schließlich mußte er ins Gefängnis, und die Anwaltskammer entzog ihm die Lizenz.

Ein anderer Kunde, eine ältere Frau, fragte mich, ob sie nach dem Tod ihres Mannes in der Nähe ihrer Tochter oder ihres Sohnes leben sollte. Ich prüfte Zeit und Richtung und riet ihr die Nähe des Sohnes, aber sie entschied sich, in die Nähe der Tochter zu ziehen. Ein Jahr später rief mich ihre Tochter an, um mir mitzuteilen, daß ihre Mutter ernsthaft krank war. Ich sagte der Tochter, sie solle einen Arzt in der von ihrer Wohnung aus richtigen Richtung suchen. Die ältere Frau folgte dem Rat des Arztes, sich operieren zu lassen, und wurde geheilt. Ich empfahl ihr, in die Richtung ihres Sohnes zu ziehen, die für diese Zeit wieder richtig war. Neulich rief sie mich von dort an und schien sehr glücklich zu sein. Sie erzählte mir, warum sie nicht schon früher dort hingezogen war: Sie wollte das Familienleben ihres Sohnes nicht stören.

Wie bei der älteren Frau kann falsche *Bewegung* korrigiert werden, ehe ernsthafter Schaden entsteht, aber es verlangt Geduld und einen starken Willen. Wenn sie vor eine unangenehme Situation gestellt werden, schreiben es viele Leute einfach ihrem Schicksal zu oder nehmen an, daß sie »kein Glück haben«. Dies ist natürlich nicht wahr – vor allem, wenn Sie die wichtige Rolle berücksichtigen, die die richtige Bewegung für Ihr Glück spielt. Betrachten wir es so: Sie tun etwas, und das Ergebnis stellt sich als falsch heraus, aber es ist eine Situation, die Sie nicht ändern können. Dann sind Sie vor die Wahl gestellt. Entweder Sie wenden eine große Energie auf, um sich aus der Situation zu befreien, oder Sie ziehen um an einen anderen Ort, um die Folgen zu vermeiden.

Aber wie können Sie wissen, welcher Weg der richtige für Sie ist? Jeder muß Entscheidungen treffen, mit denen schwer zu leben ist. Wenn Sie die falsche treffen, werden Sie enttäuscht, und wenn Sie diesen Vorgang oft genug wiederholen, beginnen Sie vielleicht, Ihre Entscheidungsfähigkeit zu bezweifeln.

Um Selbstvertrauen zu entwickeln, können Sie als Hilfe für richtige Entscheidungen das Ki-System benutzen. Sehr oft ist die Bewegung wichtiger, als sich viele Leute bewußt sind. Da dies nur eine Einführung in das Problem der *Richtung* ist, will ich mich vor allem darauf konzentrieren, wie die Grundzahl richtungsmäßig in der Zeittafel funktioniert.

Sieben Arten von gefährlicher Bewegung

Das Prinzip der Bewegung wird von der Natur der Fünf Elemente beherrscht. Eine Bewegung zu einem von ihnen wird durch ein auf die »Natur« des Elements gegründetes Ergebnis erwidert. Die Zahl Fünf zum Beispiel, die eine Zahl der Macht ist, wird im Fall des Gegensatzes eine andere Zahl zerstören. Bewegung auf diese potentiell zerstörerische Zahl hin zeigt eine gefährliche Situation an.

Es gibt sieben Arten von gefährlicher Bewegung:
1. *Honmei-Satsu*   (Angriff auf das Selbst)
2. *Honmei-Teki-Satsu* (Angriff auf das eigene Bewußtsein)
3. *Go-O-Satsu*   (Zerstörung)
4. *Anken-Satsu*   (Zufällige Richtung)
5. *Sai-Ha*   (Auflösung, Energiemangel – jährlich)
6. *Getsu-Ha*   (Auflösung, Energiemangel – monatlich)
7. *Jōi-Taichu*   (Gegensatz)

Honmei-Satsu (Angriff auf das Selbst)

Wenn Sie sich auf einer Zeittafel in Richtung auf Ihre Grundzahl bewegen, so wird dies *Honmei-Satsu* genannt.

Tafel von 1984
(Jahr der Sieben)

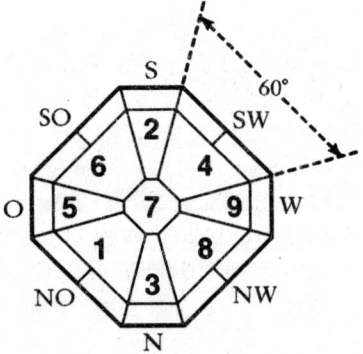

372

Wenn in diesem Fall Ihre Grundzahl 4 ist, und Sie ziehen 1984 nach Südwesten, so erzeugt dies die Bewegung Honmei-Satsu. Damit können Sie sich Schwierigkeiten einhandeln. Sie greifen sich selbst in einer Weise an, die Ihre Gesundheit beeinträchtigen kann – möglicherweise als Entwicklung einer ernsthaften Krankheit. Sie können sogar Ihr Leben verlieren.

Honmei-Teki-Satsu (Angriff auf das eigene Bewußtsein)

Wenn Sie sich auf die Position gegenüber Ihrer Grundzahl zubewegen, so wird das Honmei-Teki-Satsu genannt. Sie greifen damit Ihren eigenen Geisteszustand an, was zu Desorganisation führt. Sie können buchstäblich Ihren Verstand verlieren.

Tafel von 1973
(Jahr der Neun)

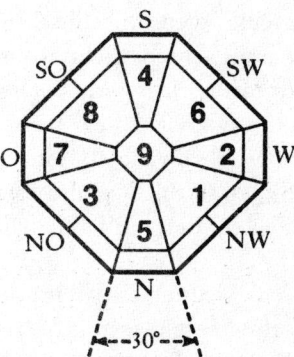

Erinnern Sie sich zum Beispiel an den Rechtsanwalt, dessen Grundzahl 4 war. Der Umzug von Brooklyn, wo seine Kanzlei gewesen war, in das Zentrum von Manhattan ging nach Norden, direkt in die Gegenstellung zu seiner Grundzahl 4 in diesem Jahr 1973. Diese Bewegung führte zu einem Ungleichgewicht in seinem Geisteszustand – einem Mangel an bewußter Kontrolle seiner Handlungen. (Dies stellt den Rückschlag seines Charakters gegen sich selbst dar.) Der Umzug nach Manhattan machte seine Anwaltskanzlei geschäftiger und sein gesellschaftliches Leben aktiver. Dies war ein zu plötzlicher Wechsel, da er eine zurückhaltende, familienorientierte Situation gewöhnt war. Als

sein Denken sich änderte, wurde er eitel, rücksichtslos und gedankenlos. Schließlich mußte er der bitteren Wirklichkeit seiner Taten ins
Auge sehen. Weil er sein geistiges Gleichgewicht verloren hatte,
erzeugte er außerdem Go-O-Satsu, was seine Schwierigkeiten verdop-
pelte (siehe nächstes Beispiel).

Go-O-Satsu (Zerstörung)

Eine Bewegung auf die Zahl 5 zu wird Go-O-Satsu genannt. Die Zahl 5
hat die Fähigkeit der Ki-Energie, alle Geschöpfe zu verwandeln und zu
zerstören. Ein Umzug in die Richtung der Zahl 5 kann Sie in
schwierige Situationen bringen: Sie können eine ernste Krankheit
bekommen oder das Opfer eines Verbrechens werden; es kann ein
Fehlschlag bei einem geschäftlichen Unternehmen, im Beruf oder bei
einer Investition sein oder auch irgendein anderes persönliches Un-
glück. Wenn Sie die 5 als Grundzahl haben, müssen Sie besonders
darauf achten, nicht Honmei-Satsu und Go-O-Satsu zu erzeugen, was
doppelte Schwierigkeiten verursacht. Wenn zum Beispiel der Anwalt
(Grundzahl 4) 1973 nach Norden umzog, war dies die Richtung
sowohl von Go-O-Satsu als auch von Honmei-Teki-Satsu. Als er von
Süden (Zahl 4) nach Norden (Zahl 5) zog, beging er einen doppelten
Fehler, der schließlich den Ruin seiner Karriere verursachte (siehe
Tafel).
   Bewegung in Richtung auf Go-O-Satsu erzeugt einen zerstöreri-
schen Effekt in uns, der allmählich wirkt. Dieser gleicht *nicht* einem
Unfall; eher löst diese Bewegung automatisch eine langsame Ver-
schlechterung aus, die sich nur schwer wieder rückgängig machen läßt.

Anken-Satsu (Zufällige Richtung)

Bewegung in die Richtung, die der Zahl 5 gegenüberliegt, wird Anken-
Satsu genannt. Im Gegensatz zu Go-O-Satsu ist es eine Bewegung, die
uns plötzlich beeinflußt, ohne daß wir eine Kontrolle darüber haben.
Es ist sehr schwer, uns gegen diese zufällige Art von Schwierigkeiten
zu wehren. Verkehrsunfälle, Verletzungen oder Schwierigkeiten, die

374

jemand anders verursacht, wie Betrug oder Raub, können wir nicht immer vermeiden.

Tafel von 1979
(Jahr der Drei)

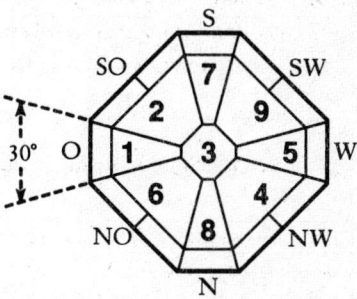

Ein befreundeter Maler zum Beispiel zog 1979 von Kalifornien nach New York um. Wenig später wurde er im Aufzug seines Apartmenthauses angegriffen und mußte ins Krankenhaus. Kurz nach seiner Entlassung wurde er unglaublicherweise erneut angegriffen. Nun war er so weit, daß er aufgeben wollte. Ich riet ihm, in eine Richtung zu ziehen, die seine Anken-Satsu-Bewegung korrigieren und weitere Mißgeschicke verhindern würde.

Wenn der Leser die hier abgebildete Tafel benutzt, zeigt er Anken-Satsu an, indem er an dem entsprechenden Richtungspunkt auf den Tafeln ein Dreieck einzeichnet und dabei die *Anken-Satsu*-Tafel auf S. 376 verwendet.

Diese Tafel zeigt die Richtung und Zahl von Anken-Satsu in jedem Jahr. Die erste Kolumne ist eine Liste der mittleren Zahlen der einzelnen jährlichen und monatlichen Tafeln.

Anken-Satsu

Zahl von Jahr und Monat	Zahl der Richtung
1	Norden 6
2	Südwesten 8
3	Osten 1
4	Südosten 3
5	
6	Nordwesten 7
7	Westen 9
8	Nordosten 2
9	Süden 4

Sai-Ha (Jährlich: Auflösung, Energiemangel)

Die Richtung, die in jedem Jahr dem jährlichen Tierkreiszeichen entgegengesetzt ist, wird auf der Jahrestafel Sai-Ha genannt. Diese Tafel zeigt in jeder jährlichen und monatlichen Tierposition die Richtung von Sai-Ha, indem sie die entgegengesetzte Position zeigt. Jeder, der die Richtung Sai-Ha einschlägt, wird möglicherweise sein Ziel nicht erreichen. Bewegung in dieser Richtung kann bewirken, daß Sie in Auflösungen, Trennungen, Vertragsbrüche und andere betrübliche Schwierigkeiten verwickelt werden.

Führer für Sai-Ha, Getsu-Ha (Auflösung, Energiemangel)

Tierkreiszeichen	Richtung	Sai-Ha ist Getsu-Ha	Tierkreiszeichen	Richtung
Ratte	N	⟶	Pferd	S
Ochse	NNO	⟶	Schaf	SSW
Tiger	ONO	⟶	Affe	WSW
Kaninchen	O	⟶	Hahn	W
Drache	OSO	⟶	Hund	WNW
Schlange	SSO	⟶	Schwein	NNW
Pferd	S	⟶	Ratte	N
Schaf	SSW	⟶	Ochse	NNO
Affe	WSW	⟶	Tiger	ONO
Hahn	W	⟶	Kaninchen	O
Hund	WNW	⟶	Drache	OSO
Schwein	NNW	⟶	Schlange	SSO

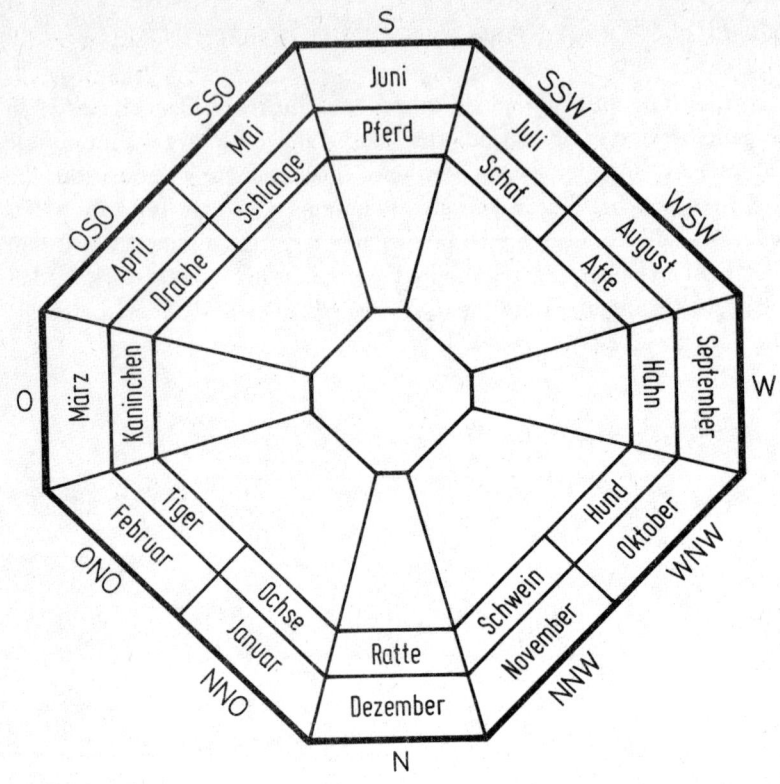

Das Tierkreiszeichen des Jahres 1987 ist das Kaninchen.

Tafel von 1987
(Jahr des Kaninchens)

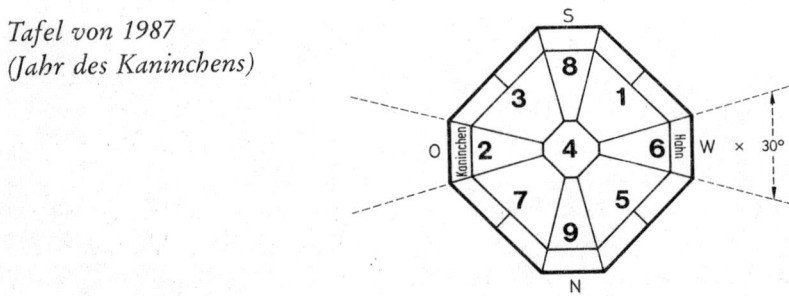

Die Position des Kaninchens auf der Tafel ist zum Beispiel immer im Osten, so daß für das Jahr 1987 der Westen die Sai-Ha-Richtung ist. Die Zahl 6 (der Hahn) in dieser Tafel steht in der westlichen Position, und deshalb ist sie die Richtung von Sai-Ha.

Sai-Ha wird in der Jahrestafel durch ein X angezeigt, das den entsprechenden Richtungspunkt markiert.

Getsu-Ha (Monatlich: Auflösung, Energiemangel)

In jedem Monat wird die dem monatlichen Tierkreiszeichen entgegengesetzte Position auf der Monatstafel Getsu-Ha genannt. In der Tafel der Tierkreiszeichen bleiben die zwölf Tiere stationär, jedes auf seinem Platz.

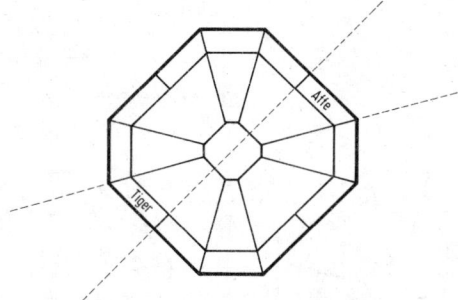

Jeden Februar zum Beispiel, wenn das monatliche Tierkreiszeichen der Tiger ist, ist die entgegengesetzte Position des Affen Getsu-Ha (siehe die Tafel für Sai-Ha). Im August, wenn der Affe das monatliche Tierkreiszeichen ist, ist der Tiger die Position von Getsu-Ha. (Schlagen Sie in den Monatstafeln S. 456 ff. nach, um zu sehen, welches das Tierkreiszeichen für den gegebenen Monat ist.)

Der Einfluß von Getsu-Ha beträgt nur etwa ein Zwölftel der Stärke von Sai-Ha. Das heißt, daß eine Bewegung in dieser Richtung auch die Auflösungen und Mißverständnisse hervorrufen kann, die mit dieser Stellung verbunden sind. Aber die Auswirkungen sind vielleicht nur vorübergehend und nicht so intensiv.

Jōi-Taichu (Gegensatz)

Unter den sieben gefährlichen Richtungen ist diese ein besonderer Fall.
Mit Ausnahme des von der Zahl 5 beherrschten Jahres erscheint jedes Jahr eine der neun Zahlen auf einem Platz, der ihrer Position auf der Universaltafel gegenüberliegt. Wenn wir zum Beispiel für 1987 die Jahrestafel und die Universaltafel miteinander vergleichen, finden wir die Zahl 9 in Opposition zu sich selbst (siehe die folgenden Tafeln). Diese Stellung wird als Jōi-Taichu oder Gegensatz bezeichnet und erscheint für 1987 im Norden. Wenn Sie 1987 in diese Richtung ziehen, werden Sie die Dinge nicht so vorfinden, wie Sie es erwartet haben; vielmehr werden Sie auf Widerstand stoßen. Die Zahl 9 wird jetzt nicht wie die Zahl 9 funktionieren. Sehr oft verursacht sie geringen Ärger, der sich wiederholt und anstaut, bis aus kleinen Schwierigkeiten (wie Meinungsverschiedenheiten in der Familie) große Probleme werden.

Tafel von 1987   *Universaltafel*

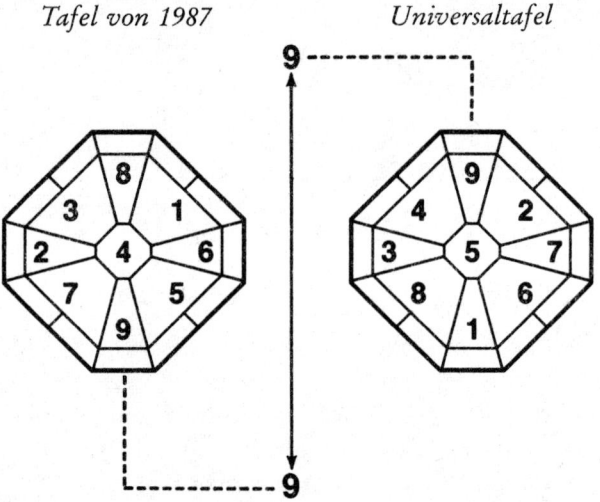

Die folgende Tafel zeigt, welche Jahreszahlen in welchen Richtungen Jōi-Taichu sind. (Beachte: Jōi-Taichu erscheint nicht im Jahr der Zahl 5, wo alle Zahlen für den Zeitraum eines Jahres in ihrer Grundposition sind.)
Jōi-Taichu erscheint auch jeden Monat in einer anderen Stellung

Jahr und Richtung, in denen die Zahlen Jōi-Taichu sind

Jōi-Taichu-Zahl \ Zahl des Jahres	1	2	3	4	5	6	7	8	9
3	West								
8		Südwest							
4			Nordwest						
9				Nord					
5									
1						Süd			
6							Südost		
2								Nordost	
7									Ost

381

(siehe die folgenden Tafeln) auf den Monatstafeln, und seine Wirkungen sind ähnlich, wenn auch für eine viel kürzere Zeitspanne. (Beachten Sie: Jōi-Taichu kommt nicht in einem Monat der Zahl 5 vor, wo alle Zahlen für die Zahl eines Monats in ihrer Grundstellung sind.) Im Juli 1987 fällt die Jōi-Taichu-Richtung des Monats als die Zahl 4 in die Position Nordwest.

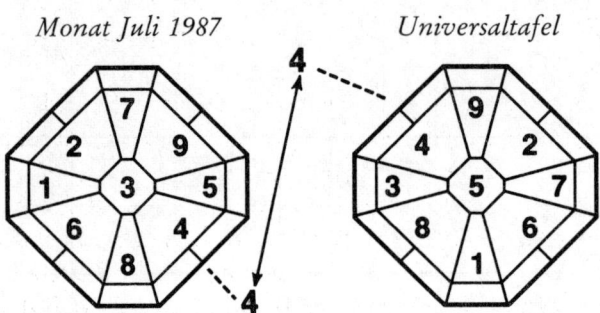

Monat Juli 1987 *Universaltafel*

In Zeiten dieser sieben gefährlichen Richtungen sollten Sie keine Veränderung Ihres ständigen Wohnsitzes oder Ihrer Geschäftsadresse in Erwägung ziehen, ebensowenig wie ausgedehnte Reisen, die Sie in eine oder mehrere von diesen Richtungen führen würden. Wenn Sie jedoch in solchen Zeiten eine Geschäftsreise machen müssen oder einen Urlaub wünschen, dann wählen Sie einen guten Monat für die Reise, und bleiben Sie nicht längere Zeit. Auf diese Weise können Sie wenigstens einige der negativen Wirkungen vermeiden. Aber Sie müssen vorsichtig sein!

Wie man die Systeme der Jahrestafeln für die richtige Bewegung benutzt

Wie finden Sie die korrekte Jahresbewegung für jede Grundzahl? Mit den hier wiedergegebenen Jahrestafelsystemen ist es möglich zu sehen, welche Richtungen in jedem gegebenen Jahr für jede Grundzahl gut oder schlecht sind.

Nehmen wir an, Ihre Grundzahl ist 6. Es ist 1987, und Sie erwägen einen Umzug nach Westen, von New York nach Kalifornien. Wie erkennen Sie, ob es ein gutes Jahr für diesen Umzug ist?

1. Zuerst sehen Sie die Jahrestafelsysteme durch und suchen das, das der Grundzahl 6 entspricht (die Zahl in der linken oberen Ecke der Seite). Die neun Tafeln auf der Seite bestimmen die richtige Bewegung für alle Leute mit der Grundzahl 6. Für andere Grundzahlen findet man seine Tafel dementsprechend.

2. Da das gewünschte Jahr 1987 ist, schauen Sie auf die Tafel, die die neun Zahlen in Beziehung zu den Jahren und den zwölf Tierkreiszeichen zeigt. Finden Sie 1987, und notieren Sie die »Zahl des Jahres« auf der linken Seite (4) und das Tierkreiszeichen (Kaninchen).

3. Schauen Sie erneut auf die Systeme der Jahrestafeln für die Zahl 6. Die Zahl in der Mitte jeder Tafel repräsentiert das Jahr. Lokalisieren Sie die Tafel mit der Zahl 4 in der Mitte. Beachten Sie die unbeschatteten oder offenen Richtungen. Diese sind die korrekten Richtungen für die Bewegungen einer Grundzahl 6 im Jahr 1987.

Anmerkung: Sie müssen auch noch ein mögliches Sai-Ha prüfen, indem Sie die Tafel auf Seite 377 nachschlagen. 1987 ist zum Beispiel das Jahr des Kaninchens (Osten), so daß der Hahn (Westen) für dieses Jahr die Sai-Ha-Stellung hat. Auch ist der Westen 1987 die Stellung der Zahl 6, was für die Zahl 6 Honmei-Satsu ist (siehe Seiten 372 f.).

Wenn Sie all dies beachtet haben, sollte eine Person mit der Grundzahl 6 im Jahr 1987 nicht nach Westen (beschattet) ziehen. Noch sollte überhaupt jemand nach Westen ziehen, das die Sai-Ha-Stellung repräsentiert. Die günstigen Richtungen sind Süden, Südwesten und Nordosten.

Die Beziehung der neun Zahlen zum Jahr und zu den zwölf Tierkreiszeichen

	Tiger		Schlange		Affe		Schwein
2	1890	8	1893	5	1896	2	1899
8	1902	5	1905	2	1908	8	1911
5	1914	2	1917	8	1920	5	1923
2	1926	8	1929	5	1932	2	1935
8	1938	5	1941	2	1944	8	1947
5	1950	2	1953	8	1956	5	1959
2	1962	8	1965	5	1968	2	1971
8	1974	5	1977	2	1980	8	1983
5	1986	2	1989	8	1992	5	1995

	Ochse		Drache		Schaf		Hund
3	1889	9	1892	6	1895	3	1898
9	1901	6	1904	3	1907	9	1910
6	1913	3	1916	9	1919	6	1922
3	1925	9	1928	6	1931	3	1934
9	1937	6	1940	3	1943	9	1946
6	1949	3	1952	9	1955	6	1958
3	1961	9	1964	6	1967	3	1970
9	1973	6	1976	3	1979	9	1982
6	1985	3	1988	9	1991	6	1994

4	1888	Ratte	1	1891	Kaninchen	7	1894	Pferd	4	1897	Hahn
1	1900	Ratte	7	1903	Kaninchen	4	1906	Pferd	1	1909	Hahn
7	1912	Ratte	4	1915	Kaninchen	1	1918	Pferd	7	1921	Hahn
4	1924	Ratte	1	1927	Kaninchen	7	1930	Pferd	4	1933	Hahn
1	1936	Ratte	7	1939	Kaninchen	4	1942	Pferd	1	1945	Hahn
7	1948	Ratte	4	1951	Kaninchen	1	1954	Pferd	7	1957	Hahn
4	1960	Ratte	1	1963	Kaninchen	7	1966	Pferd	4	1969	Hahn
1	1972	Ratte	7	1975	Kaninchen	4	1978	Pferd	1	1981	Hahn
7	1984	Ratte	4	1987	Kaninchen	1	1990	Pferd	7	1993	Hahn
4	1996	Ratte	1	1999	Kaninchen	7	2002	Pferd	4	2005	Huhn

Richtungstafel

Name: _____

Geburtsdatum: _____

Grundzahl: _____

Wann: _____

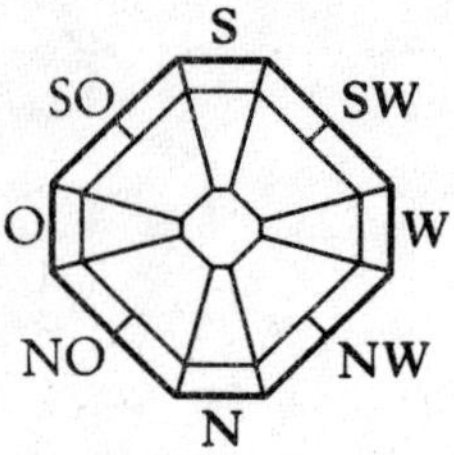

Tierkreiszeichen: _____

Richtungstafel

Name: _____

Geburtsdatum: _____

Grundzahl: _____

Wann: _____

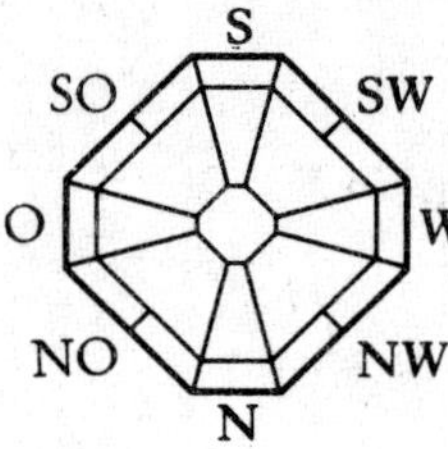

Tierkreiszeichen: _____

Richtungstafel

Name: _____

Geburtsdatum: _____

Grundzahl: _____

Wann: _____

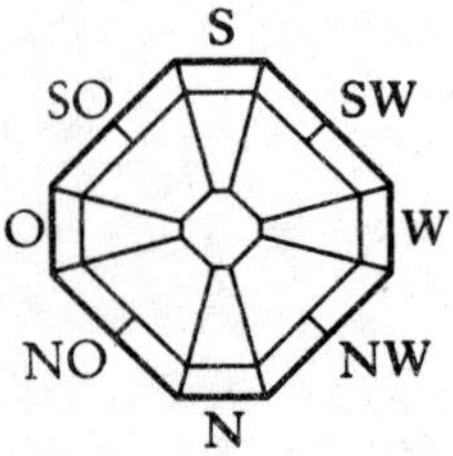

Tierkreiszeichen: _____

Richtungstafel

Name: _____

Geburtsdatum: _____

Grundzahl: _____

Wann: _____

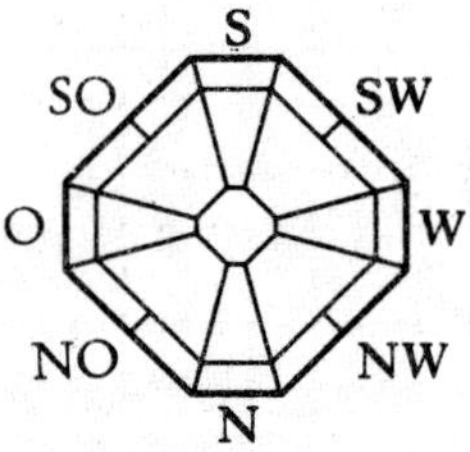

Tierkreiszeichen: _____

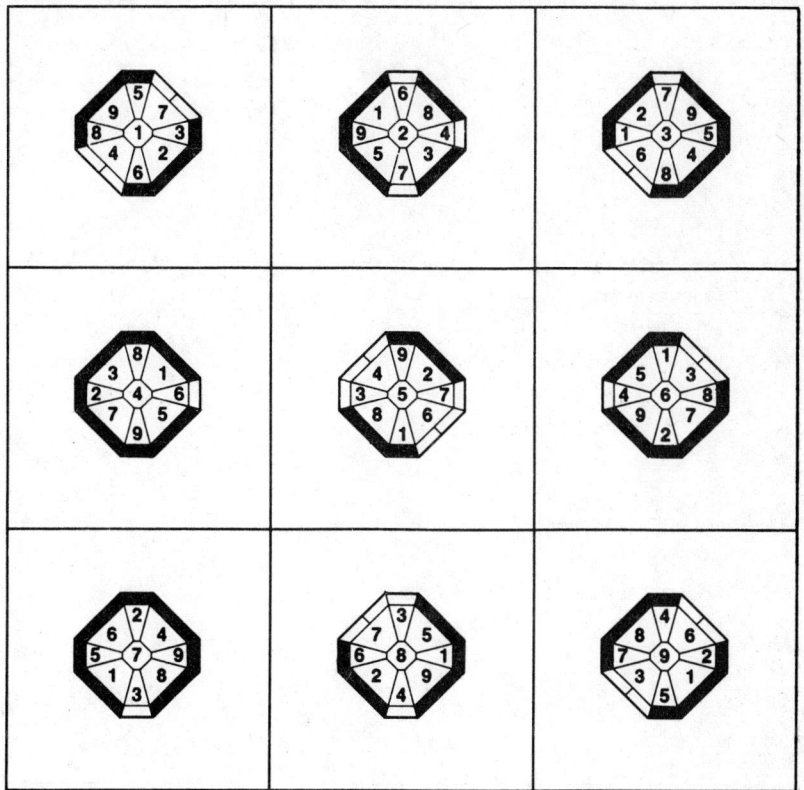

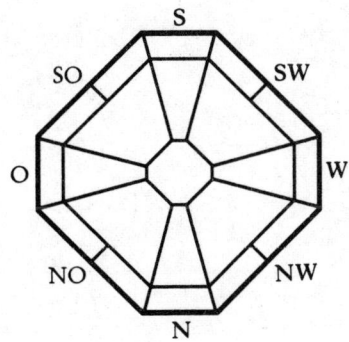

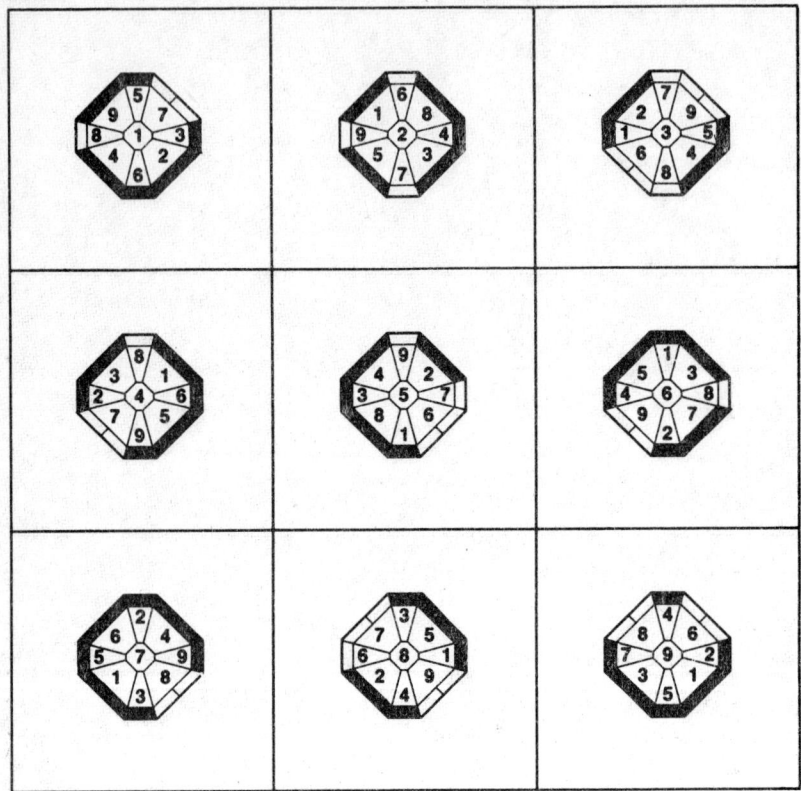

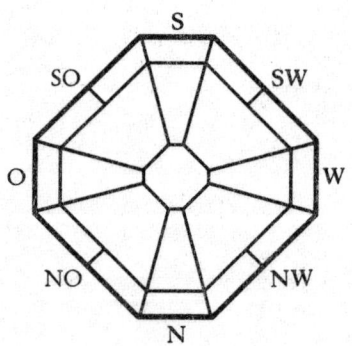

388

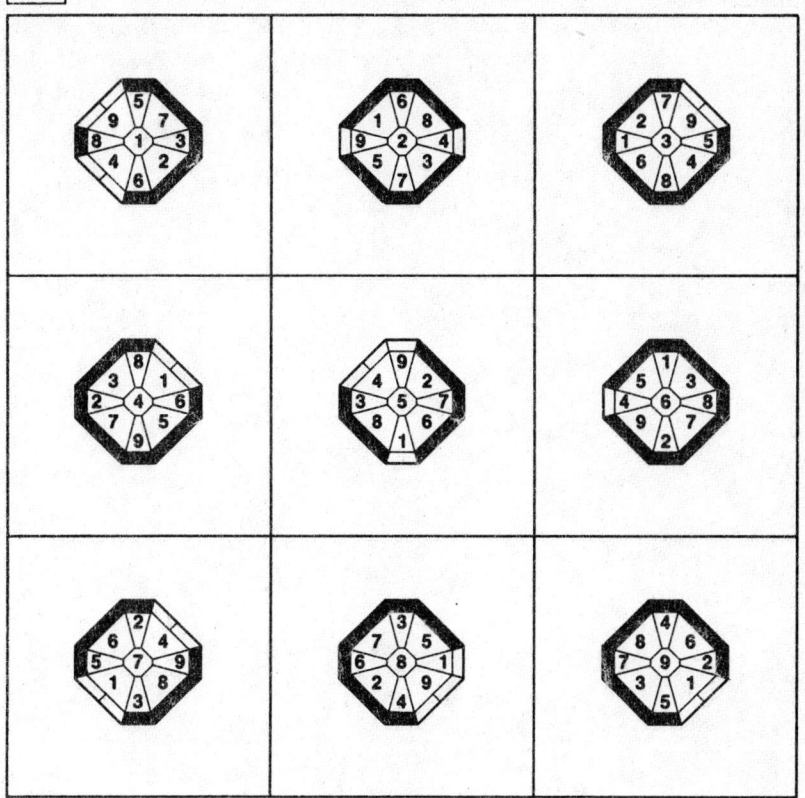

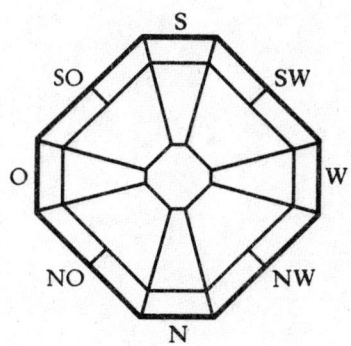

Jahrestafelsysteme

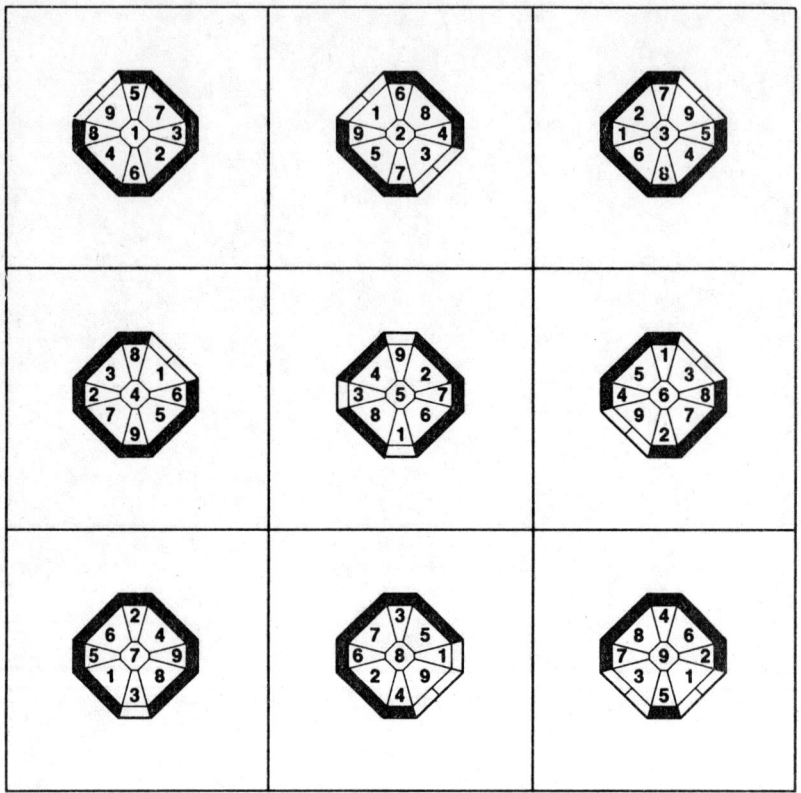

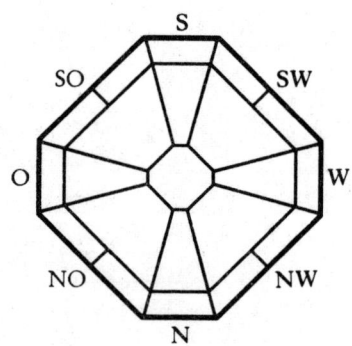

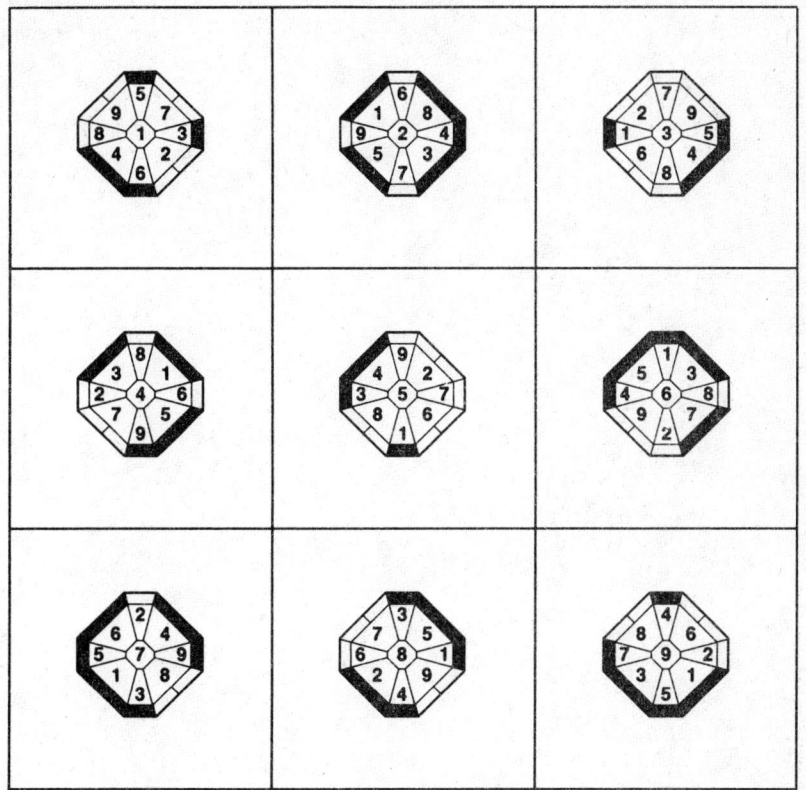

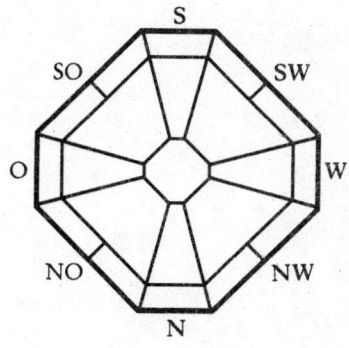

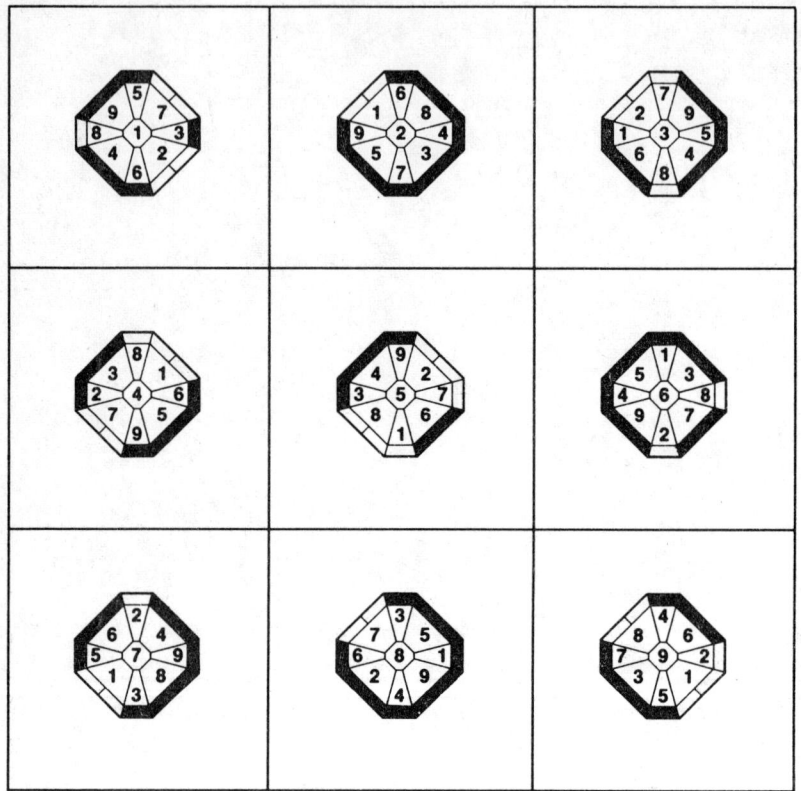

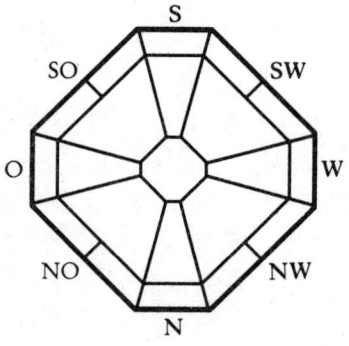

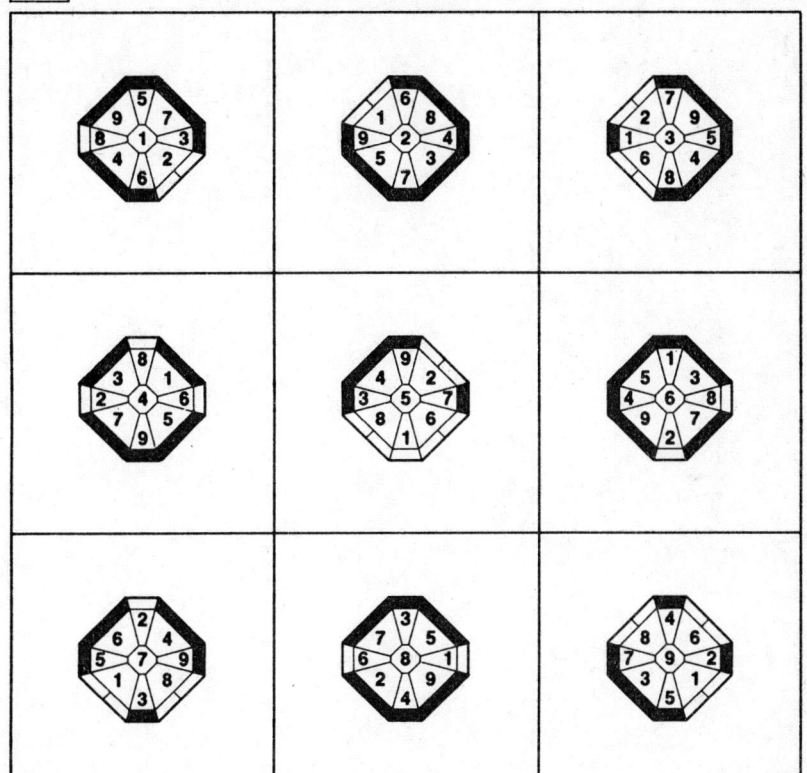

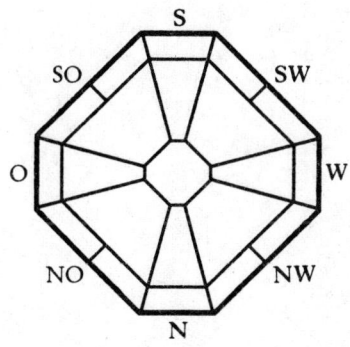

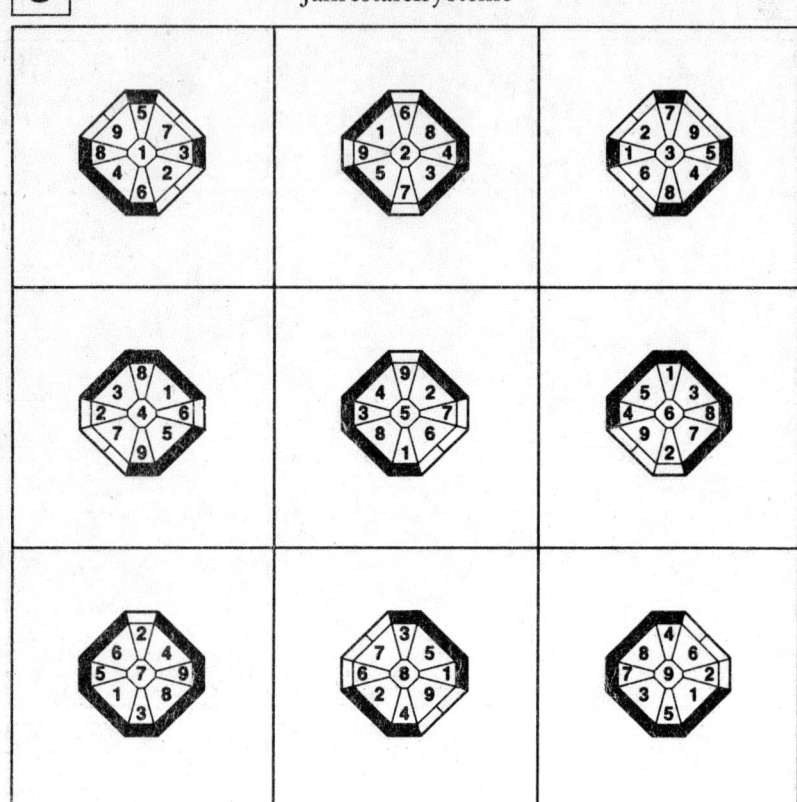

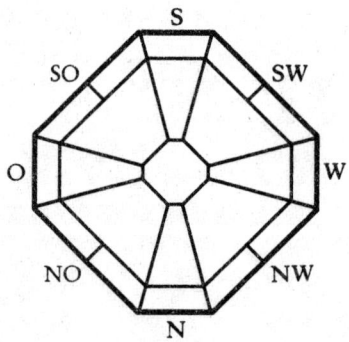

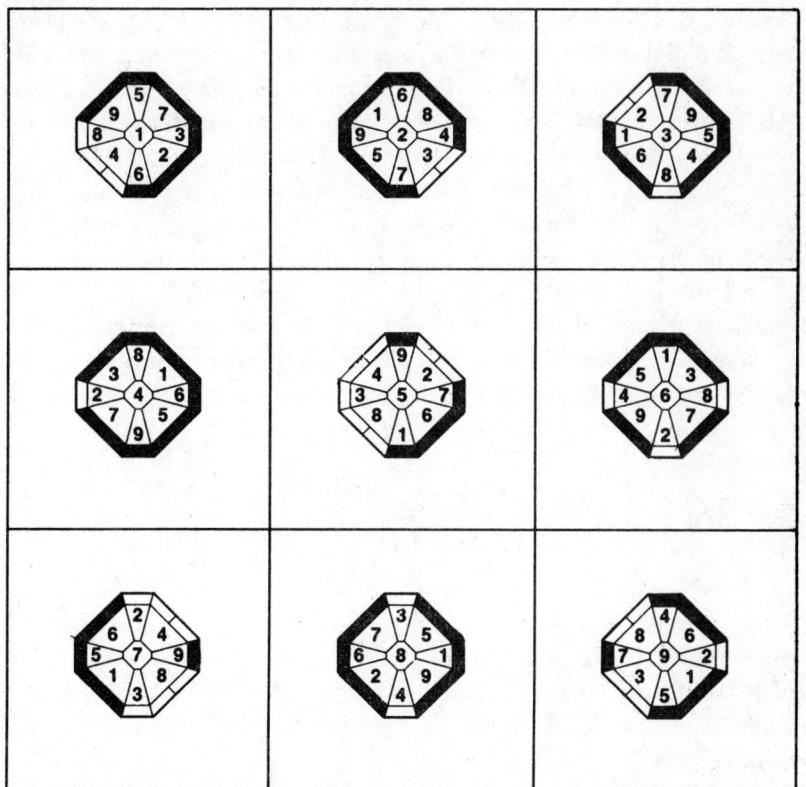

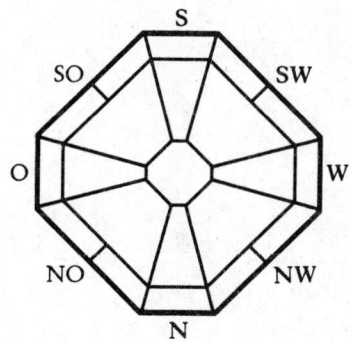

Wirkungen der Richtung auf die neun Zahlen

Wie werden Sie durch eine Bewegung in eine bestimmte Richtung beeinflußt? Das hängt von der wechselweisen Beziehung der Fünf Elemente ab. Klar, daß die Ki-Energie die Ergebnisse bestimmt. Dieser Abschnitt wird jede Zahl in den verschiedenen Richtungen und alle möglichen Auswirkungen der Bewegung auf andere Zahlen zeigen.

Erinnern Sie sich beim Gebrauch der Tafeln, daß beim Herausfinden der Richtung Ihr Ausgangspunkt als die Mitte der Tafel betrachtet wird. In Wirklichkeit jedoch zeigt die Zahl in der Mitte der Tafel die Zeit (Jahr oder Monat) an, mit der Sie es zu tun haben (siehe die Tafel der jährlichen Zahlen und die Tafel der monatlichen Zahlen).

Anmerkung: Sie sollten auf jeder Tafel die Richtung von Sai-Ha oder Getsu-Ha beachten (siehe Sai-Ha und Getsu-Ha).

Die Zahl Eins

Osten

Wie auf dieser Tafel der Zahl 3 (der Zahl in der Mitte) gezeigt wird, liegt Osten (Zahl 1) gegenüber der Zahl 5 und ist darum die Zahl von *Anken-Satsu*, was für niemanden gut ist.

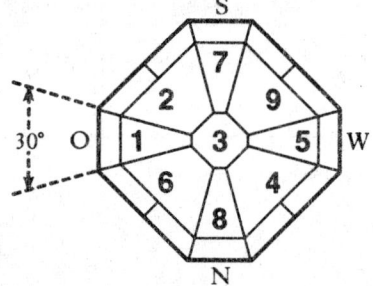

1. Ihre Verbrechen könnten ans Licht kommen.

2. Sie könnten aufgrund sexueller Gewalttätigkeit erstochen werden.

3. Sie könnten wegen einer bankrott gehenden Geschäftsverbindung einen großen Verlust erleiden.

396

4. Sie könnten von Ihren Freunden und Angestellten getäuscht werden.

5. Sie könnten operiert werden müssen.

6. Sie könnten in die Probleme anderer Leute verwickelt werden.

Südosten

Diese Richtung ist gut für die Zahlen 4, 6 und 7. Eine Bewegung dieser Zahlen nach Südosten wird nur die folgenden Wirkungen haben:

1. Es besteht die Möglichkeit für eine Steigerung des Ansehens oder eine gute Heirat.

2. Sie haben die Chance, die richtige Person für Ihr Leben zu treffen.

3. Sie haben die Chance, einen guten Freund zu treffen, der Ihnen Glück bringt.

4. Es besteht die Möglichkeit für neue Verträge.

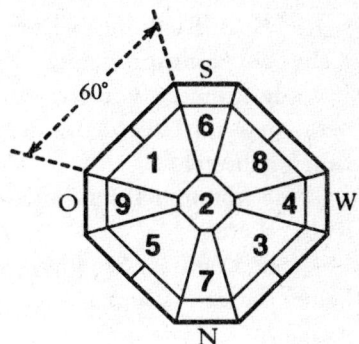

Wenn die Zahlen 1, 2, 3, 5, 8 oder 9 in diese Richtung weisen, sind die Wirkungen folgendermaßen:

1. Es könnten Probleme auftreten, die zum Verlust Ihres guten Rufes führen.

2. Sie könnten auf Schwierigkeiten stoßen, die von weit

entfernten Personen verursacht werden.

3. Sie könnten sich erkälten
oder krank werden.

Süden

Diese Richtung ist für jeden
schlecht, weil es die Richtung
von *Jōi-Taichu* ist.

1. Diese Richtung verur-
sacht Scheidungsprobleme.

2. Sie könnten von jeman-
dem getrennt werden, der
Ihnen nahesteht.

3. Sie könnten Ihren guten
Ruf verlieren.

4. Sie könnten Schwierig-
keiten mit den Augen bekommen.

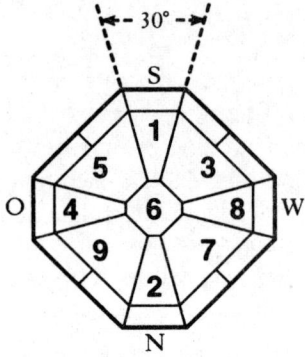

Südwesten

Diese Richtung ist gut für die
Zahlen 3, 4 und 6.

1. Sie könnten gute Erfolgschancen bekommen.

2. Jemand könnte auftau-
chen, der Ihnen physisch oder
seelisch hilft.

3. Der Zustand Ihres Ma-
gens wird sich bessern und
Ihnen eine bessere Gesundheit
bescheren.

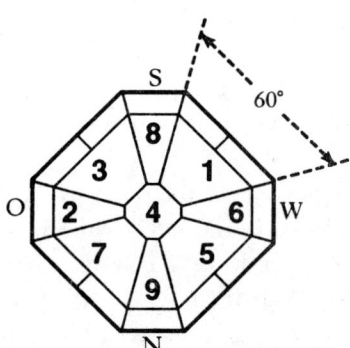

398

Diese Richtung ist schlecht für
die Zahlen 1, 2, 5, 7, 8 und 9.

1. Sie könnten Ihr Heim
verlieren.

2. Sie könnten Ihre Stellung
verlieren oder unter bitterer
Armut leiden.

3. Sie könnten eine Magen-
krankheit bekommen.

Westen

Diese Richtung ist gut für jene,
die das mittlere Alter über-
schritten haben, weil sie zu
einer Art von geregeltem Zustand führt. (Es ist keine Richtung, die viel Energie für den
Aufbau des Lebens liefert.)
Diese Position ist gut für die
Zahlen 3, 4 und 7.

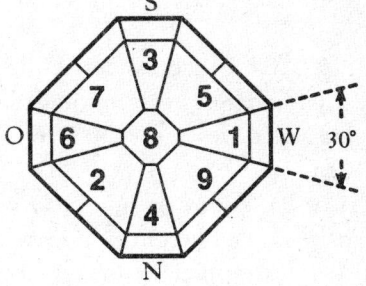

1. Die Finanzen werden sich
bessern, und die finanzielle Situation entspannt sich.

2. Das Einkommen wird
sich allmählich erhöhen.

3. Sie könnten Freude von
einer Liebesaffäre erwarten.

Diese Richtung ist schlecht für
die Zahlen 1, 2, 5, 6, 8 und 9.

1. Sie könnten einen über-
triebenen sexuellen Appetit
oder ein Alkoholproblem entwickeln.

2. Sie könnten eine Krankheit bekommen, von der Sie lange Zeit nicht genesen, etwa ein Problem mit den Lungen oder mit den Nieren.

Nordwesten

Diese Richtung ist gut für die Zahlen 3, 4, 6 und 7.

1. Sie haben die Chance, einen Gönner zu treffen, von dem Sie finanzielle Hilfe erhalten.

2. Als Ergebnis der Hilfe einer anderen Person könnten Sie ein neues Geschäft gründen.

3. Sie könnten eine Chance haben, Personen in gebührenden Positionen kennenzulernen.

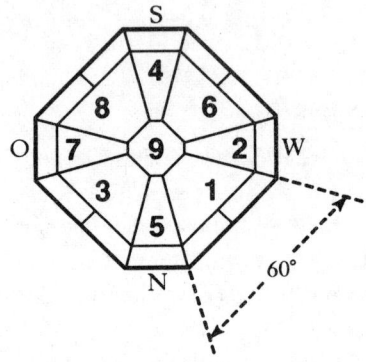

Diese Richtung ist schlecht für die Zahlen 1, 2, 5, 8 und 9.

1. Sie könnten wegen eines neuen Unternehmens oder einer Investition Ihr Haus oder Ihre Ersparnisse verlieren.

2. Sie könnten eine Führungsposition bekommen, die Ihnen aber Probleme bereitet.

3. Sie könnten eine Meinungsverschiedenheit mit Ihrem Chef haben.

Norden

Diese Richtung ist gut für die Zahlen 3, 4, 6 und 7, aber, gut oder schlecht, es ist nicht die Richtung für einen dauernden Wohnsitz, weil Sie keine positive Entwicklung erwarten können.

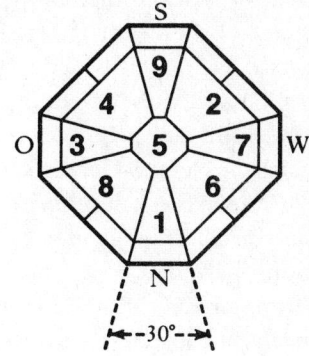

1. Gut für Zurückgezogenheit, Verstecken, geheime Planung und ruhiges Leben.

2. Eine Chance, Anerkennung durch Ihre gesellschaftliche Situation zu erhalten.

Diese Richtung ist schlecht für die Zahlen 1, 2, 5, 8 und 9.

1. Sie könnten in eine gefährliche Intrige geraten oder eine sexuell übertragene Krankheit bekommen.

2. Sie könnten gesundheitliche Probleme bekommen.

3. Sie könnten sexuelle Probleme bekommen.

Nordosten

Diese Richtung ist gut für die Zahlen 3, 6 und 7.

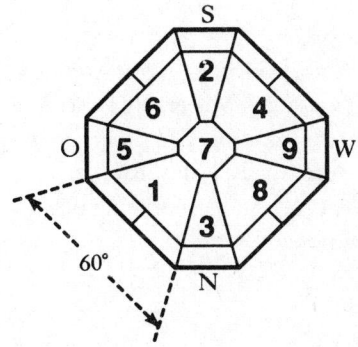

1. Sie könnten freundliche Behandlung von Ihren Freunden und Bekannten erfahren.

2. Sie könnten eine Verbesserung Ihrer Lebenssituation und eine Wende der Ereignisse zum Besseren erwarten.

3. Sie könnten Ihre Familiensituation durch die Adoption eines Erben korrigieren.

Es ist besser, diese Richtung als Nothilfe zu gebrauchen, um sich aus einer Gefahr zu retten. Wenn Sie sich momentan in einer befriedigenden Situation befinden, ist diese Richtung nichts für Sie. Wenn Sie nach Nordosten (1) ziehen, ist es besser, innerhalb der nächsten vier Jahre dorthin zu ziehen, selbst wenn es vielleicht irgendeine andere, bessere Entwicklung geben sollte, denn wenn Sie dort zu lange bleiben, könnten Sie Energie verlieren, was eine negative Wirkung haben könnte.

Diese Richtung ist schlecht für die Zahlen 1, 2, 4, 5, 8 und 9.
1. Sie könnten zahlreiche, von Ihren Freunden oder Bekannten verursachte Probleme bekommen.
2. Sie könnten gierig werden, was zum Mißerfolg führt.
3. Sie könnten Schmerzen im unteren Teil des Rückens oder Gelenkschmerzen bekommen.

Die Zahl Zwei

Nordosten

Diese Richtung ist *Anken-Satsu* und zugleich *Jōi-Taichu* (siehe die Tafeln auf Seite 376 und 381) und damit schlecht für jedermann.

1. Sie könnten beraubt werden.

2. Sie könnten dauernden Ärger mit Ihren Verwandten haben.

3. Sie könnten einen Rückfall in eine frühere Krankheit erleiden oder operiert werden müssen.

4. Sie könnten eine sehr schwierige Zeit in Ihrem Geschäft oder Beruf haben.

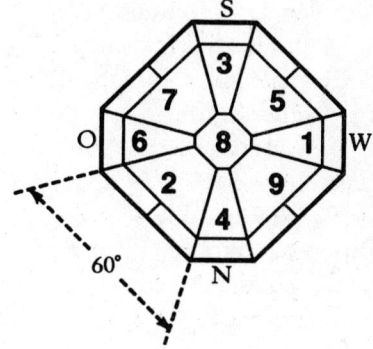

Osten

Diese Richtung ist gut für die Zahlen 5, 7, 8 und 9.

1. Die Dinge könnten sich so entwickeln, wie Sie es wünschen.

2. Sie könnten bei guter Gesundheit sein, was Ihnen helfen wird, harte Arbeit zu vollbringen.

3. Sie könnten bei Ihrer Arbeit oder einer äußeren Aktivität leistungsfähiger werden (zum Beispiel durch die Hilfe

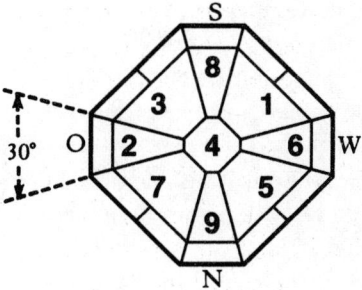

starker junger Arbeitskräfte im Geschäft).

Diese Richtung ist schlecht für die Zahlen 1, 2, 3, 4 und 6.

1. Kapitalverluste könnten Ihr Geschäft oder Ihre Stellung gefährden.

2. Sie könnten Ihre Stellung verlieren.

3. Sie könnten mit der Aktualisierung eines alten Skandals konfrontiert werden.

4. Ein geheimes Vermögen, das Sie verbergen, könnte von jemandem gefunden werden. Sie könnten das »Gesicht verlieren«, wenn es entdeckt wird.

5. Ihre Anstrengungen könnten blockiert werden.

Südosten

Diese Richtung ist gut für die Zahlen 5, 6, 7, 8 und 9.

1. Sie könnten eine Stellung bekommen, nach der Sie gesucht haben.

2. Sie könnten gewinnträchtigen Rat über Immobilien erhalten.

3. Sie könnten eine passende Person zum Heiraten finden.

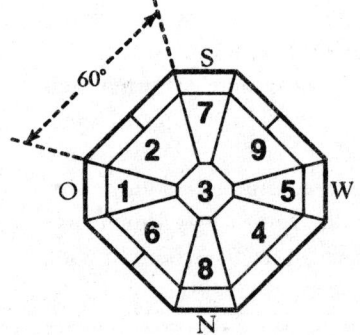

Diese Richtung ist schlecht für die Zahlen 1, 2, 3 und 4.

1. Sie könnten Ihre Heirat verschieben oder Ihre Verlobung auflösen müssen.

2. Ein Geschäft, das reibungslos gelaufen war, könnte gestört werden, und Sie könnten die Möglichkeit für eine neue Entwicklung verlieren.

3. Sie könnten eine Erbschaft verlieren.

Süden

Diese Richtung ist gut für die Zahlen 5, 6, 7, 8 und 9, aber wenn Sie verheiratet sind, könnten Sie einer Scheidung entgegensehen. Eine verheiratete Person muß vorsichtig sein, wenn sie in diese Richtung zieht.

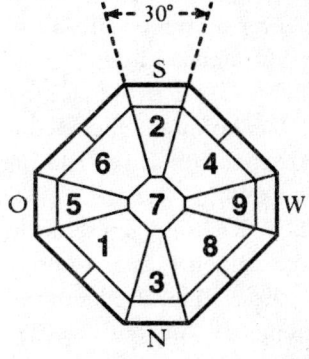

1. Sie könnten eine kreative Idee haben oder einen Trick lernen, der Ihnen bei Ihrer Karriere hilft.

2. Sie könnten Gewinn aus einer Grundstücksinvestition ziehen.

3. Sie könnten Ihr Geschäft verbessern.

Diese Richtung ist schlecht für die Zahlen 1, 2, 3 und 4.

1. Sie könnten zu einem falschen Urteil gelangen. Sie könnten einige kostspielige Fehler machen.

2. Sie könnten durch eine geringfügige Sache, die zu Ihrem Mißfallen bekannt wird, in Schwierigkeiten geraten.

3. Sie könnten Eigentum verlieren.

Südwesten

Diese Richtung ist gut für die Zahlen 5, 6, 7 und 9.

1. Sie könnten aufgrund Ihrer harten Arbeit, Ihres Fleißes und Ihrer Stetigkeit die Berufung auf einen soliden Posten in Ihrem Geschäft erhalten.

2. Sie könnten ein friedliches Leben mit Ihrer Familie entwickeln.

Diese Richtung ist schlecht für die Zahlen 1, 2, 3, 4 und 8.

1. Diese Richtung kann bewirken, daß Sie faul werden und Ihren Eifer verlieren, was Sie Ihren guten Ruf kosten würde.

2. Sie könnten Probleme mit dem Magen bekommen.

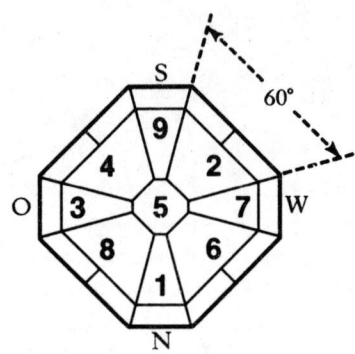

Westen

Diese Richtung ist gut für die Zahlen 5, 6, 8 und 9. Junge Leute könnten die Gewohnheit annehmen, den leichtesten Weg zu gehen, indem sie sich auf jemand andern verlassen.

1. Sie könnten durch Kauf oder Verkauf von Eigentum gute Gewinne erwarten.

2. Sie könnten durch harte Arbeit ein gutes Einkommen erzielen.

3. Sie könnten aufgrund Ihres Sexappeals und Ihres Fleißes eine gute Chance zum Heiraten erhalten.

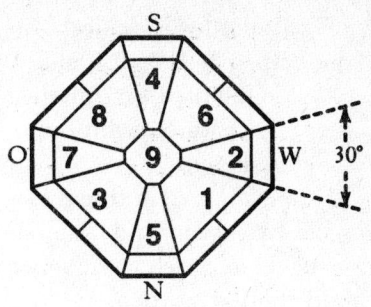

Diese Richtung ist schlecht für die Zahlen 1, 2, 3, 4 und 7.

1. Sie könnten als Ergebnis unregelmäßiger Eßgewohnheiten Magenprobleme bekommen. Diese könnten chronisch werden.

2. Als Folge eines Stellungsverlustes oder schlechten Geschäftes könnten Sie emotional überfordert werden.

Nordwesten

Diese Richtung ist gut für die Zahlen 5, 6, 7 und 8.

1. Sie könnten nach einer wohltätigen Spende allmählich einen guten gesellschaftlichen Ruf erhalten.

2. Ihre ernsthaften Anstrengungen könnten dazu führen, daß Sie vertrauenswürdig werden und eine Chance haben, in besseren Kreisen erfolgreich zu sein.

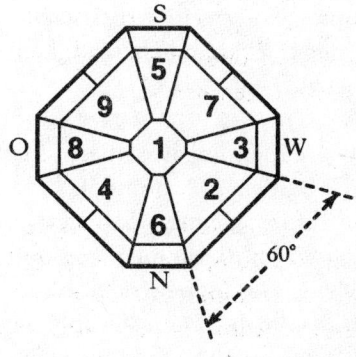

Diese Richtung ist schlecht für die Zahlen 1, 2, 3, 4, 5 und 9.

1. Sie könnten Ihr Ansehen durch Disharmonie mit Ihrem Chef verlieren.

2. Sie könnten in Ihrem Geschäft aufgrund von Kapitalmangel mit Schwierigkeiten konfrontiert werden.

Norden

Diese Richtung ist gut für die Zahlen 5, 6, 7, 8 und 9, aber verheiratete Leute können mit der Möglichkeit einer neuen Liebesaffäre konfrontiert werden.

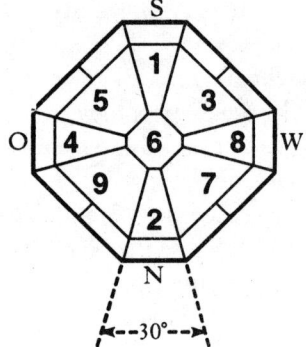

1. Sie könnten gute und fleißige Helfer in Ihrem Geschäft oder Beruf erwarten.

2. Sie könnten eine glückliche neue Beziehung finden.

3. Sie könnten eine Erhöhung Ihres Einkommens durch eine zweite Arbeitsstelle oder eine zusätzliche Tätigkeit verbuchen.

Diese Richtung ist schlecht für die Zahlen 1, 2, 3 und 4.

1. Sie könnten Schwierigkeiten im Zusammenhang mit Geld, Gesundheit oder Raub bekommen. Diese Probleme können in der Zukunft wiederkehren.

408

Die Zahl Drei

Südosten

Diese Richtung ist *Anken-Satsu* und darum schlecht für jedermann (siehe S. 376).

1. Sie könnten Ihr Eigentum durch Feuer verlieren.

2. Sie könnten Ihr Prestige verlieren, weil Angestellte sich mit Ihren Wertsachen davonmachen.

3. Sie könnten sich unvorsichtig äußern und dadurch sich selbst Schwierigkeiten bereiten.

4. Sie könnten Probleme mit Ihrer Leber oder Ihren Stimmbändern bekommen.

Süden

Diese Richtung ist gut für die Zahlen 1 und 9, aber gleichgültig, welche Zahl Sie haben, wenn Sie verheiratet sind, können Sie mit einer Scheidung oder Trennung konfrontiert werden. Eine verheiratete Person muß vorsichtig sein, wenn sie in diese Richtung zieht.

1. Sie könnten für eine Erfindung oder Entdeckung geehrt werden.

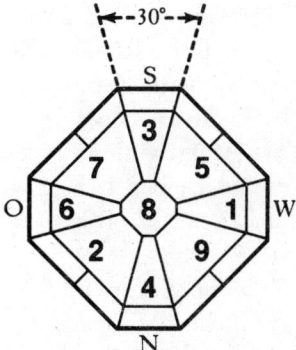

2. Sie könnten Anerkennung für Ihr Talent oder Ihre Beredsamkeit finden.

3. Sie erfahren öffentliche Würdigung für einen neuen Plan oder ein Arbeitsprojekt.

Diese Richtung ist schlecht für die Zahlen 2, 3, 4, 5, 6, 7 und 8.

1. Sie könnten unabsichtlich ein vergangenes Verbrechen verraten und Ihren guten Ruf verlieren.

2. Es kann ein Feuer bei Ihnen ausbrechen.

3. Sie könnten wegen eines Briefes oder wichtiger Papiere, die Sie erhalten, Probleme bekommen.

Südwesten

Diese Richtung ist gut für die Zahlen 1 und 4.

1. Sie könnten als Ergebnis eines guten Rates Ihr Geschäft oder Ihren Beruf reibungslos und stetig entwickeln.

2. Sie könnten durch einen Vortrag oder einen Lehrgang, den Sie halten, Ihr Prestige erhöhen.

3. Sie könnten für eine wissenschaftliche Arbeit aus früherer Zeit öffentliche Anerkennung erhalten.

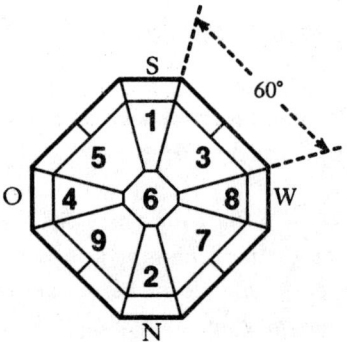

Diese Richtung ist schlecht für die Zahlen 2, 3, 5, 6, 7, 8 und 9.

1. Sie könnten viele Fehler in Ihrem neuen Beruf oder Geschäft machen.

2. Sie könnten durch Ihre Falschheit und Ihre Lügengeschichten Ihren guten Ruf verlieren.

3. Sie könnten schlechte Gewohnheiten annehmen oder sich in oberflächlichen Vergnügungen verlieren.

Westen

Diese Richtung ist *Jōi-Taichu* und folglich für jedermann schlecht (siehe S. 381).

1. Sie könnten durch eine unvorsichtige Äußerung Ihren guten Ruf verlieren.

2. Sie könnten durch die bösartigen Lügen von jemandem oder durch Ihre eigene Ungeduld Geld verlieren.

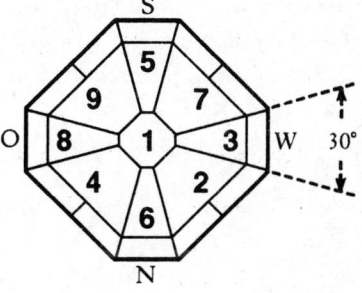

Nordwesten

Diese Richtung ist gut für die Zahlen 4 und 9.

1. Aufgrund neuer Überlegungen wird sich Ihr Geschäft oder Ihre Stellung verbessern und Ihr Ansehen erhöhen.

2. Sie könnten eine schöpferische Idee haben, die sich zu
einem Projekt großen Stils
entwickelt.

3. Sie könnten für ein neues
Projekt Kapital oder sonstige
Hilfe bekommen.

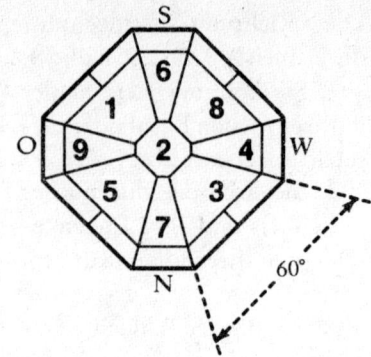

Diese Richtung ist schlecht für
die Zahlen 1, 2, 3, 5, 6, 7 und 8.

1. Sie könnten hoffen, mit
einem Handstreich ein Vermögen zu gewinnen, und dabei scheitern.

2. Sie könnten durch die
Ausdehnung Ihrer gesell-
schaftlichen Aktivitäten Ihr
Geld verschwenden.

3. Sie könnten durch die Be-
sitzgier Ihrer Verwandten in
schlechten Ruf kommen.

Norden

Diese Richtung ist gut für die
Zahlen 1, 4 und 9, aber Verheiratete müssen vorsichtig sein.
Sie könnten wegen einer anderen Liebesaffäre in Schwierigkeiten geraten.

1. Sie könnten durch Ma-
chenschaften hinter den Kulissen erfolgreich werden.

2. Sie könnten als Folge
einer klugen Entscheidung
glücklich werden.

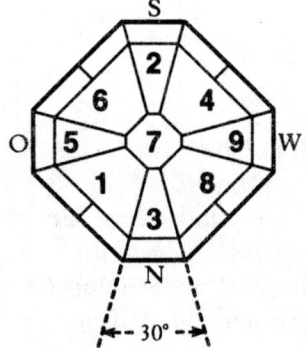

412

3. Sie könnten durch neue gesellschaftliche Verbindung Glück haben.

Diese Richtung ist schlecht für die Zahlen 2, 3, 5, 6, 7 und 8.

1. Sie könnten Ihren guten Ruf verlieren, weil Sie etwas verbergen.

2. Sie könnten Schwierigkeiten mit Ihren Nerven haben.

3. Eine Liebesaffäre kann Sie zu Fehlern verleiten.

4. Ein Angestellter könnte Sie durch Lügen in Schwierigkeiten bringen.

Nordosten

Diese Richtung ist gut für die Zahlen 1, 4 und 9.

1. Sie könnten Ihre Lebenssituation durch eine grundlegende Entscheidung verbessern.

2. Sie könnten einen guten Ruf bekommen, indem Sie Ihren Verwandten helfen.

3. Ihnen könnten gute Nachrichten über Grund und Boden übermittelt werden.

4. Diese Richtung ist vorteilhaft, um einen schlechten Gesundheitszustand zu verbessern.

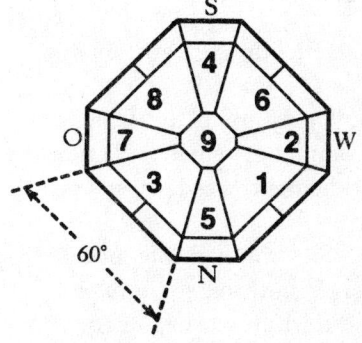

Aber jeder, der diese Richtung nimmt, um einen Wohnsitz oder Geschäftssitz einzurichten, sollte besser in die nächstliegende, günstige Richtung ziehen. Diese Richtung ist schlecht für die Zahlen 2, 3, 5, 6, 7 und 8.

1. Sie könnten durch die Klagen Ihrer Verwandten und Bekannten verletzt werden.

2. Sie könnten Schwierigkeiten zwischen Ihren Verwandten und Freunden verursachen.

3. Sie könnten Schwierigkeiten beim Bau eines Hauses haben.

Osten

Diese Richtung ist gut für die Zahlen 1, 4 und 9.

1. Sie könnten die Chance bekommen, einen Traum Wirklichkeit werden zu lassen.

2. Sie könnten die nötige Energie aufbringen, um eine neue Karriere zu beginnen.

3. Sie könnten feststellen, daß Sie in der Lage sind, sich viel besser auszudrücken.

4. Sie könnten Anerkennung für eine bisher unentdeckte Fähigkeit bekommen.

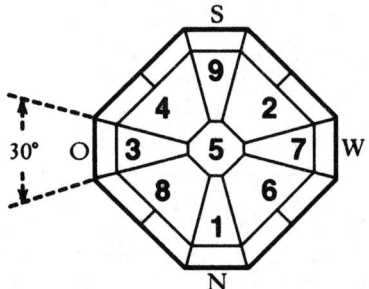

Diese Richtung ist schlecht für
die Zahlen 2, 3, 5, 6, 7 und 8.

1. Es könnte Mißerfolg bedeuten, falls Sie die Geduld
verlieren.

2. Die Lüge eines anderen
könnte Sie in Schwierigkeiten
bringen.

Die Zahl Vier

Süden

Diese Richtung ist *Anken-
Satsu* und darum schlecht für
alle (siehe S. 376).

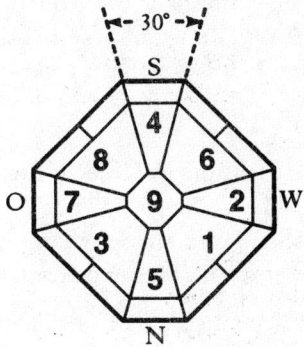

1. Sie könnten einen Streit
mit Ihrem Ehepartner haben.

2. Sie könnten eine Tren-
nung oder Auflösung als Ergebnis Ihres schlechten Rufes
erleben.

3. Sie könnten in eine krimi-
nelle Aktivität verwickelt werden und ins Gefängnis kommen.

4. Sie könnten eine Herz-
attacke oder einen Schlaganfall
erleiden.

Diese Richtung ist gut für die Zahlen 3 und 9.

1. Sie könnten bei vielen Leuten einen guten Ruf erzielen.

2. Jemand könnte Ihnen zu einer guten, dauerhaften Stellung verhelfen.

3. Sie könnten die Würdigung Ihrer Fähigkeiten durch Ihren Arbeitgeber erleben.

4. Sie könnten gute Verbindungen knüpfen, die Ihnen zur Ausweitung und Verbesserung Ihres Geschäftes verhelfen.

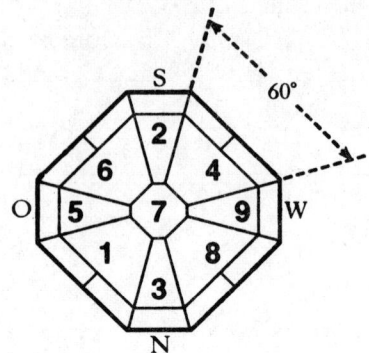

Diese Richtung ist schlecht für die Zahlen 1, 2, 4, 5, 6, 7 und 8.

1. Sie könnten Schwierigkeiten mit dem Magen bekommen, die lange Zeit nicht besser werden.

2. Sie könnten Ihre Stellung verlieren.

3. Ihre Geschäfte könnten sich verschlechtern.

Westen

Diese Richtung ist gut für die Zahlen 1 und 3.

1. Sie könnten in familiären oder finanziellen Situationen Glück haben.

2. Alleinstehende Leute könnten erwarten, eine passende Person zum Heiraten zu finden.

Diese Richtung ist schlecht für die Zahlen 2, 4, 5, 6, 7, 8 und 9.

1. Sie könnten sich eine Erkältung zuziehen, die zur Lungenentzündung führt.

2. Sie könnten Geld verleihen, das nicht mehr zurückgezahlt werden wird.

3. Sie könnten Ihre Familie in Schwierigkeiten bringen.

Nordwesten

Diese Richtung ist *Jōi-Taichu* und darum für jedermann schlecht (siehe S. 381).

1. Sie könnten Ihren guten Ruf verlieren.

2. Sie könnten durch die Teilnahme an einer spekulativen Unternehmung in Schwierigkeiten verwickelt werden.

3. Ihr neues Geschäft könnte scheitern, kurz nachdem Sie es eröffnet haben.

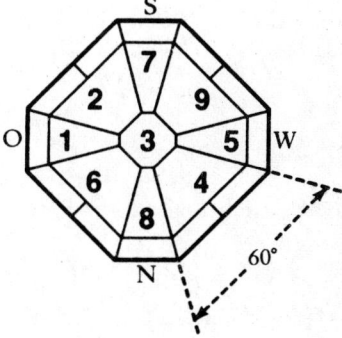

417

Norden

Diese Richtung ist gut für die Zahlen 1 und 9, aber verheiratete Leute müssen vorsichtig sein, wenn sie diese Richtung einschlagen. Sie kann dazu führen, daß sie eine neue Liebe finden.

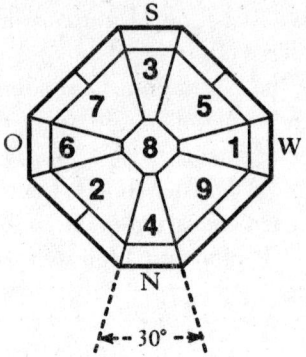

1. Sie könnten jemandem begegnen, der von weit her kommt, und eine Beziehung beginnen, die zur Heirat führen könnte.

2. Sie könnten durch eine unbekannte Firma oder eine geschäftliche Transaktion großen Profit machen.

Diese Richtung ist schlecht für die Zahlen 2, 3, 4, 5, 6, 7 und 8.

1. Sie könnten Ihre Entschlossenheit verlieren und eine gute Gelegenheit versäumen.

2. Sie könnten in amouröse Schwierigkeiten verwickelt werden.

Nordosten

Diese Richtung ist gut für die Zahlen 1, 3 und 9.

1. Sie könnten Hilfe von Verwandten oder Freunden bekommen, die weit entfernt leben.

418

2. Sie könnten Ihre Stellung oder Ihr Geschäft wechseln, was zu einer Verbesserung Ihrer Situation führt.

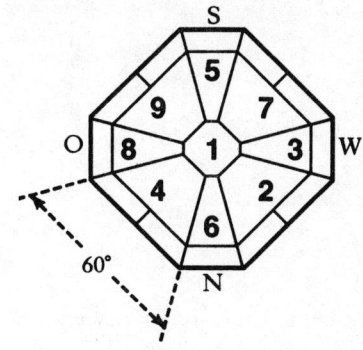

Diese Richtung ist schlecht für die Zahlen 2, 4, 5, 6 und 8.

1. Sie werden vor eine plötzliche unglückliche Veränderung in Ihrem Beruf oder bei einem Engagement gestellt, das bisher reibungslos verlaufen ist.

2. Ihr Geschäft könnte in Schwierigkeiten geraten.

Osten

Diese Richtung ist gut für die Zahlen 1, 3 und 9.

1. Sie könnten eine gute Chance bekommen, Ihr Ziel zu erreichen.

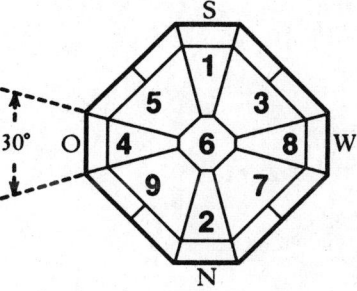

2. Sie könnten eine neue Karriere beginnen, die zu zukünftigem Erfolg führt.

3. Sie könnten entdecken, daß Sie ein Talent haben, das Ihnen Erfolg bringt.

Diese Richtung ist schlecht für die Zahlen 2, 4, 5, 6, 7 und 8.

1. Sie könnten Ihren guten Ruf vollständig verlieren.

2. Ihr Verhalten verursacht Schwierigkeiten.

3. Sie könnten infolge einer verfehlten Strategie oder eines Tricks auf Schwierigkeiten stoßen.

Südosten

Diese Richtung ist gut für die Zahlen 1, 3 und 9.

1. Sie könnten sich verloben und einem glücklichen Eheleben entgegensehen.

2. Verheiratete Personen könnten aufgrund erfolgreicher Planung großartige Entwicklungen in ihrer Karriere erwarten.

3. Sie könnten einen guten Vertrag mit einem Kunden aus weiter Ferne abschließen.

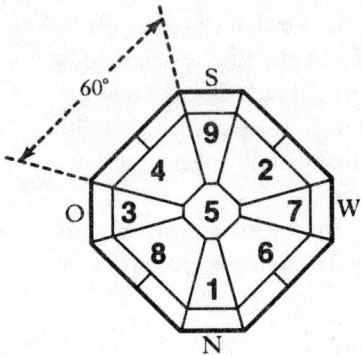

Diese Richtung ist schlecht für die Zahlen 2, 4, 5, 6, 7 und 8.

1. Sie könnten mit jemandem in Schwierigkeiten verwickelt werden, dem Sie geholfen haben.

2. Sie könnten Schwierigkeiten mit Ihren Atmungsorganen oder Gedärmen bekommen.

420

Die Zahl Fünf

DIESE RICHTUNG IST DIE ZERSTÖRERISCHE UND DARUM FÜR JEDER-
MANN ABSOLUT SCHLECHT.

Südwesten

1. Sie könnten Ihren Willen
zur Arbeit und Ihren Job verlieren, oder Ihr Geschäft
könnte sich verschlechtern.

2. Ihre Familie könnte aus-
einanderbrechen.

3. Sie könnten krank wer-
den.

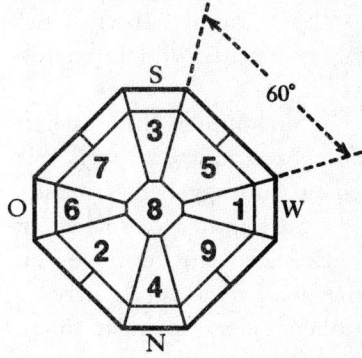

Westen

1. Sie könnten einen Unfall
haben, verwundet oder bei
einem Angriff verletzt werden.

2. Ihre Geldanlagen könn-
ten wertlos werden.

3. Sie könnten Ihr Geld
durch vergnügungssüchtige
Aktivitäten verlieren.

4. Sie könnten eine ernste
Krankheit wie Tuberkulose
oder ein Nierenleiden bekommen.

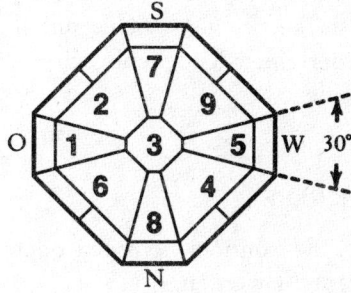

Nordwesten

1. Der Tod eines Vaters, Groß-
vaters oder eines kleinen Kin-
des (unter vier Jahren) könnte
Sie treffen.

2. Sie könnten Ihrem Chef
Ärger machen und Ihren Job
verlieren.

3. Sie könnten Ihr Geschäft
aufgeben müssen, weil Sie
einen Auftraggeber verlieren.

4. Sie könnten versuchen, in
kurzer Zeit ein Vermögen zu
machen (etwa durch Investitionen oder Spekulationen),
und Ihr ganzes Geld verlieren.

5. Sie könnten einen Ver-
kehrsunfall haben, eine Herz-
attacke, einen Schlaganfall
oder einen Knochenbruch erleiden.

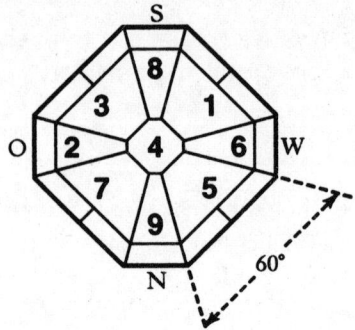

Norden

1. Sie könnten betrogen oder
erpreßt werden.

2. Sie könnten eine ernste
Krankheit bekommen.

3. Ihre besten Freunde
könnten Sie verlassen, und Sie
könnten sich mit schlechten
Freunden zusammentun.

4. Sie könnten eine Ge-
schlechtskrankheit oder eine
Krankheit der Harnwege oder
Hämorrhoiden bekommen.

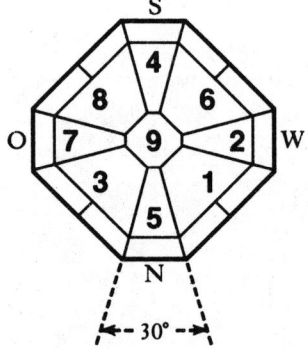

422

5. Sie könnten in einen sexuellen Skandal verwickelt werden.

Nordosten

1. Sie könnten durch Betrügereien Ihrer Verwandten oder Freunde Ihr Vermögen einbüßen.

2. Sie könnten Ihren Erben oder einen lieben Menschen verlieren, der für Ihr Leben sehr wichtig ist.

3. Sie könnten eine ernste Krankheit bekommen, die die Nase, die Ohren, die Gelenke oder die Nerven betrifft.

4. Sie könnten Schwierigkeiten mit Ihrem Vermieter (oder Mieter!) bekommen.

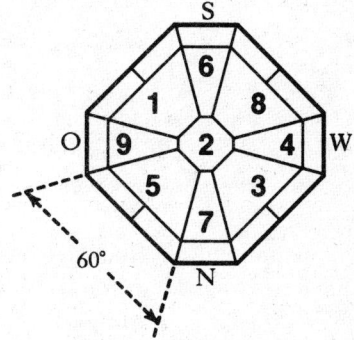

Osten

1. Sie könnten wegen eines Zusammenbruchs in Ihrem Lebenswerk enttäuscht werden. Sie könnten die Möglichkeit für eine zukünftige Entwicklung verlieren.

2. Sie könnten durch Ihre Mitarbeiter oder durch jüngere Leute verursachtes Leid erfahren.

3. Sie könnten eine ernste Krankheit wie Magenkrebs, Arteriosklerose, Gelbsucht,

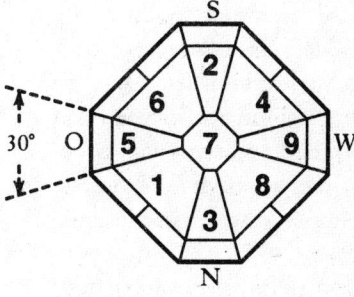

Leberprobleme, einen Nervenzusammenbruch oder Komplikationen mit den Atmungsorganen bekommen.

Südosten

1. Ihre Verlobung kann unerwartet gelöst werden.

2. Sie könnten Geld oder Ansehen verlieren, indem Sie das Opfer eines Betrugs werden.

3. Sie könnten sich eine ernste Krankheit wie Hautkrankheit, Infektion der Atemwege oder Blinddarmentzündung zuziehen.

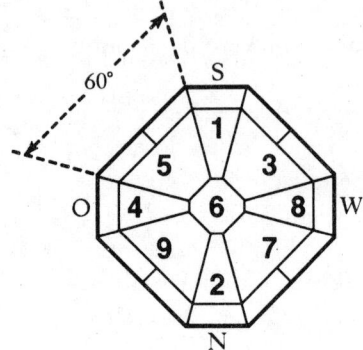

Süden

1. Sie könnten durch einen juristischen oder kriminellen Fall Schaden nehmen.

2. Sie könnten an der Börse viel Geld einbüßen.

3. Sie könnten Ihr Ansehen verlieren, indem Sie sich auf Beamtenbestechung einlassen.

4. Sie könnten eine ernste Krankheit wie Meningitis, Brandwunden, Blutungen, Asthma, Augenprobleme oder Zahnschmerzen bekommen.

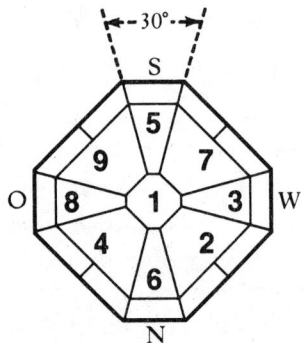

Die Zahl Sechs

Norden

Diese Richtung ist *Anken-Satsu* und folglich für jeden schlecht.

1. Sie könnten durch Spekulationen Geld verlieren.

2. Sie könnten bei einem Verkehrsunfall verletzt werden.

3. Sie könnten von Ihrem Chef oder einer älteren Person in eine schwierige Situation gebracht werden.

4. Sie könnten eine ernste Krankheit wie Herzbeschwerden, Bluthochdruck oder ein Lungenleiden bekommen.

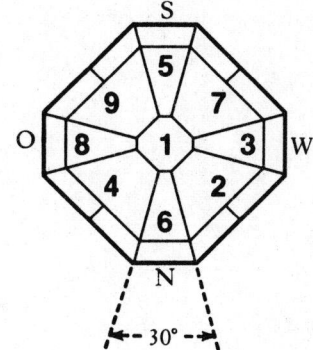

Nordosten

Diese Richtung ist gut für die Zahlen 1, 2, 5, 7 und 8.

1. Sie könnten einem mächtigen Förderer begegnen, der Ihr Talent schätzt.

2. Sie könnten von einem Verwandten oder Bekannten eine materielle Hilfe bekommen und Ihr Vermögen vermehren.

3. Sie könnten die Chance bekommen, einen Erben zu adoptieren.

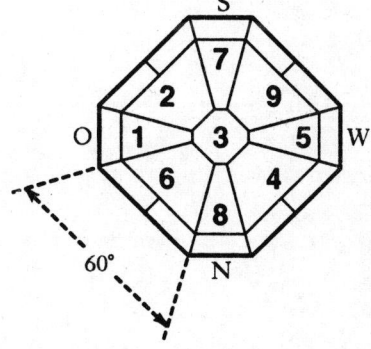

Diese Richtung ist schlecht für die Zahlen 3, 4, 6 und 9.

1. Sie könnten unvermutet Ihren Job verlieren.

2. Sie könnten Streit mit Ihren Verwandten oder Freunden bekommen.

3. Sie könnten Lungenentzündung bekommen.

Osten

Diese Richtung ist gut für die Zahlen 2, 5, 7 und 8.

1. Sie könnten sich in Ihrer Karriere oder Ihrer Stellung einen guten Ruf erarbeiten.

2. Sie könnten mit der Hilfe Ihres Chefs oder einer älteren Person gute Entwicklungen für die Zukunft erwarten.

3. Sie könnten Unterstützung für Ihr neues Geschäft und die Möglichkeit für zukünftigen Erfolg erhalten.

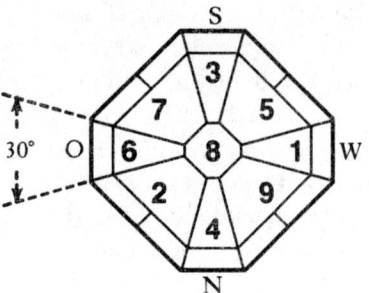

Diese Richtung ist schlecht für die Zahlen 1, 3, 4, 6 und 9.

1. Ihre übermäßige Zuversicht in bezug auf ein neues Geschäft oder eine neue Stellung könnte Ihnen Schwierigkeiten verursachen.

2. Sie könnten in einen ernsten Streit mit Ihrem Chef oder einer älteren Person geraten.

426

Südosten

Diese Richtung ist *Jōi-Taichu* und schlecht für jedermann (s. S. 381).

1. Sie könnten Geld durch Spekulationen verlieren.

2. Sie könnten Ihren Kapitalanteil verlieren.

3. Sie könnten sich eine schlimme Erkältung zuziehen und Lungenentzündung bekommen.

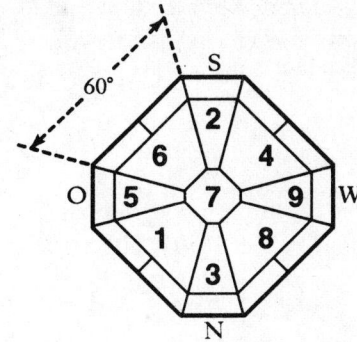

Süden

Diese Richtung ist gut für die Zahlen 1, 2, 5 und 8, aber Verheiratete könnten sich trennen.

1. Sie könnten auf eine gute Idee kommen, um Ihre zukünftige Planung oder Ihre gegenwärtige Situation zu verbessern.

2. Sie könnten für eine Erfindung oder Entdeckung geehrt werden.

3. Sie könnten mit der Arbeit in politischen Bereichen beginnen, um Ihren Erfolg für die Zukunft zu sichern.

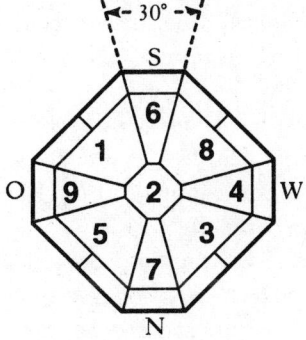

Diese Richtung ist schlecht für die Zahlen 3, 4, 6, 7 und 9.

1. Ihr falsches Urteil kann für Ihr Geschäft oder Ihren Job Schaden verursachen.

2. Sie könnten eine ernste Krankheit der Augen oder des Herzens bekommen.

Südwesten

Diese Richtung ist gut für die Zahlen 1, 2, 5, 7 und 8.

1. Sie könnten durch Grundstückskauf einen Gewinn erzielen.

2. Sie könnten aufgrund Ihrer harten Arbeit eine Erhöhung Ihres Einkommens oder durch die Empfehlung Ihres Chefs oder irgendeiner älteren Person eine berufliche Beförderung erfahren.

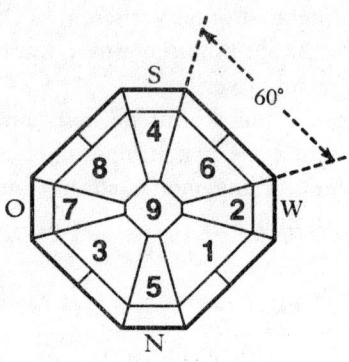

Diese Richtung ist schlecht für die Zahlen 3, 4, 6 und 9.

1. Sie könnten Ihren Ehrgeiz verlieren.

2. Sie könnten versuchen, schnell ein Vermögen zu verdienen, und dabei scheitern.

Westen

Diese Richtung ist gut für die Zahlen 1, 5, 7 und 8.

1. Sie könnten die Hilfe eines Höhergestellten erwarten.

2. Wenn Sie ein Geschäft haben, könnten Sie eine erhebliche Zuwachsrate der guten Kunden erleben.

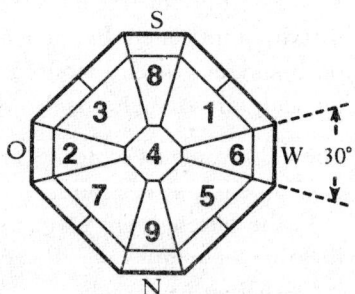

428

3. Ihre finanzielle Situation wird sich verbessern.

4. Sie könnten sich das für Ihr Geschäft erforderliche Geld leihen.

Diese Richtung ist schlecht für die Zahlen 2, 3, 4, 6 und 9.

1. Sie könnten Ihr Vermögen durch persönliche Ausschweifungen verlieren (besonders durch Sex, aber auch durch Vergnügen wie Essen, Trinken, etc.).

2. Ein Kapitalverlust kann zu geschäftlichem Scheitern führen.

Nordwesten

Diese Richtung ist gut für die Zahlen 1, 2, 5, 7 und 8.

1. Sie könnten einen großen Erfolg durch Investition oder Spekulation erleben.

2. Sie könnten Ihre finanzielle Situation durch harte Arbeit verbessern.

3. Sie könnten in Ihrer Stellung oder Ihrem Ansehen befördert werden.

Diese Richtung ist schlecht für die Zahlen 3, 4, 6 und 9.

1. Sie könnten bei einer spekulativen Unternehmung scheitern.

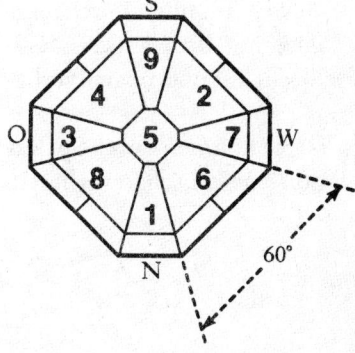

2. Sie könnten mit Vorgesetzten Streit bekommen.

3. Sie könnten Schwierigkeiten bekommen, wenn Sie auf Schmeicheleien hereinfallen.

Die Zahl Sieben

Nordwesten

Diese Richtung ist *Anken-Satsu* und darum für jedermann schlecht (siehe S. 376).

1. Sie könnten verletzt werden.

2. Sie könnten Schwierigkeiten mit den Lungen oder den Nieren bekommen.

3. Sie könnten durch eine Affäre mit dem anderen Geschlecht Ihr Vermögen verlieren.

4. Sie könnten durch Spekulation eine Erbschaft verlieren.

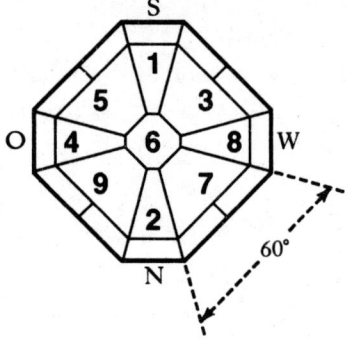

Norden

Diese Richtung ist gut für die Zahlen 1, 2, 5 und 8.

1. Ihre emotionalen Probleme könnten sich wieder beruhigen.

2. Sie könnten durch eine eigene ausgezeichnete Idee zusätzlich Geld verdienen.

Diese Richtung ist schlecht für die Zahlen 3, 4, 6, 7 und 9.

1. Sie könnten sich auf sexuelle Abenteuer einlassen, die zum Verlust Ihres Ansehens führen.

2. Sie könnten ernste finanzielle Schwierigkeiten bekommen.

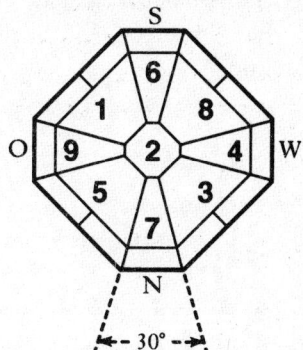

Nordosten

Diese Richtung ist gut für die Zahlen 2, 5, 6 und 8.

1. Sie könnten finanzielle Hilfe von Ihren Verwandten oder Freunden bekommen.

2. Sie könnten viel Freude in Ihrer Familie erleben.

Diese Richtung ist schlecht für die Zahlen 1, 3, 4, 7 und 9.

1. Sie könnten Ihre Stetigkeit verlieren, indem Sie sich übermäßig dem Vergnügen hingeben.

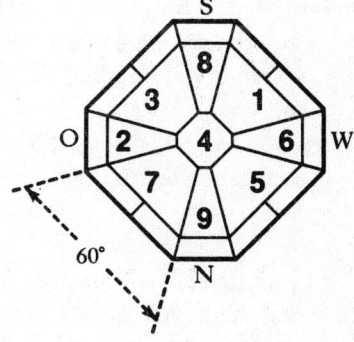

2. Sie könnten einen Streit in Ihrer Familie verursachen.

3. Sie könnten sich hoch verschulden.

Osten

Diese Richtung ist *Jōi-Taichu* und schlecht für jedermann (siehe S. 381).

1. Sie könnten Ihren Erfolg durch Einmischung und dummes Geschwätz zerstören.

2. Sie könnten bei der Planung Ihres Erfolges zu voreilig vorgehen und Ihre Karriere ruinieren.

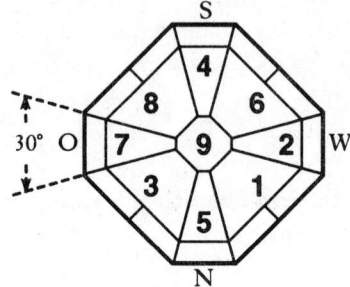

Südosten

Diese Richtung ist gut für die Zahlen 1, 2, 5, 6 und 8.

1. Indem Sie Ihre Kunden oder Mitarbeiter in Ihrem Geschäft unterhalten, könnten Sie eine Vertrautheit mit ihnen herstellen, die Ihr Ansehen erhöhen wird.

2. Alleinstehende könnten sich verloben.

3. Wenn Sie nach einem Job suchen, könnte Ihnen jemand helfen oder raten, wie Sie einen guten bekommen.

4. Sie könnten sich in einer besseren finanziellen Situation wiederfinden.

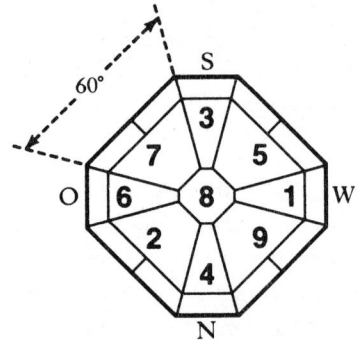

432

Diese Richtung ist schlecht für die Zahlen 3, 4, 7 und 9.

1. Sie könnten sich eine Erkältung zuziehen, die sich zu einer ernsten Erkrankung der Atemwege entwickelt.

2. Jemand könnte Sie nicht bezahlen; Sie könnten hohe Schulden machen müssen.

Süden

Diese Richtung ist gut für die Zahlen 1, 2, 5 und 6, aber Verheiratete sollten vorsichtig sein, da sie vor das Problem einer Scheidung gestellt werden könnten.

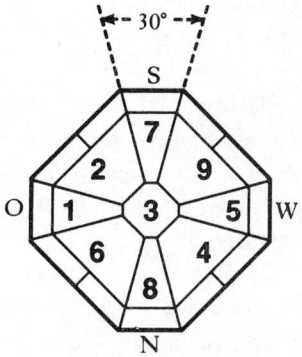

1. Ihr Talent könnte Ihnen großen Erfolg auf künstlerischem Gebiet einbringen und Ihr Einkommen erhöhen.

2. Sie könnten durch Wertpapiere Profit machen.

3. Sie könnten einen guten Tip für eine zukünftige Investition bekommen, die Ihr Vermögen vergrößern wird.

Diese Richtung ist schlecht für die Zahlen 3, 4, 7, 8 und 9.

1. Sie könnten Schwierigkeiten bekommen, die mit Geld und Sex zu tun haben.

2. Ihre scharfen Bemerkungen könnten Sie um Ihr Ansehen bringen.

Südwesten

Diese Richtung ist gut für die Zahlen 1, 2, 5, 6 und 8.

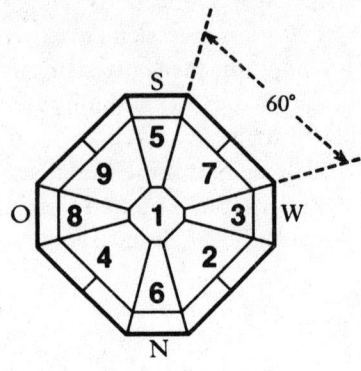

1. Sie können einen dauerhaften Job oder ein Geschäft finden, das mit Einkommen verbunden ist (ein Restaurant oder eine Bar?).

2. Sie könnten die Chance bekommen, mit einer angenehmen Person zu arbeiten oder eine Partnerschaft zu schließen.

Diese Richtung ist schlecht für die Zahlen 3, 4, 7 und 9.

1. Sie könnten durch Schmeichelei träge und denkfaul werden.

2. Sie könnten Schwierigkeiten infolge erheblicher Geldverschwendung bekommen.

Westen

Diese Richtung ist gut für die Zahlen 1, 2, 5, 6 und 8.

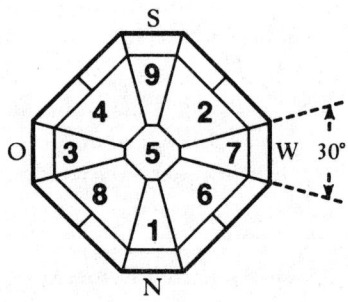

Diese Richtung führt zu einer einfachen Entwicklung des Lebens, so daß junge Leute ihren Ehrgeiz verlieren könnten; sie sollten es vermeiden, in diese Richtung zu ziehen.

1. Sie könnten allmählich Erfolg erringen und einen be-

434

quemen Lebensabend erwarten.

2. Sie könnten genug Geld verdienen, um sich das Leben angenehm zu gestalten.

(Die Situationen 1 und 2 gelten für Leute, die bereits genügend Anstrengungen unternommen haben, sich eine Lebensgrundlage aufzubauen.)

Diese Richtung ist schlecht für die Zahlen 3, 4, 7 und 9.

1. Sie könnten verschwenderisch mit Geld umgehen, und sich dadurch in Schwierigkeiten bringen.

2. Sie könnten den Ehrgeiz für Ihre Zukunftsplanung verlieren.

Die Zahl Acht

Südwesten

Diese Richtung ist *Anken-Satsu* und darum schlecht für jedermann (siehe S. 376).

1. Sie könnten einen Todesfall in Ihrer Familie erleben.

2. Sie könnten Ihre Ersparnisse einbüßen.

3. Sie könnten in die Probleme Ihrer Freunde verwickelt werden und selbst Schwierigkeiten bekommen.

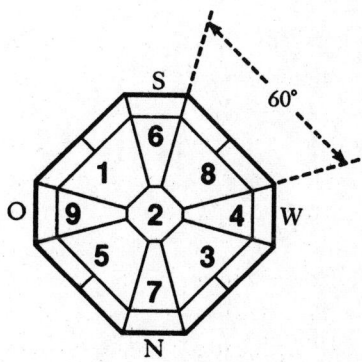

4. Sie könnten an den Gelenken, am Magen, in den Ohren oder an der Nase operiert werden.

Westen

Diese Richtung ist gut für die Zahlen 2, 5, 6, 7 und 9.

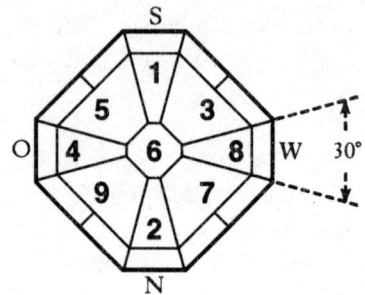

1. Sie könnten Zusammenarbeit und Hilfe von Ihren Verwandten oder Bekannten angeboten bekommen und eine günstige Veränderung in Ihrer Karriere erleben, die Ihnen finanziell Glück bringen wird.

2. Sie könnten zu Hause Vergnügen erwarten.

Diese Richtung ist schlecht für die Zahlen 1, 3, 4 und 8.

1. Ihre Verwandten oder Bekannten könnten finanzielle Probleme verursachen.

2. Ihr Geiz könnte einen unersetzlichen Verlust für Sie nach sich ziehen.

Nordwesten

Diese Richtung ist gut für die Zahlen 2, 5, 7 und 9.

1. Sie könnten Glück in finanziellen Angelegenheiten haben, weil ein Vorgesetzter Ihr Gönner wird.

2. Sie könnten durch Ehrlichkeit und harte Arbeit Ihre Finanzen verbessern.

Diese Richtung ist schlecht für die Zahlen 1, 3, 4, 6 und 8.

1. Sie könnten in Schwierigkeiten mit einem Erben verwickelt werden.

2. Sie könnten eine ernste Krankheit der Lungen oder Lungenentzündung bekommen, besonders wenn Sie Familienoberhaupt sind.

Norden

Diese Richtung ist gut für die Zahlen 2, 5, 6 und 9; Verheiratete müssen aufpassen, daß sie nicht in sexuelle Probleme mit einer anderen Person verstrickt werden.

1. Sie könnten heimliche Hilfe von einem Bekannten erhalten.

2. Ihr inoffizieller, zweiter Job könnte Ihnen ein zusätzliches Einkommen bescheren.

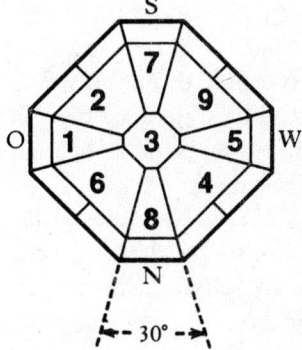

Diese Richtung ist schlecht für
die Zahlen 1, 3, 4, 7 und 8.

1. Sie könnten durch irgendein unerwartetes Mißgeschick
Ihre Ersparnisse verlieren.

2. Sie könnten in Familien-
probleme verwickelt werden.

3. Sie könnten einen Rückfall in eine frühere Krankheit
erleiden.

Nordosten

Diese Richtung ist gut für die
Zahlen 5, 6, 7 und 9.

1. Sie könnten durch Reor-
ganisation und Neuordnung
Vorteile gewinnen.

2. Sie könnten durch Ihre
gute Urteilsfähigkeit Ihren
Grundbesitz vergrößern.

3. Sie könnten reicher werden.

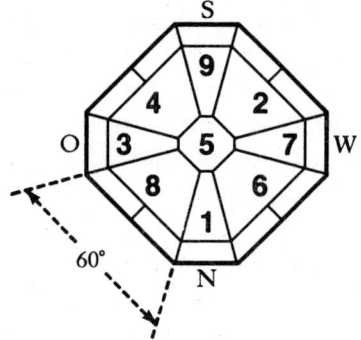

Diese Richtung ist schlecht für
die Zahlen 1, 2, 3, 4 und 8.

1. Sie könnten gezwun-
gen werden, Ihren Verwandten Geld zu leihen, das Sie
nicht zurückbezahlt bekommen würden.

2. Situationen, die bisher
reibungslos verlaufen sind,
könnten Schwierigkeiten verursachen.

438

Osten

Diese Richtung ist gut für die Zahlen 2, 5, 6, 7 und 9.

1. Sie könnten gegenwärtige Zustände neu organisieren und die Möglichkeit zukünftigen Wachstums geboten bekommen.

2. Ihr gutes Urteilsvermögen könnte Ihnen bessere Bedingungen und zukünftigen Erfolg bringen.

Diese Richtung ist schlecht für die Zahlen 1, 3, 4 und 8.

1. Sie könnten einen Fehlschlag in Ihrem Geschäft oder an Ihrem Arbeitsplatz erleiden.

2. Ihre Arbeit oder Ihr Geschäft könnten schlecht reorganisiert werden und Ihnen Schwierigkeiten machen.

3. Sie könnten eine Neuralgie bekommen oder Ihren Rücken verletzen.

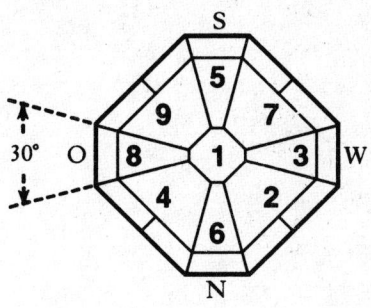

Südosten

Diese Richtung ist gut für die Zahlen 2, 5, 6, 7 und 9.

1. Alleinstehende könnten durch die Hilfe eines Verwandten oder Bekannten eine Chance zum Heiraten bekommen.

2. Sie könnten durch die Hilfe eines Verwandten oder Bekannten einen neuen Job bekommen.

3. Die Neuentwicklung einer gesellschaftlichen Beziehung kann Ihnen die erfolgversprechende Neugestaltung Ihrer Karriere oder Ihres Lebens bescheren und zukünftigen Erfolg fördern.

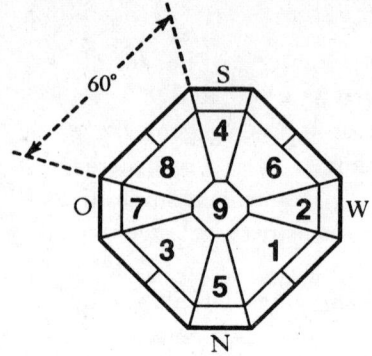

Diese Richtung ist schlecht für die Zahlen 1, 3, 4 und 8.

1. Ihre Selbstsucht und Gier kann Ihnen Schwierigkeiten im Eheleben bereiten, und Sie könnten aus Ihrem Job gefeuert werden.

2. Sie könnten in Schwierigkeiten mit Ihrem Grundbesitz verwickelt werden.

3. Aufgrund Ihrer Selbstsucht könnte Ihre Verlobung zerbrechen und Ihnen einen schlechten Ruf einbringen.

Süden

Diese Richtung ist gut für die Zahlen 2, 5, 6 und 7, aber Verheiratete müssen vorsichtig sein, weil sie getrennt werden oder entgegengesetzte Ansichten entwickeln könnten.

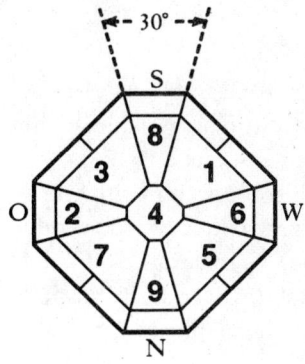

1. Sie könnten große Ehrungen für Ihre Anstrengungen auf einem akademischen oder künstlerischen Gebiet entgegennehmen.

2. Sie könnten durch einen Plan, den Sie entwickelt haben, einen guten Ruf erreichen.

3. Sie könnten befördert werden.

Diese Richtung ist schlecht für die Zahlen 1, 3, 4, 8 und 9.

1. Sie könnten gezwungen werden, wegen Erbschaftsproblemen vor Gericht zu gehen.

Die Zahl Neun

Westen

Diese Richtung ist *Anken-Satsu* und darum schlecht für jedermann (siehe S. 376).

1. Sie könnten in einen Prozeß verwickelt werden oder ernste Schwierigkeiten bekommen, die mit Bürgschaften, Wertpapieren, Schuldscheinen oder handelbaren Urkunden zu tun haben.

2. Sie könnten in einen Streit wegen einer sinnlosen Leidenschaft hineingezogen werden.

3. Sie könnten durch Drogen oder Chemikalien Schaden nehmen.

4. Sie könnten an den Augen, im Gesicht oder am Gehirn operiert werden müssen.

Nordwesten

Diese Richtung ist gut für die Zahlen 2, 3, 4, 5 und 8.

1. Eine Person von Rang oder ein Vorgesetzter könnte wegen Ihres Talentes Ihr Gönner werden. Sie könnten berühmt werden.

2. Sie könnten durch einen plötzlichen Anstieg der Aktienkurse einen großen Gewinn machen.

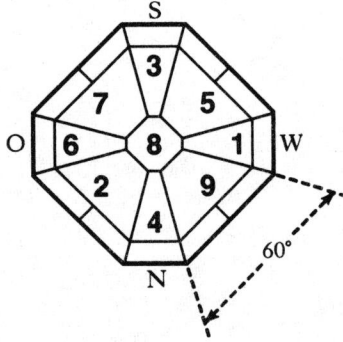

Diese Richtung ist schlecht für die Zahlen 1, 6, 7 und 9.

1. Sie könnten sich vom Oberhaupt Ihrer Familie trennen.

2. Sie könnten durch Spekulationen geschäftlich scheitern.

3. Sie könnten eine Herzkrankheit oder Lungenentzündung bekommen.

Norden

Diese Richtung ist *Jōi-Taichu* und somit schlecht für jedermann (siehe S. 381).

1. Ihre Eltern könnten sich trennen, und Sie führen ein einsames Leben.

2. Sie könnten einen Unfall haben, der Ihre Familie und enge Freunde dazu veranlaßt, Sie zu meiden. Dies könnte Ihnen sowohl geistig als auch finanziell Schwierigkeiten bereiten.

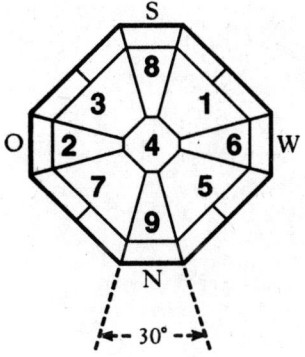

Nordosten

Diese Richtung ist gut für die Zahlen 2, 4, 5 und 8.

1. Sie könnten Ihr Leben ändern und neu organisieren, damit es Ihre Karriere günstig beeinflußt.

2. Sie könnten ein Haus renovieren oder neu bauen.

3. Sie könnten bei Unternehmungen mit Grundstükken unerwarteten Erfolg haben.

Diese Richtung ist schlecht für die Zahlen 1, 3, 6, 7 und 9.

1. Sie könnten wegen einer Erbschaft Probleme mit Verwandten bekommen.

2. Ihre unersättlichen Wünsche könnten Streitigkeiten hervorrufen.

Diese beiden Möglichkeiten könnten einen Verlust Ihres Ansehens verursachen.

Osten

Diese Richtung ist gut für die Zahlen 2, 3, 5 und 8.

1. Sie könnten als Resultat einer erfolgreichen Erfindung oder Entdeckung Berühmtheit erlangen.

2. Sie könnten aufgrund Ihres Talents auf einem akademi-

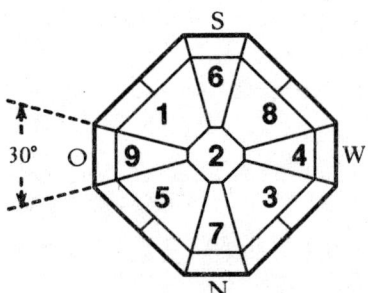

444

schen oder künstlerischen Gebiet die Chance bekommen, Erfolg zu erringen.

Diese Richtung ist schlecht für die Zahlen 1, 4, 6, 7 und 9.

1. Sie könnten in einen Unfall oder in einen Brand verwickelt werden.

2. Sie könnten in einen Skandal verwickelt werden und diesen dann geheimhalten müssen.

3. Sie könnten aufgrund Ihrer Eitelkeit Schwierigkeiten bekommen.

Südosten

Diese Richtung ist gut für die Zahlen 3, 4, 5 und 8.

1. Sie könnten durch Geschäfte in Verbindung mit Versicherungen, Schiffahrt oder Öl einen guten Ruf für Ihre Arbeit gewinnen.

2. Sie könnten Ihr Geschäft vergrößern.

3. Sie könnten durch Handel mit jemandem in weiter Ferne einen guten Profit machen.

4. Sie könnten Erfolg durch ein Geschäft in weiter Ferne haben.

5. Alleinstehende könnten sich verloben.

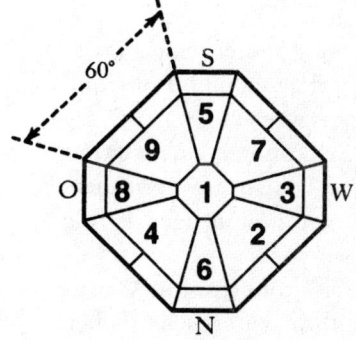

Diese Richtung ist schlecht für die Zahlen 1, 2, 6, 7 und 9.

1. Ihre Verlobung könnte gegen Ihren Willen aufgelöst werden.

2. Sie könnten, ebenfalls gegen Ihren Willen, von Ihrer Frau/Ihrem Mann und Ihrer Familie getrennt werden.

3. Sie könnten Ihren Job aufgeben müssen.

4. Sie könnten einen großen Fehler in einem wichtigen Dokument machen, der Ihnen Schwierigkeiten bereiten wird.

Süden

Diese Richtung ist gut für die Zahlen 2, 3, 4, 5 und 8.

1. Sie könnten eine Förderung erhalten und Ehre und Status erwerben.

2. Sie könnten eine weitreichende Erkenntnis gewinnen, die Ihnen zukünftigen Erfolg bringen wird.

3. Sie könnten Ihr Wissen und Ihre wissenschaftlichen Leistungen verfeinern.

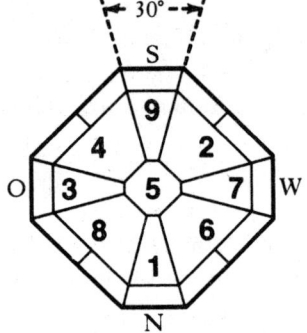

Diese Richtung ist schlecht für die Zahlen 1, 6, 7 und 9.

1. Sie könnten Ihr Ansehen verlieren, indem Sie in einen strafrechtlichen Prozeß verwickelt werden.

2. Sie könnten sich von einer Person trennen, auf die Sie sich verlassen hatten.

3. Es könnte Ihnen in Ihrer eigenen Wohnung unbehaglich werden.

Südwesten

Diese Richtung ist gut für die Zahlen 2, 3, 4, 5 und 8.

1. Sie könnten zusammen mit einem Partner einen geschäftlichen Erfolg haben.

2. Sie könnten eine Chance bekommen, durch Ihre Anstrengungen zukünftigen Erfolg zu erarbeiten, besonders auf akademischem oder künstlerischem Gebiet.

3. Sie könnten eine Stellung als Lehrer in einem akademischen oder künstlerischen Bereich erhalten.

Diese Richtung ist schlecht für die Zahlen 1, 6, 7 und 9.

4. Sie könnten in einen Prozeß verwickelt werden und Ihren Grundbesitz veräußern müssen.

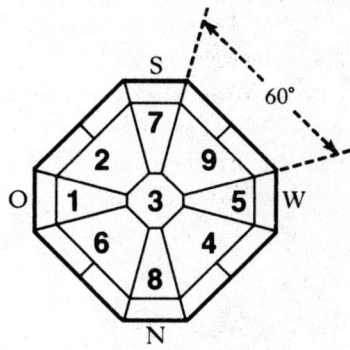

Beispiele für die Richtung der Bewegung

Der Sturz von Napoleon Bonaparte

Geburtstag: 15. August 1769
Grundzahl: 6
Kontrollzahl: 8   **6** – 8 – 3
Tendenzzahl: 3

TAFEL VON 1812
(8) Zahl von 1812

NAPOLEONS TAFEL
6 – 8 – 3

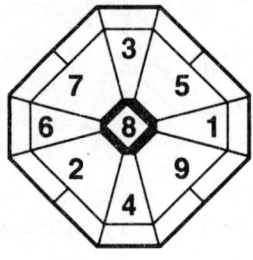
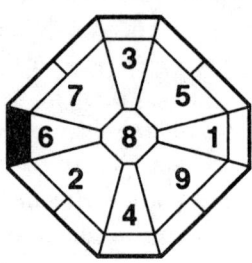

Beachten Sie, daß die Tafel von 1812 mit der Tafel Napoleons identisch ist! 1812 war ein Jahr der Zahl 8. Die Richtungen auf dieser Tafel zeigen Paris im Südwesten und Moskau im Nordosten.

448

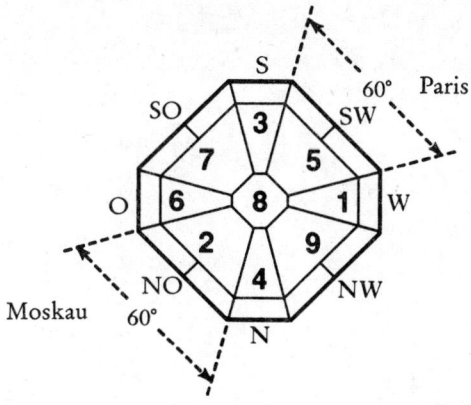

Das Prinzip der Bewegungsrichtung wird durch die Natur der Fünf Elemente bestimmt. 1812 wurde der Südwesten durch die Zahl 5 beherrscht, die wir die *zerstörerische Zahl* nennen. Die Zahl gegenüber der Fünf, in diesem Fall die Zahl 2, liegt im *Anken-Satsu*, in der Unfallsrichtung, im Nordosten. Durch seinen Zug von Paris (Südwesten) nach Moskau (Nordosten) im Jahr 1812 bewegte sich Napoleon damit unwissentlich in die Unfallsrichtung und kam dann auf dem Rückzug nach Paris in die Richtung der Zerstörerzahl 5. Diese Bewegung, *Anken-Satsu* und *Go-O-Satsu*, verursachte seinen Sturz.

Charlie Chaplins Weg zum Erfolg

Geburtstag: 16. April 1889
Grundzahl: 3
Kontrollzahl: 3   3 – 3 – 5
Tendenzzahl: 5

CHARLIE CHAPLINS TAFEL
3 – 3 – 5

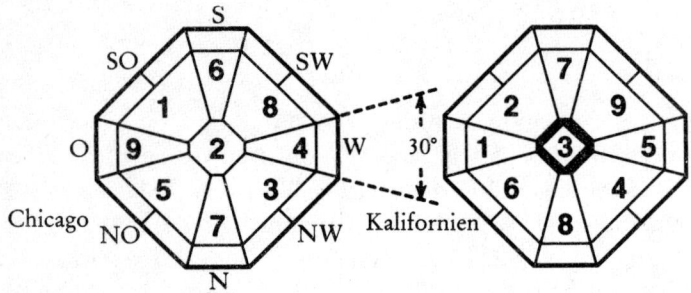

Das Jahr 1917 war das Jahr der Zahl 2. In diesem Jahr zog Chaplin von Chicago nach Kalifornien um, eine Ost-West-Bewegung. Auf der Tafel von 1917 können wir sehen, daß die Zahl 7 in der westlichen Position stand. Da Chaplins Grundzahl 3 ist, erzeugte die Bewegung in Richtung der Zahl 4 die Wirkung einer Beziehung der Zusammenarbeit, und diese Bewegung war nicht nur persönlich für ihn richtig, sondern auch für seine Karriere.

Dann zog er 1953 von den Vereinigten Staaten ostwärts um in die Schweiz. Wenn wir auf die Tafel des Jahres 1953 schauen, das ebenfalls ein Jahr der Zahl 2 war, sehen wir wieder, daß diese West-Ost-Bewegung richtig für ihn war. Die Zahl 9 in der Ost-Position bedingte eine günstige Beziehung zu seiner Grundzahl 3. Diese aufeinanderfolgenden, richtigen Bewegungen in seinem Leben halfen ihm, den Erfolg beim Aufbau seiner Zukunft zu sichern.

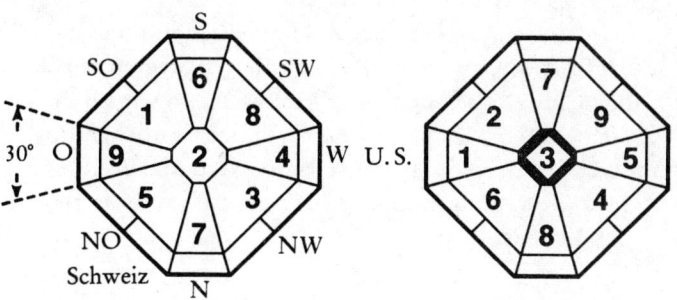

TAFEL VON 1953
(2) Zahl von 1953

CHARLIE CHAPLINS TAFEL
3 – 3 – 5

Der Fall Robert Redford

Geburtstag: 18. August 1937
Grundzahl: 9
Kontrollzahl: 8   **9** – 8 – 6
Tendenzzahl: 6

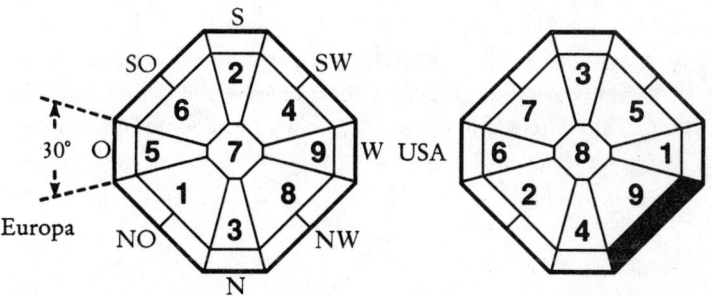

TAFEL VON 1957
(7) Zahl von 1957

ROBERT REDFORDS TAFEL
9 – 8 – 6

Das Jahr 1957 war das Jahr der Zahl 7. 1957 ging Robert Redford nach
Europa, um Malerei zu studieren. Europa, das auf der Tafel von 1957

im Osten liegt, repräsentiert die Bewegung auf die zerstörerische Zahl 5 zu (*Go-O-Satsu*, wie im Falle Napoleons ausgeführt wurde). Wie zu erwarten, ging es ihm in Europa miserabel.

Im Jahr 1958 jedoch, dem Jahr der Zahl 6, halfen ihm einige seiner Freunde, während des Sommers in die Vereinigten Staaten zurückzukehren, eine Bewegung von Osten nach Westen. Wenn wir auf die Tafel von 1958 schauen, sehen wir, daß die Zahl 8 in der westlichen Position eine energetisierende Beziehung zu Redfords Grundzahl 9 herstellt. Diese korrigierte Bewegungsrichtung führte zu einer besseren Entwicklung seines Lebens.

TAFEL VON 1958   ROBERT REDFORDS TAFEL
(6) Zahl von 1958   9 – 8 – 6

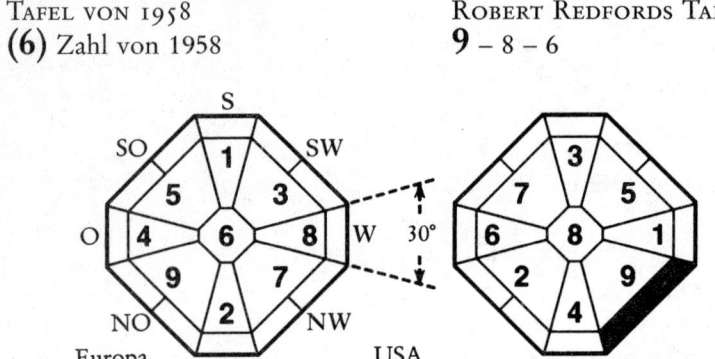

Nachdem er seinen ersten Film (*War-Hunt, 1962*) gemacht hatte, kehrte er 1963 zurück an den Broadway und bekam die Chance, die Hauptrolle in *Barefoot in the Park* zu spielen, was ihm sofortige Anerkennung und großen Erfolg brachte. 1963 war die Zahl 8 in der Ost-Position, was New York entspricht, wodurch die Bewegung von West nach Ost wiederum eine günstige, energetisierende Beziehung zu Redfords Grundzahl 9 herstellte. Auch dieses Mal war seine Bewegung richtig für ihn gewesen.

TAFEL VON 1963   ROBERT REDFORDS TAFEL

(1) Zahl von 1963   **9** – 8 – 6

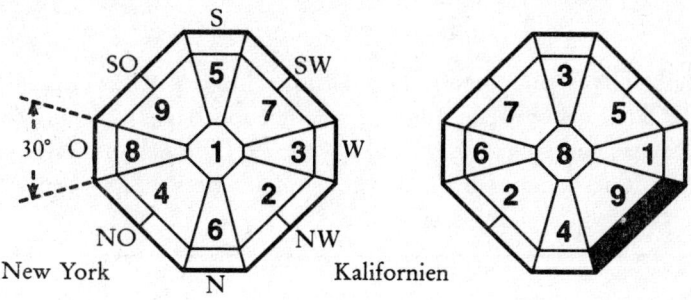

Wie man die Monatstafelsysteme liest

Die Monatstafelsysteme liefern Ihnen die richtige Anordnung der Zahlen für jeden gegebenen Monat. Das folgende Beispiel zeigt den Monat Februar in einem Jahr der Zahl 1, 4 oder 7. (Die Zahl des Jahres, über das Sie Rat suchen, ist auf den folgenden Seiten links oben zu finden.)

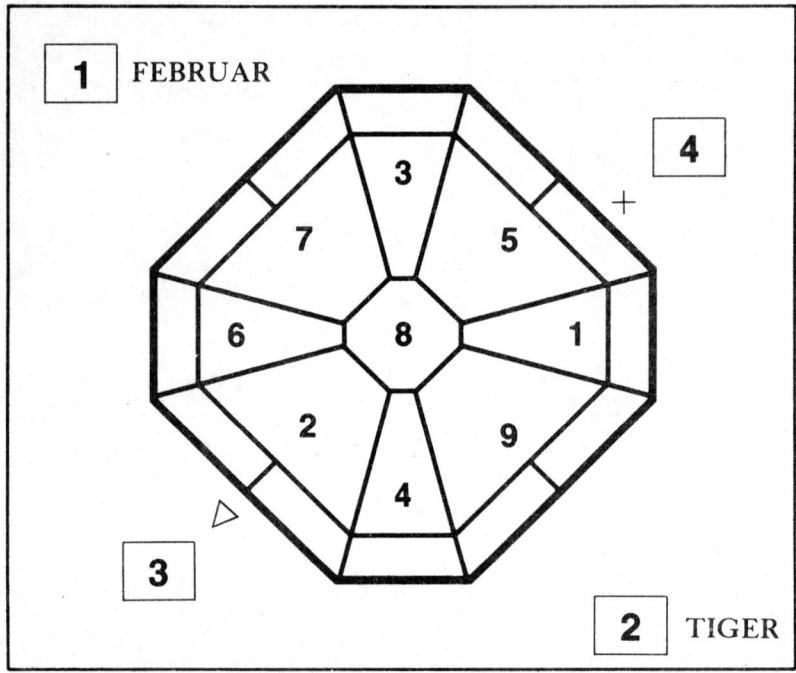

1. *Monat:* Der Monat in der oberen linken Ecke der Tafel sagt Ihnen, welchen Monat des Jahres die Tafel darstellt. Diese Tafel gilt für Februar.

2. *Monatliches Tierkreiszeichen:* In der unteren rechten Ecke steht das Tierkreiszeichen, das dem Monat entspricht. Im Februar ist das monatliche Tierkreiszeichen immer der Tiger.

3   *Monatliche Anken-Satsu-Richtung:* Das Dreieckszeichen (△) zeigt an, daß für den Monat Februar die Zahl 2 in der Anken-Satsu-Position ist, die im Nordosten (gegenüber der Zahl 5) liegt.

4   *Monatliche Getsu-Ha-Stellung:* Die Markierung X zeigt, daß für den Monat Februar die Richtung Westsüdwest in der Getsu-Ha-Stellung liegt (gegenüber dem Tierkreiszeichen des Februars).

Die Monatstafeln erscheinen in den Jahren von 1, 4 und 7. Die jährlichen Tierkreiszeichen, die zu diesen Zahlen gehören, sind die Ratte, das Kaninchen, das Pferd und der Hahn (nicht zu verwechseln mit den aufgelisteten monatlichen Tierkreiszeichen, die immer dieselben sind).

In der Tabelle aufgelistet sind die Zahlen 1, 4 und 7; die Jahre, in denen sie erscheinen; und das jährliche Tier, das zu ihnen gehört. Vergewissern Sie sich über die Daten des Jahresbeginns und des Monatswechsels bei den 108 Persönlichkeitstypen.

4	1888	Ratte	1	1891	Kaninchen	7	1894	Pferd	4	1897	Hahn
1	1900	Ratte	7	1903	Kaninchen	4	1906	Pferd	1	1909	Hahn
7	1912	Ratte	4	1915	Kaninchen	1	1918	Pferd	7	1921	Hahn
4	1924	Ratte	1	1927	Kaninchen	7	1930	Pferd	4	1933	Hahn
1	1936	Ratte	7	1939	Kaninchen	4	1942	Pferd	1	1945	Hahn
7	1948	Ratte	4	1951	Kaninchen	1	1954	Pferd	7	1957	Hahn
4	1960	Ratte	1	1963	Kaninchen	7	1966	Pferd	4	1969	Hahn
1	1972	Ratte	7	1975	Kaninchen	4	1978	Pferd	1	1981	Hahn
7	1984	Ratte	4	1987	Kaninchen	1	1990	Pferd	7	1993	Hahn
4	1996	Ratte	1	1999	Kaninchen	7	2002	Pferd	4	2005	Hahn

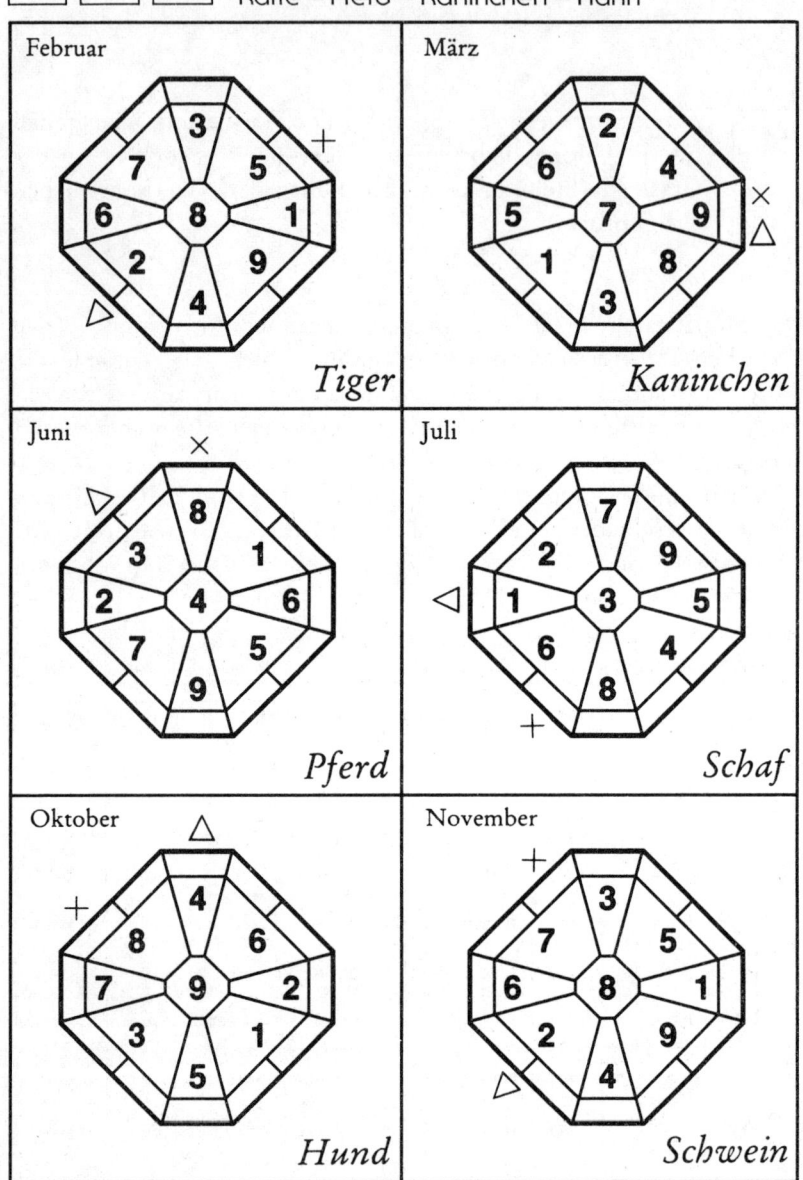

Februar

Tiger

März

Kaninchen

Juni

Pferd

Juli

Schaf

Oktober

Hund

November

Schwein

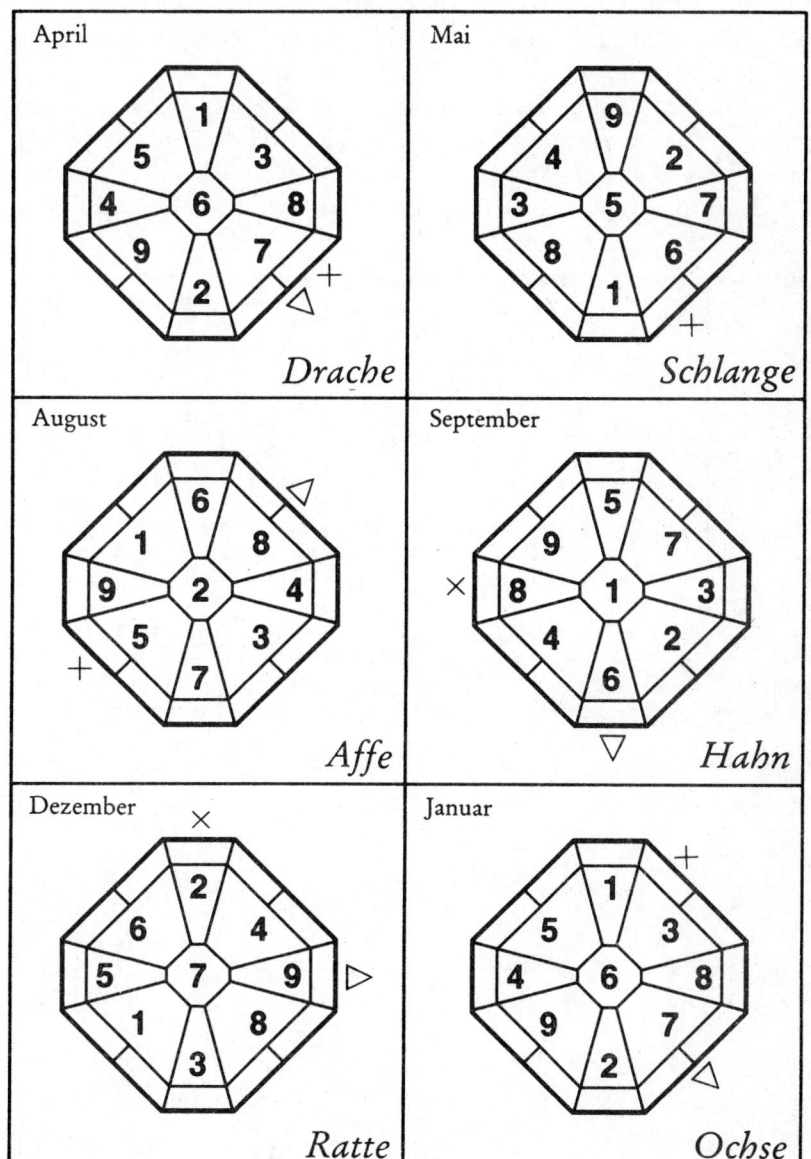

April

1 5 3 4 6 8 9 7 2

Drache

Mai

9 4 2 3 5 7 8 6 1

Schlange

August

6 1 8 9 2 4 5 3 7

Affe

September

5 9 7 8 1 3 4 2 6

Hahn

Dezember

2 6 4 5 7 9 1 8 3

Ratte

Januar

1 5 3 4 6 8 9 7 2

Ochse

457

Die folgenden Monatstafeln erscheinen in den Jahren der Zahlen 3, 6 und 9. Die jährlichen Tierkreiszeichen, die zu diesen Zahlen gehören, sind der Ochse, der Drache, das Schaf und der Hund (nicht zu verwechseln mit den aufgelisteten monatlichen Tierkreiszeichen, die immer dieselben sind).

In der Tabelle aufgelistet sind die Zahlen 3, 6 und 9; die Jahre, in denen sie erscheinen; und das jährliche Tier, mit dem sie kombiniert werden. Vergewissern Sie sich bei den 108 Persönlichkeitstypen über die Daten des Jahresbeginns und des Monatswechsels in jedem Jahr.

3	1889	Ochse	9	1892	Drache	6	1895	Schaf	3	1898	Hund
9	1901	Ochse	6	1904	Drache	3	1907	Schaf	9	1910	Hund
6	1913	Ochse	3	1916	Drache	9	1919	Schaf	6	1922	Hund
3	1925	Ochse	9	1928	Drache	6	1931	Schaf	3	1934	Hund
9	1937	Ochse	6	1940	Drache	3	1943	Schaf	9	1946	Hund
6	1949	Ochse	3	1952	Drache	9	1955	Schaf	6	1958	Hund
3	1961	Ochse	9	1964	Drache	6	1967	Schaf	3	1970	Hund
9	1973	Ochse	6	1976	Drache	3	1979	Schaf	9	1982	Hund
6	1985	Ochse	3	1988	Drache	9	1991	Schaf	6	1994	Hund

3 6 9 Monatstafelsysteme (Richtung)
Drache – Hund – Ochse – Schaf

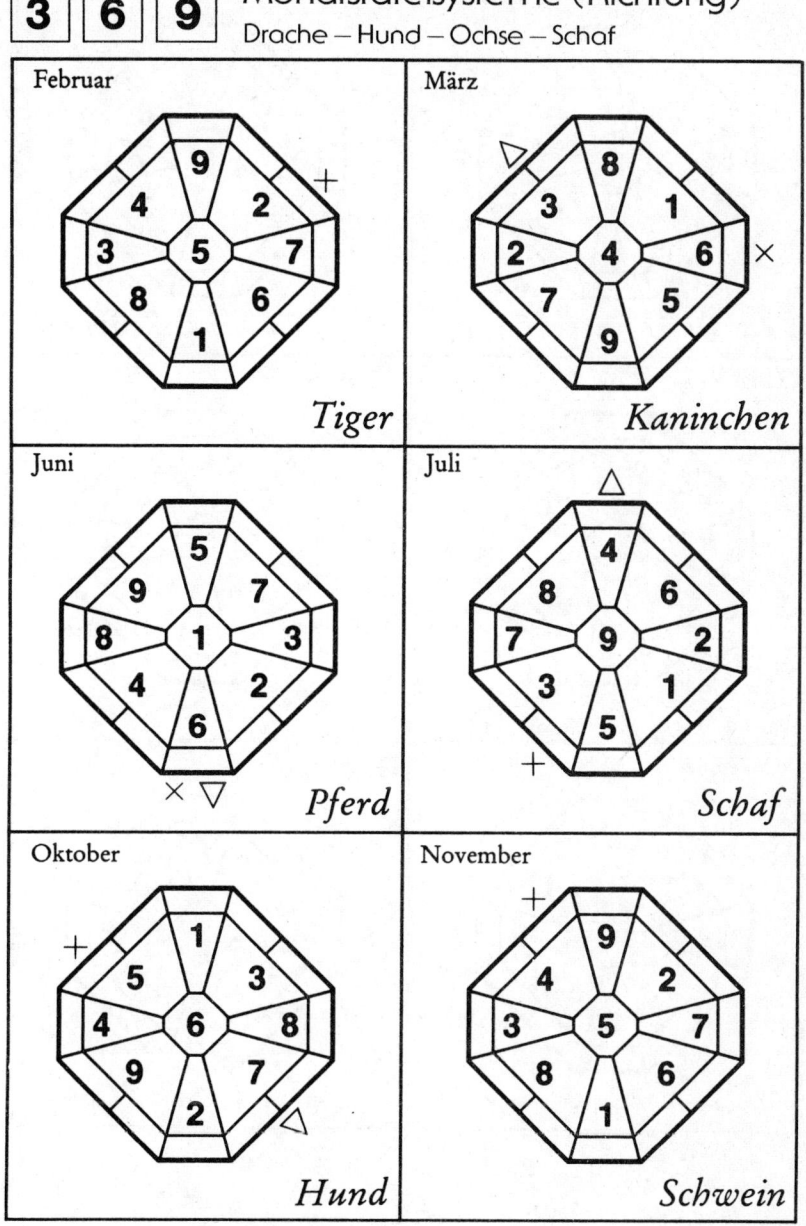

Februar

9, 4, 2, 3, 5, 7, 8, 6, 1 +

Tiger

März

8, 3, 1, 2, 4, 6, 7, 5, 9 × ▷

Kaninchen

Juni

5, 9, 7, 8, 1, 3, 4, 2, 6 × ▽

Pferd

Juli

△ 4, 8, 6, 7, 9, 2, 3, 1, 5 +

Schaf

Oktober

+ 1, 5, 3, 4, 6, 8, 9, 7, 2 ◁

Hund

November

+ 9, 4, 2, 3, 5, 7, 8, 6, 1

Schwein

459

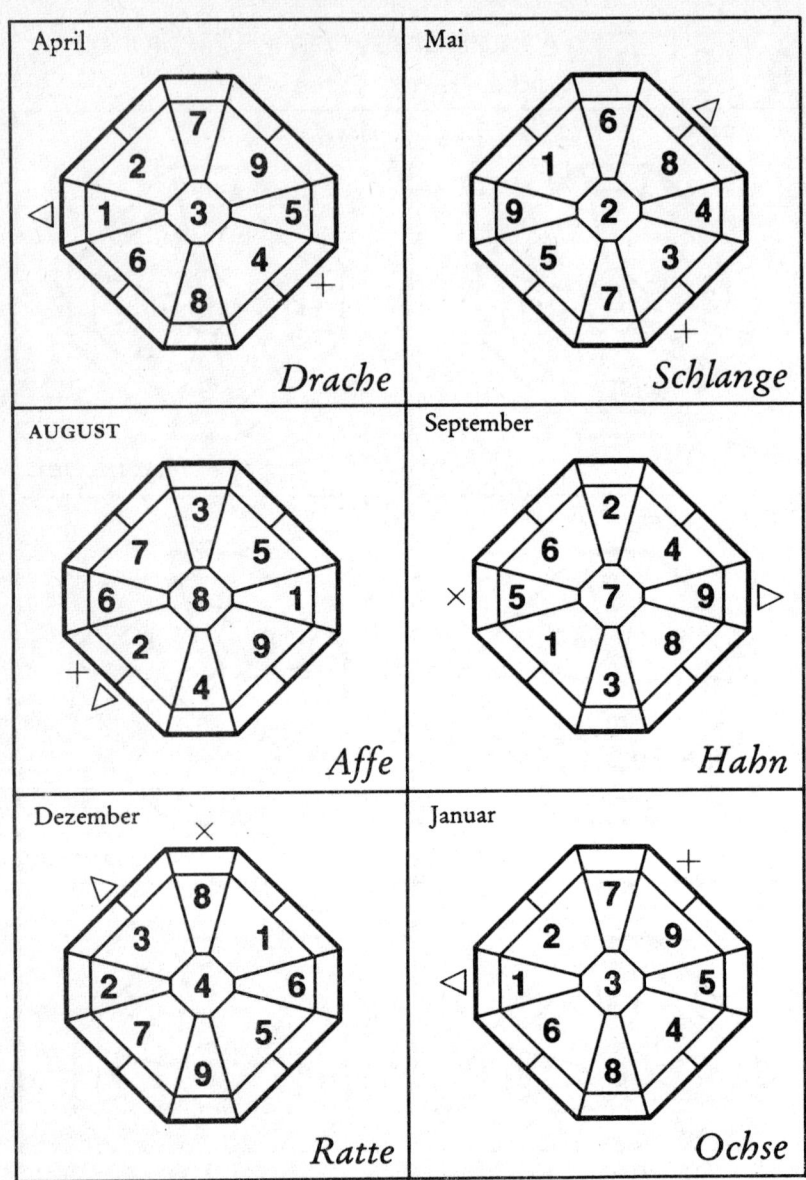

April

7
2 9
1 3 5
6 4
8

Drache

Mai

6
1 8
9 2 4
5 3
7

Schlange

AUGUST

3
7 5
6 8 1
2 9
4

Affe

September

2
6 4
5 7 9
1 8
3

Hahn

Dezember

8
3 1
2 4 6
7 5
9

Ratte

Januar

7
2 9
1 3 5
6 4
8

Ochse

460

Die folgenden Monatstafeln erscheinen in den Jahren der Zahlen 2, 5 und 8. Die jährlichen Tierkreiszeichen, die zu diesen Zahlen gehören, sind der Tiger, die Schlange, der Affe und das Schwein (nicht zu verwechseln mit den aufgelisteten monatlichen Tierkreiszeichen, die immer dieselben sind).

In der Tabelle aufgelistet sind die Zahlen 2, 5 und 8; die Jahre, in denen sie erscheinen; und das jährliche Tier, mit dem sie kombiniert werden. Vergewissern Sie sich bei den 108 Persönlichkeitstypen über die Daten des Jahresbeginns und des Monatswechsels in jedem Jahr.

4	1888	Ratte	1	1891	Kaninchen	7	1894	Pferd	4	1897	Hahn
1	1900	Ratte	7	1903	Kaninchen	4	1906	Pferd	1	1909	Hahn
7	1912	Ratte	4	1915	Kaninchen	1	1918	Pferd	7	1921	Hahn
4	1924	Ratte	1	1927	Kaninchen	7	1930	Pferd	4	1933	Hahn
1	1936	Ratte	7	1939	Kaninchen	4	1942	Pferd	1	1945	Hahn
7	1948	Ratte	4	1951	Kaninchen	1	1954	Pferd	7	1957	Hahn
4	1960	Ratte	1	1963	Kaninchen	7	1966	Pferd	4	1969	Hahn
1	1972	Ratte	7	1975	Kaninchen	4	1978	Pferd	1	1981	Hahn
7	1984	Ratte	4	1987	Kaninchen	1	1990	Pferd	7	1993	Hahn
4	1996	Ratte	1	1999	Kaninchen	7	2002	Pferd	4	2005	Hahn

Monatstafelsysteme (Richtung)

Tiger – Affe – Schlange – Schwein

Februar

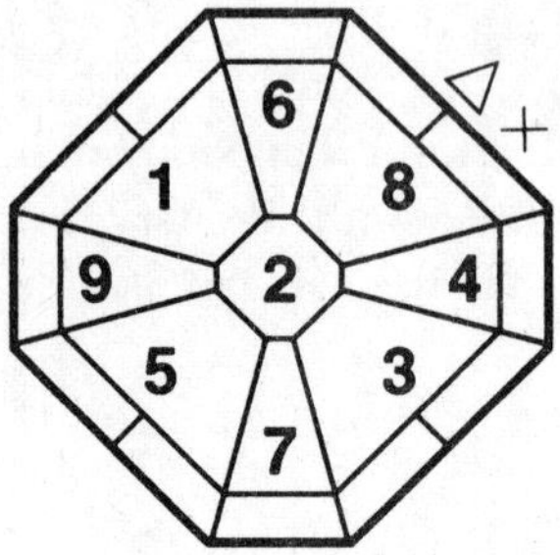

```
      6
   1     8      △
                  +
 9    2    4
   5     3
      7
```

Tiger

März

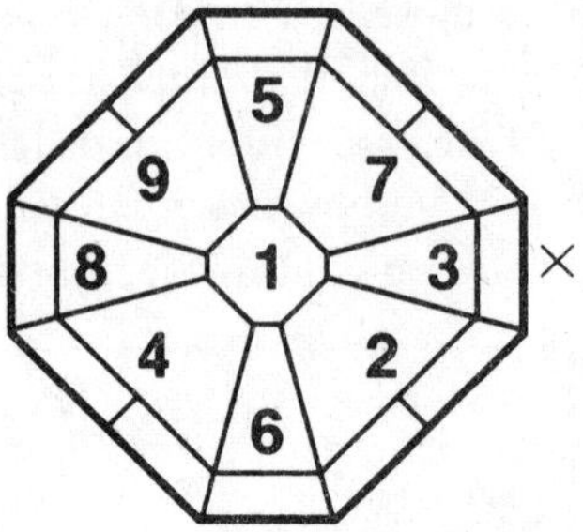

```
      5
   9     7
 8    1    3    ×
   4     2
      6
```

▽*Kaninchen*

Juni

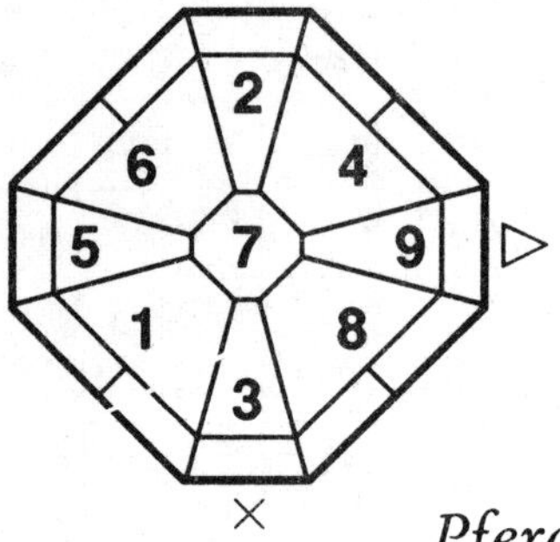

```
      2
   6     4
 5    7    9    ▷
   1     8
      3
      ×
```

Pferd

Juli

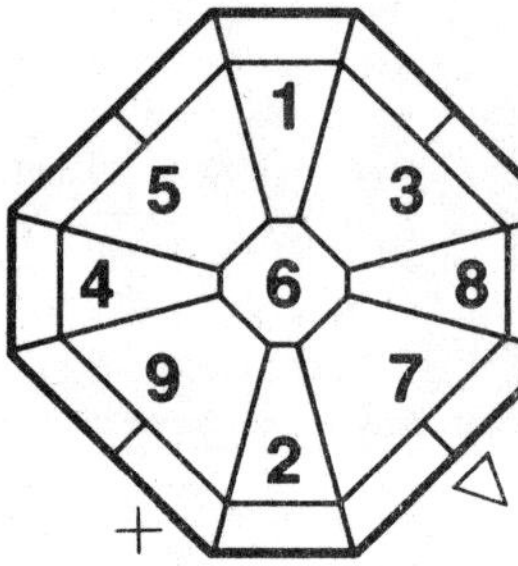

```
      1
   5     3
 4    6    8
   9     7
      2         ◁
  +
```

Schaf

Oktober

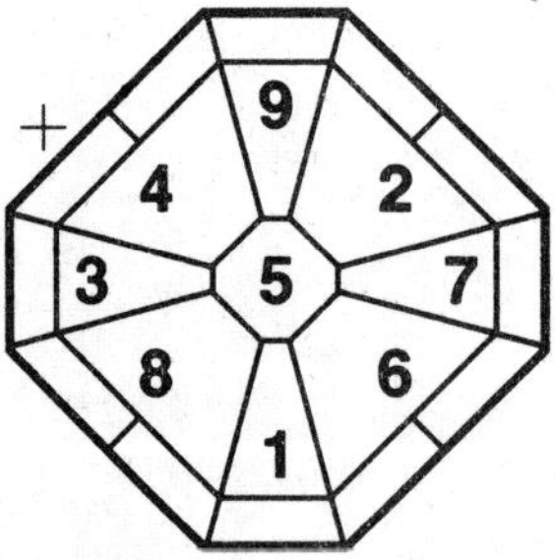

```
      9
+  4     2
 3    5    7
   8     6
      1
```

Hund

November

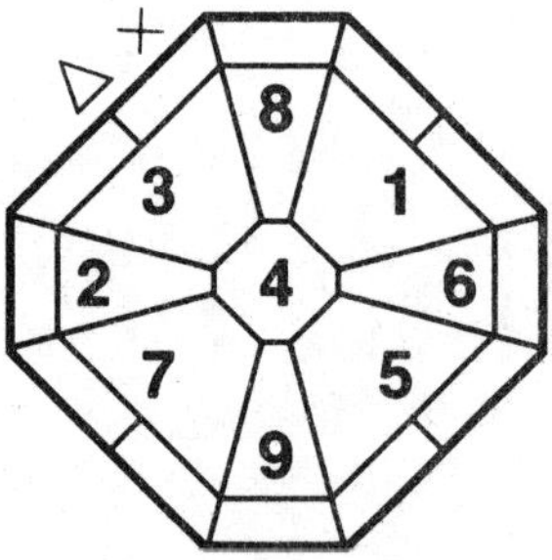

```
            +
   ◁    8
   3     1
 2    4    6
   7     5
      9
```

Schwein

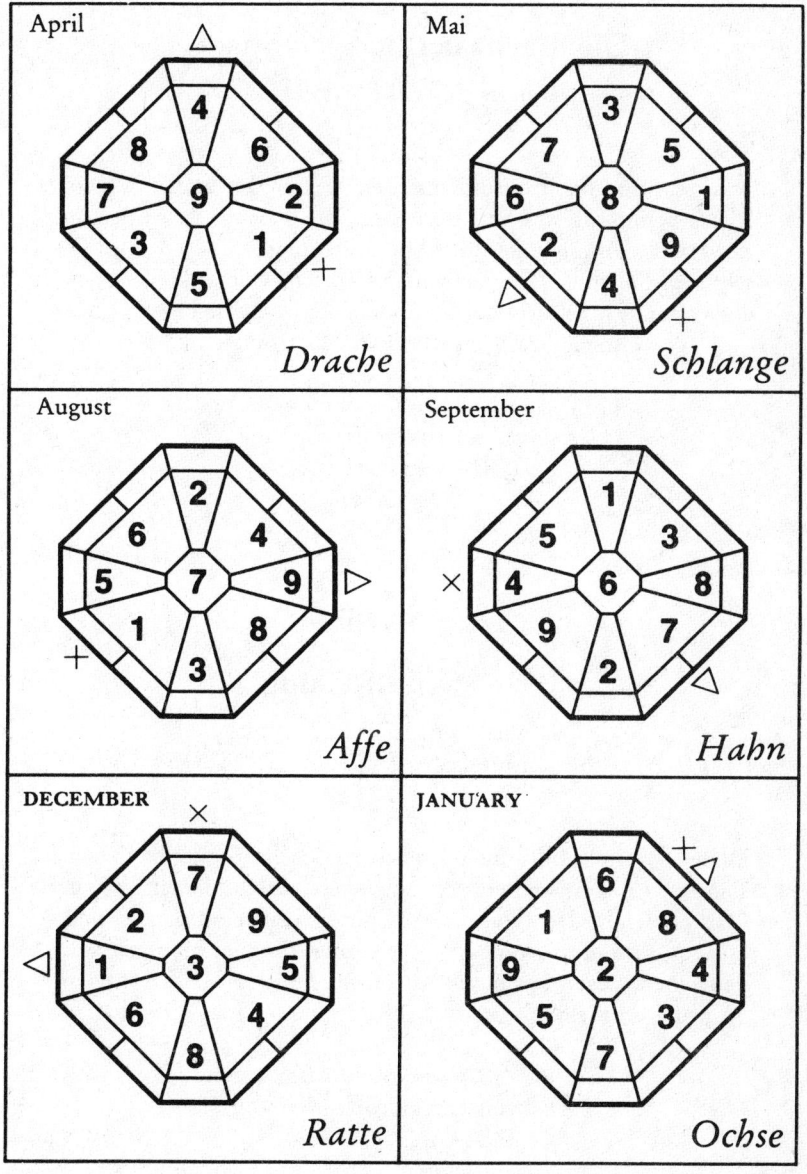

April   △
Drache

Mai
Schlange

August ▷
Affe

September ×
Hahn

DECEMBER ×
Ratte

JANUARY
Ochse

Wabun Wind & Anderson Reed

Die Macht der heiligen Steine

Kristallarbeit und Kristallwissen

Aus dem überlieferten indianischen Wissen gewannen Wabun
Wind, Schülerin von Sun Bear, und ihre Koautorin Anderson
Reed wichtige Informationen und Anregungen, die sie in ihrem
sehr persönlichen Umgang mit Kristallen in ihre Heil-Arbeit
umsetzten. Ein praktischer Leitfaden, der jedem den alltäglichen
Umgang mit seinen Kristallen ermöglicht.

Ein Paperback im Goldmann Verlag
Deutsche Erstveröffentlichung
ISBN 3-442-12063-2
DM 24,80

Derek Walters

Das zweite I-Ching

Das wiederentdeckte berühmte
chinesische Orakelbuch

Dieses zweite, völlig neue und authentische Orakelbuch entstand aus der Wiederentdeckung eines verschollenen zweiten
Orakelbuches, des »T'ai Hsüan Ching«. Darüberhinaus enthält
es neue Erkenntnisse über das I-Ching, die hier erstmals dem
deutschen Leser zugänglich gemacht werden. Dieses zweite
große Orakelbuch ist ein Muß für alle I-Ching-Freunde!

Ein Paperback im Goldmann Verlag
Deutsche Erstveröffentlichung
ISBN 3-442-12064-0
DM 24,80